中英刑事审判文化比较研究

ZHONGYING XINGSHI SHENPAN WENHUA
BIJIAO YANJIU

孙 记 著

法律出版社 LAW PRESS · CHINA
北京

图书在版编目(CIP)数据

中英刑事审判文化比较研究 / 孙记著. -- 北京 :
法律出版社, 2023
ISBN 978-7-5197-8269-6

Ⅰ. ①中… Ⅱ. ①孙… Ⅲ. ①刑事诉讼-审判-对比研究-中国、英国 Ⅳ. ①D925.218.4②D956.152

中国国家版本馆 CIP 数据核字(2023)第 168454 号

中英刑事审判文化比较研究
ZHONG-YING XINGSHI SHENPAN WENHUA BIJIAO YANJIU

孙 记 著

策划编辑 张 珺
责任编辑 张 珺
装帧设计 汪奇峰

出版发行 法律出版社
编辑统筹 法商出版分社
责任校对 晁明慧
责任印制 胡晓雅
经　　销 新华书店

开本 710 毫米×1000 毫米 1/16
印张 21.5 **字数** 289 千
版本 2023 年 12 月第 1 版
印次 2023 年 12 月第 1 次印刷
印刷 北京虎彩文化传播有限公司

地址:北京市丰台区莲花池西里 7 号(100073)
网址:www.lawpress.com.cn
投稿邮箱:info@lawpress.com.cn
举报盗版邮箱:jbwq@lawpress.com.cn

销售电话:010-83938349
客服电话:010-83938350
咨询电话:010-63939796

书号:ISBN 978-7-5197-8269-6
定价:86.00 元

内容提要

我国“推进以审判为中心的诉讼制度改革”，践行“审判中心主义”，无罪推定、程序正义、公正审判等理念与原则成为办案者的所思所想、所作所为，这是刑事审判文化的现代化，更为关键的是参与审判的各主体要在坚守中华优秀传统审判文化这个根脉的前提下，以马克思主义为指导，以习近平法治思想为引领，实现现代化。

刑事审判文化的现代化与程序正义密不可分。以英国为例，其刑事审判文化现代化转型相比其他国家率先实现，并且大体上遵循了进化论理性主义。西欧天人分殊的根本观念，海岛国家的地理优势，个人主义的最早出现乃至民族国家的逐渐形成，奠定了英国审判文化转型的根基。《大宪章》、普通法传统与意识、王在法下、高等教育的“绅士情结”等构成了独特的英国记忆，多元起诉、审判权配置上的分散性、司法职业的缓慢形成等现实因素，共同促成了英国的对抗制审判，共同孕育了职业法官、治安法官与陪审团成员等的无罪推定理念、程序正义观念，造就了参与刑事审判各主体的现代化。律师职业的出现与区分、法官从出庭律师中选拔的长期传统、法律职业教育的发展、陪审团审判的出现与逐渐调整、公民意识的逐渐形成,与普通法诉讼和古老宪制的发展演进遥相呼应,使独立审判、程序优先、公正审判等的形成顺理成章。

转而观察我国,我国传统审判文化中对裁判官的内在要求是"爱民如子""为政以德",在个案裁断中训斥、教化当事人的同时贯彻"恤刑""慎刑""宽严相济"等,但传统文化中存在的一些消极因素与当下刑事审判制度发展趋势无法契合。笔者认为,我国刑事审判现代化发展正处在完善的关键期,而更为关键的在于参与刑事审判各主体的现代化,尤其是要聚焦司法诚信观念的培育。天人合一、家国本位、儒家思想、生活取向构成传统审判文化的根基,由此决定的裁判官人文素养、断案水平、裁判效果等可圈可点,这是审判文化的优秀基因。不过,现阶段法律教育体系尚不完善,法律人才选拔机制尚存缺位,律师辩护权的保障不足等使刑事审判在传统与现代之间形成张力,人情社会、"无讼"追求、"清官"与情判的超凡脱俗、"厌讼"与"耻讼"决定了传统与现代刑事审判的疏离,依法独立行使审判权的保障不足与程序被轻视等消极因素仍待改善。习近平法治思想的提出、法治中国建设、社会主义核心价值观的全面践行、以人民为中心的原则等使"推进以审判为中心的诉讼制度改革"多措并举,大步向前,成为我国刑事审判文化转型的推动力。笔者认为,在尊重我国客观情况的基础上,适当借鉴如英国等国的有益经验,重在"化人",以办案者为核心,聚焦于培养参与刑事审判各主体的诚信观念,建构诚信机制,通过"固根本、稳预期、利长远"的刑诉法典编纂、程序性诉权的引入、程序性制裁机制、有效辩护原则、庭审实质化改革、追责等机制强化参与刑事审判各主体树立诚信司法观,最终形成适应中国司法现代化的审判文化。

目录

第三章 英国刑事审判文化现代转型及其经验

第四章 我国刑事审判文化转型面临的任务

绪　论

一、选题及其意义

2014 年党的十八届四中全会通过《中共中央关于全面推进依法治国若干重大问题的决定》(以下简称《依法治国决定》),其中与刑事司法最为密切的一项规定就是“推进以审判为中心的诉讼制度改革”(以下简称“推进以审判为中心的改革”),后来全国人民代表大会常务委员会授权各地进行改革试点,理论研究围绕制度设计展开探讨。无论如何解读这一改革,在我国的法律制度中要确立程序正义、落实审判中心主义等理念是确定无疑的。问题是,刑事审判制度需要完善,这些完善后的制度的生命力不在于逻辑,而在于有效实施,关键是能够准确理解法律原意的人,按照改革对既定角色的要求,依法履行既定职能。现实不容乐观,1996 年《中华人民共和国刑事诉讼法》(以下简称《刑事诉讼法》)修改,龙宗智教授曾指出“法官的权威和受到尊敬应当建立在公众对法官公正性的高度信任的基础上。然而,这一点,应当说在我国也不具备……在那种对法官的公正性存在相当怀疑的社会背景下,在庭审仪式上要求对法官的礼仪性尊敬多少显得有些勉强”，[①]此后《刑事诉讼法》历经两次修正，审判制度的完善有目共睹，[②]但是社会、司法职业共同体相互之间尤其是对法官的信任还没有真正建立起来，“推进以审判为中心的改革”的关键，也恰恰在于社会、当事人、其他诉讼参与人在个案中对法官乃至司法的信任，司法公信力的提升一如既往地任重道远。这里，重要的是离不开以法官为核心的审判主体要按照审判中心主义的内在要求所思所想、所作所为。观念是行为的先导，观念说到底是文化，因而要想落实“推进以审判为中心的改革”，我国的刑事审判要践行“审判中心主义”，贯彻程序正义必然需要与“推进以审判为中心的改革”同步推进“审判文化”的转型，这表明我国的审判文化需要实现现代化。刑事审判现代化，既包括刑事审判制度的现代化，也包括观念性刑事诉讼文化的现代化，更是社会各类主体在刑事审判方面的现代化。这意味着，我国“推进以审判为中心的改革”，说到底是继续坚持中华文明的连续性，以现代刑事审判观念推动我国法治建设前进，实现现代化。换句话说，审判是人对人的审判，刑事审判的现代化是人对人审判运行方式的现代化，以现代文明的方式对待受审之人，关键在于主体在审判方面的现代化与审判实践的现代化，相应的审判理念、制度、行为、场景、仪式各要素也要实现现代化，这是审判文化现代化的基本面向。

刑事审判文化现代化最先在英国实现。19 世纪，有一位睿智的英国人曾经对美国的思想家爱默生说：“我们只是没有版权，但永远是老师。”[③]在特定意义上，英国向“所有国家灌输了她的文明、智慧和品位；为了抵制这些英国精神的压制，一个严肃的人只有把英国文明和遥远的东

① 龙宗智：《应当研究“诉讼文化”》，载《中外法学》1990 年第 6 期；龙宗智：《上帝怎样审判》，中国法制出版社 2000 年版，第 38 页。

② 2012 年，《刑事诉讼法》第二次修正，亮点有：证人、鉴定人、警察出庭作证制度，庭前会议制度，庭审中的非法证据排除制度，法庭审理对量刑事实的调查、辩论，简易程序等。2018 年，《刑事诉讼法》第三次修正，简易程序、认罪认罚案件的审理、缺席审判等，此次修法美中不足的是，推进以审判为中心的诉讼制度改革的试点成就没有被吸收。

③ ［美］爱默生：《英国人的性格》，辜涛译，中央编译出版社 2019 年版，第 50 页。

西方文明、古希腊文明、东方文明,以及理想的标准作比较,才能帮助自己获得独立的想法”。[①] 就刑事审判文化研究而言,本书选择中英刑事审判文化比较研究的意义在于:其一,刑事司法现代化先行者的成功条件。“惩罚的渴望和对误判的担心之间的紧张关系”[②]是刑事程序发展中的一条主线,观念与制度互为表里的与时俱进是刑事程序发展的一个重要面向,发展进路有自生自发和理性建构之分。前者的典型是英国,旧因素在保留中逐渐产生进步的因素,没有疾风骤雨式的革命事件却在走向现代之路上遥遥领先。现代刑事审判也是由其最早(于 18 世纪末)确立起来的。在我国五千年的文明中,刑事审判史源远流长。从中西对比看,在轴心时代[③],我国便奠定了传统刑事审判走向,却为近代西方列强入侵而阻断,求强、求富的社会转型中刑事审判程序迈向理性建构之路,由清末新政到民国审判方式的变革、革命政权中对刑事审判的探索、新中国对刑事审判的发展、党的十一届三中全会后 40 余年的审判改革,我国的刑事审判由传统社会的自安自赏转变为近代以来由国家推进的建构模式,拐点前后的不同之认识需要进行比较,英国的刑事审判[④]演进便成为最佳的参照系。其二,程序正义的落地生根需要追根溯源。刑事审判文化转型要比审判制度完善复杂得多,但是审判中心主义的确立,离不开程序正义在审判制度中的落实,保障被告人享有公正审判权,程序正义固然可

---

① [美]爱默生:《英国人的性格》,辜涛译,中央编译出版社 2019 年版,第 51 页。

② [英]萨达卡特·卡德里:《审判的历史——从苏格拉底到辛普森》,杨雄译,当代中国出版社 2009 年版,“导言”第 6 页。

③ 这一概念最早由德国哲学家雅斯贝尔斯主张,他认为:“一个为所有民族进行历史性自我理解的共同框架,这对西方和亚洲乃至所有人都是一样的,并没有某一特定的信仰内涵的尺度。这一世界史的轴心似乎是在公元前 500 年左右,是在公元前 800 年到公元前 200 年产生的精神过程。那里是历史最为深刻的转折点。那时出现了我们今天依然与之生活的人们。这一时代,我们可以简称其为‘轴心时代’。”参见[德]雅斯贝尔斯:《论历史的起源与目标》,李雪涛译,华东师范大学出版社 2018 年版,第 8 页。

④ 今天,英国是指大不列颠及北爱尔兰联合王国,因为历史上大不列颠王国在形成中,主要领土一直为英格兰地区,因此以英国称之,英伦三岛是指英格兰、苏格兰和威尔士,本课题主要从英格兰或者说盎格鲁-撒克逊传统来分析,所指一般包括英格兰与威尔士,但主要是英格兰,不包括苏格兰。

以进行多种解读，但追根溯源与英国的普通法传统渊源密切，与英国的“自然正义”密不可分。陈瑞华教授指出，“程序正义作为一种观念，早在 13 世纪就出现在英国普通法之中，并在美国当地前所未有地发展。程序正义观念的古典表述在英国是‘自然正义’”。[①] 更何况，“从历史的视角来看，英国的刑事诉讼程序似乎一直得到整个西方世界的青睐”。[②] 随着诺曼征服，英国的审判文化在自身独特的条件下，在“司法与宪政”的长期互动中塑造了英国法的精华，[③]逐步确立了现代刑事审判制度、形成现代审判文化。这对我国“推进以审判为中心的改革”具有重要的参照意义。因而，中英刑事审判文化的比较研究势在必行。其三，刑事审判文化生成过程的区分意义。德国哲学家雅斯贝尔斯指出：“从整体上来看，人类是一个生命的过程。人类生长、繁荣、成熟、衰老、死亡。但这不仅仅是可以被想象成人类独一无二的发展过程，而且也是相继和并存的人类文化的反复、多次的发展过程……作为历史主体的各种文化，具有合法的进程，具有生命的各个阶段，具有开始与终结。”[④]在英国史上，“无论是巡回法庭的开始，还是令状的‘司法化’，以及法官的‘独立’，都并非历史中的行动者刻意追求的结果，而更多是一些针对具体问题的补救措施或意外事件，最终达到的效果，可能远在设计者的意料之外”，[⑤]其遵循的是进化论理性主义。相应地，英国的法律文化也好，刑事审判文化也罢，都有一个自身的发展过程，英国因其与众不同的历史条件、发展历程，使审判文化的生成演进具有独特的面向，这对于我国当下刑事审判文化的培育在对应物的形塑上具有区分意义。

这一研究本身具有如下意义：一是通过引入哲学、文化学等分析视

---

① 陈瑞华：《刑事程序的法理》，商务印书馆 2021 年版，第 189 页。

② 陈瑞华：《刑事程序的法理》，商务印书馆 2021 年版，第 324 页。

③ 参见李栋：《通过司法限制权力：英格兰司法的成长与宪政的生成》，北京大学出版社 2011 年版，第 1 页。

④ ［德］雅斯贝尔斯：《论历史的起源与目标》，李雪涛译，华东师范大学出版社 2018 年版，第 273 页。

⑤ 于明：《司法治国：英国法庭的政治史（1154—1701）》，法律出版社 2015 年版，第 21 页。

角,重构审判文化的一般原理,区别于既往简单的制度与观念的二分法,抛砖引玉,推进法律文化原理研究的发展,并且促进法学研究与人文社会科学的文化研究形成对话,在对中国审判文化现代化的共同关注中,在相互启发、相互影响中凸显法学研究的“中国意识”“中国学术话语权”。二是推进刑事审判文化研究的深入。中英之间开展比较研究,有助于我国刑事审判文化转型研究的深入,“他山之石,可以攻玉”,从刑事审判文化现代转型入手,考察其转型具备的条件,转型中的观念形成、转型中的制度变革、转型中法官群体“普通法智识”的形成等,为我国当下进行的刑事审判文化转型提供对照,使我国的刑事审判文化研究更加有的放矢,进而切实为刑事审判制度改革提供支撑。三是通过中英对比,在肯定英国现代刑事审判文明成就的同时,挖掘我国传统审判文化中的精华,创造性地转化为我国当下刑事审判的制度设计,促进我国刑事审判制度的完善,从中坚定文化自信、增强历史自信。四是将刑事审判文化的转型与刑事审判主体的现代化相结合,将刑事审判文化转型与现代刑事审判主体的培育相统一,使刑事审判文化转型研究能够真正落地生根,使德才兼备的法治队伍建设有切实抓手,使法学教育的育人指向在一定程度上得以具体化,避免因主体的缺席而导致结论的空洞化、简单化。五是将刑事审判文化研究与习近平法治思想相结合,如果说“建设社会主义法治文化,就是要深入学习宣传贯彻习近平法治思想,完善中国特色社会主义法治理论,大力弘扬宪法精神,在法治实践中持续提升公民法治素养,推动中华优秀法律文化创造性转化、创新性发展”,①或者说“价值观是文化的灵魂。有共同的文化传统和价值观,中华民族才能有共同的精神家园”,②那么,现代审判文化的培育也要遵循前述进路,引入习近平法治思想,践行社会主义核心价值观,形塑审判文化、推动审判文化转型、聚焦司法诚

① 《习近平法治思想概论》编写组:《习近平法治思想概论》,高等教育出版社 2021 年版,第 189 ~ 190 页。

② 韩震:《社会主义核心价值观的话语构建与传播》,中国人民大学出版社 2019 年版,第 99 页。

信，增强在刑事审判现代转型中的理论自信、道路自信。

顺带指出，本书研究的关键词之一便是“中国刑事审判文化的现代转型”，是中国式刑事诉讼现代化研究[①]的重要组成部分，是对中国式现代化的一种回应，与贯彻落实党的二十大精神不谋而合，同时也是对2023年2月中共中央办公厅、国务院办公厅印发的《关于加强新时代法学教育和法学理论研究的意见》在“法学理论研究”方面新要求的一种自觉尝试。

二、相关研究成果述评

田口守一教授指出：“审判程序是刑事诉讼程序的核心。只有在审判过程中才能发现真实事实和充分保障人权（审判中心主义）。”[②]相应地，刑事审判文化是刑事诉讼文化的下位概念，而刑事诉讼文化是诉讼文化的一个重要组成部分，是诉讼文化中至关重要的一部分，刑事诉讼文化同样是法律文化的一部分，因而这里展开的顺序是文化→法律文化→诉讼文化或刑事诉讼文化→刑事审判文化。因为寻找我国刑事诉讼文化转型的借鉴因素，而国外展开的中英对比研究难得一见，在此仅考察我国有关这一问题的相关研究。

（一）我国相关研究综述

因为本书的研究重点在刑事诉讼领域，审判文化是关键词，所以对法律文化的研究仅关注那些影响较大、影响深远的成果，不能面面俱到。就中英审判文化对比而言，英国审判制度的发展完善是一个自生自发的过程，观念转变与制度完善相辅相成；而我国则是制度先行，观念转变滞后的，制度与观念断裂导致审判制度失灵等是一个亟待理论阐述的问题，因而审判文化的比较研究很大程度上仅仅是一个中国法律问题的研究。这

① 参见孙记：《中国式刑事诉讼现代化的学理阐释》，载《河南大学学报（社会科学版）》2023年第4期。

② ［日］田口守一：《刑事诉讼法》（第7版），张凌、于秀峰译，法律出版社2019年版，第325页。

固然不排除国外学者的关注,但基本上还是一个中国学者感兴趣的问题,[①][②]这一问题研究的成果以我国学者研究为主,全面深入研究审判文化的成果较少,相比制度研究蔚为大观,法律文化的研究相对较少,因而此处围绕文化→法律文化→刑事审判文化的思路粗线条展开。

1. 东西方文化的比较

哈罗德·J. 伯尔曼教授指出:"西方是具有强烈时间性的文化方面的词。不过,它不仅仅是一种思想;它也是一个社会共同体。它意指历史的结构和结构化了的历史两个方面。在数百年中,能够很简单地把它等同于西方基督教世界中的人们。"[③]从我国法律走上现代化之日起,西方便成了我国刑事审判理解、定义自身的参照物,因而定义中国不可或缺的参照便是西方。

刘作翔教授强调:"文化概念是法律文化概念的源头和基础;并且,在所有的法律文化的基本理论问题研究中所出现的争议和歧义,始终是同对文化的理解相互纠缠着,相联系着。因此,理解和认识文化的概念,是理解和认识法律文化概念及其理论问题的钥匙。"[④]所谓文化,梁漱溟先生(1920 年)认为"不过是那一民族生活的样法罢了",即一是精神生活方面,如宗教、哲学、科学、艺术等。宗教、文艺是偏情感的,哲学、科学是偏理智的。二是社会生活方面,我们对于周围的人——家族、朋友、社会、国家、世界——之间的生活方法都属于社会生活的一方面,如社会组

① 对我国审判文化感兴趣并且取得成果的有些是美国学者,美国中国学派学者对中国文化的研究已经形成一以贯之的脉络,学界比较熟悉的,如黄宗智教授解读清代、民国的诉讼档案,无论是研究方法还是研究结论均可圈可点。日本学者对我国的审判史研究也较多,如滋贺秀三教授、池田浩明教授等。其中多侧重于历史考察,研究刑事审判文化转型的则接近于零,更谈不上中英比较。

② 从更广泛的意义上,我国法律史学者对普通法、法律职业、司法等历史的考察,也与英国审判文化有关,但基于本课题以审判文化现代化为主题进行考察,尽管相关研究成果意义重大,但主题不是很鲜明,所以此处不作梳理。

③ [美]哈罗德·J. 伯尔曼:《法律与革命》(第 1 卷),高鸿钧等译,法律出版社 2018 年版,第 3 页。

④ 刘作翔:《法律文化理论》,商务印书馆 1999 年版,第 10 页。

织、伦理习惯、政治制度及经济关系。三是物质生活方面,如饮食、起居种种享有,人类对于自然界生存的各种。[①] 也可以说,“文化就是吾人生活所依靠之一切,意在指示人们,文化是极其实在的东西。文化之本义,应在经济、政治,乃至一切无所不包”[②]。若要思考“一家文化”的根本或源泉,要去看“文化的根原的意欲,这家的方向如何与他家的不同。你要去寻这方向怎样不同,你只要他已知的特异采色推他那原出发点,不难一目了然”。[③] 据统计,文化的概念表述达 260 多种,上述文化概念尽管不能代表全部,但是既为我国学者所熟知,也能够涵盖比之限定更具体的文化,观念及体现观念的组织与制度为中观,观念层面则为狭义,也是文化的核心部分。

中西文化的分水岭是为“宗教问题”,即“中国古代社会与希腊罗马古代社会,彼此原都不相远的。但西洋继此而有之文化发展,则以宗教若基督教者作中心;中国却以非宗教的周孔教化作中心。后此两方社会构造演化不同,悉决于此。周孔教化‘极高明而道中庸’,于宗法社会的生活无所骤变(所改不骤),而润泽以礼文,提高其精神。中国遂渐转进于伦理本位,而家族家庭生活乃延续于后。西洋则以基督教转向大团体生活,而家庭以轻,家族以裂,此其大较也”[④]。就个人与家庭、社会的关系而言,“团体与个人,在西洋俨然两个实体,而家庭几若为虚位。中国人却从中国就家庭关系推广发挥,而以伦理组织社会,消融了个人与团体这两端(这两端好像俱非他所有)”[⑤],“伦理本位者,关系本位也”[⑥],“盖正为社会组织从伦理情谊出发,人情为重,财物斯轻,此其一。伦理因情而有义,中国法律一切基于义务观念而立,不基于权利观念,此其二”[⑦]。据

---

① 参见梁漱溟:《东西文化及其哲学》,商务印书馆 2010 年版,第 20 页。
② 梁漱溟:《中国文化要义》,上海人民出版社 2005 年版,第 6 页。
③ 参见梁漱溟:《东西文化及其哲学》,商务印书馆 2010 年版,第 36 页。
④ 梁漱溟:《中国文化要义》,上海人民出版社 2005 年版,第 46 页。
⑤ 梁漱溟:《中国文化要义》,上海人民出版社 2005 年版,第 70 ~ 71 页。
⑥ 梁漱溟:《中国文化要义》,上海人民出版社 2005 年版,第 84 页。
⑦ 梁漱溟:《中国文化要义》,上海人民出版社 2005 年版,第 74 页。

此,文化在历史上形成的关键时期,大致在宋代,士绅阶层将理学观念引入家礼、乡约、族规、族谱等(如朱熹编订的《文公家礼》、吕大钧缩编《吕氏乡约》等)乡人、族人的行为规范,影响深远,“在这里,思想成为原则,而原则又成为规则,而规则就进入民众生活,当民众在这种规则中生存已久,它就日用而不知地成了‘常识’,任何违背常识的行为都将成错误甚至罪孽”,①其中既有劝善尽孝、做人修身的规定,也有禁止奸盗、淫恶、凶暴等法则,祠堂、乡祠中族长、乡正也可以针对刑狱事件行使生杀予夺大权,与国家法对应的以刑狱惩罚为主的国家刑事审判遥相呼应,对国家与乡间秩序的调整起着相辅相成的作用。就审判文化而言,从西周开始,世俗的审判文化逐渐一枝独秀,到唐朝,唐律中宗教因素的残余因素仅是“断屠月”“禁杀日”等内容,这意味着“中国传统的审判文化属于世俗的审判文化”。②

早期东西方文化探讨的动因在于:西方化政治制度失灵,真正的原因“在于中国一般国民始终不能克服这梗阻,而所以不能克服梗阻的原故,因为中国人民在此种西方化政治制度之下仍旧保持在东方化的政治制度底下所抱的态度。东方化的态度,根本上与西方化剌谬;此种态度不改,西方化的政治制度绝对不会安设上去”③! 葛兆光教授认为:文化的接受较为复杂,要做到真正的接受,要在“自己的知识背景中寻找资源,对这些新知作彻底的理解和诠释”④。相应地,梁漱溟先生开出的“药方”是:“怎样能让个人权利稳固社会秩序安宁,是比无论什么都急需的。”⑤克服的便是“中国式的人生,最大特点莫过于他总是向里用力”,⑥这与“自天子以至于庶人,壹是皆以修身为本”遥相呼应。中国伦理“推家人之情以及

① 葛兆光:《中国思想史》(第2卷),复旦大学出版社2001年版,第272页。
② 参见王立民主编:《中国传统侦查和审判文化研究》,法律出版社2009年版,第320页。
③ 梁漱溟:《东西文化及其哲学》,商务印书馆2010年版,第18页。
④ 葛兆光:《中国思想史》(第2卷),复旦大学出版社2001年版,第499页。
⑤ 梁漱溟:《东西文化及其哲学》,商务印书馆2010年版,第225页。
⑥ 参见梁漱溟:《中国文化要义》,上海人民出版社2005年版,第171页。

于社会一切关系,明著其互以对方为重之义,总使它对立不起来"。[①] 当然"中国文化最大之偏失,就在个人永不被发现这一点上。一个人简直没有站在自己立场说话机会,多少情感要求被压抑,被抹杀",[②]相应地,"义务乃本于情义而自课者,初非外来强权之所加,是道德上之义务,非法律上之义务。各人站在自己立场则相争,彼此互为对方设想则相让"。[③] 这种义务形成的惯性便是对权力的服从,正因为如此,周国平教授指出:"在转型时期的中国,我们最缺少、最需要的东西,一是信仰,二是法治,前者与形而上学相关,后者与自由主义相关。由于这两样东西的薄弱,我们已深感经济转型的艰难。没有精神文化转型和社会秩序转型的配套,经济转型绝不可能孤立地成功。"[④]陈来教授也强调:"轴心时代中华文明形成的基本价值成为主导中华文明后来发展的核心价值。经过轴心时代以后两千年的发展,中华文明确定地形成了自己的价值偏好,举其大者包括:责任先于权利,义务先于自由,社群高于个人,和谐高于冲突,以及天人合一高于主客二分。"[⑤]

2. 法律文化研究

刘作翔教授总结认为,我国法律文化的研究从一开始便沿着大致五个方向展开:法律文化基本理论的研究;法律文化比较研究;中国传统法律文化史的研究;法律文化的社会实证研究;法律文化的部门法研究。[⑥]这里的法律文化的社会实证研究跟本文的研究主题较远,再加上与刑事审判文化密切相关的研究较少,所以本文不再进行梳理。其实,曾宪义先生任总主编"'十一五'国家重点图书出版规划教育部哲学社会科学重大

---

① 参见梁漱溟:《中国文化要义》,上海人民出版社 2005 年版,第 178 页。

② 参见梁漱溟:《中国文化要义》,上海人民出版社 2005 年版,第 221 页。

③ 参见梁漱溟:《中国文化要义》,上海人民出版社 2005 年版,第 227 页。

④ 周国平:《中国人缺少什么?:西方哲学接受史上两个案例之研究》,上海人民出版社 2017 年版,第 352 页。

⑤ 陈来:《中华文明的核心价值:国学流变与传统价值观》,生活·读书·新知三联书店 2015 年版,第 57 页。

⑥ 参见刘作翔:《法律文化理论》,商务印书馆 1999 年版,第 33～34 页。

研究课题攻关项目资助”的《中国传统法律文化研究》(10卷本,中国人民大学出版社):《礼与法:中国传统法律文化总论》(曾宪义、马小红主编);《罪与罚:中国传统刑事法律形态》(赵晓耕主编);《身份与契约:中国传统民事法律形态》(赵晓耕主编);《官与民:中国传统行政法制文化研究》(范忠信主编);《狱与讼:中国传统诉讼文化研究》(胡旭晟主编);《律学与法学:中国法律教育与法律学术的传统及其现代发展》(曾宪义、王健、闫晓君主编);《冲突与转型:近现代中国的法律变革》(夏锦文主编);《输出与反应:中国传统法律文化的域外影响》(马小红、史彤彪主编);《借鉴与移植:外国法律文化对中国的影响》(叶秋华、王云霞、夏新华主编);《传承与创新:中国传统法律文化的现代价值》(夏锦文主编)。除了诉讼文化这一部分,本书以下按照刘作翔教授的描述选择相关著作分析。

其一,基本理论研究。刘作翔教授认为:“法律文化是一个宏观的法学新思维,它渗透在人类的法律实践活动之中。法律文化既体现在作为隐性的法律意识形态之中,也体现在作为显性的法律制度结构之中;法律文化既是历史文化的遗留,也是现实的人类创造。过去人们创造了法律文化,今天人们仍在发展着法律文化。”[①]法律文化“既是一种用文化眼光认识法律现象的思维方式和研究方法,也是一种具有实体内容和对象化的文化结构”,即作为“方法论意义”的法律文化与作为“对象化”的法律文化。法律文化“由什么构成”便是法律文化的结构,作为法律文化深层结构的法律意识形态包括法律心理、法律意识、法律思想体系,以法律意识形态的外在化表现形态为表层结构,包括法律规范、法律制度、法律组织机构、法律设施。法律文化具有物质依附性、具有政治功能、具有普遍适用性、具有历史连续性、具有民族性、具有互融性,法律文化可以区分为十大类型,即地域型法律文、国度型法律文化、宗教型法律文化、历史序列型法律文化、法系型法律文化、法典型法律文化、文化形态型法律文化、表

① 刘作翔:《法律文化理论》,商务印书馆1999年版,第2页。

现及运作方式型法律文化、生产形态型法律文化、社会形态型法律文化。法律文化中的观念形态“在社会中的广泛传播性、普及性”，法律制度、法律规范体系“在社会生活中得以实现的有效性”，以及法律组织机构、法律设施的“社会适应性和完善性”，[①]是法律文化的社会化，其途径包括大众传播、正规的法律教育、非正规的法律教育、高层次的法律理论研究、法律实践活动中的信息传播和反馈。法律文化在自身发展变迁的过程中，“由于内在矛盾性”不适应社会生活或者各类“不同法律文化差异性等因素”导致法律文化冲突，在当代中国体现为“以适应现代化社会潮流的较为先进的制度性法律文化”和“以传统社会为根基的较为落后的观念性法律文化”的二元结构，这是中国走向法治的最大障碍，中国法治现代化的出路是“打破二元文化结构，寻求法律文化结构的内部协调，实现文化整合”，法治建设的战略选择就是“在不断完善以法律制度为核心的制度性法律文化的同时，应高度重视公民的法律文化心理和法律价值观的培养和教育，使其由传统形态向现代形态转变，使观念性法律文化与制度性法律文化相协调，实现文化整合”。[②] 法律文化现代化从静态上看，意味着法律文化“整体结构、体系、内容的现代化”，既包括表层结构各要素的现代化，也包括深层结构各要素的现代化；法律文化现代化从动态上看，要求整个社会共同生活中贯彻法治原则，要求相应地确立“现代法律价值观和行为方式”，法律文化现代化的实现途径包括“制度更新与观念变革”、法律文化的选择与整合、法律文化的进步与发展，我国文化现代化的动力是市场经济和民主政治的发达，针对传统法律文化要从其结构实现制度更新和观念变革，针对西方法律文化要以一种现实主义的开放姿态，有选择地吸收和借鉴。

其二，中西法律文化比较研究。张中秋教授对中西法律文化比较持续研究 30 余年，专著出版到第 5 版，共有 9 章，在学界影响深远。从法的

---

① 参见刘作翔：《法律文化理论》，商务印书馆 1999 年版，第 179 页。

② 参见刘作翔：《法律文化理论》，商务印书馆 1999 年版，第 278 ~ 279 页。

生成看,中国以"刑为中心"的古代法起源于部族征战,即刑起于兵;西方古希腊法与罗马法起源于氏族内部贵族与平民之间的矛盾和斗争。从法的本位来看,我国传统法律走的是氏族(部族)→家族(宗族)→国家(社会)的"集团本位"道路;西方法律本位经历了氏族→个人→上帝(氏族)→个人的"个人本位"道路。从法的文化属性看,我国古代传统法律文化应该是一种"刑事性的或者说以刑法化为基本特色"的公法文化;西方法律在传统上则是一种私法文化。从法与宗教伦理关系看,西方法律"相对于我国传统法律的伦理化",具有强烈的"宗教性"。从法的体系看封闭性与开放性的辩证法,"如果把百年来的历史和更远的未来连接起来看,则我国法律体系在变法修律和改革开放中走向新生,而扩张后的西方法律体系如果不保持它的开放性则难免最终亦会走向封闭"[①]。从法的知识类型看,我国传统的"法律学术"一般统称为"律学",从汉代开始,主要是从"文字、逻辑和技术上对法律条文进行详细解释,关注的中心问题是刑罚的宽与严,肉刑的存与废,律、令等法条的具体运用"[②]等;西方的法学作为一门发达的学科,"历史悠久,持续不断,愈趋兴盛""学派众多,名家辈出,著述丰富""范围广泛,方法多样,理论博大精深""社会敬重,地位显赫,影响巨大",具有价值性、学理性、批判性、"社会——政治的使命感与独立性",不同的法学流派在各自盛行时期对法律的发展起着推动作用。从法的精神看,贯注在我国古代传统法律中的"政治意志的属性是专制性的"而不是民主性的,所以,它的基本精神只能是"人治"而不是法治;西方法律文化中有一条清晰的法治理路,即"人性恶→法治→分权→三权分立→人权",西方法律的传统精神是"法治"而非人治。就价值取向而言,我国古代思想家和各式各样的法律,在以"谋闭而不兴,盗窃乱贼而不作"为中心的和谐社会中探索和运行,我国传统法律文化所追求的理想或价值取向为"无讼";西方对"正义的追求构成了西方法学与法律发展的

---

① 张中秋:《中西法律文化比较研究》(第5版),法律出版社2019年版,第196页。

② 张中秋:《中西法律文化比较研究》(第5版),法律出版社2019年版,第256页。

主线,亦是我们认识西方法律家及其活动意义的指南”,因此“正义”始终是西方“法的目的”或者说法律文化的“价值取向”,[①]而“正义”的核心是自由,现代保障自由的法律的轴心是“权利”。最后,从人的文化原理看,我国文化原理——身心关系,心主身从“不仅标志着人类进入了文明时代,而且迄今仍是人类文明的原动力”。[②] 我国文化中心对应体现的是“阳”,“阳”在法律中对应体现的是“德”,法律文化便体现为“德主刑辅”,这是我国法文化展开的轴心和基本结构的原型;西方文化中“心”的对应体现为“神灵”“上帝”“精神”,其在法律中对应体现的是理性,“法律与宗教”或者说“知识与信仰”之治,自然成为西方语境中的理性控制。

其三,中国传统法律文化研究。袁瑜琤博士对我国传统法律文化的研究从十二个方面展开,意在梳理“朴素的人情事理”,解读“传统法律文化中的是是非非”,“描摹”人们心底里所“信赖着的价值体系”,供法律学人“自觉地磨砺品质、敦厚情操,移风易俗”。[③] “家”体现着我们对“生活与生命的理解”,体现着我们对“生与死的信念”,一以贯之的“家庭文化”,是当下“立法和法学必须正视的事体”,[④]“家”的观念,是整个中国传统文化中“砥砺社会道德的”基石。我国传统政治与法律文化的“核心价值追求”是“礼之用、和为贵”,“和”是家庭生活、社会秩序、政治实践乃至个人身心及其与大自然的“相处之道”,即“中庸之道”。政治伦理领域的腐败堕落对应着“礼坏乐崩”,实质在于“人心里‘忠恕之道’的缺失”。孔子儒学借助一个“仁”的信念,处处弘扬“君子以自强不息”的道德自觉之路,君子慎独、知行合一,《孟子》仁政思想强调的是“教之”“明人伦”。先秦法家的法律思想被归结为“好利恶害的人性论”,主张“法自君出”“不分亲疏,不殊贵贱,一断于法”“重刑轻罪,以刑止刑”等几

① 参见张中秋:《中西法律文化比较研究》(第5版),法律出版社2019年版,第279页。

② 参见张中秋:《中西法律文化比较研究》(第5版),法律出版社2019年版,第279页。

③ 参见袁瑜琤:《中国传统法律文化十二讲:一场基于正义与秩序维度的考量》,北京大学出版社2020年版,第12页。

④ 参见袁瑜琤:《中国传统法律文化十二讲:一场基于正义与秩序维度的考量》,北京大学出版社2020年版,第31页。

个方面。[①] 追问两千年天道,“天下到底是谁人的天下”,民贵君轻,“唯仁者宜在高位”。《唐律疏议》是中国法制史的重要成果,承前启后,法制史的发展历程为“以‘礼’率‘刑’”→片面重法的变法与秦政→“纳礼入律”且又“礼律并行”,“礼”为“三纲”,实质为“君为臣纲”,以统治百姓。循吏(循良之吏)的施政作为可以概括为“儒者之刑名钱谷,则准情酌理,辨别疑难,通乎法外之意”;[②]讼师作为一个整体,多受官府打压,今天的法学教育应该强化“公平正义的信念”(法律人素养)的熏陶。一方乡土,为了维系基本治安,而主动订立契约,靠特定的仪式和程序来保证其实效。清末以来,编成六法全书体系,逐步落实法治观念,西方宪法秩序观念的介入与落实,法学学说与实践是一个移风易俗的革命运动。从“六法”体系的历次建构到新中国成立,结果是“一百多年来东搬西抄的法律移植,纸上的权利概念习惯了自说自话的证成方式,而不免太过漠视普通百姓的最为朴素的生活情感”。[③] 最后,礼义廉耻,是弥足珍贵的生活信念,中国法学,应当在关乎体现“世间久远的福祉与正义”的生活上提供助力。

其四,中国传统侦查和审判文化研究。这一部分内容由王立民教授组织完成。侦查部分有十个方面。中国奴隶社会时期,传统侦查得以创生并形成雏形,但体系化的成熟制度,具有简陋、简朴的特征,侦查因刑事诉讼与民事诉讼区分而获得发展良机,侦查职能运作中权力因素较强,“礼治”在侦查中得到体现,侦查方法在一定程度上带有科学性,“神判”渐渐淡出历史背景而重视人的作用。春秋战国时期,侦查模式日趋成型,特定的“纠问式”体制开始形成,以逮捕为中心的侦查体系逐渐形成,法定证据制度初步确立。传统侦查启动带有明显的“纠问式”体制,缺乏“立案”程序,启动途径多元(告报、自告、告奸、官纠举)化,启动形式规范

---

① 参见袁瑜琤:《中国传统法律文化十二讲:一场基于正义与秩序维度的考量》,北京大学出版社 2020 年版,第 132 页。

② 参见袁瑜琤:《中国传统法律文化十二讲:一场基于正义与秩序维度的考量》,北京大学出版社 2020 年版,第 252 页。

③ 参见袁瑜琤:《中国传统法律文化十二讲:一场基于正义与秩序维度的考量》,北京大学出版社 2020 年版,第 373 页。

程序化。告报、自告/自首、告奸/检举、官纠举构成传统侦查的启动格局。告报是被害人在犯罪(命案、盗案)发生后向官府控诉、告发的行为,这是被害人义务,要符合管辖要求;自告(自首)是犯罪行为人犯罪后主动投案,以传统文化的内省(修身)为支撑;告奸(检举)是知情人向官府检举揭发他人犯罪行为,以传统文化的"律他"(齐家、治国、平天下)为支撑;官纠举,是国家官员依职责纠举发现犯罪行为,与诉讼的"纠问式"因素相契合,分官吏犯罪与一般臣民犯罪两种,即"治吏"与"治民"二重体系。传统侦查行为的准则包括:严格依照法律的相关规则进行;必须"据证"进行;必须"据证"与"察情"回溯性推理;侦查行为遵循有限公开;侦查行为必须兼顾效率;侦查行为在不同辖区的协作。传统侦查的常规措施包括侦查实验、检验检查、侦查辨认、控制赃证、围追堵截、"名捕"通缉;实物证据收集的现场勘验措施:启动侦查后,紧接着是现场勘验,涉及犯罪现场保护、实地勘查、现场访问,现场勘验应该及时、到场、谦抑否则要承担责任;言词证据的收集;被害人、证人之"讯"要严格遵循规定,对犯罪嫌疑人之讯规定更为严格、周密,侦查中"拷讯"的对象主要是犯罪嫌疑人乃至被害人、证人、适用条件严格、程序严格、责任明确。传统侦查中的强制措施有拘传、取保候审,羁押性措施"捕系"(捕后羁押待质),秘密侦查措施有特情、便衣侦查、秘密辨认、跟踪盯梢、秘密监听,传统侦查基础性措施有情报建设、侦查技术(法医技术、痕迹技术、文书检验)。我国传统侦查文化与传统社会的契合:侦查文化与传统政治关系密切,侦查机构及侦查人员为政治机器的一部分,侦查文化在维护专制统治中形成制度文化,古代特权维护决定了侦查文化的内容;侦查文化受传统经济影响,侦查文化带有农耕色彩,侦查手段体现农耕生活,侦查对象与农耕社会息息相关,侦查技术与农耕生活密不可分;侦查文化与传统文化相互支持、相互促进,侦查机构及侦查人员接受传统文化教育,侦查官吏学习礼法对接的法律,侦查文化渗进传统文化尤其是传统法文化。中西传统文化比较的内容包括:侦查文化嬗变规律;"兵刑渊源";我国侦查文化中的"民本主义"与西方基督教影响不同;"专制"是我国传统侦查文化的根本品质,但专制程度不高;侦查文化打上了“礼治”的烙印(宗教因素、地缘因素不彰);侦查文化中蕴含“工具主义”(缺乏独立程序价值);侦查文化“重经验轻科学”。[①] 鸦片战争后,租界建立及西方刑事司法的运行,我国近代警察的萌芽及20世纪初现代警察机制的引入,侦查中的检警一体化,近代侦查的法制化、文明化、科学化,导致我国传统侦查的衰微。审判部分有六个方面。审判文化作为法律文化的组成部分,包括审判制度、审判机构及设施、审判思想等。春秋战国之后,植根于我国传统社会的审判思想逐渐形成,即息讼与省刑、经权变通与“情、理、法”的审判思想,传统审判文化的基本精神为“追求天人合一之下的社会和谐”[②]、维护专制主义、维护家庭伦理,传统审判文化的价值取向是公平正义、社会秩序至上、重伦常、无讼。我国传统的审判制度中,审判机构“行政兼理司法”,制度设计主要包括一般程序设计、会审制度、审转制度,衙门与城隍作为审判场域,时空布局对应不同性质的案件在不同的场域审理,发挥着不同的审判功能,这些审判制度具有维护等级秩序、君主专制与最高司法权、慎刑与宽恕的特点。我国传统裁判在讲求技术的同时还追求艺术,因案而异,刑事裁判更侧重于技术,而民事裁判则向艺术靠拢,这是由审判官所接受的儒家经典熏陶决定的,[③]依律断罪、比附类推原则,情、理、法综合断案原则蕴含的司法理念为明法断案、推行教化、息讼调解。我国传统社会的世俗性、伦理与农耕结合性、专制性决定了审判文化不同于东西方的其他国家,审判理念上追求“无讼”与“正义”、审判适用方面重礼、理等法外规范与重法律、审判方式上的封闭与公开构成了中西审判文化的差异,少宗教与多伦理因素决定了我国与其他国家审判文化的不同。我国传统审判文化的近现代转型过程呈现的特点是:一方面,“引进司法先进的法治模式来重建司法审判的进程,裹杂着传统的司法理念、道德要求等传统因素

① 参见王立民主编:《中国传统侦查和审判文化研究》,法律出版社2009年版,第167页。

② 王立民主编:《中国传统侦查和审判文化研究》,法律出版社2009年版,第244页。

③ 到明清时期,刑名幕友辅助审判工作,他们一方面自修法律知识技能,另一方面与审判官具有同样的儒家等知识背景。

不断前进”;另一方面,近代司法改革和转型都“继承了前一个阶段的传统法制的改造成果以及外来先进法制移植的双重结果”。在对传统法律文化创造性的转化中,要做到:(1)注重审判的社会教育作用;(2)调解制度的保留与扬弃。[①]

3. 诉讼/刑事诉讼文化

在我国学者中,较早关注诉讼文化[②]研究的应该是龙宗智教授(1990年),他认为:“诉讼文化属于法律文化的范畴,如果按某种包容性定义,它既可指有关诉讼的社会观念、历史习惯、理想信仰以及用诉讼方式解决社会冲突的社会生活,又可指关于诉讼的器物设施、典章制度及思想学说。”刑事诉讼应当研究诉讼文化:一是“对诉讼作文化上的观照,有助于我们把握诉讼模式的内在生命及运行机制”;二是“有助于我们把握刑事诉讼模式的运行环境和功能效应,从而保障制度有效而合理地运行并科学地谋划其改革完善”;三是对诉讼制度既要在制度层面比较,也要在深层的文化上进行比较。[③] 谢佑平教授也在研究中指出:“实现我国诉讼法制现代化的当务之急,主要不在于对法律和制度的修补或完善,而在于对诉讼观念和意识的改造或重构,其重心应当放在改造或重构国民诉讼文化心理和价值观念上,使其由传统型向现代型转变。只有这样,我们的诉讼法律制度才能发挥其应有功能和效益。”[④]汪建成教授认为:刑事诉讼文化有广义和狭义之分,广义既包括刑事诉讼制度也包括刑事诉讼观念,狭义的刑事诉讼文化专指“观念文化”,观念性诉讼文化具有抽象性、地域性、群体性、延续性,正是中西方在“国家形成方式”“地理环境”“社会结构”“经济条件”“思想条件”上的不同,决定了我国传统诉

---

① 参见王立民主编:《中国传统侦查和审判文化研究》,法律出版社2009年版,第341~382页。

② 在本书中,不对诉讼文化进行梳理,相关的理论成果值得肯定,对本书的形成也有重要的意义。参见孙记:《诉讼文化的重新界定》,载《内蒙古社会科学(汉文版)》2015年第1期。

③ 参见龙宗智:《应当研究“诉讼文化”》,载《中外法学》1990年第6期;龙宗智:《上帝怎样审判》,中国法制出版社2000年版,第74~76页。

④ 谢佑平:《讼诉文化论——兼谈我国诉讼法制的现代化》,载《现代法学》1992年第5期。

讼文化中"人的主体意识、程序意识"无法形成,这也就决定了我国刑事诉讼现代化所面临的主要问题是培育"诉讼观念和意识",重心在于"改造或重构国民诉讼文化心理和价值观念",包括:树立刑事诉讼的职业意识、培育公民的权利意识、司法中以法律评价社会主体的行为、建立公正观念深入人心的法治社会、培育程序意识、划定媒体对司法监督的合理边界。[①] 此后,刑事诉讼文化研究时断时续,狭义的审判文化——观念文化一直成为学术论文探讨的重点,甄贞教授等对中西刑事诉讼文化进行对比,主要区别如下:在价值取向上区分为"无讼与正义";在与宗教伦理的关系上区分为"伦理性与宗教性";在运行程序上区分为"无程序与程序性"。[②]

传统诉讼文化研究的推进,主要是我国的法律史学者,最为突出的成果便是胡旭晟教授主编的《狱与讼:中国传统诉讼文化研究》,全书110多万字,除引论外,共分四编,第一编为原则与精神(第1~4章),在这里,"和谐"与"无讼"之理想是我国传统诉讼文化价值取向的总原则。我国古代刑事诉讼是"'德'主下的'威',且'德'通过'中'体现'威',因此,'中'就成由'德'派生的刑事诉讼的理论指导……'中'作为刑事诉讼的理论基础",[③]几千年的传统诉讼法史就是一幅"德威、宽严和轻重之争的色彩斑斓的多彩画,理论和实践上(特别是实践)的时威时德、时宽时严、时轻时重总是反复出现或交替使用,始终没有形成较为成熟和稳定的理论形态和运作模式"。[④] 诉讼原则很难说能够贯穿始终,但是不同时期的原则可以归纳为等级特权、宗法伦理、仁道矜恤以及有罪推定和刑讯逼供原则等。民间诉讼意识作为文化小传统,要放在官民之间、雅俗之间的"关系结构"中来把握,该意识由"冤抑"修辞到"权利"诉求,用恶意诉冤

---

① 参见汪建成:《刑事诉讼文化研讨》,载《政法论坛》1999年第6期。

② 参见甄贞、李美蓉:《论中西刑事诉讼文化之对比》,载《山东警察学院学报》2010年第2期。

③ 参见胡旭晟主编:《狱与讼:中国传统诉讼文化研究》,中国人民大学出版社2012年版,第58页。

④ 参见胡旭晟主编:《狱与讼:中国传统诉讼文化研究》,中国人民大学出版社2012年版,第82页。

到自伤自裁诉冤、从个人复仇到群殴复仇的模糊面貌来呈现。第二编为诉讼主体（第5～9章），我国几千年的诉讼文化史，司法机构与诉讼当事人、司法官、幕吏、讼师、监狱作为诉讼的参与者，或有循吏、清官按照天理、国法与人情相结合“听明断平”，也有酷吏断案中的“严刑峻法”，更有贪官的“草菅人命”，当然刑名幕友与讼师虽然不是名正言顺的诉讼参与者，但是也对案件的裁断产生重大影响，诉讼当事人告发、参与诉讼既按伦理纲常要求，也要遵循因身份而限制诉讼权利的规定，刑罚的执行中有人道的一面，也有黑暗的一面。第三编为运行机制（第10～16章），具体包括：诉讼基本制度（管辖、回避、强制措施、时间与时效、辩护与代理）、诉讼程序（起诉程序、一审程序、上诉程序）、诉讼证据、司法判决、判词、司法监察、诉讼艺术。第四编为特殊的司法（第17～26章）。特殊的司法包括春秋决狱、家族司法（还包括孔府司法）、少数民族司法、宗教司法、行业司法（行业制裁、对“欺行霸市”者向官府的“禀究”，神明裁判）、（明清时期徽州的）地域司法、厂卫司法、涉外司法、调解。从第一编到第三编是一个“从内在到外在”“从抽象到相对具体和微观”的过程，第三编到第四编是一个“从普遍到特殊”的过程。这些内容“都是中华民族生活智慧的结晶，也是其人生经验的表达，它们无不集中反映出中国传统诉讼文化的独特性质与风貌……与西方传统诉讼文化和中国现代诉讼文化相比，中国传统的主流诉讼文化具有以下主要特质：（1）诉讼的道德化；（2）司法的行政化与诉讼的非专门化、非职业化；（3）诉讼的人情化与艺术化；（4）诉讼的低程序化；（5）司法的个别化与非逻辑化”①。

我国刑事诉讼文化研究，先后有4本专著出版。

梁欣博士试图“用文化的视角和立场对刑事诉讼现象进行解释和把握”，刑事诉讼文化是指“由社会观念（社会意识形态）引导的刑事诉讼法律价值及价值观以及相关的刑事诉讼法律制度和诉讼构造所构成的场

---

① 胡旭晟主编：《狱与讼：中国传统诉讼文化研究》，中国人民大学出版社2012年版，第10页。

域”,前者对应观念上的刑事诉讼文化,后者对应制度上的刑事诉讼文化,二者的“互动关系是刑事诉讼文化研究的重要内容”。① 刑事诉讼文化的结构、功能、冲突与变迁、特征与类型构成了其理论面向,从宏观层面上将刑事诉讼文化区分为权力集中型、权力分散型、协商型三种模式,是从结构框架展开比较分析的,从国家与个人关系体现出的意识形态、国家—社会、价值观念、诉讼目的、诉讼构造分析每一种刑事诉讼文化模式,将观念性与制度性的文化纳入刑事诉讼文化模式中系统考察,对我国未来刑事诉讼发展强调要充分认识到“制度变迁过程中的文化因素并非无足轻重,而是具有重要的意义”。②

李麒教授认为,“刑事诉讼制度变革与诉讼文化的关联性已经是一个非常重要的现实和理论问题”,以“一种观念的定义方式”,提出“价值观念、知识体系、思维方式、诉讼心理以及诉讼仪式是刑事诉讼文化的基本构成要素,它们既有各自独立的内涵,也相互作用、互为依靠,共同形成了以价值观为核心的刑事诉讼文化体系”。③ 刑事诉讼文化与制度的关联性以唯物史观与实践观点为理论支点,以冲突模式与互动模式为关系表征,以英美法系制度移植进路、维稳模式探讨文化与制度关联性上暴露的问题,然后针对不得强迫自证其罪原则、非法证据排除、刑事辩护、速裁程序的实践分析探讨制度与文化关联性上存在的问题,最后就诉讼文化与制度关联性探讨中国刑事诉讼制度的话语体系建构。全书从立足制度与文化关联性进行制度变革的改革建议为我国未来的刑事诉讼立法完善提供了参考。

邵卫锋教授从引领学风着手,以刑事诉讼文化的革命为研究对象,以“新刑事诉讼模式作为刑事诉讼文化革命的标志”,深入论证了刑事诉讼文化发展演进中的三次革命:第一次是“神定法至人定法”的刑事诉讼文化革命,革命成果便是“弹劾式刑事诉讼模式的形成”;第二次是“从原始

---

① 参见梁欣:《刑事诉讼文化论》,北京大学出版社 2011 年版,第 42 ~ 43 页。

② 参见梁欣:《刑事诉讼文化论》,北京大学出版社 2011 年版,第 206 页。

③ 参见李麒:《刑事诉讼制度变革的法文化阐释》,山西人民出版社 2019 年版,第 44 页。

平等思想到中央集权专制思想”的刑事诉讼文化革命，革命成果则是“纠问式刑事诉讼模式诞生”；第三次是“从不人道不文明国家职权到保护人权民主”刑事诉讼文化革命，革命成果则是“当事人主义模式和国家职权主义模式的产生，而且这两种刑事诉讼模式正趋向混合”。[①]

儒家思想是我国传统文化的精髓，其在刑事司法中的体现，绝大部分内容是刑事诉讼文化。尹茂国教授从儒家思想对刑事司法模式的正面影响展开分析。我国古代刑事司法模式在“整体上呈现较为浓厚的纠问式诉讼模式特点”，但又与欧陆地区各国在如下方面有所不同：控诉多元化、被告人无诉讼主体地位、审判者居于绝对主导地位、刑讯逼供合法化、无真正意义上的辩护制度。儒家思想对古代司法模式的影响，主要体现在“刑事诉讼观、刑事诉讼构造、刑事诉讼价值、刑事诉讼制度等方面”。[②]近代以来，我国刑事司法模式建构与古代的联系被切断，儒家思想的影响淡出立法背景。我国今后建构现代刑事司法模式，儒家思想的现实意义和价值在于：首先，现实刑事司法的生活立场、家国天下的普世情怀、“和而不同”中对其他刑事诉讼文化与制度的尊重，决定了法律移植或借鉴上要坚持“在以我为主的立场上”进行取舍。其次，在刑事诉讼构造的完善上要实现名副其实，要将“以审判为中心贯穿整个刑事诉讼中，建立严格意义上的司法审查制”，要将司法主体的现代化提上日程，充分重视“司法主体道德素养和人文素养的现代化”。最后，贯彻落实“仁”之思想，一是要全面确立无罪推定原则、不得强迫自证其罪原则。二是要落实在具体制度的设计上：(1)维护伦理道德，要在刑法上要突出保护尊亲属、宽容亲属间的包庇罪，在证据法上要确立亲属间的免证权；(2)促进社会和谐，刑事和解是对和谐的直接体现，刑事司法过程要“治病救人”、要贯彻

---

① 参见邵卫锋：《刑事诉讼文化漫谈》，云南人民出版社2020年版，第57页。

② 参见尹茂国：《儒家思想对刑事司法模式的影响研究》，法律出版社2021年版，第68～73页。

道德教化,要优化社区矫正制度,等等。[①]

4. 审判文化/刑事审判文化

专门研究审判文化或刑事审判文化的论著不是很多,河南省巩义市人民法院则对审判文化进行建设与研究,出版了《审判文化》一书。该书指出:“法院的活动以审判工作为中心,而法院的一切建设,也应该围绕审判工作来开展。正如工矿、公司、商店,以企业管理为核心进行企业文化建设一样,我们把文化建设的核心放在审判文化方面。将法院系统的文化建设列为审判文化。”[②]这在法院系统中具有典型性。重庆市一中院编辑出版了《审判前沿与文化述说》(第1辑)(法律出版社2014年版),全书由调研报告、审判研究、案例精解与法官随笔构成。前三部分是审判前沿,法官随笔是文化述说,是六位法官的智慧贡献,是他们在审判工作之余阅读经典后的读书心得,或者是社会热点问题或影视欣赏后的职业思考,这与河南法院的审判文化建设有异曲同工之处,当然裹挟其中的也有刑事审判文化建设,这些工作和研究值得肯定。就审判文化的理解而言,从审判机关作为一种组织的角度来界定,所谓审判文化,就是“审判群体(包括法官在内的法院全体工作人员)在长期的审判实践过程中,逐渐形成的具有审判工作特点并得到共同遵守的价值观念、思维模式、行为准则以及与之相关的物质表现的总和。广义上还包括法律的完善、司法制度的改革、公众法律素养的普遍提高,等等”。从狭义的角度看:(1)审判文化是审判群体的“价值观念,是法院的灵魂”;(2)审判文化是“审判群体和个体的行为准则”;(3)审判文化是“审判群体的思维模式”;(4)审判文化是“审判群体活力的内在源泉”;(5)审判文化是“信奉和倡导并付诸实践的价值观念”;(6)审判文化是“审判群体现代化的驱动力”。[③] 巩义市审判文化的建构从精神文化、规范文化、物质文化三个层面展开,以柔

---

① 参见尹茂国:《儒家思想对刑事司法模式的影响研究》,法律出版社2021年版,第224~247页。

② 巩义市人民法院:《审判文化》,河南人民出版社2005年版,第2页。

③ 参见巩义市人民法院:《审判文化》,河南人民出版社2005年版,第17~20页。

性管理为根本途径。

5. 法院文化

有论者指出，法院文化是“关于法院”的文化形式，是包括法院群体在内的整个社会“在参与法院实践活动中淬炼而来的价值观念、思维模式、行为准则以及与之相关联的一套包括法院建筑、法庭设施等作为表意符号的物质载体的总和”。[①] 首先，法官审判活动最为直接；其次，“法院精神理念”是“法院文化的内核”；再次，法院文化具有历史连续性，亟待深挖；最后，法院文化具有方法论工具价值，它与法官素质的高低、法院工作推进、司法公信力、法治国家建设相关。法院文化具有“法官文化、审判文化的印记”，它以“法官为中心、突出审判特色”，法院是其产生的“土壤”。[②] 樊崇义教授认为：“‘思想’‘意识’‘规则’就是法律知识结构之中的范畴，就是法官文化的核心内容。”[③]

（二）前述研究评析

1. 上述/既往研究的成就

（1）直线式概念梳理后围绕主题展开深入探讨

除中西比较研究或梳理传统法律文化（及其某一方面）外，论著基本上围绕文化→法律文化→××文化的进路推进，如在研究刑事诉讼文化的论著中，介绍上一位的概念最后界定刑事诉讼文化的内涵，然后选择法律文化相关研究中的一些范畴确定刑事诉讼文化的框架及观点。这是必要的，也是可行的。因为刑事诉讼现象至少是一种法律现象，法律现象对应法律文化研究，刑事诉讼现象对应刑事诉讼文化研究是成立的。同样，其他主题的研究也是成果丰硕。这样，经过前后30年研究，与刑事审判文化相关的学术研究已经硕果累累，刑事审判文化涉及的各重要范畴均

---

① 参见钟小凯：《法院文化：一个概念的澄清》，载《法律适用》2012年第4期。

② 参见钟小凯：《法院文化：一个概念的澄清》，载《法律适用》2012年第4期。

③ 樊崇义：《法律知识结构应该是法官文化要素的核心》，载《河南省政法管理干部学院学报》2002年第3期。

得到探讨，对于《刑事诉讼法》历次修改中刑事审判程序的完善，对于法院、检察院、律师团体队伍建设也起着重要的指引作用，这些研究对于现代刑事审判理念的形成与传播起到了重要作用。

(2) ××文化现代化的研究影响深远

无论是法律文化研究，还是××文化研究都有一个关键部分在探讨该文化的现代化问题。围绕刑事审判文化，它的现代化对应的诸多内容已经全面涉及，任何问题要获得解释均能在既往的研究中找到答案。刑事审判关注实体公正与审判程序本身、程序繁简设计乃至刑法犯罪圈的扩大与所需、刑法的谦抑乃至宽严相济的刑事政策等并对其都有研究。也恰恰是这些研究，使我国的刑事审判由审判“敌人”到审判犯罪之“人”有长足的发展，刑事司法的“人权保障”也成为当下“热词”。在每一年全国人民代表大会召开会议期间，最高人民法院和最高人民检察院的报告中，对刑事审判公正、对刑事司法“人权保障”均有表述，还会有数据支撑。通过聂树斌案、呼格吉勒图案、浙江张氏叔侄案、赵作海案等，无论在实体上还是程序上，都能看到普通民众对犯罪、罪犯、惩罚理解的变化，单纯的打击犯罪已经远不是他们所关注的。也恰恰是这些刑事审判现代化研究的进展，使刑事审判观念在社会各方面也发生变化，历次《刑事诉讼法》的修改，审判程序的完善都是重要一环。

(3) 传统刑事审判文化研究硕果累累

多年以来，我国法律史学者对传统刑事审判文化研究硕果累累。中国诉讼法史的考察，既有制度考察，也是诉讼理论分析，包括刑事诉讼制度与民事诉讼制度在研究上的区分，还有专门针对某一朝代的诉讼制度研究，以及近代刑事诉讼制度研究，[①]这些研究中对审判制度的研究是重

① 参见李交发：《中国诉讼法史》，中国检察出版社 2002 年版；[日]籾山明：《中国古代诉讼制度研究(秦汉)》，李力译，上海古籍出版社 2018 年版；李文玲：《中国古代刑事诉讼法史》，法律出版社 2011 年版；张晋藩主编：《中国民事诉讼制度史》，巴蜀书社 1999 年版；程政举：《汉代诉讼制度研究》，法律出版社 2010 年版；陈玺：《唐代诉讼制度研究》，商务印书馆 2012 年版；李艳君：《从冕宁县档案看清代民事诉讼制度》，云南大学出版社 2009 年版；李春雷：《中国近代刑事诉讼制度变革研究(1895—1928)》，北京大学出版社 2004 年版。

要方面。我国审判制度史的研究成果更为丰硕,既有通史研究,[①]通史中也出现刑事与民事审判的区分,也有某一朝代审判制度研究,尤其是近代审判制度的分析,[②]已经触及刑事审判现代化。与此同时,传统法律文化研究对我国古代刑事审判理念的研究或者说观念意义上的审判文化研究也较为深入和全面。对儒家思想对刑事审判文化的影响,刑事审判组织和审判设施、符号意义上的审判文化均有涉及。特别是家族司法或家族法诉讼的研究,对我国国家法诉讼和家族法诉讼的二元结构分析,对刑事审判中审判艺术化研究既有扎实的史实,也有精细的理论分析。这对于理解传统刑事审判具有非常重要的意义,而且也有学者从审判文化的扬弃展开探讨,只有批判理论才会有成熟的理论出现。

2. 上述/既往研究存在的不足

(1)我国刑事审判文化转型研究不深入

如同刑事诉讼文化研究一样,更多时候,研究者仅仅按照法律文化研究理路,探讨刑事审判文化现代化在观念上应该树立什么样的理念,以及应该在审判制度上确立哪些制度。全面推进依法治国的过程中,在公正司法、推进以审判为中心的刑事诉讼改革的过程中,这些应然方面的内容大家已耳熟能详,应该思考在继续倡导现代审判观念的同时,如何使该观念成为刑事审判参与者的所思、所想、所作、所为,审判制度写在《刑事诉讼法》第四次修改的法律条文之中,与简易程序、速裁程序遥相呼应,使普通案件审理切实按照庭审实质化的内在要求进行,切实保障被告人权利。说到底,审判文化的现代化研究应该实现时态的转换,即从“一般将来

---

① 参见那思陆:《中国审判制度史》,上海三联书店 2013 年版;程维荣:《中国审判制度史》,上海教育出版社 2001 年版。

② 参见陈玉忠:《宋代刑事审判权制约机制研究》,人民出版社 2013 年版;刘昕:《宋代讼师讼学和州县司法审判研究》,湖南人民出版社 2016 年版;那思陆:《明代中央司法审判制度》,北京大学出版社 2004 年版;那思陆:《清代中央司法审判制度》,北京大学出版社 2004 年版;郑秦:《清代司法审判制度研究》,湖南教育出版社 1988 年版;那思陆:《清代州县衙门审判制度》,中国政法大学出版社 2006 年版。近代有桂万先:《北洋政府时期审判制度研究》,中国政法大学出版社 2010 年版;谢冬慧:《中国刑事审判制度的近代嬗变:基于南京国民政府时期的考察》,北京大学出版社 2012 年版。

时”转换为“现在完成时”。

(2)刑事审判文化研究中的中国主体性缺失

现代西方刑事审判文化经过二三百年的发展,取得了瞩目的成就,我国学术界在探讨刑事审判文化的过程中,以这些成就为参照是对的,在一定时期内从制度和观念两方面展开分析也值得肯定,因为对先进文化的借鉴是本土文化变迁的重要动力之一,文化上的取长补短是文化传播的基本规律。但这绝不意味着理论上的“拿来主义”完全具有正当性。审判文化不是孤立的学术精英的造物,它必然植根于社会、连接着传统、嵌入于时代、着眼于未来,与政治、经济、社会、文化相互促进、相互影响。这样,审判文化必然是我国的“地方性知识”,文化是人的文化,必然要使审判文化的烙印印在社会各类主体身上,或者说像血脉一样深入他们的内心深处,尤其是参与审判特别是职业共同体人员(法官、检察官、律师)的身上。换句话说,现代中国的审判文化必然是在审判方面的观念,该观念指导人们审判方面的行为、承载着我国审判观念的实现等。这就意味着,比较研究审判文化后,提出我国刑事审判文化现代化的主语必然要对应社会各类主体,并且要做到“以社会各类主体为中心”来阐释。

(3)刑事审判文化自身的特殊性不能忽视

中观的法律文化对应观念、组织机构及相关设施,审判文化的主要内容必然在这些方面有所体现,但不能完全停留于此。诉讼文化、刑事诉讼文化、刑事审判文化不同于刑法文化、民法文化等,这些实体法对应的文化研究中可以仅见观念不见人,可以从近代大陆法系形成的理论体系中追溯观念、探讨原则,可以按照严格的概念体系环环相扣,可以追溯刑法的根基与信仰,可以到罗马法中寻求民法的理念原则与解释方法等,刑事审判文化固然可以思考类似内容,但是更为重要的实体法调整的是不特定的大多数人,要抽象其行为模式与行为认定的构成要件,探讨其背后的根基等,刑事审判文化必然要思考在个案之中法官、检察官、律师等的观念、行为,被告人的个体情况,证人、鉴定人、被害人等的心智、作证能力、诚信表达等情况。既要考虑个案,也要考虑整体,考虑依靠证据由果溯因的各种可能性。而且,刑事审判涉及的参与者众多,这些主体除了在审判中的身份外,也是生活中具体的人,尽管学术界一直在强调"剧场化"或"隔音空间",但是很难排除他们生活于其中的社会、所受教育对他们在审判中行为的影响。这便意味着,刑事审判文化不是按照前述描述那样仍旧进行直线式推进,按照法律文化的相关范畴研究审判文化,而是应该在 260 多种文化概念中择其贴切者而重新诠释,建构审判文化尤其是如何实现其现代化的理论。

这些不足便是本书研究的起点,中英比较只不过为了使问题展开更为充分,可以说本书研究便是要弥补这些不足,使我国刑事审判文化的现代改造能够切实与"推进以审判为中心的改革"相契合。

三、本书的研究范式与方法

(一)本书的研究范式

本书研究主要聚焦现代化的研究范式。中英审判文化比较研究,既是一种比较研究,也是一种文化研究,尽管可以文化学的研究范式展开,但本书认为刑事审判文化研究,是为了解决我国刑事审判文化的转型问题,文化转型是文化的现代化,文化的现代化说到底是人为现代文化所"化",能够按照现代文化的要求所思所想、所作所为,现代化研究最终要聚焦人的现代化,只有采用现代化的研究范式,才能将时空交叠、任务叠加、措施多元的刑事审判改革及其目标阐述清楚,才能避免研究中只见制度完善、观念转型等不见人之转变的简化分析。根据既往研究与制度、观念二分的不足,笔者提出如下公式:刑事审判现代化 = 刑事审判制度现代化/"推进以审判为中心的改革" + 刑事审判文化现代化/刑事审判观念转变 + 社会各主体在刑事审判方面的现代化/检法等刑事审判队伍建设 + 全民有关刑事审判的普法等取得显著成效。这一范式的采纳,有助于使中国审判文化研究真正回归到"以文化人""以文育人",同时,为使文献更为丰富,哲学、史学等重要文献成为本书研究的重要依托,也使研究内容在借鉴以往研究成果的前提下大大突破,文化结构不仅是宏观、中观、微观观念性文化的结构,而且是一个以主体——社会各类主体为中心,将观念、行为结合为一体的立体性分层结构,刑事审判文化转型也是融制度、观念、主体为一体的立体画面,因为既往法律文化研究的储备性不足,本研究仅仅是一种尝试,以期抛砖引玉。

(二)本书的研究方法

1. 交往实践分析法

一般认为:“实际上,任何个人之成为文化、社会意义上的主体,是他通过既往(从幼儿一直到成年)介入一定的文化交往结构或社会交往系统的产物。主体的基本特性和资质能力,是与他介入的交往状况、交往活动水平相一致的。没有交往,就没有主体。人在什么层次、什么意义上介入交往关系,就会成为什么本性、什么心态的主体。”①这意味着,实践对于文化的生成有着至关重要的作用,研究文化的生成便需要引入交往实践理论。刑事审判是处理被告人刑事责任等在法庭由各主体展开的一种围绕证据、事实、诉讼主张等的活动,是最为典型的实践活动。利用交往实践理论,从贴近社会生活实践和审判实践的角度,勾勒审判文化的形成,“日常的社会心理层面的认识活动具有明显的个体选择性。认识主体作为个体并直接地从自己在生产和生活活动中的需要与利益出发去认识和理解周围与自己有关的社会现象、社会事件等,并对其作出评价和评断。在这里,他们作出选择的价值取向是个人需要与利益,选择的知识背景是个人的经验、知识和思维方式,选择的情感因素则是个人的兴趣、愿望、追求与好恶等。需要—价值取向,知识—思维方式,情感—意志因素等结合,构成了主体的特殊认知定势。这种认知定势成为人们接收、采集、筛选、过滤、加工、处理、传输和保存来自外界的大量社会信息的主体性条件和选择加工机制,通过这种选择机制,人们有目的指向地以观念形

① 任平:《走向交往实践的唯物主义:马克思交往实践观的历史视域与当代意义》,北京师范大学出版社2017年版,第64~65页。

式反映和再现社会生活。由于不同个体之间在需要和利益、经验、知识和思维方式、兴趣爱好和情感指向等方面的差异，不同个体对社会信息的选择重点，对社会现象的关注侧面都是大不相同的。对于同一个社会客体人们可能有完全不同的观察角度、分析方式、评价尺度和评判标准，因而产生出完全不同的认识结果和态度”。[①] 这里的认知结果和态度，如果是关于我国刑事审判实践的，便是审判文化中至关重要的一部分。在法学专业学生的培养中，在有关刑事实体法、程序法、实践实习的课程学习中，对刑事审判产生认知，按照刑事司法价值的追求体认刑事审判角色、选择刑事审判工作的个案法官、出庭支持公诉的个案检察官，通过参与刑事审判，按照刑事审判规律、刑事司法的价值追求，在实体法、程序法、证据法的调整下，依证据与法律形成裁判，树立对法律的信仰、对其他诉讼主体在审判机制内诉讼行为的信任，贯彻程序正义、无罪推定、证据裁判、公正审判等的原则及制度要求。这一分析方法是一种以主体为视角，以主体在实践中的认识形成过程为内容，引入刑事审判文化的分析，有助于突破既往关于审判文化研究中的观念、制度的简单二分法，能够将审判文化的培育阐述清楚，研究结论会更加突出可操作性。

2. 比较研究方法

中西文化存在巨大差异，如果从核心价值观来看，从道德规范来看，东方文化中以美德为导向，西欧文化以权利为导向，“美德导向的道德要求强调共同利益而权利导向的道德强调个人自由”。[②] 英国的刑事审判文化分享着西方文化的整体特征并结合自身的历史、社会、政治、思想等而具有独特性，如今的西方社会普遍认为，“法官的人格和信仰对于法律的实现有重要影响。它们不仅影响法官对法律规则进行解释，而且影响

① 欧阳康：《社会认识论导论：探索人类社会的自我认识之谜》，北京师范大学出版社2017年版，第295～296页。

② 参见[加拿大]约翰·V. 康菲尔德主编：《20世纪意义、知识和价值哲学》（第10卷），江怡等译，中国人民大学出版社2016年版，第206页。

当事人所提出的证据如何认定”,[①]西方审判在“正义与复仇,秘密与公开,迷信与理性不断纠缠”中前行,[②]英国的刑事审判则借助王权与人权、追诉犯罪与保障自由、公正与效率等在博弈中发展,欧洲刑事审判最早完成转型,是因为它相比欧陆地区各国有一系列的比较优势,最终促成了当事人主义的诉讼结构、对抗式的审判模式。我国的刑事审判文化是中华五千年文明滋养发展起来的,打上了“中国”的烙印,笔者将其纳入轴心时代的高度来考察,在轴心时代“形成了人的自我意识”,[③]作为早熟的文化与理性早启的一部分的我国传统审判,很早便否定了“神判”,伦理导向、艺术化取向的刑事审判决定了我国审判文化的特殊性与复杂性,问题决定解决策略,恰如“考察传统中国的‘权利’意识,需要一种反向的思维路径”,或“采用常人的态度,从‘权利’实践的角度来解说”,[④]传统社会的自然进程被打破,西方因素介入后,审判现代化的进程便在鸦片战争之后拉开序幕,但是审判制度与审判文化的国家主导与推动在改革开放以来的 40 多年的发展中,出现制度因移植而先行的情况,审判观念因与传统割裂、培育未完成形态而需要立足当下的新时代刑事法治建设而全面转型。其中的关键便是将英国现代审判文化在自生自发中实现的现代转型作为参照,传统自生自发的审判文化因西方文化的强力介入,致使刑事审判现代化的国家推动中观念转变迟缓、刑事审判主体现代改造缺席,在全面推进依法治国的过程中,刑事审判如何在制度、观念、主体三者间实现一并转变是重要面向。这里的比较,恰如笔者一直主张的那样,当直观的“求同”无法得出令人信服的结论时,“存异”的深入分析论

---

① 参见[英]彼得·斯坦、[英]约翰·香德:《西方社会的法律价值》,王献平译,中国法制出版社 2004 年版,第 42 页。

② 参见[英]萨达卡特·卡德里:《审判的历史——从苏格拉底到辛普森》,杨雄译,当代中国出版社 2009 年版,“导言”第 8 页。

③ 参见[德]雅斯贝尔斯:《论历史的起源与目标》,李雪涛译,华东师范大学出版社 2018 年版,第 223 页。

④ 参见胡旭晟主编:《狱与讼:中国传统诉讼文化研究》,中国人民大学出版社 2012 年版,第 123 ~ 128 页。

证便成为必要。[1]

3. 整体性分析法

梁漱溟先生指出,“其实一家思想都是一个整的东西,他那一句话皆于其整的上面有其意思,离开整系统则失其意味”。[2] 刘作翔教授指出:“法律文化是一种集历史与现实、宏观与微观、静态与动态、观念与制度在内的宏观的整体性文化。”[3]文化→法文化→诉讼文化/刑事诉讼文化→刑事审判文化的分析,也要像探讨文化一样,将作为生活样法的各方面的内在联系揭示出来,静的方面、动的方面,转型不只是静态模式,因此要分析转型的背景、前因后果、“制度—人—观念”的有机性、“个体—主体”的相互促进性。这一整体分析最大的不同是将审判文化以主体为媒介,要求诉讼主体能够按照审判观念、审判制度的内在要求思、想、作、为,这样参与个案审判的主体、制度、观念便在个案的审判中通过诉讼行为形成了一个场域,主体在围绕审判而严格限定的相对封闭的时空中,实施诉讼行为,围绕证据、事实、法律发生复杂的关系。在这个实践场域中,作为成文的审判制度和占主流的审判观念能够通过审判中各主体的诉讼行为相辅相成、相互促进便意味着审判的正常运行,如果既有的审判制度在各主体的审判行为中被规避,便是审判功能的异化,究其原因便是审判制度与审判观念在参与审判的各主体的行为调整上存在偏差,则按照“制度—主体—观念”来认识的话,是制度与观念存在张力,制度与主体所奉行的观念存在矛盾,这里的“度”便是实体上是否影响公正、程序上是否影响被告人等的基本人权。这样,这里的整体分析仅仅因为以审判中的主体为焦点便会引发内部要素的分析与外部环境的考察。这会导致审判文化研究纵横交错、内外关联、官民有分而出现多重面孔。

---

① 参见孙记:《俄罗斯刑事陪审制度再认识》,载《俄罗斯中欧东亚研究》2014 年第 6 期。

② 梁漱溟:《东西文化及其哲学》,商务印书馆 2010 年版,第 139 页。

③ 刘作翔:《法律文化理论》,商务印书馆 1999 年版,第 2 页。

四、研究思路与篇章结构

本书围绕我国"推进以审判为中心的改革"所需要的制度运行环境出发,通过比较中英审判文化,探讨我国审判中心主义确立所需要的审判观念、审判参与者观念及行为方式的改变,关键在于探讨我国刑事审判文化的现代化。

本书分七部分展开,绪论交代选题由来,对既往国内与审判文化的相关研究成果进行评价,在肯定成就的基础上指出不足,以此作为本书研究的起点,并提出本书的研究范式与研究方法,交代研究思路与研究框架。

第一章探讨刑事审判文化的基本原理,对刑事审判文化进行界定,将刑事审判文化界定为社会主体面临或面对刑事审判的一种应对方式,并且因为从刑事审判的参加主体方面可以进行进一步区分,而且有助于紧扣本书的研究目标,我国刑事审判文化现代化的实施更加有的放矢,刑事审判文化的结构与既往的研究不尽相同,本书将"三观"(世界观、人生观、价值观)作为外部结构,主体结构作为中介结构,在主体结构中探讨既往的观念结构,内部结构是主体的行为结构。紧接着本书探讨刑事审判文化的功能,在这一部分首先探讨积极功能,然后分析消极因素,将消极因素与文化结构相对应,探讨刑事诉讼文化的消极功能,最后以现代化来克服刑事审判文化的消极功能。

第二章探讨英国刑事审判文化转型的基本条件,任何一国的刑事审判文化均以一定的要素为根基,英国刑事审判文化的根基体现为,天人分殊的根本观念,海岛国家的地理优势,最早出现了个人主义形成社会基础,民族国家的逐渐形成使文化转型有了政治依托。英国刑事审判文化的形成离不开独具特色的英国观念,这是与众不同的英国记忆,时说时新的《大宪章》,源远流长的普通法传统,古代宪法与"普通法智识","王在法下"的传统,高等教育的"骑士情结"。相比观念性因素,助力英国刑事审判转型的现实因素主要有:多元化的起诉制度、审判权力配置的分散性、刑事审判各职能专业化的渐进性。

第三章探讨英国刑事审判文化现代转型及其经验。与法国相比,英国刑事审判文化转型的特质为:在宪制传统中确立现代刑事审判,王室法庭在竞争中胜出,对抗式审判出现的渐进性,在刑事审判自生自发的演进中铸就司法诚信。针对英国人在刑事审判方面的现代化,首先分析英国人的民族性格,接着分析由臣民到公民的转变,然后探讨法官的成长与区分,最后阐述律师职业的发展与区分。英国刑事审判文化现代化及其成就,在理念维度探讨了独立审判、程序优先、自然公正、平等武装、司法民主,在制度维度探讨了遵循先例、陪审制度、有效辩护、交叉询问、预决审判。

第四章探讨我国刑事审判文化转型中所面临的任务。首先,探讨我国传统审判文化的根基,它们为天人合一的观念基础、家国本位的社会基础、儒家思想的文化基础、生活取向的现实基础,这些本身无所谓好与不好,但不利因素是以之为根基的。其次,探讨我国传统与现代刑事审判存在的张力,包括专业法律教育的不足,人才选拔中法律人才的缺位,审判功能定位中律师辩护的缺场。再次,探讨传统审判中各类主体与刑事审判的疏离,它们是关系性架构中的人情社会,裁判官的"无讼"追求,裁判官情判的不可复制,清官的凤毛麟角,平民百姓的"厌讼""耻讼"。最后,探讨我国刑事审判文化转型中的消极因素,即审判不独立与程序被轻视。

第五章探讨我国刑事审判文化的现代转型。首先,分析促进刑事审判文化转型中的有利因素,习近平法治思想的提出,使我国全面推进依法治国有了根本遵循和行动指南,这是我国刑事审判文化转型中最为有利的因素,具体还包括法治中国建设的驱动作用,社会主义核心价值观践行的深度"化人"作用,以"以人民为中心"为法治中国建设筑牢根基,司法的"去行政化"等改革成效显著,刑事审判改革的逻辑转换。其次,从主体着眼分析的我国刑事审判文化转型,包括主体现代化是文化转型的内核,我国审判文化转型中的主体现状,刑事审判文化转型应聚焦主体诚信,刑事审判中各主体诚信的培育四个方面。最后,分析我国刑事审判文化转型的强化机制,包括制定“刑诉法典”,引入程序性诉权,系统确立程序性制裁机制,切实确立有效辩护原则,继续推进庭审实质化改革、违法裁判必定追责。

结论部分则从推进以审判为中心的诉讼制度改革相契合的因素看,中英刑事审判文化之间的差异多于暗合,重大差异可归纳为:首先,自生自发中的转型完成与传统受挫后的曲折探索;其次,法学教育和法律职业的发达与缺欠;再次,审判文化与社会的深度融合与重重张力;又次,刑事审判在演进中铸就诚信与在转型中聚焦诚信;最后,转型在互动中的水到渠成与在党领导下的统筹推进。

第一章 刑事审判文化的基本原理

一般认为,“人在现实社会中生活,其行为方式的基本特点是先思后行、以知统行,人的活动越理性化,这种‘以知统行’的特点就表现得越突出。这就容易产生错觉,以为认识是先于实践产生的,是认识决定实践。实际上,在认识与实践的关系中,归根结底是实践决定认识,而不是认识决定实践。以工具性、社会性为特征的人的实践活动是认识的现实基础和决定因素。这种活动一方面内化为主体的认识结构、认识图式;另一方面外化即对象化出人生活于其中的现实世界。人通过工具和语言符号系统作为社会传递物,使其所取得的认识成果不会随着个体的消亡而丧失。相反,随着实践活动的不断重复和发展,人的认识成果也以社会遗传进化方式一代一代地传递和发展着,一代人都以上一代人认识活动的结果为起点,开始新的具有自身特点的认识活动和实践活动”①。这一论述也适用于我国当下的刑事审判领域,审判文化作为一种社会遗传物,对于个案审判

---

① 杨耕等:《马克思主义哲学基础理论研究》,北京师范大学出版社 2017 年版,第 420 ~421 页。

中参与者的行为起着决定作用，相比其他社会遗传物，审判文化有着自身的特点，对审判的运行具有决定性的影响，对审判效果产生影响。

第一节　刑事审判文化之限定

一、审判文化的限定

（一）审判与审判程序

审判或者说审判程序，广义上是指“提起公诉到终局裁判结果确定的整个诉讼程序”，通常情况下由一审程序、上诉程序、救济程序组成；在狭义上仅指“审判期间在法庭上进行的诉讼程序”。[①] 一审审判程序也有狭义与广义之分，狭义之审判“系专指因形成心证所为之审理及因确定刑罚权之有无所为之裁判程序”，[②]广义之审判，还包括“兼指达成狭义审判所需的一切准备程序，以及有关形式裁判程序之内”。[③] 其中的“准备程序”，如指定审判期日、审判期日前讯问被告及搜集证据或调查证据等，所谓“形式裁判程序”，如免诉、不受理或管辖错误的判决程序。英国起诉书审判“审前程序”中的裁决“证据可采性的任何问题或任何与案件有关的法律问题”。[④] 审判程序呈金字塔状分布，系“以坚实的第一审作为基础，提升第一审之审判品质，乃为其重要的前提，尤其第一审程序特别接近犯罪事实发生之时点，若第一审未能查明事实，上级审往往因时间经过而证据不存在，导致事实真相更难澄清，为强化第一审之审判功能，以收

---

① 参见［日］田口守一：《刑事诉讼法》（第 7 版），张凌、于秀峰译，法律出版社 2019 年版，第 289 页。

② 参见张丽卿：《刑事诉讼法理论与运用》，台北，五南图书出版股份有限公司 2018 年版，第 563 页。

③ 参见张丽卿：《刑事诉讼法理论与运用》，台北，五南图书出版股份有限公司 2018 年版，第 563 页。

④ 参见［英］约翰·斯普莱克：《英国刑事诉讼程序》（第 9 版），徐美君、杨立涛译，中国人民大学出版社 2006 年版，第 334 页。

集思广益之效,依§284－1之规定除‘简式审判程序’及‘简易案件’外,第一审应采行合议制,并落实合议制度,使第一审之审判确实成为事实审重心”。① 也就是说,现代刑事案件一审的通常审判程序要通过“严格证明程序,才能落实保障被告在诉讼法上的权利”,②即“原则上,必须按照法庭审判原则进行。法庭审判原则,主要可以分为四个主要意涵:直接审判、继续审判、言词审判以及公开审判”③。在英国,一审的通常程序或普通程序是指起诉书审判,即对重罪(谋杀、杀人、抢劫、强奸、乱伦及蓄意致人身体严重伤害的行为等)案件由1971年成立的皇室法院(在全国各地开庭)专属审判,④除少数案件可以适用无陪审团审判外,⑤该法院审判贯彻的基本原则是“法律归于法官,事实归于陪审团”。⑥ 在皇室法院审判中,陪审团认定有罪后,“量刑的责任完全落在法官和任何与他一起开庭的治安法官的肩上”。⑦

本书研究将聚焦一审的普通程序,这在大陆法系主要是严格证明与普通案件的一审,英国则围绕被告人不认罪重罪案件的审理程序,这样的案件是需要陪审团进行审判的。当然,如果只对审判文化进行研究,当下最应该针对认罪认罚等对应的审判文化展开研究,但是与我国“推进以审

---

① 张丽卿:《刑事诉讼法理论与运用》,台北,五南图书出版股份有限公司2018年版,第564页。

② 参见张丽卿:《刑事诉讼法理论与运用》,台北,五南图书出版股份有限公司2018年版,第601页。

③ 张丽卿:《刑事诉讼法理论与运用》,台北,五南图书出版股份有限公司2018年版,第563页。

④ 皇室法院还对治安法院简易审判后没有量刑权限而移交量刑的案件量刑,听审来自治安法院刑罚的上诉。

⑤ 其一,起诉人可以就严重、复杂的诈骗案件申请无陪审团审判。如果法官认为案件冗长而复杂,经慎重考虑不符合司法利益,也可以采用无陪审团审判。其二,因陪审团受到干扰时,或者因陪审团受到干扰而向陪审团解释但仍应当继续审理时,法院也可以采用无陪审团审判;等等。参见《英国2003年〈刑事审判法〉及其释义》,孙长永等译,法律出版社2005年版,第528～529页。

⑥ 参见[英]约翰·斯普莱克:《英国刑事诉讼程序》(第9版),徐美君、杨立涛译,中国人民大学出版社2006年版,第4页。

⑦ 参见[英]约翰·斯普莱克:《英国刑事诉讼程序》(第9版),徐美君、杨立涛译,中国人民大学出版社2006年版,第467页。

判为中心的改革”相契合的审判文化尚未确立,因而本文仅聚焦一审普通程序,即被告人不认罪的刑事案件。还需指出,尽管治安法院审判的案件在英国占了绝大多数,但“普通公民普遍将刑事法庭的审判看作整个刑事程序的化身”。①

(二)审判程序规范参与者的行为

审判程序是一种制度设计,既可以是约定俗成的习惯,也可以是形成条文规定的规则,更是一种经过历史积淀的文化产物。它打上人之为人思维与创造的烙印。审判程序的存在是为了规范参与审判之中主体的行为,是基于对审判程序中各主体行为通过个案的展开,结果经过长期试错之后,才在成文法或者约定俗成的惯例上固定下来。

审判程序是调整个案参与者行为的规范,经过长期发展,它或者基于当事人(公诉人)的依法选择而适用,或者基于法官的依法主导而适用。一旦依法选择适用审判程序中的某一种,审判参与者便要接受审判规范的调整,要按照规范的内在要求进行诉讼活动,各自在遵守程序规定的同时,监督其他各方遵循程序展开行为。按照上述分析,本书关注的审判程序是基于不认罪案件的起诉方根据被告人的犯罪行为及主张无罪适用的。

(三)审判文化对应审判参与者

需要指出,审判文化是关于审判程序参与者的文化,按照本书的理解,不能脱离审判程序的参与者而空洞地探讨审判文化。这是因为,文化是关于人的文化,文化是人与动物的本质区别,只有人是一种文化的存在,而动物是一种自然的本能的生命的存在。审判文化是经过长期历史的积淀最终在审判的参与者身上反映出来的,表现为约定俗成的观念、制度、设施等。但是我们一定要注意这是关于人参与审判的历史凝聚物。

① 参见[英]麦高伟、杰弗里·威尔逊主编:《英国刑事司法程序》,姚永吉等译,法律出版社2003年版,第8页。

按照历史演进顺序，可以区分古代社会、中世纪和近现代社会的审判程序，也可以按照大陆法系刑事诉讼模式演进区分弹劾式诉讼模式、纠问式诉讼模式、职权主义诉讼模式等。这意味着在不同诉讼模式之下，不同时期诉讼参与者的观念、技能不同，行为方式不同，必然使审判文化的内涵不同。

二、刑事审判文化的限定

上述分析不难看出，审判文化是关于参与审判的审判者的文化。那么，基于审判对象的社会性质不同，便区分为不同性质的审判，如民事审判、刑事审判，民事审判是平等主体之间人身、财产、隐私等利益争端的审判，国家作为中立第三方要在双方当事人之间保持中立和被动，由当事人负举证责任，实体法上的契约自由、意志自由等对应审判上的处分原则、辩论原则、诚信原则等。刑事审判发展到今天，特别是上文分析的不认罪程序，是国家追诉犯罪个人，公诉人行使求刑权，法官代表国家行使裁判权，公正裁判被告人的行为是否构成犯罪，构成犯罪的前提下对应什么样的刑罚的审判，等等。

这就决定了这种关于刑事审判参与者的文化具有如下内涵。

（一）关于审判的文化

审判是为了解决被告人的行为是否构成犯罪、构成何种犯罪、该受何种刑罚而由法官在控辩双方及其他诉讼参与人之间，通过证据再现案件事实后的一种判断和决断的活动。这一审判过程中，存在控辩双方与法官的互动，现代审判中不告不理、裁判中立、控辩平等等一系列原则的要求，使审判区别于立法、行政等法律活动，这就使审判具有相对独立性，因而尽管借鉴法律文化的研究成果值得肯定，但是恰恰因为审判活动的特殊性，决定了研究审判文化要紧紧抓住审判所不同于其他法律活动的特点而展开。其一，如果说立法文化、行政文化都是针对一般性活动而言，那么审判文化始终不能脱离个案而空谈一般性。其二，立法文化直接针对社会需要而讨论立法，审判文化要通过个案中的参与者而讨论审判，在讨论中既要兼顾个体也要面向整体，既要考虑审判外因素对审判文化的影响，也要在此基础上分析抽象参与者在审判中体现出来的所思、所想、所为。其三，如果行政文化是关于行政主体的思、想、作、为，审判文化则包括法律职业共同体、全部诉讼参与人在行为上的交互影响。其四，从立法或行政机关看，其所面对的场域具有随机性，而审判机关的场域则具有人为设计性，审判庭、法院的建筑设施等所产生的符号意义都对参与审判的各主体产生影响。

（二）关于刑事审判的文化

这一审判不同于民事审判，也不同于行政审判，是关于刑事犯罪的审判，是审理实施严重危害社会行为的行为人是否构成犯罪，构成何种犯罪，需要处以何种刑罚的审判。审判对应的刑事案件，从共时性上看，刑事审判文化不同于民事审判文化，其中国家因素、实体法上的公法、被告人应当被当作人来对待、罪刑法定、无罪推定等一系列重要法律规定，更要在现代刑事审判文化中有所体现。从历时性上看，刑事审判是我国传统社会诉讼的核心，历朝历代的法律主要是刑法或以刑法内容为重点的，审判也是对刑事案件的审判，民事案件一般作为民间细故交由家族、乡绅里正调解，或者由衙门进行非正规的审理。所以，审判案件的性质决定了审判文化的属性。现代刑事犯罪是个人对国家的犯罪，国家审判个人，这样的审判文化便与国家主权、国家行为、国家治理、国家责任等紧密相关。也恰恰是国家审判个人，个人尤其是被告人的权利保障，现在大多上升到人权的高度，也就是说在刑事审判过程中，对于被告人要赋予各种权利，这便在刑事审判文化上有所体现。而且，因为我国作为中华法系的引领者，刑事审判传统在其中举足轻重，我国的刑事审判文化转型便要在对传统进行扬弃的前提下推陈出新。

（三）关于审判参与者的文化

如前所述，国家追诉审判个人，这样的参与者一方是代表国家的控方，一方是代表国家中立审判的审判方，一方是被追诉刑事责任接受审判、承受相关干预处分（以被告人为主）的辩护方，如被告人本人、辩护人等，再加上刑事案件的复杂性、查清事实的必要性，决定了证人、鉴定人、翻译等诉讼参与人参与诉讼的必要性。因此，现代国家理论、法治理论、审判理论便会在这些参与个人审判之人身上打上烙印，使审判文化区别于其他法律文化。同样，作为个案参与者，无论是法官、检察官、律师，还是被告人、证人、被害人、鉴定人、见证人、书记员等都是中华儿女，他们作为历史的存在、文化的存在，必然要打上中华民族传统烙印，必然由法律之外的历史、政治、经济、文化等因素使其与其他国家不同，这就是审判参与者的文化具有中国特色而区别于其他国家审判文化的背景所在。

（四）关于特定时空中审判的文化

需要明确，任何个案的刑事审判，都限定于一个特定的时空之中。从时间看，从夏商周到明清，再到民国，至新中国成立后到现在的不同时期，从空间看，有国别、地区的区分。这是因为，不同国家或地区在不同时期对犯罪的认识不一样，追诉犯罪的方式也存在差别；不同时代的人因其所处环境不一样，对犯罪的认识乃至对犯罪的追究也会存在差别；不同时代对审判中定罪与量刑公正与否的认识也是存在差别的。这就造成因与时代、社会的联系紧密，因牵涉各方的复杂性而使审判文化深受人性善恶评价的影响。尽管在今天看来，审判文明程度与立法、行政一样，与时俱进，但审判文化要思考的是，一旦重大、疑难、复杂、敏感性案件发生，就可能使审判在“渴望处罚与担心误判”之间摇摆，法庭“在最坏的情况下更像虚伪的缩影”，①稍有疏忽便可能使常态之下的审判滑向极端。因而，审判文化的研究便要复杂化，研究要有意增加深度和广度。

---

① 参见［英］萨达卡特·卡德里：《审判的历史——从苏格拉底到辛普森》，杨雄译，当代中国出版社2009年版，第299～300页。

第二节　刑事审判文化的界定

一、刑事审判文化的内涵

（一）刑事审判植根于社会生活

第一节对刑事审判乃至刑事审判文化的分析，是在法律现象之内进行的。法律现象之外有一个重要的背景性因素为当下法学研究所忽视，那就是社会生活与法律现象之间的关系问题。法律现象是社会生活现象的一部分，只不过为了调整社会主体的法律生活，人们在长期生活经验和社会知识积累的基础上，经历了从习惯到习惯法再到成文法的发展过程后，在法律生活与社会生活或者说公共领域与生活领域之间进行了严格区分，法律调整对应公共领域，私人领域则作为个人的私生活空间不被法律干涉，隐私权便对应这一领域。但是，刑事审判与人类社会生活之间始终存在紧密联系。如果说社会生活与审判活动的区隔是必要的话，域外做法和对应的理论研究尽管很充分，我国学者的借鉴吸收也很到位，但是我们在简单接受这种文明成果的时候，因为割舍了嵌入其中的背景性知识，使我们对问题的理解出现了简单化，但绝不意味着我们的生活对刑事审判没有影响，个人的生活经验对个案的刑事审判没有影响。

从历史演进看，人类征服自然改造自然的能力不足时，便相信一种超自然力量的存在，这一力量对当时人类的生活有着决定性的影响，“顺之者昌，逆之者亡”，这在刑事审判上也有体现，生活的场景与对神明的想象相结合，在宏大的场面与劳苦大众围观之下，刑事审判便拉开帷幕。在西方各国，中世纪审判动物也曾展开得有声有色，并且像模像样，辩护人的辩护也条理清晰、持之有据，“当事动物”的缺席司空见惯，今天看来有些原始、滑稽又多少有些幽默，但这恰恰是由当时社会生活与社会发展水平所决定的，恰如有论者经常强调的那样，我们不能拿今天的标准去苛责

(西方)古人。同样,我国自唐宋以来尤其是明清两代,家族法与家族的刑事司法,在祠堂之内,以族长为核心的家族尊长,"禀告"祖先后,针对家族成员之间构成犯罪的案件,也可以进行决断,甚至在极端的情况下,可以行使生杀予夺大权,如族内男性与寡妇通奸,族内成员之间的伤害等,这不是私力救济,而是与国家刑事司法相对的民间司法,族长实施族规,对违规者除晓谕道理使之改恶从善外,还包括"实行各种体罚、笞打、杖打、绞死、沉塘、令其自杀等等",[①]特别是到传统社会后期,在一定程度上这种做法是得到官方默许与支持的,这就是一种完全的生活场景,也是原原本本的社会生活,更是国家法与国家司法的一种补充,当国家承认家族法和家族司法时,家族司法便是对国家司法的延伸。可见,社会生活与刑事审判之间有着内在联系,尽管当下出于对刑事审判"剧场化"或"隔音空间"的强调,其和社会生活要刻意保持距离,但是各个时期的刑事审判都是在社会物质生活和精神文化生活支撑下展开的。

随着社会生活水平的提升和社会知识的积累,刑事审判的文明化也在提升。有史以来有人类社会存在,便会有犯罪发生,简单社会的犯罪发生在熟人之间,犯罪罪名的确立和对罪犯的审判方式也会贴近生活。当人类社会发展进步到一定程度后,随着社会人口的增多,人与人之间的关系由简单变得复杂后,随着陌生人社会的来临,犯罪的罪名确立及其构成要件也发生变化,刑事审判展开的方式也在发生变化,规则的周密、程序的严谨、证据与证明方式的法定化,使刑事审判的价值追求更加复杂,审判的展开也更加严格,审判的物质设施与空间布局也更加考究,社会生活与刑事审判的同向进步是一个历史事实,也是一条基本规律。

在今天看来,日常生活与刑事审判的区分恰恰是社会生活对刑事审判影响的结果。生活可以区分为日常生活与公共领域,日常生活是一种与人的吃喝拉撒、喜怒哀乐、饮食男女相关的私人生活领域。这里讲的是

---

① 参见胡旭晟主编:《狱与讼:中国传统诉讼文化研究》,中国人民大学出版社 2012 年版,第 620 页。

情感、人情、凭感性甚至很多行为是发自本能的行为，在行动上讲无私奉献，或者是相互帮衬、抱团取暖。这属于情感领域、道德领域，相互之间讲利他、个人自身讲自律等，但是这种亲情、爱情、友情关系，是排斥契约、排斥法律规则的。反之，公共领域是陌生人之间的交往领域，这里讲规则、讲诚信、守契约、尚法律，讲权力制约、尚权利保障，对于个人的生命、自由、财产、隐私等法益要保护，对社会秩序、交往规则等社会法益要保护，对国家安全、主权、信息安全等国家法益更要保护。一旦针对个人法益、社会法益、国家法益实施犯罪行为，便要依法审判、依法处罚。这一领域是公共领域的一部分，为了防止个人领域的徇私情、论关系渗入审判过程，于是便强调刑事审判要遵循一系列原则、一系列程序，对参与审判的检察官、法官无论是任职条件还是个案中的程序规范，均有严格规定。针对律师、鉴定人、证人尤其是被告人、被害人等，也有一系列程序规范，保护其权利的同时也规定相应的义务，目的就是确保审判的公正性。尽管当代的刑事审判排斥日常生活、区别于日常生活，但并不能说与社会生活不相干。因而，以生活立场来认识文化、来界定刑事审判文化是必要的。

(二)刑事审判文化是生活的历史凝结

一般认为："文化的根本特质是'生活'，即具有生命的人类共同体(集体)的活生生的现实存在。生活作为'存在'，就是人类'生命'的生活过程，而人类的生命过程是物质与思想的'共在'过程，理解人的物质性和人的思想性这二者不可分割的复杂的'共在'关系，是理解生活意义的关键。"①因此，理解刑事审判文化便不能脱离生活而进行简单的观念与制度的二分，而是应该将其视为社会生活在刑事审判领域的延伸，是社会生活延伸到刑事审判领域后的历史凝结。

首先，刑事审判模式的不同在一定程度上源于生活方式的影响。英国的对抗式审判，是本书探讨的内容之一，就本质来说，"对抗制的精髓在

① 李鹏程：《当代文化哲学沉思》(修订版)，人民出版社2008年版，第418页。

于平等主体之间的竞争”，当事人双方在“法律规则范围内并在法官的节制下进行法庭争斗，这一司法精神被称为‘司法竞技主义’”，[①]司法竞技并不是孤立的人造物，它与英国人的生活方式紧密相关，与日常游戏或运动中的“公平竞赛”原则密不可分。实际上，文明生活“重要原生力量——法律与秩序……智慧与科学，都源自神话和仪式，都植根于游戏的原始土壤”。[②] 无论“法律的思想基础是什么，法律的实际应用即诉讼，与竞赛是何等酷似——一旦认识到这一点，法律与游戏之间可能存在的密切关系就昭然若揭了”，其中的关键在于：“神圣和严肃绝不会消解诉讼（action）的游戏属性。”[③]储安平先生曾（1945—1948年）指出：“英国人意欲在运动场上培养国民的性格，造就领袖人才……正因从运动及游戏中所训练出来的性格，能深刻永久而成定型，所以已成定型的性格，遂得表现于他的全部生命、生活及事业之中。当一个学生走出学校的校门而跨入社会参加公共生活时，他仍能发挥他在运动场上所保持的精神和原则。”[④]同样，通过分析既往审讯巫师的记录，“我们获得了大量关于个人和群体的悲痛和愿望、解读模式和行为方式的信息……我们看到每天的生活。人类感情和焦虑、当代人对自然的态度、性别关系、法庭上找出真相的难题、普通人和知识精英间的文化障碍，以及动力模式，特别是危机时期的这些方面”，[⑤]早期猎巫行动的“关键本质”，是源于猎巫者“所施加的惩罚完全是靠恐惧的力量来推动的。个人被传唤出来解释他们无法预料的重大事件，是因为他们好像是导致这些事件发生的人。证据的欠缺，

---

① 参见张建伟：《司法竞技主义——英美诉讼传统与中国庭审方式》，北京大学出版社2005年版，第4～9页。

② 参见［荷］约翰·赫伊津哈：《游戏的人：文化的游戏要素研究》，傅存良译，北京大学出版社2014年版，第5页。

③ ［荷］约翰·赫伊津哈：《游戏的人：文化的游戏要素研究》，傅存良译，北京大学出版社2014年版，第95页。

④ 储安平：《英国采风录》，东方出版社2005年版，第349～350页。

⑤ 参见［德］沃尔夫冈·贝林格：《巫师与猎巫：一部全球史》，何美兰译，北京大学出版社2018年版，第296页。

成为强化调查而不是放弃调查的原因”,[①]在一定程度上是人们生活中无法预知的重大恐惧成为巫术审判的动因和动力。就我国的刑事审判而言,古代社会的国家审判与家族司法、行业司法、区域司法相互支持,审判中以情为据或者基于农耕生活的仪式化审判,都是社会生活较为直接的体现。需要指出的是,日常生活与公共领域区分严格,审判便会更多的带有理性的色彩,是现代的刑事审判,是一种制度文明,相反人情世故对刑事审判的渗透而使审判存在不确定性、不公正性,进而亟待实现现代化,并且刻不容缓。

其次,社会生活方式重大变化节点中刑事审判的转型。社会生活方式尽管自近现代以来已经越来越远离刑事审判,刑事审判也越来越专业化、职业化、理性化、现代化,但并不意味着社会生活与刑事审判内在联系被割裂。其实,在社会发展史上,社会生活发展的每一个重要节点,都会给刑事审判带来重要影响。随着罗马教会的发展,教士也由原来虔诚、正直、向善的信仰之追求变得贪婪、世俗、狡诈,在参与世俗领域犯罪案件的审判过程中,主持神判或者收取高额出场费,或者在有伤风化的案件中对参加神判仪式且衣着接近无遮蔽的女性投以邪念满满的目光,为了纯洁教会,1215 年,在第四次拉特兰宗教会议上,教皇英诺森三世正式禁止教士参与世俗领域的刑事审判。这是世俗生活与宗教生活的人为分离,从文明发展看也是一种进步,却给西欧的刑事审判带来深远的影响,尽管还有其他原因,但是教士不能参与主持神判,在案件真伪不明或必须借助神判才能进行案件审理的情况下,必然需要寻找突破口,于是英国在刑事诉讼中引入被告人的邻人为其证实清白,将土地权益诉讼的审判方式正式引入刑事审判,后发展为陪审团定罪的对抗式审判,大陆法系则走向由国王授权的法官主动出击,追诉犯罪并同时进行审判,纠问式审判应运而生。教皇的一纸禁令对宗教生活和世俗生活的影响,直接导致刑事审判

---

① 参见[英]萨达卡特·卡德里:《审判的历史——从苏格拉底到辛普森》,杨雄译,当代中国出版社 2009 年版,第 122 页。

的转型。同样,在法国,国王通过征税维持国家机构的运转,第三等级通过纳税换取国王对经商的许可,通过纳税后的收入等维持既定水准的生活,但是随着国王好战导致的开销增加,财政捉襟见肘,便想通过召开三级会议增加税收,招致第三等级的不满,于是攻占巴士底狱,法国由此爆发大革命,最终使法国在西欧大陆最早从既往的纠问式审判转换为职权主义的刑事审判,并且不断为后续的欧陆各国效仿。

最后,个人与社会在互动共进中推动刑事审判的发展。应该强调:"共属意识创造了一个集体存在,而这种集体存在反过来又影响了个体意识:'民族共同的经历、共同的目标和记忆都是真实的,它们是共同决定的个人目的的来源。'"①换句话说:"一个时代的共同实践成为生活于其中的个体的行为准则。一个时代的社会有一种具有相同特征的相互作用模式。在理解客体的过程中有一种内在的相似性。感受的方式、从中产生的情感和传统都是彼此类似的。意志也选择相同的目标,争夺相关的利益……历史分析的任务就是发现这样一些共识,它们支配着一个时期具体的目的、价值和思维方式。"②我国既往的理论研究更多关注的是社会进步对刑事审判的影响,这是无可厚非的。但是,刑事审判的发展也需要人才支持,从整体上看是社会中某一阶层或群体的支持。这一阶层中每一个人在道德水准、职业伦理、职业技能、职业知识上的水平提高都会促使整个社会的不断发展。比如,犯罪手段、犯罪行为会随着社会发展不断变化,这就需要从事刑事司法工作的检察官、法官等与时俱进地提升职业技能、知识储备,保持职业伦理道德的较高水平,才能适应现实需要。这同时意味着社会公共生活中各项要素较之既往要有所提升,生活在社会公共生活之中的具体个人也才会随着社会的进步而在各方面向最高标准看齐,人人如此,各行各业均如此,家庭教育如此、学校教育如此、社会教

① [新加坡]C. L. 腾主编:《劳特利奇哲学史:19 世纪哲学》(第 7 卷),刘永红等译,中国人民大学出版社 2016 年版,第 241 页。

② [新加坡]C. L. 腾主编:《劳特利奇哲学史:19 世纪哲学》(第 7 卷),刘永红等译,中国人民大学出版社 2016 年版,第 242 页。

育也是如此,自然科学知识在进步,社会科学知识也在进步,社会价值观在转变、个人的价值观也在转变,社会生活水准的提升,个人的各项综合素质也在提升,心理素质、工作能力、隐私观念、权利意识、责任意识等也在发生变化。也只有个体与社会与时俱进,伴随社会进步的刑事审判发展才成为可能。

(三)刑事审判文化是人们应对审判的方式

如前所述,文化作为生活方式,对应私人生活、公共领域、司法场域。刑事审判作为人们五味人生的一种表达,人之人生态度、价值观念、利益诉求、行为举止便在面对定罪量刑时表达得淋漓尽致。据此,刑事审判文化除了体现为观念、制度、设施、行为等相对直接、孤立、静态的一面外,还包括人在刑事审判方面的所思所想、所作所为等比较间接、系统、动态的一面。因此,对刑事审判文化的研究不能忽视嵌入人的行为、观念中的背景性因素,更不能漠视作为文化存在的人本身。按照这一思路,刑事审判文化是指历史的凝结的特定社会主体在面临或面对刑事审判时稳定的应对方式,是人的生活方式在刑事审判方面的反映,是社会主体在刑事审判方面有规律的重复性的反应,其核心是特定社会主体自觉或不自觉地建构起来的自身在刑事审判方面的形象。它存在于刑事审判文明的各个层面,尤其是人在刑事审判方面的内在规定性之中,自发地左右着人在个案刑事审判中的内心活动与行为方式。据此,刑事审判文化具有如下特征。

1. 刑事审判文化具有群体性

审判文化如同其他文化一样,是作为文化存在的人与作为本能存在的生命不同的地方,它是作为群体性的人面对刑事审判时的应对方式。尽管在个案之中是具体的个人对审判的所思所想、所作所为,但不能脱离个人所在群体的影响。人直接面临或面对刑事审判的那一刻,潜意识的应对已打上群体的烙印,“人是社会存在物,人具有自己的知觉定势和观察定势,而这种定势是在以往社会经验的基础上形成的,并表现为对当下感知活动的一种预备或准备的状态。人与感知对象之间不断反复地相互作用,就会在人脑中形成一种对某类对象的感知模式。当人们再感知某一新的对象时,就会把原有的模式运用和'延伸'到这个新的对象之上,使人在一瞬间从整体上感知和把握这个新的对象。也就是说,感知定势或感知模式对感觉材料的组织起着十分重要的作用,在一定意义上可以决定主体把对象感知成什么。这表明,人的感性直观并不是在一块'白板'上打上对象的烙印,而是一种包括作为人的感觉放大和延长的观察工具内在的社会性的认识活动。一言以蔽之,认识的感觉形式具有社会性或历史性"。① 与此同时,人对刑事审判的心理、意识、思想体系乃至审判规范、审判制度、法院审判的组织机构、法院审判设施等都是集体活动创造的结果。具体刑事个案审判的参与者受这些因素的影响,其在审判中的内心活动和行为方式也会在趋利避害中体现出趋同性、一致性。

2. 刑事审判文化具有稳定性

在人出生的时候,一切都是被设定了的,这就决定了人是一种历史的存在,具体的个人仅仅是在历史链条一环中的存在,尽管他也具有能动性,但是他所能改造的仅仅是微不足道的一部分,个人如此,群体亦然。有论者指出:"文化是一个在社会内部被广泛共享的态度、价值观和知识体系,代代相传……是后天习得的……在文化中比较核心的和较早习得的部分是不容易被改变的。原因之一就在于,改变一个成年人的认知体系的核心部分是非常难的,而另一个方面就在于,放弃核心的信仰意味着产生不确定性和焦虑。"②不过,任何时候事物的改变都是量变积累到质变的结果,就刑事审判文化而言,人们应对刑事审判所凭借的一切,都是长期历史发展演进中不断积淀的结果,无论是刑事审判心理、意识、思想体系还是外在于人的审判规范、审判制度、法院的审判组织机构、法院审

---

① 参见杨耕等:《马克思主义哲学基础理论研究》,北京师范大学出版社 2017 年版,第 432 页。

② [美]罗纳德·英格尔哈特:《现代化与后现代化:43 个国家的文化、经济与政治变迁》,严挺译,社会科学文献出版社 2013 年版,第 10 页。

判设施等都是既成的,参与审判的各主体要按照既定的要求展开被设定的行为,不按照这一既定的机制实施行为,便会招致不利后果。就被告人一方而言,非犯罪行为或轻危害行为如果照单全收便意味着无罪被判有罪,或者轻罪重判,控方如果不按照职责积极作为,则可能出现证据不足指控不能成立的判决,法官审判案件不按照事实、证据、法律规定依法裁判,便可能导致判决因上诉或抗诉被上级法院改判等,参加审判的具体个人也可能会招致法律的制裁。所以,尽管在具体的个案中刑事审判的控辩双方可以据理力争,法官应该听明断平,但是不能脱离既有的思想、规律而天马行空,所以作为应对刑事审判方式的指导思想、法律规范、个案中参与者的行为,都具有稳定性或可预期性。这就意味着,社会长期以来形成的应对方式,尽管从结果或效果看存在这样或那样的不足,切实改善却很难,这既涉及立法的改进、司法改革的推进,也涉及法检队伍建设、普法后促进全民守法等。

3. 刑事审判文化具有地域性

早期的人类分布在巴比伦、埃及、印度河领域以及中国,但只有希腊、印度、中国及佛陀文明纳入轴心时代,也只有西方文化发展出现代科学技术。尽管哲学家雅斯贝尔斯的观点我们未必完全认同,但是文化的地域性是一个不争的事实。我国学者指出:"经过五千年文明的漫长哺育,这种'中国式的法治观',便可以归纳为一种以'天地正气'为灵魂,而以'以民为本''以德服人''胸怀天下''讲信修睦'为基本内容的那种'王道主义'。这种'王道主义',要求每一个中国人,都要尽孝、为国尽忠、对朋友讲诚信、对社会讲守法和以天下为己任。而对世界上那些'以平等待我之民族',则抱一种'四海之内皆兄弟'的友善态度,去扶危济困、和睦相处。以上这些,就是我们民族世世代代、做人做事的最高准则,而同时,它也是一整部中华文化史,最传神、最生动的'闪光之处'!"①刑事审判文化作为

---

① 余定宇:《寻找法律的印迹(2):从独角兽到"六法全书"》(第2版),北京大学出版社2018年版,第6~7页。

文化的一部分,也同样具有地域性特点,这既可以由"法是一种地方性知识"来支持,即刑事审判具有地域性色彩,也可以由审判与宗教的关系不同印证,即两大法系的刑事审判都曾受宗教影响较大,我国以刑为主的国家司法很早就摆脱了宗教影响,刑事审判中的春秋决狱、以情为据等便独具特色,并且为前述的"中国式法治观"所滋养,其推陈出新的基因便在这"法治观"之中。恰恰是刑事审判文化具有地域性,才使刑事审判文化的比较分析成为可能,使不同刑事审判文化间的交流与会通成为必要。但对刑事审判文化的地域性不能作简单化处理,因为地域性的刑事审判文化背后的人们或者说民族的世界观、价值观、法律观、思维方式不同,这些因素潜藏或裹挟在刑事审判文化的各项要素之中,并不是只要制度移植、观念转化便能够实现刑事审判文化的现代转型,因为观念是摸不着、看不到的,但它又无时无刻不影响着人的行为方式,观念转变说到底是人的转变,刑事审判文化转型是人在刑事审判方面实现现代化,这是一个相当艰巨的系统的、复杂的工程。

4. 刑事审判文化具有"现时"性

现时的文化就是现时所有的文化存在,"包括人的生活习俗、社会制度、生产方式、精神状况、道德水准等等,它们都'现时地'存在着,因而它们都是现时的,而不是'过去的',即使它们是从过去继承下来的、流传下来的,但无论如何,它们确实是'现时的'存在……关键问题在于,'一些东西在时间中消失了,而一些东西为什么仍然如此顽固地被保留在时间之中?'这个问题的答案不在过去,而在于'今天'的文化现实,在于今天的文化现实'需要'那些过去的东西仍然作为'今天的东西'保存下来。所以,我们考察现时代的文化问题……实质在于我们应该考察我们现时态文化中各种成分以及它们之间的关系,它们何以能如此矛盾而又如此以矛盾的方式整合着,构成我们的'文化现状'"①。这便决定了在我们探讨的刑事审判文化与刑事审判制度存在张力时,不能因制度运行不好,刑

---

① 李鹏程:《当代文化哲学沉思》(修订版),人民出版社2008年版,第285~286页。

事审判中庭审“走过场”未能实质化，就说我们的审判文化是传统的，制度是现代的，进而将问题归于形成传统的前人，对他们进行批判。需要我们正视的问题是观念与制度间存在张力，解决问题的关键在于我们自身，因此需要我们展开自我批判，对刑事审判主体进行现代改造。

二、刑事审判文化的分类

为了更好地理解刑事审判文化，可以对其进行如下分类。

(一)传统刑事审判文化与现代刑事审判文化

传统审判文化与现代审判文化之分，是从审判文化中的各项要素而言的，它对应国家、社会、经济、政治、文化等各种表征。主要从时间上进行区分，世界各国和地区在进入近代以前，其刑事审判文化是传统审判文化，近代以后两大法系各国的审判文化是现代刑事审判文化。处于传统向现代转型的刑事审判文化则是转型之中的刑事审判文化。

所谓传统刑事审判文化是指在刑事审判的应对方式中，最早的审判充满着愚昧与对超自然力量的盲目崇拜，稍后的审判中则充满着国家暴力的野蛮行使，被告人面对自己的定罪审判基本上手足无措，甚至被严刑拷打，或者与原告在裁判中自证清白据理力争，辩护人在审判中的缺位是一种常态，控方在整个审判中处于相对优势地位，或者与法官在身份上出现重合，这样的审判对于被告人而言，裁判结果是没有预期或者说注定要被判有罪的。

所谓现代审判文化是指在刑事审判的应对方式中，控方代表国家追诉犯罪，向法院提出起诉证明被告人实施了犯罪行为并且有符合证据资格的证据支持指控，法官在中立、公开的法庭上依照事实、证据和法律规定定罪量刑，同时，被告人在审判中享有法律规定的各种权利，尤其是能够依法获得律师的帮助。可以说，衡量是否属于现代审判文化首先要看国家是否对犯罪追诉，法庭是否持不告不理态度，审判中被告人是否享有各项诉讼权利，辩护人是否充分参与审判，审判是否贯彻无罪推定原则、罪刑法定原则、证据裁判原则、自由心证原则、直接言词原则、集中审理原则等。

传统刑事审判文化与现代刑事审判文化区分的意义在于,能够更好地把握转型中的刑事审判,能够将刑事审判完善置于一个相对复杂的系统之中做通盘考虑,避免“头痛医头,脚痛医脚”的简单化处理。这样的区分还有助于对现实中的刑事审判多一分理解,对刑事审判改革多一分支持,对法检刑事审判业务的提升多一份紧迫感,对社会普法和全民守法工作多一份重视。

(二)职业刑事审判文化与非职业刑事审判文化

在我国既往的研究中,制度与观念的两分,一般不触及文化理论的大小传统、精英文化与大众文化。本书认为,按照文化理论中有大传统和小传统之分,或者有精英文化与大众文化之别,对刑事审判文化的研究也需要做到这一点,以便与其他的文化理论研究进行交流与对话,同时还可以将刑事审判文化与“以文化人”的内在关系揭示清楚。

职业刑事审判文化是指代表国家或基于特定的职业身份,在公正审判原则的指导下参与刑事审判者的应对方式,职业性、法定性、专业性是这些刑事审判文化的基本要求,可以区分为检察官的刑事审判文化、法官的刑事审判文化、鉴定人的刑事审判文化、律师的刑事审判文化等。检察官、法官、律师是法律职业共同体中的一员,他们共同接受法律教育、均参加统一的法律职业资格考试,对现代刑事审判的内在要求,对现代刑事审判所涉及的法律应该有共同的理解和认知,只不过他们基于自身在审判中的角色不同,而行使不同的职能,但是恰恰因为他们是现代法律职业共同体中的一员,其致力于刑事审判就是为了实现公正审判。为节省篇幅,再加上后文对审判文化转型将详细探讨,故本书在此不对这些不同的职业刑事审判文化展开分析。就鉴定人的刑事审判文化而言,他们参与刑事审判中的鉴定业务,要本着职业水准,基于鉴定材料从专业角度提出结论性意见,科学、客观、勤勉是关键,并且要认真履行出庭作证义务。

非职业审判文化是指普通公民因牵涉刑事审判而进行应对的方式，这些主体参与刑事审判不是基于职业或办案需要，而是因为刑事案件发生中的特定情形，如机缘巧合或厄运当头，证人参与刑事审判是因为阴差阳错了解案件事实，被告人被审判是因为涉嫌实施犯罪行为，被害人参与刑事审判是因为受犯罪行为侵害而要维护权益或澄清事实，当然还有其他参与审判者如翻译人员、见证人等。这些人对刑事审判的应对方式，应该基于对刑事审判的理解，本着查清事实、惩罚犯罪、保障无辜的需要，如实、积极、依法履行审判中其所对应角色的义务，当然被告人作为刑事审判的对象是刑事审判中最为重要的主体，应该依法享有若干诉讼权利，并且对应于上述职业参与者如检察官应该履行客观义务、法官应该履行审判程序的各项要求，依法保障被告人权利。

之所以对审判文化作出上述区分，是因为现代刑事审判文明要求："审判这个被人们所尊崇的艺术，供奉着一个崇高的理想：人们应该在实施惩罚之前暂停一下，让深思熟虑战胜直觉。"①这一暂停不是犯罪发生之后要求人们无所事事，而是在定罪量刑之前，经过不同的职业分工，让各主体在各自的职责范围内，使法官在对案件作出结论之前，基于事实、证据、法律综合平衡，以免草率、凭空定罪。

当然，法律文化上有内部法律文化与外部法律文化之分，认为"外部法律文化是一般人的法律文化，内部法律文化是从事专门法律任务的社会成员的法律文化。每个社会都有法律文化，但只有有法律专家的社会有内部法律文化。启动法律过程的是对制度的要求，利益必须转变成要求。本是外部法律文化一部分的态度和要求必须加工使之符合内部法律文化的必要条件"。② 人类学家雷德菲尔德在 1930 年提出了"大传统"与

① ［英］萨达卡特·卡德里：《审判的历史——从苏格拉底到辛普森》，杨雄译，当代中国出版社 2009 年版，第 290 页。

② 参见［美］弗里德曼：《法律制度》，李琼英、林欣译，中国政法大学出版社 1994 年版，第 261 页。

“小传统”的区分，认为受过教育的少数人是“大传统”，其余人则是“小传统”，即“大传统是在学校或教堂里培植起来的；小传统是自生自长的，并且在文盲充斥的乡村共同体的生活中保持自己的存续……这两种传统相互依存。大传统和小传统长期以来相互影响，而且将继续相互影响……伟大的史诗产生于众人所讲的故事中的传统要素，并重返到农民中间去修正并融入民间文化”。[①] 其实在很大程度上精英文化对应大传统，大众文化对应小传统，当然后来的文化理论对此也有修正，认为知识教育也参与小传统，因而既往的区分不太准确。随着我国高等教育大众化时代的到来，精英教育已经成为过去，当下的法学教育也分担着高等教育大众化的职能，即“为现代社会培养合格公民的重要社会职能”。[②] 这样一来，基于我国“建设德才兼备的高素质法治工作队伍”的时代任务，本书主张立足职业进行刑事审判文化的区分。在行文中如果涉及大传统，一般与官方身份或官方认可的文化相关，与之相对则为小传统，或者说刑事审判立法规定为大传统，在个案中的法官、检察官不同于立法设定的行为表现为小传统，诉讼参与人等对刑事审判的意识、心理、观念等也是小传统。

(三)对抗式刑事审判文化与合作式刑事审判文化

对抗式刑事审判文化与合作式刑事审判文化都是现代刑事审判文化。现代的刑事诉讼，是国家追诉个人，是在国家与个人对抗的框架下展开的，大陆法系如此，英美法系亦然。

对抗式刑事审判文化是指在被告人不认罪的严重犯罪案件的审判中，涉案各方的应对方式，控方出示犯罪证据，对被告人的犯罪行为予以证明，对其符合犯罪构成予以阐述，辩护一方尤其是辩护律师则围绕取证行为合法性、犯罪证据及事实本身进行说明，争取对被告人有利的无罪或

---

① 参见[英]彼得·伯克：《欧洲近代早期的大众文化》，杨豫等译，上海人民出版社 2005 年版，第 29 页。

② 参见孙记：《“不惑”之年应“不惑”——40 年来我国高等法学教育就业率之辨》，载《中国高教研究》2018 年第 8 期。

者罪轻的判决,当然被告人可以保持沉默,也可以为自己受指控的行为据理力争,当然法官要在事实、证据、法律的基础上依法秉公裁判。证人要就其所感知的事实,在自身权益获得保障的前提下,积极依法出庭如实作证,鉴定人更应该依据自己的业务能力和行业水准,立足鉴定材料如实、客观、科学地展开鉴定,如实地提供鉴定意见。在这些应对刑事审判的各类主体的相关行为中,指导其行为的理念应该聚焦公正审判的现实需要等。

合作式刑事审判是 20 世纪 70 年代之后出现的一种刑事审判新动向。1970 年,美国联邦最高法院在"布朗迪诉美国"一案的判决中正式确认了诉辩交易的合法性。美国的辩诉交易制度在英美法系国家逐步获得认可,大陆法系在反对专制君主统治下的纠问式诉讼程序胜利后,在立法上确立的国家追诉原则与起诉法定主义,并没有赋予检察官在起诉上的自由裁量权。但是,随着二战以后很多国家的犯罪率上升,检察机关办案压力大,对于被告人认罪且犯罪轻微的刑事案件也出现了起诉替代措施、缓起诉等,多国刑事诉讼法确立了认罪协商制度。这样,无论是大陆法系还是英美法系,包括我国的认罪认罚从宽制度,均与前述对抗式的刑事审判不同。这一审判是基于被告人的自愿、明智、明知的认罪后进行的审判程序,这一程序的支撑理念、基本原则、运行机制便与既往相同,是不同于对抗式机制的一种各方合作机制,这就要求各方对审判的应对方式不同于对抗式审判,以契约精神、客观诚信、合作共赢为支撑理念,被告人真诚地认罪悔罪,检察官履行起诉阶段的承诺,法官在审查认罪合法自愿后接受量刑建议,辩护律师的辩护也要围绕认罪协商的自愿性与量刑折扣的最大可能性等展开辩护,在庭审中为法官的审查提供有价值的信息,等等。

就这两种审判文化关系而言,前者是基础,是我国刑事司法改革有序进行的保障,在前者的基础上逐渐发展后者,恰如认罪程序对应的速裁程序或简易程序可以转化为普通程序,一旦选择适用普通程序便不能变为简易程序或速裁程序。我国只有前者切实实现现代化,才会发展后者,培育出认罪协商对应的审判文化。如果说前者的现代化是我国刑事审判文化的第一次转型,后者的确立则是我国刑事审判文化的第二次转型,两次转型具有主次的递进关系。

三、刑事审判文化与其他法文化的比较

与刑事审判文化相近的概念很多,如刑事审判文化与民事审判文化、行政审判文化,三种均是审判文化,他们的区分更多的是从审判活动的职能承担来衡量的。刑事审判文化与法院文化也比较接近,法院文化是一种围绕法院的审判工作、法院的队伍建设、法院的各项设施建设等展开的,审判工作对应的法院文化与刑事审判文化有很大的交叉或重合,但是法院的审判工作也有民事和行政部分,并且占据相当大的比重,它们与刑事审判文化存在重大区别不再赘述。对刑事审判文化在上文的分析中可以看出,除了法院的审判工作外,还包括检察机关、被告人和其他诉讼参与人,他们应对刑事审判的方式也是刑事审判文化的主要内容。在诸多相近概念中,与刑事审判文化最相近的则是刑事司法文化与刑事诉讼文化。

(一)刑事审判文化与刑事司法文化

不同于两大法系将司法仅仅对应于法院的审判工作,我国的司法最广义的理解是指与法律适用相关的活动均可视为司法。就刑事司法而言,公检法机关围绕犯罪的侦查、起诉、审判、执行均认为是司法活动,这些机关均是司法机关,围绕这些活动实施行为按照本文的定义也是司法文化,按照学术界观点,关于观念、制度、组织机构、设施等的便是司法文化。按照我国学术界通说,检察机关与人民法院是我国的司法机关,围绕刑事案件展开的司法活动,涉及的观念、制度便是狭义的刑事司法文化。按照文化作为生活方式的思路,检察机关与法院应对刑事案件的方式便是刑事司法文化。

刑事审判文化是围绕刑事审判活动,涉及的观念、制度等。本书认为

对刑事审判的应对方式便是刑事审判文化。刑事审判文化与刑事司法文化的相同点有:(1)同样作为职业法文化而存在。特别是在我国“推进以审判为中心的改革”的语境下,刑事检察工作和刑事审判工作均应在庭审的实质化上有所作为,而“审判中心主义是近现代国家刑事诉讼中普遍认同的一项基本原则,它是司法最终解决原则在刑事诉讼中的具体表现”。[①] 职业刑事审判文化作为刑事审判文化的一部分,与刑事司法文化中贯彻审判中心主义具有一致性。(2)被告人不认罪案件的法检应对成为重中之重。被告人不认罪的重罪案件,涉及被告人的生命[②]、自由、财产、隐私等,因而要在一审审判过程中慎之又慎,既要确保有罪必罚,又要防止无辜受罚,力争不枉不纵、罚当其罪。这样的一审审判程序设计要确保被告人一方享有充分的诉讼权利,确保辩护律师能够充分参与其中,并且在庭审之中要贯彻严格证明及各项审判原则、落实非法证据排除规则等。这一程序的展开,法官要认真对待,检察官也要充分发挥法律守护者的重要角色,指控犯罪的同时还要恪守客观义务,法检人员应对这样的审判,无论是理念支撑、制度优化还是应对方式本身,均成为审判文化和司法文化的重要内容。

不同点有:(1)文化的对应者不尽相同。司法文化主要针对的是法检人员,审判文化除此之外,还涉及辩护律师、被告人、被害人、证人等。(2)内容的侧重点不尽相同。审判文化重在强调审判参加者应该按照现代刑事审判的理念、制度要求思、想、作、为;司法文化重在强调司法机关尤其是个案的办案人员应该按照现代刑事司法的目的要求恪守刑事司法理念、司法制度思、想、作、为。(3)理想图景不同。审判文化要求各参与刑事审判的人员,本着权力受制、权利保障的原则,在立法赋予的职能范围内积极开展行为,以案件的公正审理为中介,相互之间围绕案件展开举证、质证、认证活动,最后由法官依法裁判;司法文化要求司法机关尤其是

---

① 参见孙长永:《审判中心主义及其对刑事程序的影响》,载《现代法学》1999 年第 4 期。

② 英国于 1969 年废除死刑。

具体的办案人员，按照法定的职责有所为、有所不为，在受制与能动之间，本着对国家负责、对被追诉人负责的态度，依法收集和运用证据、在履行客观义务的前提下推进案件进展，实现实体公正和程序公正，他们的行为更多地强调依法和自律。(4)对应的刑事诉讼阶段不同。审判文化对应审判程序，重在一审普通程序；司法文化除了审判程序外，还包括审前程序，侦查权应该受司法控制，“审前程序由强大且强势的侦查机关主导，如果不能受到司法的有效制约，易于偏离现代刑事司法公正的要求”，[①]侦查权的司法制约对应的理念、制度、行为必然成为司法文化的重要内容。

(二)刑事审判文化与刑事诉讼文化

刑事审判文化与刑事诉讼文化都针对刑事案件而言，按照通常理解，广义的刑事诉讼包括侦查、起诉、审判与执行四大阶段，狭义的诉讼指起诉到审判之间的诉讼程序。其中，“审判程序，乃诉讼程序重要的一环”。[②] 在法文化的研究中，诉讼文化一般取广义的刑事诉讼，审判文化仅仅指审判阶段(尤其是一审普通程序)。二者的共同点：(1)公正审判成为两种法文化的核心内容之一。无论是诉讼文化强调程序正义，还是审判文化强调审判公正，都对法官有明确要求，即“程序正义要求裁判者必须公正无偏”，等等。[③] (2)审判中心主义成为两种法文化的重要内涵之一。强调贯彻落实审判中心主义是刑事审判文化题中应有之义，就诉讼文化而言，两大法系的刑事诉讼均实现了司法权对侦查权的控制，涉及公民宪法性基本权利限制或剥夺的时候，事前需要司法授权，有争议需要司法权进行裁判，对被追诉人的干预处分之异议一旦被判定成立，便要给予司法救济，可以说整个侦查程序已经体现了审判中心主义，这一机制被称为“法定法官原则”或“令状原则”，刑事诉讼文化必然要以此为主要内

---

① 参见王敏远：《以审判为中心的诉讼制度改革问题初步研究》，载《法律适用》2015 年第 6 期。

② 参见林钰雄：《刑事诉讼法》(下册 · 各论编)，中国人民大学出版社 2005 年版，第 145 页。

③ 参见宋英辉等：《刑事诉讼原理》(第 3 版)，北京大学出版社 2014 年版，第 27 页。

涵。(3)被告人的人权保障成为两种法文化的核心要义之一。两大法系均站在宪法的高度强调被告人的公正受审判权,他也是被告人在刑事诉讼中的基本人权。刑事诉讼作为国家保障公民自由权的有效手段之一,它的行使必须要恪守人权保障原则,但在刑事追诉程序中最容易不被当作“人”来对待的,便是被追诉人,因此可以说刑事诉讼人权保障机制中最为重要的就是保障被追诉人的权利,其中,被追诉人享有公正的受审判权是核心要义之一,被追诉人的人权保障也就成为两种法文化的核心要义。

刑事诉讼对应的阶段要大于刑事审判,因而决定了诉讼文化与审判文化的不同,重在审前程序尤其是侦查程序:(1)诉讼文化包括侦查人员在内。如果说刑事审判文化是人们面对刑事审判的应对方式,那么刑事诉讼文化必然也是人们面对刑事诉讼的一种应对方式,其中最为关键的便包括侦查人员在内,侦查人员以什么样的心态、方式实施侦查,对犯罪嫌疑人的权益保障、对证据取得的质量、对后续的起诉和审判质量的保证都较为关键,可以说“管住了警察的政府,才是一个文明的政府;给坏人以程序保障,好人就会得到更多的权利和尊严”①。因而,侦查理念、侦查制度、侦查行为便成为诉讼文化内容的重要组成部分。(2)被追诉人的人权保障制度是诉讼文化的重要内容。现代刑事诉讼程序越来越重视保障被追诉人的人权,如无罪推定权、不得强迫自证其罪与沉默权、保释权、律师帮助权等,这些内容是现代刑事诉讼理念的重要体现,它们对应一系列的制度设计,这些权利的实现既需要被追诉人、律师的积极主张,也离不开侦查人员的尽职尽责。(3)在起诉中检察官的担当。现代刑事诉讼在国家与个人对抗下追究被追诉人刑事责任的过程中,也随着犯罪率的不断攀升、修复性司法理念的形成、犯罪概念内涵的变化、“非罪化、出罪化、轻刑化”趋势的出现,作为法律之守护人,检察官既要保护被告免于法官

---

① 邓子滨:《刑事诉讼原理》,北京大学出版社 2019 年版,第 389 页。

之擅断，也要保护其免于警察之恣意，[①]还要处理程序分流、认罪协商等诸多内容，此情此景之下的办案理念、起诉程序、行为方式等都成为诉讼文化的主要内容，这是审判文化不能涵盖的。

尽管诉讼文化能够涵盖审判文化，但是恰恰因为无论是审前程序还是审判程序，其诉讼理念、诉讼制度、诉讼行为都蕴含越来越多的内容，因而审判文化的细化研究成为必要，是对诉讼文化研究的推进，也是诉讼文化研究的一部分。

第三节　刑事审判文化的结构

分析刑事审判文化，不能不触及刑事审判文化的结构，分析其构成要素和组合方式。按照对法律文化或刑事诉讼文化研究的一般理解，刑事审判文化也可以区分为观念上的深层结构与制度层面的表层结构，[②]或者说，观念性审判文化是观念结构，属于隐性文化，制度性审判文化是制度结构，属于显性文化。[③]

文化是人与动物区别的重要标志所在，文化不是自然的、本能的，而是后天的、创造的，是通过一代代人不断改进逐渐累积起来的，所以说文化是属人的文化，文化的价值在于"以文化人"，是可以培育的，在个人进步的同时，社会也在进步。因而，在刑事审判文化研究中既要看到观念、制度，也要清醒地意识到审判文化始终是"人"的文化。因而对刑事审判文化结构的分析不能忽略"人"这一关键要素，人有群体和个体之分，又生活在具体的社会条件之下参与社会生活。因而，本书以主体—审判为视角作如下尝试。之所以对审判文化结构作更为宽泛的描述，也意在强调审判文化转型针对主体改造能够动用的有效手段，最起码这里的"三

---

① 参见林钰雄：《刑事诉讼法》（上册 · 总论编），中国人民大学出版社 2005 年版，第 103 页。

② 参见刘作翔：《法律文化理论》，商务印书馆 1999 年版，第 118 页。

③ 参见梁欣：《刑事诉讼文化论》，北京大学出版社 2011 年版，第 49 页。

观”对于办案者等职业伦理的形成作用不可低估。

一、外部结构

个案的刑事审判要在由特定时空与主体围绕事实、证据、法律等构成的场域实施诸多行为。刑事审判文化是主体面临或面对刑事审判时的应对方式。这里便有一个重要的节点。犯罪行为发生在社会生活之中，犯罪嫌疑人是大千世界之芸芸众生中的一员或由这样的人组成的小团体，证人也是碰巧“在场”的过客，即便是侦查或起诉阶段，一切有了相对确定性，但是未进入审判产生终局裁判以前，案件的认定仍具有不确定性，这是现代刑事诉讼中无罪推定原则的内在体现。这样，按照主体与刑事审判职业的对应关系，便可以将进入刑事审判之前的参与者分为两类：参加刑事审判的从业者（这里也包括从事侦查工作的侦查人员，但因为其不参加审判，故忽略）；偶然因素被牵涉者，或者可以称为普通公民。

（一）世界观

生活在“世界中的我们每个人，都免不了要面对‘我和世界’的关系。‘我’之外的一切都可以称为‘世界’，对‘我’之外的‘世界’所形成的观点、看法、理解就是‘世界观’”，[①]是“人们对生活在其中的世界以及人与世界关系的总体看法和根本观点”。[②] 这里的“我”“世界”“看法”并不是简简单单的一种描述，“我”在哲学上是“主体”，但相对每个人自身而言，他人都是客体，这便是“主体的客体化”，对于世界而言，其成为人们认识的对象，是客体，但基于这种客体是人通过直观、理性来认识的，于是有不同的理解，也使“客体主体化”，时间、空间、主体、实践交织在一起，其所形成的看法、观点便会存在古今差异、地域差异，世界观不是唯一的，有传

---

① 参见陈培永：《重思马克思新唯物主义的世界观》，载《马克思主义理论学科研究》2021年第5期。

② 参见新疆大学马克思主义学院主编：《马克思主义基本原理十讲》，人民日报出版社2021年版，第57页。

统的世界观、现代的世界观之别，也有西方的世界观与中国的世界观之分等。但不管怎样，世界观对应的看法和观点具有系统性、逻辑性、理论性。恰如拼图一样，它是“互相拼凑联结的信念体系”，是诸多信念的“紧密交织”。[①] 个人也好，个体也罢，都是生活在特定的时空之中，参加特定的组织而进入社会，从他呱呱坠地开始便要接受前人已经为他规定好的一切，因为他作为社会的存在、历史的存在、文化的存在和理性的存在，在决定与创造之间，更多时候要发挥主观能动性，理性地认识自然、社会、人与人之间的关系，形成符合时代要求的世界观，即“一个符合生活经验的考虑是无论哪一种世界观体系所表达的信念都是同时代的人们在生活中可以观察到的经验事实，且其中所有信念都是对人敞开的：人是万物的尺度，人们通常被教化和自我揣摩之后对这个体系深信不疑”[②]。

在传统社会，人们面对自然界，因为认识和改造自然的能力不高，对一些人认知范围之外的现象无法理解，在世界观上便相信超自然力量的存在，认为人与世界的关系中，神灵是主宰，上帝/真主是生命的起源、秩序的缔造者、动力的源泉，在神面前，人只有按照神的意旨组织家庭、社会和生产，才会使社会正常运转，使家庭和谐，劳有所获等。这一时期的人类，整体上各安天命，但也因为人是有需求的，不同的人需求不同，便会产生冲突，产生争端，生命、财产等便会受到侵害，便会出现“犯罪”。既然神是秩序的创造者，神是万能的，一旦“犯罪”（侵权）行为发生，便需要由神按照其意志来解决，惩恶扬善、以眼还眼以牙还牙。与之相关，我国是早熟的文化，是理性早启的人生。人们不是信奉宗教，而是崇拜祖先/祖先崇拜。相应地，西方早期的刑事审判中存在神判，我国的神判在历史上存在的时间较短，结束神判后，形成国家司法与家族司法相辅相成的具有艺术化、伦理化色彩的多元化审判。随着社会发展，人口增多，社会流动

① 参见［美］理查·迪威特：《世界观：现代年轻人必懂的科学哲学与科学史》，唐澄炜译，台北，夏日出版社2015年版，第20页。

② 黎学军、卜南：《世界观的转向：从物质到心灵——以弗洛伊德的理论建构为中心的分析》，载《浙江社会科学》2021年第12期。

性增强，西欧社会的犯罪也呈现出不同形态，拦路抢劫、陌生人之间犯罪、以犯罪为谋生渠道等，导致原来相识人之间的犯罪（侵权）演变为陌生人之间的犯罪，暴力程度和危害程度愈加严重，这就需要国家主动出击，再加上人类认识能力的提高，宗教也逐渐退出世俗领域，人类认识世界的方式与内容发生了变化，重新理解人与世界的关系，世界观也发生了转变，世俗权威的世界观等便得以形成。随着社会的发展，专制统治越来越滥权，于是便寻找新的"神"，这便是理性。从培根高呼知识就是力量开始，人类便走上理性发展之路。如果从科技史和科技哲学的发展来看，前者是亚里士多德的世界观，后者是牛顿世界观，最后发展到相对论的世界观。现代新的世界观实质是受科技理性支配的世界观。也正是在这一世界观主导下，才出现了两大法系的现代刑事审判。

在我国当下，历史唯物主义是"马克思主义的世界观，或者说，历史唯物主义是作为新世界观而诞生的"①。它为我们"认识世界、改造世界提供了科学的世界观和方法论，要求我们看待问题时应该一分为二，具体问题具体分析，注重两点论与重点论、普遍性与特殊性相结合，正确处理矛盾普遍性与特殊性、主要矛盾与次要矛盾、矛盾同一性和斗争性的辩证关系"。② 这意味着，树立马克思主义世界观，无论是对于我们把握我国的刑事审判及其现代化，还是我们评价英国的刑事审判及其审判文化，都具有至关重要的意义。特别是，无论是作为刑事审判职业参与者的法检人员，还是作为个案参加者的普通公民，通过正确的世界观指引，他们才能处理好刑事审判方面的各种关系。

（二）人生观

有思想家曾经指出："人只不过是一根苇草，是自然界最脆弱的东西，但他是一根能思考的苇草。"也恰恰因为人能够思考，才会利用自然、改造

---

① 王海锋：《历史唯物主义世界观的当代阐释》，中国社会科学出版社 2016 年版，第 1 页。

② 参见新疆大学马克思主义学院主编：《马克思主义基本原理十讲》，人民日报出版社 2021 年版，第 74 页。

自然,能够制造工具取长补短,才会为了弥补自身的不足而相互合作,在求同存异中形成规则等。这样,生活便有了自觉,其中的关键便是人生观,即“人们关于人生目的、人生态度、人生价值等问题的总观点和总看法”。① 这表现在两个方面:一是个人选择的一面,人为什么活着,人生的方向和生活目标便有所决定,在追求实现生活目标的实践中形成了稳定的心理倾向和精神状态,等等;二是集体面向的一面,最关键的是较为稳定的文化模式,古今中外各有千秋。有论者指出:“一般思想史喜欢说西方是所谓‘罪感文化’,即对‘原罪’的自我意识,为赎罪而奋勇斗争:征服自然,改造自己,以获得神眷,再回到上帝怀抱。”“个体与上帝的直接精神联系,优越于其他一切世间(包括父母)的关系,以心灵、肉体的紧张痛苦为代价而获得的意念超升、心灵洗涤以及与上帝同在的迷狂式的喜悦……便经常是以个人为本位的西方‘罪感文化’的重要环节。人们把人生的意义和生活的信念寄托于神(上帝),寄托于超越此世间的精神欢乐。这种欢乐经常必须是通过此世间的个体身心的极度折磨和苦痛才可能获有。这是基督教以及其他好些宗教的特征。”“这种精神在西方文化中非常重要……马克斯·韦伯最著名的理论,便是清教徒的宗教信念使他们刻苦、节约、积累和工作,产生了资本主义……这种极端克己、牺牲一切以求供奉上帝的西方宗教精神对历史的巨大推动作用。”②但是,这种单线的技术理性发展到当下,也存在一定的隐忧,“我们让自己变成了神,而唯一剩下的只有物理法则,我们也不用对任何人负责。正因为如此,我们对周遭的动物和生态系统掀起一场灾难,只为了寻求自己的舒适和娱乐,但从来无法得到真正的满足”。③ “如果滥用日益增长的技术力量,人类将置大地母亲于死地;如果克服了那导致自我毁灭的放肆的贪欲,人类则能够使她重返青春,而人类的贪欲正在使伟大母亲的生命之果——包括人

① 参见本书编写组:《思想道德修养与法律基础》,高等教育出版社 2018 年版,第 9 页。

② 参见李泽厚:《中国古代思想史论》,人民文学出版社 2021 年版,第 260 ~ 262 页。

③ [以色列]尤瓦尔·赫拉利:《人类简史:从动物到上帝》,林俊宏译,中信出版社 2014 年版,第 408 页。

类在内的一切生命造物付出代价”[①]。与之相对，便有人以“耻感文化”或“忧患意识”概括中国文化，李泽厚先生则主张用“乐感文化”，以“身心与宇宙自然合一”为依归，“乐”所追求的“后天修养的某种成果……它们所要求的人格塑造是以仁智统一、情理渗透为原则，实际是孔子仁学结构向教育学的进一步推演。一方面它要求通过培育锻炼以达至内在人格的完成和圆满；另一方面，由于肯定人生世事，对外在世界和现实世事的学习讲求，也成为塑造的重要方面和内容。‘我善养吾浩然之气’与‘博施济众’从内外两方面以构成所追求的完整人格即建造个体主体性。这就是所谓‘内圣外王之道’”。[②] 对于中国文化，一个重要方面是“以对方为重”，重视别人怎么看，“倾向于将真正感情以外的领域也加以人情化”。[③]近代以来，我国这种文化发展的进程被打破，西方的理性文化冲击既往的文化，后来在民族振兴伟业中，中国共产党带领全国人民取得胜利，建立了新中国，共产主义的人生观成为每个人成长、生活的指引，促进人的全面进步与发展，以人民为中心的集体主义精神深入人心，人们倾向以乐观精神面对人生道路上的各种问题。

就上述人生观与文化模式对刑事审判的影响而言，罪感文化从人性存在的弱点出发，或“‘罪恶感’是不以人为主的，而是看事情本身对不对，亦即以内省的方式审视有否违背自己的原则。如果有的话，即使并没有牵涉到另外一个人，心中也会感到不安，因此，很容易产生不因人而异的原则性态度”，[④]因此，从证据上、审判展开上，更多的是从确保证据资格、事实、法律角度考虑，使案件获得公正审理、公正判决。从乐感文化或耻感文化出发，遇事以别人怎么看为重，便很难拒绝别人的要求，为利益争得不可开交更是为别人所看轻，因此，“‘羞耻感’的逻辑在‘自己人’圈

---

① ［英］阿诺德·汤因比：《人类与大地母亲：一部叙事体世界历史》，徐波等译，上海人民出版社2001年版，第529页。

② 参见李泽厚：《中国古代思想史论》，人民文学出版社2021年版，第265～266页。

③ 参见［美］孙隆基：《中国文化的深层结构》，中信出版社2015年版，第23页。

④ 参见［美］孙隆基：《中国文化的深层结构》，中信出版社2015年版，第153页。

内的运作,往往是侵蚀法制的因素”,[①]被人告上法庭或者被官府抓捕坐牢是丢人的事情,故普遍有一种厌讼、惧讼的心理,一旦涉嫌犯罪,很多时候也是多方求人,而不是请律师,没有熟人可求往往会茫然无措、任人摆布。在全面推进依法治国的今天,努力让人民群众在每一个司法案件中都感受到公平正义的号召将会使刑事审判程序更加完善,刑事审判文化的正向积极作用更加明显。

(三)价值观

从哲学上看,价值主要是“表达人类生活中一种普遍的关系,就是客体的存在、属性和变化对于主体人的意义”,[②]价值观“就是人们关于什么样的价值对人有何种意义的看法”,[③]是人们基于“历史性的社会生活实践,通过对各种各样的价值进行评价而形成的思想观念。价值观是人们的世界观、人生观的重要组成部分,是人们进行价值评价、选择、创造的导向和依据;是一定宗教、民族、国家、地区、阶级、阶层等的精神、规范、原则和标准,构成一定社会意识系统的有机组成部分、一定文化系统的深层结构;是一定宗教、民族、国家等社会共同体的精神支柱和灵魂,是一定社会共同体判定‘我们是谁’并与其他社会共同体相区分的依据”。[④]

任何价值观都不是凭空出现的,它是“建构在一定的社会经济基础之上的,是一定时代人们的社会存在、社会实践、生活经历的产物和表现,是一定时代文化传统、生活方式、风俗习惯、社会心理等因素潜移默化地渲染和熏陶的结果”。[⑤] 从现实表现看,价值观一般包括:一是价值信念、信仰、理想,它“控制着人们的‘中枢神经’,决定着人们的社会立场,决定着

---

① 参见[美]孙隆基:《中国文化的深层结构》,中信出版社 2015 年版,第 154 页。

② 参见李德顺:《价值论》(第 2 版),中国人民大学出版社 2007 年版,第 8 页。

③ 参见韩震:《社会主义核心价值观的话语构建与传播》,中国人民大学出版社 2019 年版,第 4 页。

④ 参见孙伟平等:《最大公约数:社会主义核心价值观研究》,广西人民出版社 2021 年版,第 22 页。

⑤ 参见孙伟平等:《最大公约数:社会主义核心价值观研究》,广西人民出版社 2021 年版,第 23 页。

人们的终身追求、奋斗目标”;二是价值标准,它“是人们价值活动的‘尺度’,或显或隐地引导、规范、制约着人们的价值评价、选择与决策”;三是具体的“价值旨趣、取向和态度”,以及与之相适应的“调节人们的心理、精神状态的情绪、情感、意志等”。价值观是人们内心深处的“一个内涵丰富、形式多样的观念系统,在具体的历史的价值活动中发挥着目标选择、情感激发、评价标准和行为导向等作用”,个体的价值观“构成世界观、人生观的核心内容”,是人的社会生活的“指示器”,制约着人们的“思维方式和行动方式”,社会的价值观“是一定社会文化体系的核心和灵魂”,是社会意识形态的“主导部分”,是社会群体或社会共同体的“黏合剂”,制约着社会发展的“方向和具体进程”。①

价值观是人们对价值的一种认识,不同时空之下的人对应不同的价值观,核心价值观是“一个民族、国家得以存在和发展的灵魂,是精神文化建设的核心、目的和枢纽”。② “价值观是文化的核心。”③其中,“作为封建主义、宗法观念,神学目的论等的批判的继续,资产阶级思想家们力求以理性为基本原则去建构资本主义的理性王国。自由、平等、博爱、公平、正义、人权等,既是批判封建主义的基本标尺,也成为构建资本主义王国的基本原则”④。我国学者研究后认为,西方资本主义的核心价值观是“自由、民主、人权”:“自由”是把“自我意识和个人价值当作唯一根据和目标”,它曾经是“当年引导资产阶级推翻专制统治的法宝”,但当“社会发展到更高级形态”,该“个人自由”也暴露出局限性;“天赋人权、社会契约、主权在民”是“民主的三大核心理论支柱”,西方的民主观念很丰满,但与现实存在差距,根本缺陷(或先天不足)在于“私有制和资本权力

---

① 参见孙伟平等:《最大公约数:社会主义核心价值观研究》,广西人民出版社 2021 年版,第 25 ~ 28 页。

② 参见孙伟平等:《最大公约数:社会主义核心价值观研究》,广西人民出版社 2021 年版,第 29 页。

③ 陈柏峰主编:《法理学》,法律出版社 2021 年版,第 8 页。

④ 欧阳康:《社会认识论导论:探索人类社会的自我认识之谜》,北京师范大学出版社 2017 年版,第 95 页。

化”;“人权”发展“源于自然权利和自然法”,强调“我们因为是人而拥有的权利”,言简意赅地“表达了‘人’这一现代性核心要素,以人的自我意识解放为基本前提”,随着人权内容的丰富和人权实践的发展,这一理念也存在局限。就其实质而言,这一价值观是“建立在资本主义经济基础和政治法律基础之上的意识形态,是资产阶级进行政治统治和思想控制的工具”,其特点是:资本主导、个人至上、权利天赋、对内包容与对外排他。[①]

与之不同,我国传统社会核心价值观的基本范畴有:仁义礼智信、官本位、平等、和谐。[②] 新中国成立后,在马克思主义指引下,在中国共产党的领导下,我国不断加强社会主义价值观建设,2006 年 10 月,党的十六届六中全会通过《关于构建社会主义和谐社会若干重大问题的决定》,第一次明确提出了“建设社会主义核心价值体系”这一命题,它包括“马克思主义指导思想,中国特色社会主义共同理想,以爱国主义为核心的民族精神和以改革创新为核心的时代精神,社会主义荣辱观”四项内容。在这里,“社会价值体系就是文化……文化是以价值取向为主导的内隐或外显的行为模式”[③]。在党的十八大报告中,明确提出了社会主义核心价值观,在国家层面倡导“富强、民主、文明、和谐”,在社会层面倡导“自由、平等、公正、法治”,在个人层面倡导“爱国、敬业、诚信、友善”。西方社会的核心价值观也好,我国的社会主义核心价值观也罢,均对各自时代的刑事审判文化起着支撑作用。就我国当下而言,“培育和践行社会主义核心价值观,是中国特色社会主义文化建设的根本、和谐文化建设的根本、精神

---

① 参见孙伟平等:《最大公约数:社会主义核心价值观研究》,广西人民出版社 2021 年版,第 153 ~ 179 页。

② 参见孙伟平等:《最大公约数:社会主义核心价值观研究》,广西人民出版社 2021 年版,第 126 ~ 133 页。

③ 任平:《走向交往实践的唯物主义:马克思交往实践观的历史视域与当代意义》,北京师范大学出版社 2017 年版,第 230 页。

文明建设的根本”[①]。而且，“社会主义核心价值观又是人类文明的一部分，与世界多样性的文化价值观共同组成了人类文明的智慧源泉”[②]。

二、主体结构

(一)刑事审判文化主体及其中介作用

这里的中介是外部结构与下文的内部结构之间连接的桥梁，也是刑事审判的外部环境对刑事审判发生影响的关键。这种中介便是潜在的刑事审判参与者，就是作为主体的“人”。从哲学上来看，主体是指“对象性行为中作为行为者的人”，与之相对，客体是指“这一对象性关系中的行为对象”。这里的“人”必须取其广义，包括“各种社会集合形式(如人类、群体、法人、社会组织、个人等)”，人总是“既为主体又为客体，人是具体主客体的统一”，主客体从外延上划分永远是“相对的、具体的”，可见，主体与客体是“以人在现实对象性活动中的地位为标志而建立的一对关系范畴”。[③] 同样，在刑事审判文化方面，主体便是审判活动中作为行动者的人，这里的刑事审判可以从刑事审判的一般性着眼，也可以从具体个案考察。如果说前者对应一般性规定，在“三观”上有自身烙印的主体，极少部分可能因为“三观”扭曲而实施犯罪行为成为被告人，其他人因为“三观”正确而可能成为诉讼参与人，如证人、被害人、翻译人员、见证人等，也可能因为有正确的三观再加上专业教育而从事刑事检察工作、刑事审判工作乃至刑事辩护工作，还包括因拥有一技之长能对刑事审判中涉及的专门性问题进行鉴定的鉴定人等。

(二)刑事审判文化主体的观念养成

就上述主体来说，他们成为刑事审判文化的主体需要一定的条件，以

① 孙伟平等：《最大公约数：社会主义核心价值观研究》，广西人民出版社 2021 年版，第 6 页。

② 孙伟平等：《最大公约数：社会主义核心价值观研究》，广西人民出版社 2021 年版，第 569 页。

③ 参见李德顺：《价值论》(第 2 版)，中国人民大学出版社 2007 年版，第 41、45 页。

今天的教育等现状为参照可以看出，这便是他们从牙牙学语到黄口小儿到翩翩少年再到青年才俊，一路走来要接受家庭教育、学校教育，参加社会实践活动，接受文化知识、科学知识、社会知识等教育，同时还从家庭、学校、社会等接受道德教育，使其从一个自然人逐渐成为具有一定知识储备的社会人。

第一，完整的学校教育培养社会公民。从幼儿园到基础教育，这段时间基本上是在给学生传授人文知识、自然知识、社会知识，培养他们的记忆能力、观察能力、表达能力、计算能力等，锻炼他们的生活能力、交往能力、自控能力等，在这一过程中，逐渐对他们进行道德教育，接受社会道德熏陶。在基础教育完成后，他们会出现“分流”，有的走向社会、有的接受大学教育、有的接受职业教育或技能培训等，无论是走向社会，还是继续留在校园，在既往基础教育中接受的一些人文教育，从家庭、社会到学校等接受的宗教教育、道德教育的基础上，大学教育中除了专业教育外，还有通识课程、思政课程等，这些课程的实施，再加上第二课堂的开展、学校专门德育工作的推进等，使大学生在接受专业教育的过程中，逐渐培养出基本的公民素养，在毕业后处理各种关系时，能够保持基本的理性判断，能够在与人交往的过程中，尊重他人、平等待人、诚信待人，遵守规则、主张权利、履行义务、捍卫正义等。

第二，高等教育中的法学教育/法律专业教育。在英国的一定历史时期，法律专业教育是靠律师事务所“师傅带徒弟”的方式，培养从事法律业务的律师人才，后来也逐渐走向或融合高等法学教育。在法学专业教育的过程中，也开展通识课教育、思政课教育等。但是，普通公民教育并不排除专业教育，或者说法学专业教育是公民教育的升华。在法学教育的过程中，所学的专业知识并不能仅仅是与刑事审判相关的，当然，首先要学习宪法、法理学、法史学、刑法学、刑事诉讼法学等，同时还要学习民商法学、经济法学、行政法学等，要学好这些法学所在学科的基本理念、基本原则、基本制度、具体制度等。这样的知识学习是今后从事法律职业资格考试的前提，通过法律职业资格考试之后，还要经过专门的法官、检察官录用考试才能从事刑事审判业务。

第三,社会教育与社会实践中的学习与经验积累。当个人从接受幼儿园教育开始,便在逐步接触社会,随着年龄的逐渐增长,其自立性一步步增强,便会在接触社会的过程中,随着认知能力、理解能力的提升而更加深入了解社会。在这一过程中,个人经历着社会教育,边观察边学习一个合适的社会公民应该的言行举止,也可以从身边发生的偶然事件接触和旁观刑事审判。当然,随着接受学校教育的逐渐深入,年龄的逐渐增长,特别是进入大学学习后,其会逐渐增加知识与提升认知水平,这既有学校的有意安排,也有自身学习生活的现实需要。在这一过程中,社会交往与社会实践会使其在学校教育中获得的理论与间接经验获得印证,在社会交往与实践中遇到的问题也会反过来促进主体对法学专业知识和通识课、思政课等内容的理解,增加他们学习的兴趣,形成良性互动。

前述三个方面是正常状态,凡事有一般便有例外。有的个人或者因成长中的家庭教育缺失或扭曲,周围环境影响,或者成长中的偶发事件,使他们阴差阳错地偏离正常的成长轨道,最后没能成为"合格公民",反而在达到刑事责任能力之后,在精神正常的情况下实施犯罪行为,成为被追诉人,最后在刑事审判的个案中成为被告人,但他们也是刑事审判中或者刑事审判文化中不可或缺的主体。

(三)刑事审判文化中的主体结构

与此相对应,刑事审判文化的主体可以分为两大类别:职业人员与普通公民。[①] 职业人员是指接受过正规的法律或法学教育,并且已经取得参与审判资格的法官或检察官。普通公民还可以区分为有专长的公民和没有专长的公民,有专长的公民是指参与刑事审判中的诉讼参与人,要凭一定的专业技能助力刑事审判,如鉴定人要具有鉴定需要的专业技能,翻

① 需要说明的是,在英国的刑事审判中,职业法官为数不多,皇室法院一审案件,要由普通公民作为陪审团参加审判解决事实认定——定罪问题,在认罪案件或者罪行较轻的案件中,有参与审判工作的治安法官,也有不领薪的普通公民。

译人员要在语言或手势等方面能够将参加审判的其他参与人不懂之处在其清晰理解的前提下公开、准确地表达出来，律师更是如同法官、检察官一样接受过专门的法律教育或法学教育，并且取得执业资格。也恰恰因为刑事审判中有这些主体的区分，才决定了刑事审判文化的细化与具体化。主体之间有区别和有序排列，这不仅是描述的需要，也是刑事审判展开有序性的体现，这样便在主体之间形成结构。前述的中介结构探讨的是外部结构与内部结构之间的衔接，此节则是将主体作为刑事审判文化构成要素之一的同时，对主体之间的有序关系展开探讨。

（四）刑事审判文化主体的观念结构

如果结合主体结构分析职业人员与普通公民与刑事审判相关的心理、意识和思想体系三大方面，这体现的是刑事审判文化的观念形态，虽然观念形态本身是“一个相互重叠交织在一起的结构系统”，难以泾渭分明，但若从认识论的发展过程看，从审判心理到意识，再到审判思想体系则是一个由“感性认识”到“理性认识”的渐次过程，它们一层比一层“显现化、理性化、逐渐趋于成熟化”，[①]在职业人员和普通公民身上也有不同的体现。

1. 刑事审判心理

上述各主体因为在接受学校教育、家庭教育、社会教育的过程中形成刑事审判心理，即社会大众对刑事审判的心理体认，通过对刑事审判现象的观察、移情而形成心理感受和心理反应，一代一代耳濡目染，最终形成相对稳定的心理文化。不同时期、不同地域的人们对刑事审判会有不同的情感和评价，如我国传统社会在和合文化熏陶之下，无论是科举考试功成名就者，还是不识字的平民百姓，他们对刑事审判都是排斥的，认为被刑事审判的人便低人一等，乃至对“打官司”或告状也从内心上予以排斥，费孝通先生研究指出：“在乡土社会的礼俗秩序中做人，如果不知道

① 参见刘作翔：《法律文化理论》，商务印书馆1999年版，第119页。

‘礼’,就成了撒野,没有规矩,简直是个道德问题,不是个好人。一个负责地方秩序的父母官,维持礼治秩序的理想手段是教化,而不是折狱。如果有非打官司不可,那必然是因为有人破坏了传统的规矩。”[①]无讼是心理文化,在古代社会的实践中难以实现,所以“历代基层法官的对应之道是‘息讼’,尽可能平息诉讼”。[②] 普通百姓则是厌讼、惧讼,视诉讼为畏途,“屈死不喊冤”“吃亏就是占便宜”“一场官司十年仇”,诸如此类。其他民族对刑事审判的心理则会与此不同,如在西方中世纪社会,人们对刑事审判的心理可能在包括我们的先辈看来有些幽默、滑稽,但它是切实存在的,即“审判昆虫、动物和物体的诉讼程序,反映了人类希望建立一个神奇的、和谐的宇宙。在这个宇宙中,神的诅咒阻止饥荒,没有罪犯能够逃避惩罚,毁灭物品可以消除它曾造成的罪恶。中世纪对‘原罪的恐惧’现在被称为‘嫌恶’或者‘义愤’。对于上帝旨意的臣服,现代代之以对民愤的尊敬。人类发现了新的方法,用尊敬掩饰背后对权力的肯定。但是,想法都是一样的。法庭的职责就是谴责严重的犯罪,并给予恰当的惩罚”[③]。一个社会对刑事审判的偏见、轻视、不信任都是对刑事审判的认知偏差,是一个社会对刑事审判的负面心理,重视审判、理性地对待审判、相信审判则是一个社会对待刑事审判应该有的积极心理。刑事审判心理更多对应着普通公民对刑事审判的下意识反应,情感色彩比较浓厚,主要是人们对刑事审判的一种感性认识。

无论是我国还是其他国家,刑事审判心理与既往相比均发生了重大变化,人们对刑事审判的反应较之传统社会均更加客观与冷静,这是文明进步的结果,也是人类对犯罪理解发生变化的结果,且将始终发挥着不可替代的作用,即面对审判及对其进行评价,是“事不关己高高挂起”还是相信审判的公正性而积极参与作证;当身陷囹圄是听天由命还是据理力

① 费孝通:《乡土中国》,人民出版社 2008 年版,第 67 页。

② 参见郭建:《中国传统法律文化精讲》,复旦大学出版社 2020 年版,第 225 页。

③ ［英］萨达卡特·卡德里:《审判的历史——从苏格拉底到辛普森》,杨雄译,当代中国出版社 2009 年版,第 153 页。

争,会对刑事审判的质量和效果有重大影响。

2. 刑事审判意识

刑事审判意识是人们对刑事审判的信念观点和表达形式,是刑事审判心理向刑事审判思想体系的“一个过渡”,既有刑事审判心理的成分,也有刑事审判思想的因素,是“位于两者之间的一个中间环节”。[①] 成熟社会的刑事审判意识具有相当的法律智慧,也就是面对或面临刑事审判,普通公民会倾向对刑事审判作出恰当的判断和选择,倾向作出慎重、理性的行为举止。也恰恰由于这种意识介于刑事审判心理和刑事审判思想体系之间,所以其对应的主体范围也不是确定的,这是审判文化观念结构中一个最大的变量因素,呈现较为活跃的变动趋势。

在审判意识中,处于核心地位的是审判价值观,即人们对刑事审判所形成的态度、认识、信仰和评价。需要强调,“价值是一个属人的范畴,价值和价值观具有鲜明的‘属人性’或主体性”[②]。首先,审判公正是人们进行刑事审判的基本出发点,它在审判价值观中具有基础地位,审判公正包括实体公正,也包括程序公正。实体公正是定罪量刑上的正确性,贯彻罪刑法定、罪行相适应、罚当其罪原则,不能殃及无辜,要确保无罪者不受罚。恰如我国著名的刑法学家曾经强调的那样,刑事司法的最高境界不是有罪必罚,而是无冤。从定罪后的生效判决看,刑事审判的实体公正要做到既不错放有罪,也不将无辜者判决有罪。程序公正是刑事审判过程的公正,这既要求刑事审判的各个程序严格依法展开,充分保障被告人的各项诉讼权利,特别是确保被告人自我辩护和委托辩护的有效性,在一审程序贯彻严格证明,在审判过程中遵循直接原则、言词原则、集中原则、公开原则等,在实体审理之前调查证据的可采性,使非法证据排除规则能够真正落到实处,使审判之前的侦控行为切实接受法院审查。需要强调,审判上的实体公正和程序公正是紧密联系的,真实是判决公正的前提,“法

---

① 参见刘作翔:《法律文化理论》,商务印书馆 1999 年版,第 126 页。

② 孙伟平等:《最大公约数:社会主义核心价值观研究》,广西人民出版社 2021 年版,第 683 页。

律意义上的真实或真相只是程序意义上的,即法律上的真实和真相并不是现实中的真实和真相”。[①] 其次,人权是刑事审判价值追求的底线。应该明确,刑事审判发展到今天,西方不会再审判动物,我国也不会在法庭之上用刑,因为现代文明决定了人们能够时刻清醒地认识到审判乃人对人的审判,那么,人与人之间的关系便要按照人与人之间的行为方式来展开,尤其是被告人也是人,那么在审判中就应该将其按照人来对待。不仅如此,还要确保审前程序中的人权保障落到实处,要把无罪推定原则贯穿审判过程的始终,“每次被告人来到法庭上,反驳他(她)的有罪指控时,这个程序就重审了现代民主形象的核心规则。审判确认个人总是背负着原罪,而社会永远比个人长寿。审判也描述了一个自我节制的国家形象,这个国家不仅能够防止公务员单方面地决定个人的命运,而且谦逊地让人民观看这个司法——甚至有时让人民自己实现司法。最有力的是,刑事审判其实展现了人类尊严的含义,显示一种文明尊敬地对待最卑劣的敌人——假定他们是无罪的,让他们能够平等地对抗,给予他们辩护人为其辩护”。[②] 最后,审判效率也要适度兼顾。任何一场针对被告人犯罪行为的审判,都需要人财物的投入,需要被告人在审判前或审判程序中承受各种义务,还需要证人等出庭作证,需要鉴定人针对专门性问题进行鉴定以及在审判中出庭说明鉴定之结论的形成过程和根据。这就需要国家的投入,也需要当事人等诉讼参与人的投入,因而前述的公正与人权价值的实现,是需要成本支出的,故刑事审判不能事无巨细、不能久拖不决,应该体现及时原则,在草率和拖沓之间适度折中。

3. 刑事审判理论体系

刑事审判理论体系是刑事审判文化观念结构的最深层次,是高水平的审判认识,是人们对刑事审判及刑事审判现象理论化、理性化、体系化了的审判意识和审判价值观的总和。刑事审判理论体系是从全局性、系

---

① 参见张文显主编:《法理学》,高等教育出版社 2018 年版,第 284 页。

② 参见[英]萨达卡特·卡德里:《审判的历史——从苏格拉底到辛普森》,杨雄译,当代中国出版社 2009 年版,第 299 页。

统性、反思性的角度对刑事审判问题的理论进行阐述，是法学工作者、法律工作者的创造性劳动成果，并且要通过他们的学术活动、审判活动、普法活动等予以传播和普及，只有经过传播和普及，整个社会的审判观念才能提升，审判实践才能良好运行。还需要指出，这一理论体系的主体只能是法学家，刑事审判实践中的业务专家、业务人员，能够被称为法学家的只能是那些研究审判并且能够创造刑事审判理论体系的人。

李麒教授在研究刑事诉讼文化的过程中用知识体系来表达刑事诉讼文化的要素，①按照笔者的理解如果这些刑事诉讼文化的要素按照一定的逻辑进行排列，构成一个紧密相关的体系，便是刑事诉讼的文化结构，知识体系中的各个部分便是刑事诉讼文化的结构要素。按照刑事诉讼立法演进及其立法中的价值追求来表达刑事诉讼的知识体系是必要的，也是可行的。但本书认为，这一知识体系的表达虽然与立法紧密相关，但也要对刑事司法实践予以观照，将刑事诉讼专门机关及其工作人员与诉讼参与人的诉讼心理、诉讼意识的整体状况纳入理论概括。就本书对刑事审判文化的研究而言，刑事审判理论体系也好，刑事审判的知识体系也罢，应该有静态的成果描述，也应该有动态的实践运行，应该有审判现象的抽象概括，也应该有审判环境的追问反思，应该有审判主体的能力分析，也应该有审判效果的质量监测。只有多角度、全方位对刑事审判现象予以描述，经过反思后所形成的理论体系，才能对刑事审判的发展与实践展开起促进作用，才能在刑事审判面对疑难问题时激发出法检人员的主观能动性，才有可能出现能动司法。

4. 刑事审判思维方式

李麒教授在研究中指出："刑事诉讼思维方式是指人们在制定刑事诉讼制度或进行刑事诉讼活动时看待问题的角度以及从该角度出发进行的观察、分析并进行相关活动的认识过程。"②刑事审判思维方式则是从职

---

① 参见李麒：《刑事诉讼制度变革的法文化阐释》，山西人民出版社 2019 年版，第 61 ~ 64 页。

② 李麒：《刑事诉讼制度变革的法文化阐释》，山西人民出版社 2019 年版，第 65 页。

业与专业的角度思考、分析、解决审判问题的原则和规律。与刑事审判紧密相关的职业人员应该包括立法者、公诉人与审判者,他们从专业角度处理立法问题、进行个案审判等。如果从刑事审判预期实现的目的而言,应该有工具主义思维、程序本位思维。工具主义思维是指将刑事审判作为惩罚犯罪的一种手段,立法者若持这种思维方式,则必然会将刑事审判仅仅作为达至其他目的的一种手段,它虽然以实体为目标,但这里的实体未必要公正,在极端情况下可能实体结果已经确定,但是要用审判的方式来实现预期目的,如已经决定杀死一个罪大恶极的人,审判不过是一种被选中的方式。如在审判后把罪大恶极的人执行死刑,这说明将审判作为准确认定罪大恶极人的一种手段。如通过公正审判将罪大恶极的人执行死刑,则既强调了审判过程的公正也强调了审判结果的公正。这里,将程序放在优先位置考虑时便是程序本位思维,这一思维还可以区分为三种方式:审判的法律思维,是按照审判的法律逻辑(审判制度、审判原则、审判精神)来观察、分析、解决审判问题的思维方式,这一思维方式重在强调审判的合法性,"不求有功,但求无过"。审判的法治思维,是将对审判程序的敬畏、对审判制度的坚守、对审判程序的遵循转化为思维方式和行为方式。这种思维方式更加强调审判制度至上、人权保障、无罪推定等,这是在审判内追求最大公约数的思维方式,努力在法律规定的范围内协调各种关系。审判的法理思维,是指将对良法善治的追求、对程序公正与实体公正的重视、对司法公信力的提升综合思考、全面权衡后而形成的思维方式和行为方式。审判的法理思维既思考法律内的正义,也思考法律外的影响等更可取的思维方式,但也是高标准的思维方式,是对参与刑事审判主体"三观"、职业伦理、业务能力、综合素质有全面要求的一种思维方式。

需要说明,恰如刑事审判思想体系与法学家和法律实践专家、法检办案人员相关一样,刑事审判思维方式也是对法检系统参与刑事审判的人员而言的,他们以何种思维方式看待刑事审判并且采取何种行为方式参与审判,对审判质量和审判效果至关重要。

三、内部结构

前述两部分无论是外部结构中围绕三观(世界观、人生观、价值观),还是主体结构,均是从刑事个案审判之外来分析的,均属于隐性文化,但显性文化也是不能缺场的。与既往学术界的理解不尽相同,本书认为刑事审判的立法规范、刑事审判的组织机构与审判设施等,属于刑事审判展开的条件或前提,并不是刑事审判文化的关键要素之一。因为从刑事审判文化中主体应对刑事审判方式的思、想、作、为看,这些制度、设施等为应对方式的媒介,而非直接的应对方式,所以它不是刑事审判文化的核心要素,故本书不作系统阐述。反之,在具体的个案审判之中,各主体在审判过程中的行为方式至关重要,它是审判文化不可或缺的构成要素之一,即行为要素,各主体的行为之间具有一定的顺序、互动、制约关系,因而形成行为结构。它是隐性文化的外在投影,由隐性文化决定,是隐性文化的反映。

(一)审判行为

审判行为是审判者在刑事审判过程中,按照刑事诉讼法或刑事审判法的规定,在控诉方、被告人、辩护人,以及证人、鉴定人等其他诉讼参与人的参加下,围绕犯罪事实、证据、控辩双方的举证、质证、认证而最终对案件作出裁判结论的一种职权行为,当然也包括法官就程序性事项而为的处理。其中可以区分为实体上的审判行为和形式上的审判行为,法院的行为特点是直接产生效果,不需要其他各方的配合,只要依法行使,符合刑事审判的目的,便会具有强制性。如果控方对法院的审判行为及其结果不予支持,可以提出异议,但是不能置之不理,否则会产生撤诉、失权、败诉等严重后果,被告人则会存在被处罚、失权、缺席审判、控方指控成立的法律后果。当然,如果按照法律规定,审判者滥用审判权,违法裁判,则这种行为的结果无效,不会对控辩双方产生法律效力。

(二)指控行为

现代国家对犯罪的追诉以公诉为主或垄断起诉,这里仅围绕公诉行为展开。刑事审判中的指控行为包括开庭审判之前的提起公诉行为,这要通过向法院送达起诉书,奉行卷证移送主义还要同时向法院移交案卷材料。在接到法院的开庭通知后,由公诉人按时出席法庭审判。在审判过程中,要按照刑事审判程序的法律规定,在法官的主持下,宣读起诉书,出示物证,调查人证,就事实和法律适用陈述意见,指控行为在很多时候是指向被告人的,对他的犯罪行为进行控诉,尽管证据调查中的行为指向物证、人证,但这种直接诉讼行为的效果是证明指控犯罪的成立。指控行为固然是为了追诉犯罪,但是现代刑事审判中不管检察官之公诉行为也好,检察官的角色定位也罢,他都应该作为法律的守护人发挥作用,要奉行客观义务,不能为了指控而指控。在对抗制下的英美刑事开庭审判中,控方的指控也不能无中生有,而且排除合理怀疑的证明标准,吹毛求疵的法庭竞技,恶意起诉、虚假起诉的可能性极低,"fair play 之所至,容易培养一种理性精神,是是非非,乃能全凭理性而不诉诸感情,在各项事务中,就容易做到不以私人恩怨和个人好恶掺入是非之中,不以一己利害蒙蔽对是非善恶的判断"。①

还应该指出,在一定程度上针对犯罪侵害而展开的请求赔偿等行为,也是指控行为,只不过在公诉案件中,因为追究刑事责任成为公诉人的职责,被害人的指控行为便显得次要,但其行为在整个审判过程中也是不可或缺的,在个案的审判中也是实现正义的促成因素。当然,被害人陈述中有关侵害事实的部分,也是证据,受相关证人作证规则的调整。

(三)辩护行为

现代刑事审判中,由于被告人受不得强迫自证其罪及沉默权的保护,

---

① 参见张建伟:《司法竞技主义——英美诉讼传统与中国庭审方式》,北京大学出版社2005年版,第11页。

所以其在审判阶段也可以行使沉默权,当然也可以在法庭上放弃沉默权为自己辩护,这也是辩护权要义之所在。不过,在现代刑事审判中,由辩护律师进行辩护是一项重要的制度设计,在各个国家的立法与刑事审判实践中都得到重视。有的被告人因经济困难,政府提供免费的律师辩护也是福利国家为“接近正义”而进行的重要制度设计。这样,辩护人的辩护行为在刑事审判中便具有举足轻重的作用。辩护人基于指控,可以从事实、证据、法律角度择重点进行辩护,辩护行为不需要面面俱到,只要抓住控方指控漏洞奋力一击即可。律师辩护行为既可以针对实体,也可以针对程序、证据,在程序正义日益制度化的今天,程序违法行为的辩护在刑事审判中也越来越受重视,而且在关键时刻甚至能够取得出乎意料的效果。

(四)其他诉讼行为

在刑事审判中,参与刑事审判的不仅仅是控、辩、审三方,还包括证人、鉴定人、见证人等诉讼参与人,这些主体与审判结果没有利害关系,他们参与刑事审判是基于查清犯罪事实、确定被告人刑事责任的需要,因而他们的诉讼行为对于犯罪的公正处理必不可少。

1. 证人作证

证人在刑事审判中的作用至关重要,因为从犯罪事实发生到刑事审判,有一个时间间隔,要想追究被告人的刑事责任,就要认定其犯罪行为,查清犯罪事实,这是一个由果溯因的认识过程,证人因机缘巧合而感知案件事实,现代刑事审判便是要证人将其感知的案件事实客观、准确地陈述出来,使审判者在场知悉,再综合各类证据信息,形成心证。所以,刑事审判需要证人出庭作证,但证人对案件事实的感知发生在过去,证人作证的完整环节包括感知阶段、记忆阶段、回忆与陈述阶段,由于记忆模糊、人为因素干扰、不当动机作祟,这就使证人出庭作证可能提供虚假信息,因而在制度设计上便存在诸多规则,当然证人权利的保护是积极、如实作证的前提。因此,证人作证便应该按照法庭要求,竭尽所能地回忆、客观而准确地陈述,证人也会因现实生活与被告人存在特定关系,如夫妻、近亲属、医患关系等,或者因为职业特殊性,会有作证上的豁免权,这种情况下就要求证人依法行使其权利,一旦选择作证,就要对所陈述证据信息的真实性、可靠性负责。

2. 鉴定人出庭作证

在英美法系鉴定人被称为专家证人,与之相对上述的证人被称为普通证人。鉴定人是因为其对刑事审判中的专门问题有专门知识,通过对这些问题进行鉴定而提供意见。按照直接言词原则或传闻证据规则,鉴定人要出庭作证,这是查清事实的关键。鉴定人一旦被聘请或指派进行鉴定,按照法庭审判需要,便应该积极出庭作证。将其鉴定的过程、得出结论的来龙去脉向法庭陈述清楚,他们要对自己的鉴定过程、由鉴定材料经过鉴定得出的结论负责,要对其提供结论的科学性、可靠性向法庭负责。一旦他们拒绝出庭作证或虚假作证,就应该承担相应的法律责任。

3. 警察出庭作证

在刑事审判过程中,作为到案发现场侦查的警察,基于法庭审理的需要,经法庭传唤,也要出庭作证,将案发时的现场情况向法庭陈述,仅仅就对事实澄清这一点上,警察和普通证人没有什么区别。积极出席法庭,也是其应尽的义务。在我国,基于非法证据规则的展开,也有要求侦查人员出庭说明情况的规定,这其实是就取证合法性接受法庭询问,这一说明情况也好,前述就现场情况出庭作证也罢,应该是警察的义务,但是因为我国警察是侦查机关的侦查人员,与检察人员、审判人员同属于刑事诉讼专门机关的工作人员,不出庭作证成为常态,情况说明成为出庭作证的替代方式,这不是审判证据调查的最佳途径,应该在包括审判文化现代化在内的诉讼现代化之下得到解决,支持法庭证据调查应该摆到“破案保一方平安”的高度同等对待。

在刑事审判过程中,其他诉讼行为远不是上述三种行为所能涵盖的,如书记员的记录行为,在其他国家立法将这一诉讼角色定位为书记官,与法官都是庭审之中的“官”,客观、如实地记录整个庭审情况,对于上诉审审查一审庭审情况是关键材料,具有不可替代性,也能体现出庭审中对审判行为的制约，对于保障庭审质量起着重要作用。其他行为也是如此。

这里还需要说明的是，既然刑事审判文化具有群体性，这里探讨的是个案中的各种诉讼行为，如何体现个体与群体的关系，本书认为，这里虽然是个案，但不是具体的某一特定个案，而是描述个案中各种角色行为的一般性特征，因而也是一种群体行为，而且这里的行为与前述的隐性文化可以前后照应，“三观”教育是社会人都应该接受的，对应主体与审判文化观念结合的时候，审判心理对应广大群众，审判意识则对应法检人员，审判理论体系则对应法学家、业务专家等，这里的行为有职务行为，也有普通的诉讼行为，这样“三观”的外部结构—主体的观念结构—主体的行为结构/内部结构便区分为职业/普通两类对应的审判文化。可以看出，审判主体现代化—审判文化现代化在理论上的对应性就建构起来了。

第四节　刑事审判文化的功能

通常来说：“文化传统往往以一种潜移默化的力量影响着人们的心理和观念，通过价值导向引导着人们的行为。正因如此，文化传统像一条无形的纽带，将人们的思想、行为维系在一起。由于这种纽带比较坚韧，因而其整合和维系的力量异常强大。”[①]同样，审判文化也对刑事审判发挥着重要的功能作用，审判文化的积极作用有助于审判价值的实现，其消极作用将导致审判异化，实现公平正义的愿望落空，甚至滋生冤假错案。

一、刑事审判文化的积极功能

（一）促进刑事审判的立法完善

刑事审判文化是人们应对刑事审判的方式，在刑事审判实践中，不可

---

① 丰子义：《现代化的理论基础：马克思现代社会发展理论研究》，北京师范大学出版社2017年版，第309页。

能每一起案件的审判都能做到十全十美，总会存在这样或那样的问题，林钰雄教授曾经指出："诉讼史之于人类的不名誉，不亚于犯罪史！"①对于既往个案审判中存在的涉及制度设计不完善的问题，日积月累便会促进立法者通过启动立法程序予以解决，当然立法程序的启动在很大程度上是与刑事诉讼法的整体完善相一致的。特别是进入20世纪70年代以来，在完善普通一审审判程序的同时，认罪协商程序或者辩诉交易等在审判程序上也有新的体现，当然本书强调的是前者，这也与我国"推进以审判为中心的改革"的部署相一致，我国之所以将对《刑事诉讼法》的发展与这一改革相结合，是因为既往的刑事审判中出现了一些有重大影响的错案，一方面说明办案理念存在偏差，另一方面说明制度设计存在问题。无论是观念还是行为均存在不足，均是审判文化的体现，通过立法调整审判行为便是审判文化发挥作用的重要体现，如果按照制度、观念来理解审判文化便是对审判文化的直接发力，即"文化是制度之母，没有文化的支撑，许多制度无法制定"。②

（二）促使审判价值的实现

一般而言，刑事审判具有发现真相、准确定罪、刑罚公允、保障无辜的实体价值，也有审判公开、审判中立、控辩对抗、控辩平等、审判理性、审判及时等程序价值。因为现代审判文化是人应对审判的一种方式，如果审判文化与上述的现代刑事审判价值相契合，便会使法官在审判中做到居中裁判、平等对待控辩双方提交的证据、事实主张、诉讼请求等；指控方尤其是公诉案件的检察官，便会在庭审的指控中，代表国家公正地追诉犯罪，积极履行举证责任、陈述事实、论证法律依据等，在追求有罪必罚的过程中还会恪守客观义务，对被害人的利益诉求尽到诉讼关照义务，顺理成

---

① 林钰雄：《刑事诉讼法》（第10版）（上册），台北，新学林出版股份有限公司2020年版，"序"第1页。

② 参见江国华：《国家监察权力运行及其监督机制研究》，中国政法大学出版社2020年版，第253页。

章地在审前程序恪守客观义务,应该起诉的起诉,奉行起诉法定主义,对于构成犯罪但情节轻微的,在自由裁量权范围内依法不起诉;对于被告人一方而言,其在积极主张诉讼权利、依法进行辩护的同时,承受审判对应的各项义务,但是对于证人、鉴定人等的作证,充分行使质证权,但是不能恶意威胁、干扰作证;就被害人而言,要对法官、检察官予以信任的同时,积极主张诉讼权利与损害赔偿请求权,同时也要积极履行作证义务,如实作证,适度承受各方的询问等;就证人而言,积极履行作证义务,并且在享有证人权利的同时,依法作证等。上述各主体应对、参与法庭审判的方式,如果与现代审判文化要求相一致,便会有助于审判价值的实现。

(三)确保审判制度的实效

刑事审判制度因契合社会、国家、时代需要而处于与时俱进的发展完善的过程中,立法仅仅是刑事审判发展完善的一部分,是刑事审判发展的初端,其固然重要,但所立之法要获得有效实施才是最终目标。习近平总书记强调:“法律的生命力在于实施,法律的权威也在于实施。”①审判制度要获得有效实施,一个前提性问题是个案之中参与法院审判的各类主体能够按照审判制度的立法原意思、想、作、为。文化原理区分“大传统”与“小传统”。大传统是正统文化,是官方文化,是主流文化,小传统是非正统文化,是民间文化,是非主流文化。现代刑事审判是围绕被告人定罪量刑而在中立的职业法官以及民间法官(陪审员)之间展开的攻击与防御活动,国家追诉个人的架构使法检人员代表国家行使司法权力,被告人及其派生的权利行使者辩护律师为个人一方,法检人员在个案中以现代审判文化为支撑,实行职务行为,承担审判中的诉讼角色,对前述审判价值的实现及审判权威的树立等至关重要。其中一个关键便是法检人员对立法设计的认可,对职能要求的诚心接受,信仰审判对应的法律设计,准确理解立法原意、恪守法律规定,在法律规定不明确的地方,按照现代审

---

① 习近平:《论坚持全面依法治国》,中央文献出版社2020年版,第96页。

判对其职能的定位,能动地实施行为,使审判的立法规定得到贯彻实施,使法律在运行中体现善治。

(四)确保刑事审判的依法展开

契合现代审判制度的文化,必然有助于审判合法性原则的实现。刑事审判本身要按照程序法、组织法、证据法、实体法的要求进行证据调查、法庭辩论,判断有证据能力证据的证明力,由证据建构犯罪事实,由对犯罪事实的认定对号入座,定罪后依法量刑,并且要将事实认定、罪名认定、量刑依据等在判决书中进行阐明,依法进行说理。在具体的司法个案中,对有罪者做到不纵、对无罪者做到不枉,量刑要与其犯罪、主观恶性等相适应。这就需要审判的各个环节、事实认定的各个节点依法进行,在法律的调整下围绕审判的职能要求展开行为。内心树立法治观念、形成法理思维,在个案中法检人员才能按照法律精神、制度的要求实施行为,作为当事人以及其他诉讼参与人,按照法治的内在要求参与审判,积极主张权利、依法履行义务,法检人员依法履职会使诉讼参与人意识到依法行为的重要性,也会围绕定罪量刑的证据、事实、法律而主张权利、维护自身利益,这样的交互作用,便会使各方的行为依法展开。行为背后是对利益的评判,在对利益取舍的过程中会结合既往审判进行推断,现代审判文化便在其中起着重要的指引作用。如果现代审判文化没有形成,各方在审判中的行为便会具有不确定性,案件的裁判也可能不是审判程序所形塑的事实,而是来自其他因素,这值得深思。一般认为:"正确的文化导引可以让人们按照合乎社会道德评价的标准自觉规范自身行为。"[①]审判的有序展开、公正进行、公平判决,离不开审判文化的指引,因为"人的行为动机、目的和选择都会受到主体的思想道德状况的直接影响和制约"[②]。

---

① 江国华:《国家监察权力运行及其监督机制研究》,中国政法大学出版社 2020 年版,第 253 页。

② 江国华:《国家监察权力运行及其监督机制研究》,中国政法大学出版社 2020 年版,第 258 页。

（五）廉洁担当的塑造功能

现代刑事审判对于被告人而言，是享有公正审判权，对于法官而言，是在个案中依法公正审判，对检察官而言，便是客观公正地指控犯罪、积极履行举证责任，既要做好追诉犯罪的角色要求，也要客观公正地维护审判公益，关注有利于被告人的事实与证据、关注被害人在刑事审判中的利益诉求。在这里，刑事审判文化是我们评价、反思法检人员在个案审判中行为的媒介，是对既往违法取证特别是刑讯后审判之弊端的警醒，对办案人员枉法裁判、出入人罪、受贿索贿等的担忧，是对正向行为激励的一种凭借。

二、现代刑事审判中的消极面孔

观念是行为的先导，在现代各国的刑事审判中，或多或少地存在如下负面形象，或是办案心理，或是思维定势，或为个体个案，或为群体画像，有的属于偶发事件，有的则是审判文化负面因素的体现。

（一）有罪推定

尽管启蒙运动以来，无罪推定从理念到在宪法中出现原则性规定，实践中的办案人员也恪守这一刑事诉讼原则而展开追诉行为，在诉讼文明中的进步意义可圈可点，但是因为职业熏陶所形成的心理偏差，刑事审判中的办案人员也难免存在有罪推定的思维定势，特别是认为经过侦查阶段、审查批准逮捕羁押或者公诉阶段的层层把关，被告人的行为事实已经确认无疑，适格证据构成的有罪证据链已经闭合，因而被告人也好，辩护人也罢，他们所做的无罪辩护是在“狡辩”，因而对他们的程序请求置若罔闻、对他们提出的受到刑讯逼供辩护的审查敷衍了事，对他们提出的无罪证据不予重视，结果可想而知。究其原因，是其“三观”所决定的审判心理、意识、观念体系、思维定势，对刑事审判价值观缺失的影响等。

（二）重打击轻保护

“秩序”乃与人类法律永相伴随的“基本价值”，因为它是“维持人类生存、保障社会发展的必要条件,所以,维护和追求'秩序'乃一切人类法律的共性",①通过制定刑法打击破坏人类"秩序"的犯罪行为,这是对的。在现代西方,秩序、公平、个人自由是法律制度的基本价值,缺一不可,而且三者的微妙平衡至关重要,"对于仅仅依靠对一切危及社会安定的行为进行暴力镇压来维持秩序的法律制度,人们是不满意的"。② 这说明,凡事都有度,为了维持秩序打击犯罪,基于由果溯因的事实认定机制,各个环节容易出错,再加上办案理念等方面的偏差,权力扩张的属性使然,在实践中办案人员往往在思维定势中强化对犯罪的惩罚,而忽视对被追诉人平等的权利保障,但刑事诉讼是一种平衡架构,打击犯罪与人权保障是一个问题的两面,打击犯罪越是具有紧迫性,就越有加强人权保障的必要性。尤其是强调人权保障并不意味着对犯罪的放纵,而是在追求打击犯罪的过程中,对被追诉人乃至被告人的权利保障慎重考虑,遵循比例原则与无罪推定原则,不能以偏概全、顾此失彼。审判程序中的轻保护是"忽视"庭审阶段被告人对取证行为的合法性异议,往往因打击犯罪思维定势的存在而低估程序违法的后果,但也往往因忽视非法证据而造成冤假错案。

(三)重实体轻程序

有论者指出:"中国传统社会始终以自给自足的小农经济为根基,在这种自然经济条件下生长起来的中国古人,其观察和把握世界的方式比较而言通常较为直观和具象,由此形成的中国传统思维方式也主要是'经验—实用'型的,而非'抽象—超越'型的;这种民族性思维方式的特点是重判断而轻分析、重结果而轻过程、重实体而轻程序……程序法的发展仍

---

① 参见胡旭晟主编:《狱与讼:中国传统诉讼文化研究》,中国人民大学出版社 2012 年版,第 44 ~ 45 页。

② 参见[英]彼得·斯坦、[英]约翰·香德:《西方社会的法律价值》,王献平译,中国法制出版社 2004 年版,第 2 页。

然是较为落后的，而低程序化则构成了中国传统诉讼文化的又一重要特质。"[①]受这一思维定势影响，在办案过程中，公诉人也好，法官也罢，认为办案的关键是查清事实，对犯罪予以惩罚，即使存在程序违法也是可以"原谅"的，其中的错误观念是结果使过程正当化或目的使手段正当化，一旦这种观念形成主导，便可以从侦查阶段"一步错步步错"，一错到底，最后铸成错案，得不偿失。殊不知，"刑事诉讼旨在发现真相并将罪犯绳之以法，刑事诉讼法则旨在减少错案并维护个人尊严。简言之，如果刑事诉讼是奔马，刑事诉讼法则是道路。没有道路，马照样可以狂奔；有了道路，马奔跑起来更加安全"[②]。

（四）司法腐败的微量存在

在参与刑事办案的公检法人员之中，总是有极少数逆行而上的腐败分子，他们利用办理刑事案件的机会，对涉案者及其家属"吃拿卡要"，利用职务便利疏通关系，对涉案者大事化小，或者办案中严重不负责任，对可能无罪、罪轻涉案一方的辩护主张或辩解，充耳不闻，在个案的办案过程中偷懒耍滑，对有利于被追诉人的事实和证据不予核查，最终使正义蒙羞，使无辜者受牢狱之灾，使有罪者逍遥法外。

三、刑事审判文化的消极功能

刑事审判文化作为参与刑事审判的主体对刑事审判的应对方式，集中体现为由观念指导下主体的行为，如果因为审判文化的"现时性"认为文化都是现时的，只不过其中体现的传统因素的影响，是现代人身上体现出的传统做法，这些传统因素作为"文化'深层结构'这个千年魔怪，在道高一尺面前，却证明是魔高一丈的"，[③]深深地影响着办案者参与审判的

---

① 胡旭晟主编：《狱与讼：中国传统诉讼文化研究》，中国人民大学出版社 2012 年版，第 17 页。

② 邓子滨：《刑事诉讼原理》，北京大学出版社 2019 年版，第 8～9 页。

③ 参见[美]孙隆基：《中国文化的深层结构》，中信出版社 2015 年版，第 176 页。

行为,这就意味着上述各类主体不合时宜地参与刑事审判的负面行为方式不可忽视,是审判文化中"现时性"的消极因素在发挥作用。

（一）刑事审判立法的阻滞力

现代刑事审判的立法一旦针对一审普通程序,必然是对被告人公正审判权的落实,是对审前程序中指控行为异议等的法院审查,并且伴随辩护制度的完善,而前述消极面孔的行为表征,一旦不是个案中的特殊情况,便是群体性的应对方式,便是刑事审判文化,如果是群体的思维定势等,便意味着立法不会轻易将人权保障、程序性制裁、非法证据排除、程序性辩护等一系列原则制度作为打击犯罪的一种对抗性架构予以顺利规定。如果这样,就不是审判中心主义作为刑事审判制度的共同性发展趋势了,立法推进也会相对较为迟缓,2018 年《刑事诉讼法》修改中没有吸收"推进以审判为中心的改革"的试点成果,也在某种程度上说明刑事审判文化中的传统因素/消极因素对立法推进的阻滞作用。

（二）滋生错案或使错案禁而难止

因为前述有罪推定、重打击轻保护、重实体轻程序、司法腐败的存在,便会使刑讯逼供、对证人与被害人的暴力威胁、引诱直接或者变相存在,因为这些取证行为的存在,便可能存在"屈打成招",造成冤假错案。错案的发生,不仅给个案当事人及其家庭造成沉重影响,同时也造成国家司法资源的极大浪费,错案一旦被发现并且进行纠错,便会引起社会关注,错案发生的前因后果,亲属或社会关注下的漫漫洗冤长路,会使广大群众对司法的信任度降低,导致司法公信力下降。而且,也恰恰因为文化的稳定性,使文化观念的转变比较迟缓,在个案中,处罚与保护的矛盾、社会关注度的持续不减与办案难度的居高不下,可能使办案人员忙中出错,这便意味着错案可能禁而难止。

（三）导致审判程序失灵

所谓审判程序失灵是指法律明文规定的审判程序规范在实践中得不

到贯彻，而在审判中却存在行之有效的另一套做法，使明确的审判规范对各类参与刑事审判程序主体的行为调整失去作用。刑事审判的法治化是法律至上、权由法定、尊重人权、公正审判等一系列内容，但是实践中因前述审判文化的影响，审判中的关键证人不出庭、刑讯逼供等非法证据审查走形式、有争议的鉴定意见鉴定人不出庭、辩护律师庭审的合理合法要求不支持，或者开庭过程中，证据调查与法庭辩论认真，但是有关无罪证据、无罪辩护在裁判结论中无从体现，裁判书说理缺位，裁判结论是起诉意见的翻版，法院审判变成"认认真真走过场"，或者说裁判结论不是来自法庭审判，而是来自审判委员会的讨论决定，这就使轰轰烈烈的审判制度完善也好，法庭开庭的充分性也罢，都成了绿叶来衬托审判委员会集体智慧之"红花"。

（四）使公平正义感落空

刑事审判不仅承载着对被告人而言的公平正义，而且承载着案外人对刑事审判形成正义的感受，当然被告人在审判之中的公平正义感是关键，也是制度设计的核心和目标所在。但是，上述刑讯逼供或暴力取证、错案存在、程序失灵，特别是当下自媒体的发展、社会舆论平台的发达、个案中被告人被错判有罪的影响扩散，使整个社会对刑事审判的负面评价放大，有可能让人民群众感受到公平正义就在身边的承诺落空。这种失望和失信，会影响人们的制度自信。

四、审判文化现代化的刻不容缓

由刑事审判文化中的消极因素决定，要想消除我国刑事审判存在的消极面孔，必然意味着对这些负面因素进行克服，而且这些消极面孔带来的消极影响是巨大的，是与现代社会人们对审判的预期和审判目的等格格不入的，因而破解困局刻不容缓，"头痛医头"仅是权宜之计，根本解决之路则在于刑事审判文化的现代化。

(一)我国文化现代化的如火如荼

我国文化现代化早已提上日程,近代西方武力闯入引发了文化的冲突,葛兆光教授指出:“这就是所谓‘现代性的入侵’(inbreak of the modernity),‘富强’在‘理性’的名义掩护下,以‘实用’和‘有效’的方式,被当作‘文明’的标准,这给中国人提供了一个实际上源自西方的思考方式,一个一元的普遍的价值尺度,它使急于保存自身文化存在的中国人在西方强势的全球背景中,在坚船利炮的威胁下,放弃文明评价上的独立立场,也放弃文化与价值上的传统观念。”①也就是说,“中国文化问题,背后带出来的是一个中西、文化的问题……怎么看西方文化”,②借用公羊学“通三统”概念,甘阳教授提出“在全球化时代挺拔中国文明的主体性”,即“毛泽东时代的平等传统”或“革命传统”、“自由和权利”观念已深入人心,改变了传统的“注重人情和乡情”的文化,其中最重要的,无论是革命传统,还是改革传统,均是与苏联不同的“地方分权化”,这两个传统之间存在联系具有连续性,而以儒家为主的文明传统是现代中国发展的基础。据此,这三个传统是同一个“历史文明连续统”,是“新三统”。③ 以此为前提,借鉴西方刑事审判文明优秀成果形成的审判规范,与我国新民主主义革命以来以及新中国成立后至今建立的审判制度,与传统审判文化的成就,三者整合,即当代中国的刑事审判“文化显示出巨大的综合性,具有一个历史的纵深感,它是三个传统并存、拉锯、渗透的产物”。④

(二)人之现代化是关键

刑事审判文化的现代化,说到底是参与刑事审判各类主体的现代化。也就是说,参与刑事审判的各类主体能够按照现代审判的要求思、想、作、为,才是刑事审判文化现代化的关键,即无罪推定、人权保障、公正审判、

---

① 葛兆光:《中国思想史》(第2卷),复旦大学出版社2001年版,第464~465页。

② 参见甘阳:《通三统》,生活·读书·新知三联书店2007年版,第5~6页。

③ 参见甘阳:《通三统》,生活·读书·新知三联书店2007年版,第5页。

④ 参见陈柏峰主编:《法理学》,法律出版社2021年版,第315页。

诉讼诚信、有效辩护等现代审判的原则性要求切实在各类主体中内化于心。这是因为“社会文化规范只有内化于人心,才能成为个体主体的一部分。研究同一社会文化规范条件下各个体心理、人格、实践、语言的差异,必须既要考虑个体所介入的交往结构和环境差异的影响,更要注意个体在接受文化方面的主体选择机制和同化整合结构的个性特点。一定的交往整合出共同体规范,又整合出个体主体性,而个体主体通过变革和创新,取代交往主体间结构。这即是交往主体的辩证法”①。一代代中国人面对刑事审判将三个传统统一为一个新的传统,历史的积淀与西方审判被我们有机结合在一起,积淀是“指社会历史条件向作为主体的人的内在生理结构、心理结构、知识结构、情感意志品质的内化和渗入”②。林语堂先生也曾指出:“现代世界是一个精神体系,现代文化是全世界的共同遗产……中国都不可能游离于全世界的共同遗产之外。她正是坚定不移地用现代文明来不断地充实自己……我认为现代化会把中国人的民族性格趋向于更加新鲜和伟大的发明创造活动……如果中国人的性格是一股生机勃勃的力量,那么,他们会用自己的力量来为知识的共同积累作贡献,从而维护他们自身……中国的历史已经表明中国文化具有旺盛的不寻常的生命力,任凭各个不同时代政治上的冲击,它都没有失去自身的连续性。”③我国刑事审判文化的现代化也是如此,要将现代审判文明的成果充实到我们的审判实践中,在锐意进取中加强专门法治工作队伍建设,践行社会主义核心价值观,切实通过刑事审判输送公平正义,提升人民群众的公平正义感。

(三)刑事审判文化现代化的理想图景

刑事审判文化现代化的实现,便是要在刑事审判文化中落实法治。

---

① 任平:《走向交往实践的唯物主义:马克思交往实践观的历史视域与当代意义》,北京师范大学出版社2017年版,第162页。

② 欧阳康:《社会认识论导论:探索人类社会的自我认识之谜》,北京师范大学出版社2017年版,第257页。

③ 林语堂:《中国人》,郝志东、沈益洪译,学林出版社2000年版,第350页。

刑事审判的法治化,必然是刑事审判文化的法治化,即“作为法治基础的法律文化属于法治文化。法治文化是法律文化的一种,它是肯定法治的价值、地位和方式的法律文化,同时包含如何实现法治的法律技术性内容。法治文化直接构成法治的文化基础,其精神方面和核心内容可分为法治意识、法治理论、法治思维、法治方法等因素”①。首先,刑事审判的法治意识指对刑事审判“法治意义、特征和要求的了解与认同”;其次,刑事审判法治理论是关于刑事审判“法治的价值、地位、内容、形式等重要问题的理论性体系”;再次,刑事审判的法治思维是“在处理国家和社会事务中体现法治要求诸如权力法定、正当程序、人权保障、公平正义等因素的思维方式”;最后,刑事审判的法治方法是“符合法治要求的技术性方法,如法治论证等”。②

如果说“法治文化的内核是法律意识和法治精神”,刑事审判文化作为法治文化的一部分,则其核心内容包括刑事审判的法律意识与刑事审判的法治精神。刑事审判的法律意识是人们关于刑事审判的“思想、观念、知识、心理的总称”,包括对刑事审判本质、作用的看法,对刑事审判的态度和评价,以及对各类主体参与刑事审判行为的法律评价,等等。刑事审判的法治精神包括“三个层次,即法治信仰、法治理念和法治意志……法治信仰、法治理念再加上法治意志,才最终形成法律职业者的‘法治能力’。在这个意义上,从事法律职业的人如果出现司法腐败或故意的司法不公,其问题不仅仅是出在法治思维和法治方式上,而首先出在法治信仰和法治意志上”③。这意味着,我国刑事审判文化的现代化便是在上述内容中寻找最大的公约数,并且通过主体的观念转变来实现,要通过刑事审判各主体的现代化来达至。

① 张文显主编:《法理学》,高等教育出版社 2018 年版,第 403 页。
② 参见张文显主编:《法理学》,高等教育出版社 2018 年版,第 403 页。
③ 《法理学》编写组:《法理学》,人民出版社 2020 年版,第 275 ~ 277 页。

第二章 英国刑事审判文化转型的基本条件

第一节 英国刑事审判文化的根基

一、天人分殊的根本观念

英国作为西方国家的一员，其文化乃至刑事审判文化尽管有自己的特质，但也分享着西方文化的共性，或者说共享西方文化的基因。这一基因是历史积淀的结果，“研究历史的方法有两种，一是从流溯源，二是从源溯流。在思想史中，这两种方法都不可偏废。一位 17 世纪的作家说得好，要了解一种观点的趋势，必须考虑它的前因后果”①。追根溯源，“西方为自己创造了两种普遍的结晶：罗马帝国和天主教会，教育由此获得了生命的延续性。这两者构成了欧洲意识的基础。尽管这一意识不断受到分崩离析的威胁……教育和传统形式的大一统的倾向，并没有……使精神生活趋于静止的枯死。在西方仍有不断的突破。在突破中，欧洲的各民族

① ［英］A. N. 怀特海：《科学与现代世界》，傅佩荣译，上海人民出版社 2019 年版，第 8 页。

交替地拥有其创造性的时代,正是从突破中,整个欧洲获得了生命力"[1]。在西方,天人分殊的传统源远流长,它体现在上帝与世人的严格分离。上帝造人与万物,上帝无所不能,人要听从上帝的安排。按照上帝的要求严于律己、恪尽职守、辛勤劳动。这又与人类起源的原罪说相契合,按照《圣经》与《古兰经》记载,上帝用亚当的肋骨造出女人,名为夏娃。二人作为人类的祖先,与上帝一起在伊甸园中生活,无忧无虑、无欲无求、无饥无苦,伊甸园中风光秀丽、花团锦簇、瓜果飘香。上帝叮嘱亚当和夏娃,不能吃一种树上的果实,否则将招致灾祸。但是,一天夏娃被一条蛇引诱偷食该果子,并与亚当分享,于是便有了意识,上帝盛怒之下将二人赶出伊甸园,来到人间,繁衍后代、靠劳作生活。这便是人类的起源,上帝叮嘱二人,在世间接受改造,改造好了便可以重返伊甸园,但是要接受上帝的重新评价,这便是"末日审判"。对此,哈罗德·J. 伯尔曼教授研究指出:"基督教由犹太教那里继承了这样一位上帝的信仰,他既是慈爱的父亲,又是正义的法官——一位自相矛盾的上帝,他将仁慈与正义结合起来……在历史终结之时,上帝将对世界上所有民族,包括所有曾经在这个世界上存活过的人们的灵魂进行审判……在末日到来之时,基督将复活……他要将所有的人分成两部分:那些在人世间曾对耶稣的饥渴、疾病、衣着、行旅和被监禁时给予照料的人将被给予永生,而那些未做这些事情的人们要投入'永久的狱火'和'永罚'之中。"还需要注意的是"在末日审判之前,基督徒的灵魂却依然在炼狱之中,直至通过苦难而全部涤清罪过"。[2] 上帝作为法官,与耶稣降临时作为法官的教义被接受后,对西方社会影响甚远。作为亚当和夏娃的后代,每一个人作为独立的个人仰望上帝、吃苦耐劳、心平气和、谦虚谨慎,这样上帝与世人的明显二分便成为西方文化、思想、制度等的前提。

---

① [德]卡尔·雅斯贝尔斯:《论历史的起源与目标》,李雪涛译,华东师范大学出版社 2016 年版,第 72 页。

② 参见[美]哈罗德·J. 伯尔曼:《法律与革命:西方法律传统的形成》(第 1 卷),贺卫方等译,法律出版社 2018 年版,第 214、219 页。

(一)西方罪感文化的缘起

天人分殊也好,上帝将亚当和夏娃逐出“伊甸园”也罢,西方文化的“原罪说”便肇源于此,“如果灌输绝对的道德标准,倚重良心的培育,这种社会就可以定义为‘罪感文化’”,此情此景,“荣誉的含义就是达到为自己构想的目标;在这里,即使不当之举未被人察觉,他自己也会感到有罪,而坦白罪恶是可以得到解脱的”。[①] 这一文化模式的发展脉络大致是,从《圣经》看,“原罪不意味着一些就个人而言不会犯任何过错的个体,仅仅因为它们是人类家族的成员就必须承担某种外来的集体过失”,[②]或者说,从“原罪”出发,《圣经》伦理观赋予了“人的人性”以新含义,即“‘为他人负责’,‘为他人的责任负责’。从此,人和人类是消除世间一切苦难、惩恶扬善、走向神所允诺的美好未来的新时代。在这个时代,恶事越来越少了,善事越来越多,因而它有了发展方向,有了时间维度,超越了历史循环论,成为历史进步论了”。[③] 教皇格列高利七世于1074年至1075年进行了宗教改革,发布《教皇敕令》,使教皇拥有对教会和世俗王国的权力,“以统一的文化优势和缜密的法制体系在西欧组织了一个‘教会国家’……为正处于社会动荡、文化落后、惶惶无所适从的西欧各国指明了方向,树立了一个恰当的效法目标……基督教教义、基督教神学思想、基督教修行路线的科学理性化”,[④]历经几个世纪,教会变得腐朽、教士阶层堕落,路德和加尔文发动宗教改革,使教会顺应时代发展,韦伯将“新教伦理”凝练为“资本主义精神”:勤奋、节俭、守时、公正、讲信用。负罪感与基督教教义相结合,成为西欧教众的行为规范,信仰基督教

① 参见[美]鲁思·本尼迪克特:《菊与刀:日本文化模式论》,何道宽译,北京大学出版社2013年版,第202~203页。

② 参见[法]菲利普·尼摩:《什么是西方:西方文明的五大来源》,阎雪梅译,广西师范大学出版社2009年版,第40~41页。

③ 参见蔡俊生:《文化模式解:西方文化模式、俄罗斯文化模式和伊斯兰文化模式》,中国社会科学出版社2020年版,第58页。

④ 参见蔡俊生:《文化模式解:西方文化模式、俄罗斯文化模式和伊斯兰文化模式》,中国社会科学出版社2020年版,第68~69页。

的人便始终从“原罪”出发，通过信教实现“救赎”，人人如此，代代相传，积习成俗，作为主体的个人不在意别人怎么看，而在意是否向善，自己在世俗世界的努力是否得到上帝的认可，自己的行为是否会加重末日审判时的罪过，趋善避恶便成为日常生活的规则，习惯成自然，最终便成为一种相对稳定的民族心理。在这种心理的驱使下，他们活得认真，对自己负责，对他人负责，对上帝负责，因此在公共领域中，法律意识、权利观念、自由理念、责任归属成为共识，“为权利而斗争”成为每个人对社会应尽的义务。

（二）近代科学的起源

恰恰是天人分殊，才会导致西方人能够站在自身的角度去观察自然界，征服自然、改造自然。怀特海教授认为，“希腊终究是欧洲的母体，要找到近代观念的起源，就必须回溯希腊”，希腊戏剧作品“透过各种形式在许多方面对中世纪的思想产生间接影响……认为命运是冷酷无情的，驱使着悲剧性事件不可避免地发生：这正是科学所持的观点。希腊悲剧中的命运，成了近代思想中的自然秩序”，中世纪思想对“科学运动的形成所提出的重大贡献，是指一种坚定不移的信念，认为每一细微事物都可以用完全肯定的方式与它的前提联系起来，并且联系方式也体现了普遍原则”，或者是中世纪对神的理性（兼具耶和华本身的神力与希腊哲学的理性）之坚定信念，即“每一细微事物都受着神的监督并被置于一种秩序中，研究自然的结果只能证实对理性的信念”，恰恰是这种信念与对“生活中简单事物本身具有积极的兴趣”，再加上一些偶然因素，促成了科学的兴起。① 可以说，从亚里士多德的世界观到牛顿世界观使欧洲走上近代之路。17 世纪牛顿的权威“让人们更加相信自然最终被彻底了解了。它还创造了一种关于物质现实的模型，可通过观察与实验进行检验，非常符合洛克的经验主义。自然既没有了生命，也不再神秘，而是主要由惰性

① 参见［英］A. N. 怀特海：《科学与现代世界》，傅佩荣译，上海人民出版社 2019 年版，第 8～22页。

物质组成,能被称重、测量,从而被掌握”[①]。与之相契合,培根提出“知识就是力量”,强调观察和实验的重要性,但如果从“经验方法得来的真理总是可能性的而且从来都不是确定的,一项实验的有效性如何证明”?波义耳回应则是“它的有效性依赖科学共同体里的其他成员的确认……科学真理是被科学共同体当作真理接受的事物”。[②] 这对于破除宗教束缚,确立人类中心主义至关重要。18 世纪,英国中产阶级形成,他们的主导基调是务实,其“务实的基调和统率的商业逻辑”使他们投资教育,培养子女为各行各业和商业提供人力,这促成“一种中产阶级文化的形成,它具有明确的务实主义色彩,如果说,曾经有一个英国启蒙运动,那也许就是实用主义思想的启蒙。18 世纪中叶,使人们着迷的……是应用技术”。[③] 在这里,科学思维方式契合逻辑思维、理性思维、法治思维,科学技术的发展才能为法治的形成和发展提供经济基础、社会前提。当中产阶级形成,他们使现代刑事审判的运行有了公民基础,无论是陪审还是出庭作证,或者交叉询问,都需要社会提供助力。其中,17 世纪近代科学与司法现代化最为直接的关联是:“事实上,英国革命在所有阶段都以组织严密的宗教、政治和经济、职业以及其他的共同体的形成为标志……特定领域的科学真理是由这个领域的科学家共同体通过连续的对于实验结果的确认来确立的。它与法律科学的关联在普通法律家提出的类似论题中是明显的:法律规则和原理的正当性由组织严密的法官和律师在将它们适用至类似案件中的确认来确立。然而,在一个单独的案件中职业共同体的裁决,自身要由整个科学来证明其正当性。这个过程的特殊主义建立在对裁决或裁定与全体科学之间存在一种潜在的相互依赖和相互作用

① [英]罗伊·波特:《创造现代世界:英国启蒙运动钩沉》,李源、张恒杰、李上译,商务印书馆 2022 年版,第 158 ~ 159 页。

② 参见[美]哈罗德·J. 伯尔曼:《法律与革命:新教改革对西方法律传统的影响》(第 2 卷),苗文龙、袁瑜琤译,法律出版社 2018 年版,第 376 页。

③ 参见[英]肯尼思·O. 摩根:《牛津英国史》,方光荣译,人民日报社 2021 年版,第 365 ~ 366 页。

的认可的基础上。”①

（三）支持“人”之主体性

西方关于人的定义，也是从个人出发的，孙隆基教授指出：“一个人只有从所有的社会角色中撤出，并且以‘自我’作为一个基地，对这些外铄的角色作出内省式的再考虑时，他的‘存在’才开始浮现。如果他缺乏这道过程，那么，他就成了一个没有自己面目的‘无名之人’……一些具体的人际关系背后，还有一个抽象的‘人格’……有了个体灵魂观念，就比较容易产生明确的‘自我’疆界。”②由此决定，“西方人就像一个未婚的姑娘，只要照看好自己就可以了”。③ 这样，从个人出发，创制法律、保障个人权利、约束公权力、强调最小国家，对西方社会的发展来说至关重要，其中便蕴含自由主义或个人主义思想。对此，邦雅曼·贡斯当指出：“个人自由是真正的现代自由。政治自由是个人自由的保障，因而也是不可或缺的。但是，要求我们时代的人民像古代人那样为了政治自由而牺牲所有个人自由，则必然会剥夺他们的个人自由，而一旦实现了这一结果，剥夺他们的政治自由也就是轻而易举的了。”④

张建伟教授指出：“从历史考察，个人主义是在反对王室和贵族权威的斗争中形成的，一开始便带有浓烈的民主精神和平等色彩，它诞生之日起便与抗争相联系。从思想来源看，17 世纪的英国，出现了对个人权利的激进的哲学辩护观点，思想家们有意识地从自然行动和相互行为推演出一个社会秩序。”⑤因为个人主义下文还将进行分析，这里不再展开，但是它与前述天人对抗的联系，与刑事审判文化现代化的实现是紧密相

---

① ［美］哈罗德·J. 伯尔曼：《法律与革命：新教改革对西方法律传统的影响》（第 2 卷），苗文龙、袁瑜琤译，法律出版社 2018 年版，第 425 ~ 426 页。

② ［美］孙隆基：《中国文化的深层结构》，中信出版社 2015 年版，第 15 页。

③ 参见林语堂：《中国人》，郝志东、沈益洪译，学林出版社 2000 年版，第 182 页。

④ ［法］邦雅曼·贡斯当：《古代人的自由与现代人的自由》，阎克文、刘满贵译，上海人民出版社 2005 年版，第 45 ~ 46 页。

⑤ 张建伟：《司法竞技主义——英美诉讼传统与中国庭审方式》，北京大学出版社 2005 年版，第 31 ~ 32 页。

关的。

二、海岛国家的地理优势

钱穆先生指出："各地文化精神之不同，穷其根源，最先还是由于自然环境有分别，而影响其生活方式。再由生活方式影响到文化精神。人类文化，由源头处看，大别不外三型。一是游牧文化，二是农耕文化，三是商业文化……此三型文化，又可分成两类。游牧、商业文化为一类，农耕文化为又一类。游牧、商业起于内不足，内不足则需向外寻求，因此而为流动的，进取的……此种民族，其内心深处，无论其为世界观或人生观，皆有一种强烈之'对立感'。其对自然则为'天'、'人'对立，对人类则为'敌'、'我'对立，因此而形成其哲学心理上之必然理论则为'内'、'外'对立。于是而'尚自由'，'争独立'，此乃与其战胜克服之要求相呼应。"①但这是与西方社会由古代、中世纪、现代的发展结合在一起的，中世纪后期孕育出现代文明的过程，不是一蹴而就的，与文艺复兴、宗教改革、新大陆的发现乃至此后的启蒙运动是分不开的。

其实，英国与西欧大陆同属于西欧，也同属于商业文化，但是与西欧大陆不同的是，英国是岛国，英吉利海峡将其与欧洲大陆隔开，这就使"不列颠自古即和海洋，港湾，河流结不解缘。它在近代为海上霸王，能役使海洋。它在古代则因海洋而为人所役；它的运命每系于逐波而来之异族。自伊比利亚人及塞尔特人以迄萨克森人及丹麦人，自腓尼基商人以迄罗马及诺曼的战士：举凡强有力的侨民，舟子，农人，商贾，无不随海浪而由欧陆远适不列颠，而移居此地，而充实旧有居民之文化。论人民，国性以及言论，不列颠实以由东岸登陆的条顿及斯干的纳维亚人为主干。论文化及组织能力，则不列颠又深受由南岸侵入之地中海各民族的影响……英人为岛国国民，然而他又具有万象的经验和世界的眼光者，亦实因三百余年来，他能称雄海上，足迹遍新旧两大陆的各岸之故。由此以观，在早

① 钱穆：《中国文化史导论》（修订本），商务印书馆1994年版，"弁言"第2~3页。

时,不列颠和海的关系是被动的,吸收的;在近时,是主动的,进取的。早时也好,近时也好,海是不列颠历史的关钥”。[①] 就英国的刑事审判现代化与此独特的地理环境紧密相关,本书尝试从以下方面展开探讨:

(一)传统在稳定的局势中延续

与欧洲大陆相比,“英国位于欧洲西北一隅的不列颠群岛,是北大西洋东北部的一个文明古国。因英吉利海峡和多佛海峡的缘故,它成为一个既从属于欧洲、又在欧洲之外的离岛国家,与欧洲大陆长期保持着若即若离的关系。这种微妙的关系可以使它置身于欧洲事外,又不妨碍它接受来自大陆的影响”[②]。先后有入侵者跨海而至,反客为主,如公元前数个世纪的克尔特人、公元前后的罗马人,3 世纪以后的盎格鲁 - 撒克逊人,1066 年诺曼征服。相比欧洲大陆,不列颠岛基本上没有发生过外敌入侵导致政权消亡,新政权推翻一切重新再来的乱世。政权统治具有延续性容易保持社会稳定,社会稳定便有助于下层劳动者安居乐业,统治阶层对应的文化大传统便具有连续性,传统便得以延续。传统延续中,突如其来的意外破坏因素少,循序渐进的进步因素多,政权及其施政方针的稳定性强,一切习惯成为自然,古老的传统延续便成为一种稳定的力量,对当权者是一种束缚,对施政对象来说则是一种保护。这就使英国遵循先例的司法审判原则有了支撑,使英国社会的宽容、妥协、合作形成民族传统。

(二)国王在低成本治国中选择司法

不仅如此,因为英国独特的地理位置,使其距离教皇统治中心——罗马相对较远,再加上中间横跨英吉利海峡,这就导致世俗与宗教间的权力争夺影响较弱,同样是罗马教皇的统治范围,但因为信息传递慢,教皇的统治有些鞭长莫及,进而使英国国王的权力较之欧陆而言较早地强大起

---

① 参见[英]屈勒味林:《英国史》(上册),钱端升译,中国社会科学出版社 2008 年版,“绪论”第 2 ~ 3 页。

② 姜守明:《英帝国史:英帝国的启动》(第 1 卷),江苏人民出版社 2019 年版,第 1 ~ 2 页。

来，但又没有强大到凌驾一切的程度，于是国王与贵族妥协，在国王要统治王国但又不能充分调动各种有效资源的时候，国家治理方式便能够体现王权又不能到毫无保留的程度。因此，国王不是建立阶层式的官僚制度，而是采取别具特色的治理方式——司法治国，将行政问题司法化，由代表国王权威的巡回法官或由国王任命的治安法官代表国王输送正义，在与地方司法权的竞争中建立起国王的司法权，逐步将行政问题转化为司法问题，司法优先与司法优位使英国的刑事审判最早走向现代化，使英国的现代化早于欧陆长达百年。

(三)捷足先登的现代司法独具特色

恰恰因为受罗马教皇影响比较小，再加上诺曼征服中威廉承诺遵守既往的习惯和法令，确立了“王在法下”的传统，因而英国最早走向现代化，在实现现代化的过程中，因为王权与同时代的欧洲相比较为强大，但又没有强大到对王国实行专制统治，在对抗教权的过程中，也是有妥协有对抗，并且彼此在妥协中实行合作共赢，因而国王的“强而不大”使英国在面对国内司法审判问题时，采取了不同于大陆法系的做法。在 1215 年教皇英诺森三世在拉特兰大第四次宗教会议上禁止教士参与世俗审判后，英国逐渐发展出陪审团审判制度和巡回审判中的大陪审团审判制度，为了加强对地方治安的维护以及行政事务的处理，国王任命当地骑士出任治安官，后来发展出治安法官，简易审判轻微犯罪，实现重罪与轻罪审判的程序区分。再加上长期以来，国王是正义的源泉，所以中世纪后期在对犯罪追诉的过程中，政府以赏金来促进对叛国罪的检举揭发，为了获得政府奖励，受政府委托出庭的律师存在证据造假等问题，于是让被告人委托律师，到后来重罪案件中也允许被告人委托律师，进而发展到所有的案件审理均允许律师介入，最终英国的刑事审判发展成对抗式，由双方的律师推动诉讼的进程和决定审判的胜负。尽管英国当事人主义的庭审模式可以从多个角度来解读，但是与英国独特的地理环境是分不开的。

与法典式的司法制度不同，英国刑事司法制度坚持“问题是不可能事先给出答案的。当一个法典试图撑起一把伞来提供一个作为对抗所有风暴的庇护所时，英国制度则以按照风力的方向和大小需要不断作出调整为原则来行事。在法律上作出相应的反映并对诉讼律师提出的挑战作出明智的回答是法官的职责……程序的结构一直被认为是临时的并且会发生变化这也是英格兰和威尔士制度的优点。这发生在个案的基础上，而且作为系统运行者的法律人——法官、诉讼律师和事务律师——的素质决定着整个程序的质量"①。在长期的普通法诉讼中，尽管各主体在刑事司法程序中出现的时间有早晚之分，功能也千差万别，但均非人为建构，而是针对问题采取权宜之计，"临时抱佛脚"的应对方式没有规律可循，日积月累的结果就是，英国刑事司法程序"永恒不变的主题就是保持抗辩制。在此制度下，为查明案件事实，司法部门不会要求违法者作出对自己不利的行为。查明案件事实是侦查和起诉方的责任，他们将根据已经设计好的证据规则，承担证实犯罪所需各项犯罪要素的责任。因此，无罪推定以及排除合理怀疑的证明要求，是抗辩式刑事司法程序的两个重要方面"。②

三、个人主义的社会基础

上文提到的天人分殊，仅仅为个人主义的形成奠定了前提。世界范围内英国的个人主义出现最早。个人主义就其内涵而言，主要体现在以下方面：一是对私人财产的无限尊崇；③二是对"个人人格日益加深的内省与关注"；三是对"个人自主性的要求及对个人之于隐私、自我表达及因社会秩序的需要而设定的范围内自由行使意志的权利的尊

---

① [英]麦高伟、[英]杰弗里·威尔逊主编：《英国刑事司法程序》，姚永吉等译，法律出版社2003年版，"导论"第3页。

② 参见[英]麦高伟、[英]杰弗里·威尔逊主编：《英国刑事司法程序》，姚永吉等译，法律出版社2003年版，第1~2页。

③ 参见[美]罗斯科·庞德：《普通法的精神》，唐前宏、廖湘文、高雪原译，法律出版社2001年版，第9页。

重：即承认过度要求服从，或操纵、胁迫人以及社会、政治目的，在道德上是不对的”。[①] 最早的英国个人主义有经济个人主义、政治个人主义等之分，现在看来，经济个人主义要早于政治个人主义的发展，当然对于全面的个人主义而言二者缺一不可，这一范畴有如下体现：

（一）经济个人主义

英国的经济个人主义并不与现代化同步，艾伦·麦克法兰教授通过对人头税、庄园法庭档案、教区教会的登记材料、连续性较强的名册信息的考察指出，诺曼征服后的一个世纪内，英格兰的社会并不是一个“贫穷的乡村社会，稀稀落落居住着‘农民’和领主，与欧洲大陆各邻国在诸多方面莫不相似”，[②]并不是在16世纪末至18世纪才与欧洲其他地区的发展趋势分道扬镳，而是“至少从13世纪开始，英格兰的大多数平民百姓就已经是无拘无束的个人主义者了，他们在地理和社会方面是高度流动的，在经济上是‘理性’的、市场导向的和贪婪攫取的，在亲属关系和社会生活中是以自我为中心的”[③]。其中较为关键的是，个人所有权、土地市场、男女权利平等、平均结婚年龄的大龄化、长嗣继承制的松动等，使13世纪至18世纪的英格兰缺乏规范农民社会的各项表征，如果说西欧其他国家是由宗教改革、文艺复兴、启蒙运动发生出现了经济的个人主义，在英格兰则倒果为因，“正是个人主义塑造了这些变革”。[④] 这里的经济个人主义更多的是从个人拥有独立财产权来立论的。

（二）情感个人主义

按照笔者的理解，前述个人主义后两个方面“个人内省的发展及宽容

---

① 参见［英］劳伦斯·斯通：《英国的家庭、性与婚姻：1500—1800》，刁筱华译，商务印书馆2011年版，第149～150页。

② 参见［英］艾伦·麦克法兰：《英国个人主义的起源》，管可秾译，商务印书馆2020年版，第98页。

③ ［英］艾伦·麦克法兰：《英国个人主义的起源》，管可秾译，商务印书馆2020年版，第203页。

④ 参见［英］艾伦·麦克法兰：《英国个人主义的起源》，管可秾译，商务印书馆2020年版，第311页。

精神的成长”是英国式的情感个人主义。在17世纪末18世纪初英国发展出一种世界观,即“所有人都是独一无二的。每人都有权利追求自己的快乐,只要他也尊重别人追求自身的权利,利己主义就能变得与公共利益同义”。[①] 与之密切相关的发展是:其一,“富商中产阶级跃升到社会政治优越位置”。这个背景的人“比其他人更易于接纳情感个人主义原则”。他们的生活方式“是立基于个人行为法则,强调撙节、辛勤工作及道德上的自我规范”。他们的商业经验“使得他们视独立自主为此世迈向成功之路的不二法门。他们因此是第一批卸下亲属关系(尽管他们利用婚姻关系来巩固商业关系),强调契约的优点及神圣性,发展家庭内亲密情感关系且十分关照疼爱孩子的人”。其二,“英国乡下大地主阶级在政治、社会、文化上的优势地位”,使他们“对地方政府稳固控制”,对“高威望及地位几近独占”,这就使“有产精英在利益上及有产精英与上层中产阶级的同盟上”[②]没有障碍,也只有在英国“地主阶级才如此欣然接受个人主义意识形态、‘自我利益与公共福祉一致’”观念才广泛发布。[③] 恰恰是个人自省的发展及宽容精神的成长,借助中产阶级识字能力的提高,家庭观念、子女抚养、个人自立、隐私观念等的变化,才促成英国个人主义的全面发展,才为英国的全面现代化奠定前提。

(三)政治个人主义

洛克把“捍卫自由建立在财产理论之上”,在《政府论》(下篇)(1690年)中指出:“人类结合在一起,形成共同体,并让自己服从政府,他们之所以这样做的伟大和首要目的是:保护财产。政府有义务维护人们商定的契约……在自然状态下,个人虽然受自然法约束,但却是自主的。在公

---

① 参见[英]劳伦斯·斯通:《英国的家庭、性与婚姻:1500—1800》,刁筱华译,商务印书馆2011年版,第173页。

② [英]劳伦斯·斯通:《英国的家庭、性与婚姻:1500—1800》,刁筱华译,商务印书馆2011年版,第174~175页。

③ 参见[英]劳伦斯·斯通:《英国的家庭、性与婚姻:1500—1800》,刁筱华译,商务印书馆2011年版,第180~181页。

民社会,行动受制于公共评判,个人成为公共人,私人行为被公共行为取代,这种转变是为加强对生命、自由和财产的保护。”①如果说,欧洲的启蒙运动是反君主专制、反束缚、反天主教统治等,则“英国启蒙运动不同于在欧洲大陆上的启蒙运动的另一个特质,在于它无处不在的个人主义。洛克强调勇于抵制统治者的个人权利;休谟将私人生活置于美德之上;斯密支持自由市场中的个人角色——看不见的手会将私利转变为公利;边沁认为所有人都是平等的,每个人都是他自己利益的最佳评价者……从长远来看,启蒙意识形态并未被抛弃:它们已经深深植入骨髓……启蒙运动为英国人接种了疫苗,使之得以抵制法国革命以及之后所有革命的影响”。②

(四)个人主义对刑事审判的影响

除了格劳秀斯之外,包括英国洛克在内的启蒙思想家的思想便饱含个人主义,张中秋教授指出,他们“从不同的角度为他们的个人主义奔走呐喊,汇集到法律上突出地表现为资产阶级的人权理论,其核心就是要法律承认人的价值是至高无上的并对之加以保护,以便使个人在个性、精神、道德和其他方面的独立获得最充分与自由的发展。思想家们认为,人权是人的基本单位,它是人的理性和自由意志的产物,而不是上帝(神)赐予的,亦不是实在法授予的,是本于人性与生俱来的,因此,是不可剥夺和侵犯的,由人权理论衍生出的法治原则主要有:人生而自由平等、所有权不可侵犯、意思自治、契约自由、罪刑法定及主权在民等。这些原则在近代西方法律中得到了比较广泛和成功的贯彻,从而,造就了西方个人本位法前所未有的大发展”。③

这种个人本位对应的西方社会的法“是一种非身份血缘的权利法,这

---

① [英]罗伊·波特:《创造现代世界:英国启蒙运动钩沉》,李源、张恒杰、李上译,商务印书馆2022年版,第201~202页。

② 参见[英]罗伊·波特:《创造现代世界:英国启蒙运动钩沉》,李源、张恒杰、李上译,商务印书馆2022年版,第506~607页。

③ 张中秋:《中西法律文化比较研究》(第5版),法律出版社2019年版,第74页。

种法律一般表现为社会关系的契约化,并以权利为轴心,构成法理学上所谓的'权利本位'"[①]。当然,与个人主义相适应的英国文化,"英国人的民族性格,从历史来看,也不是一蹴而就、摇摆不定的,深刻的英国人慢慢用烈火锤炼了民族的性格,伦敦的怒火和法国的怒火不同,在最热烈的时候,也有规则和限制"。[②] 这也决定了英国通过《大宪章》的重新签署,王在法下的不断重申使刑事审判一步一步地建立在对抗式模式之下,使被追诉人的权益得到保障,使刑事审判对自由的维护、对王权的抑制起着非常重要的作用。

追诉犯罪的"国家应被视为一种潜在的侵入性势力",稍不留神便会越界行使,因此"蕴含在公正审判权理念之中的总体原则是,'代表国家提出的诉求不得超越对个人自由的保护'。对抗制的证据与程序规则源自社会组织关于个人的诸多利益与道德权利应与国家利益相分离的某一特定观念。社会应予保护的主要利益当属于个人利益。因此,应当赋予被告人一些基本权利"。[③] 易延友教授指出:"在个人主义理念之下,人们宁愿通过对抗式来解决纠纷,因为只有这样才能保证每一方当事人个体的利益都得到充分的重视。"这种个人主义的制度逻辑,"直接成就了当事人主义的诉讼理念和以权利为中心的诉讼机制,以及权利保障和权利救济为目标的非法证据排除规则。个人主义的基本信条是:每个人是其自身利益以及如何促进自身利益的最佳判断者。这虽然并不意味着每个人永远都是其自身利益的最佳判断者,但是却意味着我们永远不可能知道比行为人本人能更好地知道他的利益"。[④] 正因为如此,"尊重被告人

---

① 张中秋:《中西法律文化比较研究》(第5版),法律出版社2019年版,第79~80页。

② 参见[美]爱默生:《英国人的性格》,辜涛译,中央编译出版社2019年版,第113页。

③ [英]麦高伟、[英]路加·马什:《英国的刑事法官:正当性、法院与国家诱导的认罪答辩》,付欣译,商务印书馆2018年版,第9页。

④ 易延友:《对抗式刑事诉讼的形成与特色——兼论我国刑事司法中的对抗制改革》,载《清华法学》2010年第2期。

的权利一直是英国刑事司法制度的一个特征”。[①] 特别是,19 世纪英国强化了个人主义,主要是以“设立保护个人免受可能的国家权力滥用行为伤害的权利和防护措施为标志的。这在对被控有罪者的审判形式中比在任何别的地方都体现得明显……刑事审判规则建立在一个坚定的信念基础上,即‘政府的各个方面……现在都不可估量地强于其过去’,因而社会‘可能强加于个人的伤害远比个人能加给社会的要多得多’”。[②] 不过,尽管英国《1984 年警察与刑事证据法》的制定,“决定有罪或无罪的过程起点在于逮捕和拘留(如果不是在此之前的话),而不是起诉后的阶段”,[③] 但是审前被告人的律师帮助与咨询效果并不理想,这使法律职业认识到“不适当或不称职的法律咨询就如警方的胁迫或其他不当行为一样可能妨害公正审判权”。[④] 同样,尽管英国刑事诉讼中的保释较有特色,但 20 世纪 80 代以来的保释权利还是被侵蚀了,“人们是被不必要地关押了,或者他们的生活被太多和(或)不恰当地附加于他们保释之上的条件所限制”。[⑤] 其实,这两项重要的权利在英国尽管在运行中存在一定的偏差,但这些权利本身规定的前瞻性,再加上对落实偏差的重视,一定程度上说明了英国对个人主义在刑事诉讼制度中表达的成就,理论界对实务现状的担忧也恰恰说明理论的引领与反思意义。

还需要指出,“个人和社会”是“不可分割的,‘同是人的两个不同的、相互联系的方面’;它们的关系也不是部分和整体的关系,或者手段与目的的关系。个人不可能在社会之外,社会也不可能在个人之外。人的个

---

① 参见[英]麦高伟、[英]杰弗里·威尔逊主编:《英国刑事司法程序》,姚永吉等译,法律出版社 2003 年版,第 3 页。

② 参见[英]麦高伟、[英]杰弗里·威尔逊主编:《英国刑事司法程序》,姚永吉等译,法律出版社 2003 年版,第 39 页。

③ 参见[英]麦高伟、[英]杰弗里·威尔逊主编:《英国刑事司法程序》,姚永吉等译,法律出版社 2003 年版,第 101 页。

④ 参见[英]麦高伟、[英]杰弗里·威尔逊主编:《英国刑事司法程序》,姚永吉等译,法律出版社 2003 年版,第 102 页。

⑤ 参见[英]麦高伟、[英]杰弗里·威尔逊主编:《英国刑事司法程序》,姚永吉等译,法律出版社 2003 年版,第 103 页。

性化(或个人化)的程度不仅不能脱离社会,相反,有了人群的高度多元化,才会有高度的个性化”。[①]

四、民族国家的逐渐形成

一般来说:“民族国家是以民族为族群基础发展起来的政治共同体,它将民族认同感作为凝聚这个共同体的力量。民族和国家原本是两个不同的概念,国家是由国土、人民(民族)、文化、政府诸要素构成的政治实体,而民族是指生活在一个同一地域、有着相同习俗的人们所组成的人类群类。”[②]安东尼·吉登斯教授认为:“只有当国家对其主权范围内的领土实施统一的行政控制时,民族才得以存在。”[③]在很长时期内,在大一统的基督教世界体系下,欧洲尚未形成现代的民族或国家,其民族性“消解于封建主义的契约关系和基督教的普世主义观念中,所以现代主权国家无由生根”,[④]英国民族意识的形成便是一个缓慢的过程,“公元8世纪初的英格兰比公元7世纪早期有了较大的发展。虽然一个统一的英格兰王国远远没有形成,但英格兰人现在开始意识到自己是一个民族和文化的统一体”,[⑤]中世纪后期“英格兰与不列颠岛内和欧洲大陆的其他民族发生过频繁的剧烈对抗”,构成了“民族性和英国性自我意识形成的驱动力”。[⑥] 相较之下,英国对欧陆法国有比较优势,也与它最早实现现代化紧密相关,即“威廉一世由于新近征服了这个岛国,所以有可能建立这个时代相对集中的政权组织。他将征服的土地进行分封,但所采取的方式却是尽量避免形成能与之抗衡的、同样富有强大的家族和世代。威廉一

① 参见[德]诺贝特·埃利亚斯:《文明的进程:文明的社会发生和心理发生的研究》,王佩莉、袁志英译,上海译文出版社2018年版,第614页。

② 姜守明:《英帝国史:英帝国的启动》(第1卷),江苏人民出版社2019年版,第7页。

③ [英]安东尼·吉登斯:《民族-国家与暴力》,胡宗泽、赵力涛译,生活·读书·新知三联书店1998年版,第144页。

④ 参见姜守明:《英帝国史:英帝国的启动》(第1卷),江苏人民出版社2019年版,第9页。

⑤ 参见[英]肯尼思·O.摩根:《牛津英国史》,方光荣译,人民日报社2021年版,第71页。

⑥ 参见[英]肯尼思·O.摩根:《牛津英国史》,方光荣译,人民日报社2021年版,第211页。

世争得该岛的大军，只是部分来自封建扈从，而另一部分则是雇佣骑士……诺曼底中央领主有的是金银财宝，完全可以豢养这些雇佣来的武士……使他对大陆邻邦占有军事上的优势”，[①]威廉的分封确立的是“我的附庸的附庸还是我的附庸”的特殊封建原则，“国王实现了对国家的有效统治”，建立了“较为强势的王权”。[②] 不过，从格里高利七世的时代起，“教皇便是最高立法者、最高的行政官以及最高的法官”，[③]但相比之下英国教会的英国性却具有优势。现实是，在罗马教皇之下，各民族地区的教会有相对自治权，即“英格兰教会与其他拉丁教会共同信奉天主教的信仰和教义。但……这个由罗马教皇作为教父领导的普世教会，是一个由众多独立教会组成的大家庭，每个教会都有自己的特点和自治权”，而且英格兰教会的“英国特性，在中世纪后期变得更加明显，成为英国人国家意识形态在教会特色上的反映……这要归功于英语和英国人的独立经历……法律与习俗……英格兰国王、贵族、绅士和城镇居民建立、鼓励和资助了英格兰教会，使他们个人和家庭与某个教堂或某些神父建立了亲密的纽带”，因此“英国人能够控制其教会，并塑造其特点和神职人员”。[④]这就使罗马教皇对英国的控制相对较弱，使王权最终能够支配教会，英国主教的任命出于国王的意志，这又与“王室法院系统、陪审团制度和令状制度”有紧密关系，它们是英国普通法得以形成的三大支柱，法律体系与英国政治权力体系存在互动关系：其一，王室法院系统不仅仅是“英国司法系统的核心，更是整个王国纵向权力系统的一般组织形式”；其二，陪审团制度是“英国实现有效国家的重要制度基础”；其三，令状制度是“英国王权得以充分扩张的动能制度装置”，如果说国王“是政治共同体的头颅”，臣民是其“躯干”，那么，“王室法院就是共同体的血管”，陪审团制度

① 参见[德]诺贝特·埃利亚斯：《文明的进程：文明的社会发生和心理发生的研究》，王佩莉、袁志英译，上海译文出版社2018年版，第366页。

② 参见于洪：《英国现代法治的历史渊源研究》，人民出版社2020年版，第1页。

③ 参见[美]哈罗德·J.伯尔曼：《法律与革命：西方法律传统的形成》(第1卷)，高鸿钧等译，法律出版社2018年版，第271~272页。

④ 参见[英]肯尼思·O.摩根：《牛津英国史》，方光荣译，人民日报社2021年版，第202页。

便是“共同体的神经末梢”，令状制度则是“流动不息的血液”。[①] 因这一内容在本书其他部分将作具体论述，在此不予展开。还需要说明，受天主教影响中世纪的牛津大学、剑桥大学尽管有罗马法、教会法的研究与教学，但是英国普通法的法律教育由出庭律师与职业法官建立的律师会馆来实施，近代以后，大学的法学教育不能适应社会需要，律师会馆的英国普通法教育因法律书籍的出版而使自学成为可能，法律教育也走向衰落，最后在19世纪末20世纪初形成大学为基础教育、理论学习与法律职业组织实施实践教育相结合，英国的法学教育与法律职业培养也因此取得重要成功。不仅如此，从近代早期开始将“英语作为英国的民族语言逐渐取得主导性地位，上升为英国的官方语言。英语不仅是民众表达情感、从事人际交往的重要工具……英语成为大学教学中使用的主要语言”，[②]讲述英国“现代”(当时的英国)历史也成为一种新现象，这无疑在增加英国民族凝聚力方面厥功至伟。在此侧重于对王权与教权、国王与贵族的关系进行分析。

就民族国家的形成而言，于明博士指出：“从历史上看，严格意义上的现代民族国家，的确是伴随着宗教改革、文艺复兴和资本主义等一系列社会浪潮而兴起的，但这并不意味着这一进程的开启是历史瞬间的迸发……迈向‘现代国家’的各种自觉或不自觉的努力，早在中世纪后期的12世纪就已经开始了。”[③]其中，现代国家的建构(相比罗马帝国)在一定程度上是世俗权威与教会权威博弈胜出的结果，这又与11世纪末的格里高利七世的教皇改革紧密相关。在英国，“一方面，封建王权为了确立自己统治的合法性，需要借助教会举行涂油礼加冕典礼。同时，封建王权为了维持政权的正常运转，需要大量僧侣为其提供智识上的帮助。另一方面，封建王权为了防止教会势力过度膨胀，会想方设法地限制教会权

① 参见李筠：《英国政治思想新论》，商务印书馆2019年版，第220~226页。

② 参见刘贵华：《人文主义与近代早期英国大学教育》，中国社会科学出版社2016年版，第120页。

③ 于明：《司法治国：英国法庭的政治史(1154—1701)》，法律出版社2015年版，第35页。

力,避免欧陆国家中教会势力在一段时间内过分强大情况的出现"[①]。这一过程一直延续到都铎王朝。在王朝初期,英国"在对外交往中……受制于基督教世界的普世主义原则,不得不面对罗马教廷的束缚和伊比利亚国家的挑战;在内政问题上,教皇与君权分享英国的最高司法权"[②]。为了巩固王权和提高英国的国际地位,亨利七世一方面与欧洲列强周旋,推行均势的外交策略;另一方面实行重商主义战略,积极参与海外贸易和扩张。亨利八世即位后,推行旨在强化专制王权的宗教改革运动。1543 年议会通过《至尊法案》(Act of Supremacy),"肯定了英王所享有的至高无上的司法管辖权,包括世俗的和宗教的统治权",确立了亨利八世作为国家元首的至尊地位,标志着英国"民族国家的最终形成"。[③] 不过,尽管都铎王朝作为英国现代民族国家形成的关键时期,法学界尤其是诉讼法学者对此却存在诸多误解,就本书的主旨而言:

(一)民族国家形成是现代审判实施的前提

尽管因篇幅所限,在前述刑事审判文化原理中没有强调民族国家,但是现代刑事审判也好,刑事审判文化现代化也罢,都与民族国家密不可分。尤其是现代审判是民族国家整体架构的一部分,国家以什么样的方式实施审判,在政治上如何分配司法权,如何开展刑事诉讼与这个国家的历史传统、民族精神等密切相关。这就意味着,基督教传统的西欧国家,只有实现教俗统治权的分离,"祛魅"完成才能形成现代性,民族国家才会实施理性、文明的审判追诉犯罪,理性是相比神性而言的,文明是相对酷刑或刑讯而言的。而且,人权保障、无罪推定、程序正义、公正审判的重要原则是行使国家立法权、刑事司法权的基本要求。也可以这样说,人类历史上反专制的目标之一就是将刑事审判由统治阶级打击异己的暴力工

---

① 李栋:《通过司法限制权力:英格兰司法的成长与宪政的生成》,北京大学出版社 2011 年版,第 58 页。

② 姜守明:《英帝国史:英帝国的启动》(第 1 卷),江苏人民出版社 2019 年版,第 16 页。

③ 参见姜守明:《英帝国史:英帝国的启动》(第 1 卷),江苏人民出版社 2019 年版,第 16 页。

具转变为保障自由，由国家追诉危害个人法益、社会法益、国家法益的犯罪而打击犯罪，经过长期探索之后对追诉犯罪在打击与保护之间做好平衡，在针对被告人进行审判的过程中对被告人的定罪要深思熟虑。上述分析适用于英国也适用于其他国家和地区，因为当下世界各国的刑事审判是国家追诉与审判个人，就英国而言，在 1854 年现代警察制度全面建立以前，“执法属于地方事务，其组织具有半私人性质。是否追诉犯罪几乎完全由被害人自己自由决定”，全国各地建立起警察制度后，警察便“担负着‘绝大多数’的起诉任务”，[①]追诉的国家性质内在要求审判贯彻文明与理性，要由代表民意的议会立法后再由职业性的法律职业人员代表国家进行审判。

（二）都铎王朝王权加强中增加了纠问因素

我国刑事诉讼法学者对都铎王朝专制因素的加强，与大陆法系特别是法国等的纠问式诉讼不作明确区分，在表述上做模糊化处理，弹劾式的诉讼之后，大陆法系走向纠问式，启蒙运动之后通过引入检察官制度，使弹劾式诉讼的起诉原则与纠问式诉讼的职权原则因检察官制的存在而得以协调，使大陆法系走向职权主义诉讼，其实与之相对，英国的诉讼制度并没有完全对应三个阶段，如果说陪审制与纠问式相对，仅仅是针对因 1215 年教皇英诺森三世第四次拉特兰大宗教会议禁止教士参加世俗领域的神明裁判而言的，即“神判法被陪审团的审判所取代”，[②]但是从时间轴上看，当大陆法系以职权主义诉讼取代纠问式诉讼后，英国走向当事人主义的对抗式刑事诉讼，当事人主义的对抗式诉讼之中，陪审团审判并没有淡出历史，相反更加稳定与成熟，直至今日英美法系的当事人主义诉讼中，陪审团审判依然存在，因而夸大英国中世纪后期的纠问因素是不对

① 参见［英］麦高伟、［英］杰弗里·威尔逊主编：《英国刑事司法程序》，姚永吉等译，法律出版社 2003 年版，第 40 页。

② 参见［英］肯尼思·O. 摩根：《牛津英国史》，方光荣译，人民日报社 2021 年版，第 149 页。

的,将陪审团审判完全对应于纠问式审判也难以自圆其说。

都铎王朝和斯图亚特王朝是英国从“传统社会向现代社会转型的重要历史时期”,在都铎王朝时期,英国王权“迅速膨胀,通过宗教改革,英国国王取代教皇成为英国教会的‘元首’……建立了一系列直接听命于王权的特权法庭……逐渐凌驾于法律和议会之上……秉持‘君权神授’观念,坚持在英国推行‘绝对君主’式的统治。英国内战的根本原因是国王绝对君主统治的取向与‘王在法下’的有限王权传统之间的法理冲突。绝对君主制取向造成了英国传统法治的危机,新兴社会力量和普通法职业共同体对绝对君主取向进行了持续的抗争,这推动了英国传统法治向现代法治的转变”。[①] 詹姆斯一世认为:“国王是法的作者和制定者,而不是相反。”[②]但这种专制因素存在的时间相对较短,也恰恰是英国王权专制统治加强之时,由清教徒为主的资产阶级与新贵族以《大宪章》为武器奋起反抗之时,在对王权的反抗中英国实现了由封建向现代的转型。

(三)民族国家在英国形成先于审判现代化

如果说1534年《至尊法案》通过后,英国国王取得了全面的司法管辖权,标志着民族国家的形成,但并不意味着司法或刑事审判的现代化已经完成。刑事审判现代化的完成是英国“光荣革命”之后,针对都铎王朝以及斯图亚特王朝统治时期专制因素加强,英国的启蒙思想家予以批判,其中对于现代宪政发展有重要影响的洛克《政府论》(下篇)便是在都铎王朝之后,光荣革命之前,而且,直到1696年《叛逆罪审判法》,才赋予辩护律师参加刑事审判的权利,也只有被告人享有律师的辩护权,刑事审判才可能由控辩双方的律师推动。在一定意义上讲,现代性的关键是“祛魅”,世俗领域摆脱宗教的影响,在这一过程中,世俗权力与王权或君权具有不解之缘,刑事审判的现代化不能忽视国家因素

---

① 参见于洪:《英国现代法治的历史渊源研究》,人民出版社2020年版,第1~2页。

② C. H. Mcllwain ed. , *The Political Works of James* Ⅰ, Harvard University Press, 1918, p. 62.

或者说对国家权力/国王权力的制约。在一定意义上讲,刑事审判的现代化与无罪推定与人权保障观念形成及在制度上的落实,在实践中的遵守紧密相关。

(四)英国民族国家的形成中王权是受制约的

民族国家的形成,需要王权的强大,但是就英国而言,王权在增强的过程中,始终存在与宗教权力的博弈与合作,存在与贵族的冲突与妥协,最终国王权力在一个"王在法下"的传统中代表着积极因素在壮大,尤其是在中世纪的英国,国王是"正义源泉"与"最高法官",因而享有广泛的"'衡平权'与'纠错权',从而构成了对于王室法院'管辖权'的重要补充"。[①] 与法国国王相比,1066 年诺曼征服后,法国的封建制之下,领主的附庸不是国王的附庸,也就是说,受封者仅对其直接领主负责,英国在受封的过程中,附庸对领主负责的同时,还要承诺对国王负责。这意味着,王权在英国比法国强大。但是,国王始终要接受既往的法律约束,还要"自己养活自己",不能无故增加税收和税种。其中,"虽然很难说出抗辩式制度的确切来源,但其发展可能源于 1688 年光荣革命(Glorious Revolution)时期。臣民(主要基于君主许可而享有权利和自由的个人)转变为公民,就是这一渐进过程开始的标志。对国家的不信任是关于国家和公民之间关系的思想基础。18 世纪,自由立宪主义(liberal constitutionalism)兴起,要求改革政治结构和法律规则,使国家干涉公民生活的能力最小化……官吏被视为法律……的仆役,他们的行为必须在法治范围内进行"。[②] 这就是说,"法治只关注政府的强制性活动",这里的关键是"政府所采取的一切强制性行动,都必须由一稳定且持续的法律框架加以明确规定",也只有坚守法治,与刑事审判密切相关的诸多程序

① 参见于明:《司法治国:英国法庭的政治史(1154—1701)》,法律出版社 2015 年版,第 233 页。

② 参见[英]麦高伟、[英]杰弗里·威尔逊主编:《英国刑事司法程序》,姚永吉等译,法律出版社 2003 年版,第 39 页。

性保障措施才能彰显价值。[1] 在19世纪，这一趋势仍在延续，明显体现了个人主义的强化。

1707年威斯敏斯特会议通过《联合法案》，把苏格兰联合到英格兰和威尔士，大不列颠将被创造为一个国家，新教信仰、法国入侵、岛外贸易、贵族面临变化等，促成了英国的形成。1811年，剑桥大学现代史钦定讲座教授针对新校长就职典礼朗读赞美诗，他在诗中表示，"英国的伟大和长存不朽，源于其法律、虔诚、英勇和自由，也毫无疑问源于上帝。但最重要的是，它源于'艰苦的体育锻炼，源于充满男子汉气概的公学'。大不列颠不仅仅是一个罗马，一个更加伟大的罗马，它也是一个当代的斯巴达"。[2] 这意味着对英国国家认同感的形成。如果从城乡人口比例来判断现代化，1851年，"英国本岛，居住在城镇的人口（尽管通常是相当小的城镇）有史以来第一次超过乡村人口——这与过去、与任何其他经济体形成鲜明对比"。到1901年，"英格兰和威尔士只有1/5的人生活在所谓的'农村地区'；也就是说，80%的人口已经城市化"。[3] 当城镇人口超过农村的时候，便意味着这个国家的工业化程度增强，这也是衡量国家是否为现代国家的一个判断标准。现代国家，世俗领域与宗教领域分离后，按照以契合自由、民主、正义、人权等为价值的法律来调整社会关系，按照正当程序进行刑事审判的司法实践才是现代的刑事审判，也是实现了现代化的刑事审判。

---

① 参见[英]弗里德利希·冯·哈耶克：《自由秩序原理》（上），邓正来译，生活·读书·新知三联书店1997年版，第262～282页。

② 参见[英]琳达·科利：《英国人：国家的形成，1707—1837年》，周玉鹏、刘耀辉译，商务印书馆2017年版，第215页。

③ 参见[英]肯尼思·O.摩根：《牛津英国史》，方光荣译，人民日报社2021年版，第432、441页。

第二节　支撑刑事审判文化转型的英国记忆

葛兆光教授认为："所谓思想的'连续性历史'，在某种意义上可以理解为，固有的思想资源不断地被历史记忆唤起，并在新的生活环境中被重新诠释，以及在重新诠释时再度重构这样的一种过程。"①同样，"人们推定，在西方法律传统中，变化并不是随机发生的，而是由对过去的重新解释进行的，以便满足当时和未来的需要"②。在中世纪后期英国的"司法治理中，呈现的是一种在历史的不经意间形成的自生秩序"，③这恰恰为英国审判文化的现代转型奠定了前提，英国法律史在关键的时间节点便作为一个助力因素从历史记忆中被唤醒，抵抗王权的扩张，抑制追诉权的粗暴发展和草率的定罪处罚，捍卫民众的自由与权利，强调刑事审判的公正性。恰如哈耶克教授指出的，英国各历史时期的社会秩序是自生自发的，是由一代代的盎格鲁－撒克逊人乃至后来的英国人行动的结果，不是在关键历史节点由某位或某些超权威人物设计而成的。英国审判制度的发展演进或现代审判文化的形成，体现的不是建构论理性主义而是进化论理性主义，即"个人理性受制于特定的社会生活进程。这一植根于人性的主张至少从两个方面揭示了进化论理性主义的核心：一方面，个人理性在理解它自身运作的能力方面有着一种逻辑上的局限，这是因为它永远无法离开它自身而检视它自身的运作；而另一方面，个人理性在认识社会生活的作用方面也存在着极大的限制，这是因为个人理性是一种植根于由行为规则构成的社会结构之中的系统，所以无法脱离生成和发展它的

---

① 葛兆光：《中国思想史》（第1卷），复旦大学出版社2001年版，第85～86页。

② ［美］哈罗德·J.伯尔曼：《法律与革命：西方法律传统的形成》（第1卷），高鸿钧等译，法律出版社2018年版，第12页。

③ 参见于明：《司法治国：英国法庭的政治史（1154—1701）》，法律出版社2015年版，第56页。

传统和社会而达至这样一种地位,亦即那种能够自上而下地审视它们并对它们评价的地位”。不同于建构论理性主义,进化论理性主义的核心内容体现为:其一,“文明于偶然之中获致的种种成就,实乃是人的行动的非意图的结果,而非一般人所想象的条理井然的智识或设计的产物”;其二,“各种使我们得以适应于世界的规则系统,乃是一种进化的成就……这些规则系统在某种程度上具有着一种理性不及的性质”。因此说,“历经数代人的实验和尝试而达成的传统或成就,包含着超过了任何个人所能拥有的丰富经验,因此,关于这些规则系统的重要意义,人们或许可以通过分析而发现,但是即使人们没有透过认识和把握这些规则系统,亦不会妨碍它们有助于人们的目的的实现”。①

一、《大宪章》对刑事审判的影响

程汉大教授指出:“英国宪政不是人们刻意设计和自觉构建起来的,而是‘自生自发’形成的。”②与刑事审判紧密相关的《大宪章》及其“正当程序”条款也是在贵族(或后来的公民)与王权的博弈中逐渐改变内涵的,最终成为人权保障的重要依托。

(一)《大宪章》的重要条款

在英国历史上,《大宪章》的签订,主要是重申并正式确立了“未经同意,国王不得征税”的宪法原则,是贵族“利用法律限制国王权力的尝试”。③ 特别是在今天看来,1215 年签署的“《大宪章》是从根本上的改变,它不仅限制了国王的权力,还说明了法律的规则,确立了未经指控不

① 参见[英]弗里德利希·冯·哈耶克:《自由秩序原理》(上),邓正来译,生活·读书·新知三联书店 1997 年版,“代译序”第 12 ~16 页。

② 程汉大:《英国宪政生发之路:基于国家与社会之关系的分析》,载《甘肃社会科学》2011 年第 5 期。

③ 参见[美]布雷恩·Z. 塔玛纳哈:《论法治——历史、政治和理论》,李桂林译,武汉大学出版社 2010 年版,第 32 页。

能任意逮捕被告等一些法律基本原则”①。其中,最重要的条款是“对任意指控和司法观念作出界定的第 38 ~ 40 条”,第 38 条要求必须要有可靠的证据才能给一个人定罪,②第 39 条后来成为法律史上最重要的一句话,被认为是正当程序的源头,③第 40 条的内容与第 39 条相似。④ 这三个条款,“奠定了英格兰自由主义的基石,影响了后世关于程序正义和法律面前人人平等的观念”⑤。这里的关键是,它被认为是“促进了正当法律过程的观念……尽管这些措辞在第 39 条中并没有实际地得到使用,但是,‘正当法律过程’这一短语在 1354 年一部制定法中得到使用,后来被认为与‘国王的法律’(the law of the land)相等同。久而久之,它获得了以下含义:至少,在司法语境下必须给予最低程度的法律程序——保证公平审理特别是在中立的判决制定者面前受审的机会之程序”。⑥

(二)《大宪章》在重申中得以进步

在 14 世纪,由议会任命的第一位国王爱德华三世(1327—1377 年在位),在位期间,议会经常向国王重申宪章内容,他“所谓的‘六部法规’(six status)阐明了正当程序的概念,这可能是英语世界中最重要的‘自由纲领’。《大宪章》第 39 条的措辞有所扩大,将‘自由人’改为‘任何人,不论其财产和条件如何’,并规定,在没有‘正当法律程序’的情况下,任何人不得被剥夺财产、监禁或处决,这是首次使用这样的措辞”⑦。詹姆斯

① [英]埃德·韦斯特:《1215:约翰王、贵族战争与〈大宪章〉》,谭齐晴译,化学工业出版社 2021 年版,第 4 页。

② 《大宪章》第 38 条规定:自此以后,在没有确实可信的证人或证物时,治安官不得任意使人接受审判。

③ 《大宪章》第 39 条规定:任何自由人,如未经其同级贵族之依法裁判,或经国家法律判决,皆不得被逮捕、监禁、没收财产、剥夺法律保护权、流放,或加以任何其他损害。

④ 《大宪章》第 40 条规定:不得向任何人出售、拒绝或拖延其应享受之权利与公正审判。

⑤ [英]埃德·韦斯特:《1215:约翰王、贵族战争与〈大宪章〉》,谭齐晴译,化学工业出版社 2021 年版,第 183 页。

⑥ 参见[美]布雷恩·Z. 塔玛纳哈:《论法治——历史、政治和理论》,李桂林译,武汉大学出版社 2010 年版,第 34 页。

⑦ [英]埃德·韦斯特:《1215:约翰王、贵族战争与〈大宪章〉》,谭齐晴译,化学工业出版社 2021 年版,第 214 页。

一世(1603—1625年在位)向议会宣传他对“国王神圣权利的信仰”,同时对立观点也在发展,即“普通英格兰人的权利是自然的、古老的,只是被君主篡夺了。《大宪章》是这一观点的基础”,在反对詹姆斯一世和查理二世(1660—1685年在位)时,反对者谈到了“英格兰的‘古代宪法’,追溯到《大宪章》,又进一步追溯到盎格鲁－撒克逊人的贤人会议‘维坦’和萨克森人在德意志展开的森林会议。其中一些即使称不上真正的历史,也有些虚构成分在内,但它创造了先例和得以自证的权利”[①]。可见,《大宪章》超乎时代地“成了君主的权威产生于后来所谓英格兰的‘古代宪法’这一原则的偶像符号”。[②] 这样,“被回忆的过去”并不等同于“我们称之为‘历史’的、关于过去的冷冰冰的知识。被回忆的过去永远掺杂着对身份认同的设计,对当下的解释,以及对有效性的诉求。因此,关于回忆的问题也就深入到了政治动因和国家身份认同建立的核心。我们面对的是一汪原液,从中可以塑造身份认同,创造历史和建立共同体。文化学的记忆以及摆脱了对于记忆术的技巧和能力的追问,发现了回忆作为行动和自我解释的发动机的巨大能量”。[③] 这里的“古代宪法”,即神圣性的习惯蕴含的“智慧已积累到极高程度,任何人在自己有生之年的思考都不可能达到那个水平,不管是借助哲学还是理论理性”。[④] 主张法律是习惯的普通法律师相信,普通法“连同其宪法,一向就是它们现在的样子,它们是不可追忆的;这不仅是说它们是十分古怪的,或者说它们是遥远的和神话性立法者的作品,而且是说它们是不可追忆的:在严格法律意义上,源于超出记忆的时代——在此,就是超出了人们所能

---

① [英]埃德·韦斯特:《1215:约翰王、贵族战争与〈大宪章〉》,谭齐晴译,化学工业出版社2021年版,第216页。

② 参见[美]斯科特·戈登:《控制国家——西方宪政的历史》,应奇等译,江苏人民出版社2001年版,第234页。

③ 参见[德]阿莱达·阿斯曼:《回忆空间:文化记忆的形式和变迁》,潘璐译,北京大学出版社2016年版,第86页。

④ 参见[英]J. G. A. 波考克:《古代宪法与封建法:英格兰17世纪历史思想研究》,翟小波译,译林出版社2014年版,第33页。

发现的最早历史纪录”。[①]

(三)《大宪章》成为刑事审判完善的宪法性依据

如果说“古代宪法”及其对应的“普通法智识”是英国法制史弥足珍贵的历史记忆,那么《大宪章》的签订,便使这种记忆有了现实基础。从《大宪章》签订之日起,宪法与《刑事诉讼法》的关系、英国刑事审判的发展便以宪制为基础。可以说,此后,英国人民多次迫使国王承认《大宪章》,旨在提醒国王不要违背自己的法律义务。每当王权过度膨胀,肆意妄为地践踏法律之时,英国人民便理直气壮地拿起《大宪章》作为武器,奋起抵抗,并且均以胜利告终。反之,“凡挑战法治传统者,无不碰得头破血流,落个身败名裂的可悲下场”。[②] 如果说,大陆法系是启蒙运动之后,启蒙思想因现代国家建立后,反专制的刑事宪制理念直接体现在宪法文本中,成为刑事诉讼的基本原则,确立刑事诉讼基本人权,无罪推定权、不得强迫自证其罪与沉默权、律师帮助权、公正审判权等,那么英国恰恰在自生自发的渐进式改良中逐步确立被追诉人的宪法性权利,刑事程序也成文法化,即“法律明确规定,仅有嫌疑并不足以授权国家超越自然权利干涉公民的生活,将他们送交审判。禁止政府官员刑讯折磨被指控者,而且后者有权在这些官员进行讯问时保持沉默。整个运行规则设置的核心理念,就是被追诉者应受到犹如他是无辜者的待遇,直到经过法律正当程序被证明有罪”。[③] 就正当程序而言,在刑事诉讼中包含“基本元素立法和定义罪名、法庭公正审理案件的管辖权;形式正确的刑事指控;通知和给犯罪嫌疑人提供辩护的权利;根据既定程序审判;除非被定罪,解除所

---

① 参见[英]J. G. A. 波考克:《古代宪法与封建法:英格兰 17 世纪历史思想研究》,翟小波译,译林出版社 2014 年版,第 34 页。

② 参见李栋:《通过司法限制权力:英格兰司法的成长与宪政的生成》,北京大学出版社 2011 年版,第 52 页。

③ 参见[英]麦高伟、[英]杰弗里·威尔逊主编:《英国刑事司法程序》,姚永吉等译,法律出版社 2003 年版,第 39 ~40 页。

有限制或义务”。[①]

这与大陆法系的基本法不尽相同，但是也恰恰是经过漫长时间获得不断解释的《大宪章》，既能够因植根于历史而获得历久弥新的权威，也能够面对现实通过论证后解释予以发展，能够做到与时俱进而又不引起大的波动或不适。

二、普通法传统

诺曼征服以后，威廉承诺遵守当地的习惯，遵循既往的传统，特别是在进行国家治理的过程中，尤其是亨利二世即位后，懂得在“维持过去的同时也是在从根本上改变过去”，着手进行改革，“‘向前跃进’，‘创立英国普通法’的车轮开始启动”，[②]就程序和实体法的5项措施为：(1)旧的行政令状被“司法化”。新令状要求被告在公正的法庭面前回答指控，而不是要求被告或地方官吏为了原告的利益执行国王的命令。(2)召集当地公众参加，以邻居宣誓调查团的形式裁决对自由持有地的争议而引起的民事纠纷。(3)召集当地公众参与审判，公众以邻居宣誓调查团的形式，出席国王法官对等同于重罪的严重破坏安宁的所有犯罪嫌疑人的审判。(4)通过新的司法令状，国王法院的诉讼形式得到发展，根据可适用于纠正不法行为的救济措施划分了各种不法行为。(5)关于和平保护土地权利这个热烈争论的问题通过对自由持有地的占有权概念，通过武力或欺诈侵占军役持有地和其他自由持有地占有权的行为被纳入王室的司法管辖权，并逐渐创立了这方面的法律体系。[③] 在这里，亨利二世通过建立巡回法庭制度，与领主法庭、庄园法庭等争夺案件管辖权，通过令状制

---

① 参见[美]弗兰克·施马兰格：《美国刑事司法》(第11版)，徐轶超译，中国政法大学出版社2020年版，第21页。

② 参见[美]哈罗德·J.伯尔曼：《法律与革命：西方法律传统的形成》(第1卷)，高鸿钧等译，法律出版社2018年版，第574页。

③ 参见[美]哈罗德·J.伯尔曼：《法律与革命：西方法律传统的形成》(第1卷)，高鸿钧等译，法律出版社2018年版，第582页。

度，申请巡回法庭对案件审理，并且按照当地通行的习惯，同时将判例实行汇编，最终使当地分散的习惯通过巡回审判和判例汇编得以整合，使习惯法得以在全国适用。这一习惯或习惯法，便是普通法，也是封建法。卡内冈教授指出："1200 年左右，普通法及其中央法庭的主要特征此时已成形好多年了。英格兰所拥有的将会是一个全国范围的法律体系，而不是纷繁驳杂的地方性习惯。这个法律体系，由一批固定在威斯敏斯特或巡回于地方郡县的王室法官来负责实施和发展，其内核不是罗马法或教会法性质的，而是封建法。同样明显的是，其诉讼的开始需要令状，这意味着为了能够在这些王室法庭起诉，当事人的主张必须符合某一既有的起始令状（original writ）的程式诉讼。"①从此，普通法历经几个世纪的发展，后期出现程序烦琐、诉讼拖沓，特别是在 1535 年莫尔被处死后，判例汇编停止，同时由于特权法庭（如星座法庭等）的兴起，再加上衡平法的适用，普通法开始衰落，但是在柯克等与王权（詹姆士一世）进行抗争时，詹姆士强调："国王乃法律的作者和制造者，而法律不是国王的作者和制造者。"他认为唯一的"根本法"就是那些"维持王位继承的法律。一旦一个国王的世袭权力被确定下来，他就高于法律而且绝不受法律的限制，尽管他可以而且应该'按照其良好意志和为了给其臣民作个好榜样'而这样做。国王自己是'不受约束的'。其政府的所有部门都向他负责，而不是他向他们负责。议会'只不过是国王和其封臣的主要机关'"②。反之，柯克则认为，"王国的"法律"不仅包括目前在位的君主的法律，而且包括其前任的法律：都铎君主、金雀花王朝君主，和更早以前的诺曼君主，甚至盎格鲁－撒克逊统治者……在数个世纪里，已经创造出来的一套历时甚远而且根据过去记忆的含义进行执行的法律制度"③。尤其是，英国普通法

① ［比］R. C. 范·卡内冈：《英国普通法的诞生》，李红海译，商务印书馆 2018 年版，第 58 页。

② ［美］哈罗德·J. 伯尔曼：《法律与革命：新教改革对西方法律传统的影响》（第 2 卷），苗文龙、袁瑜琤译，法律出版社 2018 年版，第 333 页。

③ ［美］哈罗德·J. 伯尔曼：《法律与革命：新教改革对西方法律传统的影响》（第 2 卷），苗文龙、袁瑜琤译，法律出版社 2018 年版，第 336 页。

的“人为理性是英国独特的植根于历史的法律理性、逻辑感觉和目的，一种经历了很多世纪的英国普通法法律家们的思想和经验的宝库。因此，必须根据这段历史来理解。自然法……是普通法的一部分”[①]。这样，以柯克为典型的17世纪的法学家们[先是约翰·塞尔登(1584—1654年)，后是马修·黑尔(1609—1676年)，前者是后者的导师和朋友]通过将普通法视为不可追忆的习惯，确立了普通法的最高地位，使其走出危机，实现了由传统到现代的转变。当然，从中世纪开始，英格兰一直认为“普通法是他们的国家曾经知晓的唯一法律，这一看法本身就鼓励他们把过去解释成好像一直受今天的法律所支配的……普通法是习惯法这一事实之外，以及律师们在定义习惯时，特别强调其不可追忆的性质这一事实，都使得英格兰人把现有法律归诸遥远过去的倾向更为激进……它从独一无二的英格兰制度——普通法——的存在及其性质中，获得了特殊的性质和对英格兰人心智的巨大影响力”。[②]

在1612年，爱尔兰总检察长约翰·戴维斯爵士在其《爱尔兰报告》中强调：英格兰普通法不是别的，就是本王国的共通习惯(common custom)；一项获得法律效力的习惯总可以说是非成文法(Jus non scriptum)；因为它不可能是由特许状(charter)或议会制定或创设的，这些是要形诸文字的法案，总是记录的内容；“习惯法”只是一种事实，它存于使用和实践(use and practice)之中；除了存于人民的记忆之中外，它不可能被记录和登记于任何别的地方。[③]

在17世纪英国，这意味着“普通法一直定义为不可追忆的习惯”，它没有“立法者”，甚至说“普通法思想是独立于时髦的古典模式的。它的目光是向内的，立足于本族之过去；它认为，是这个过去，在一个无开端的

---

① [美]哈罗德·J. 伯尔曼：《法律与革命：新教改革对西方法律传统的影响》(第2卷)，苗文龙、袁瑜琤译，法律出版社2018年版，第340页。

② 参见[英]J. G. A. 波考克：《古代宪法与封建法：英格兰17世纪历史思想研究》，翟小波译，译林出版社2014年版，第28～29页。

③ 参见[英]J. G. A. 波考克：《古代宪法与封建法：英格兰17世纪历史思想研究》，翟小波译，译林出版社2014年版，第30页。

过程中,创造了自己的法律,未受外部力量的影响”。[①] 这与英国的法律“是在历史中渐进地形成的,是在经验主义的基础上成长起来的,而不是在理性主义的基础上建构起来的。英国法律的发展路径和英国历史的发展路径是同构的,都充满了经验主义的色彩”是紧密相关的。[②] 可见,英国的法律也好,刑事审判程序也罢,是经历了一个漫长的历史演进过程逐渐发展起来的,是与普通法对王权的制约、司法治国中法官办案的独立性和陪审团独立认定事实的特色密不可分的。植根于历史的制度,能够得到人们的敬畏,能够减少运行中的阻力。

就刑事审判而言,普通法是“在陪审团审判中创造出来的”,或者说“陪审制从一开始就是普通法的核心”,[③]普通法的特征之一是“在法官和陪审团之间有职能分工”。[④] 陪审团认定案件事实、确定有罪还是无罪,这对于证据制度而言有着决定性的影响,“言词是最常见的证据形式。普通法的一个显著特征是,它坚持主张证人在法庭上必须口头提供言词,并在陪审团面前接受交叉询问”。[⑤]

三、普通法智识

布莱克顿(13 世纪)主张:“英国的法律是人民认可的古老习惯,不能由统治者随意变动或更改。”[⑥]这是中世纪最根深蒂固的先入之见,这一断言旨在坚持国王权力的边界,抵制诺曼征服后的王权扩展。对此,葛兆

---

① 参见[英]J. G. A. 波考克:《古代宪法与封建法:英格兰 17 世纪历史思想研究》,翟小波译,译林出版社 2014 年版,第 35、39 页。

② 参见于洪:《英国现代法治的历史渊源研究》,人民出版社 2020 年版,第 3 页。

③ 参见[比]R. C. 范·卡内冈:《英国普通法的诞生》,李红海译,商务印书馆 2018 年版,第 116 页。

④ 参见[英]麦高伟、[英]杰弗里·威尔逊主编:《英国刑事司法程序》,姚永吉等译,法律出版社 2003 年版,第 171 页。

⑤ 参见[英]麦高伟、[英]杰弗里·威尔逊主编:《英国刑事司法程序》,姚永吉等译,法律出版社 2003 年版,第 172 页。

⑥ 参见李栋:《通过司法限制权力:英格兰司法的成长与宪政的生成》,北京大学出版社 2011 年版,第 232 页。

光教授强调,“无论哪一种被压抑的历史记忆,只要后来的生活世界出现类似的语境,它又常常被有心人回忆出来,就会再度重活并滋生膨胀,成为历史中的思想资源”,历史可能存在的三种形式,除事件以外,神话和经验正是“可以被当作‘记忆’翻检出来借尸还魂,在当下仍然发生意义的历史”。[①] 在15世纪,英格兰普通法思想领域的两个代表人物,一个是约翰·福蒂斯丘(1385—1479年),一个是托马斯·利特尔顿(?—1481年)。福蒂斯丘主张:“普通法是一门知识,而不仅仅是国王意志的体现,国王无权改变它,除非他得到了民众的同意(people's consent)。”[②]利特尔顿认为:“中世纪的法律理念蕴含了许多自然法的原则和思想,虽然自然法确立了许多法律原则,但是由于人类生活是多种多样的,自然法指导下的法律并不一定能够在实践中完全适应人类生活多样性的要求。而普通法是民众长时间法律实践积累下的产物,存在于普通法法律共同体的头脑之中,他们有足够的信息去适应社会多样性的要求。”[③]也是从利特尔顿起,“普通法学家就开始不断强调普通法是一种理性的法律,并指出普通法中所蕴含的理性是研习法律的人在长期的阅读、研究、观察和不断试错的基础上获得的,它分散于许多代人的头脑中”[④]。遵循先例、尊重习惯、尊重传统成为英国重要的法律原则,尤其是“在先约束是宪政主义的灵魂”。[⑤]

在16世纪,圣·日耳曼认为:“英国法由理性法(the law of reason)、神法、一般习惯法、法律原则(maxims)、特别习惯以及制定法等六部分组

---

① 参见葛兆光:《思想史的写法——中国思想史导论》,复旦大学出版社2004年版,第86页。

② 李栋:《通过司法限制权力:英格兰司法的成长与宪政的生成》,北京大学出版社2011年版,第232页。

③ J. W. Tubbs, *The Conmon Law Mind*, The Johns Hopkins University Press, 2000, p. 60 – 61.

④ 李栋:《通过司法限制权力:英格兰司法的成长与宪政的生成》,北京大学出版社2011年版,第243页。

⑤ 参见李栋:《通过司法限制权力:英格兰司法的成长与宪政的生成》,北京大学出版社2011年版,第246页。

成。其中,理性法是整个英格兰最为重要的原则和基础。”[①]其中六部分中最重要的便是神法和理性法。16 世纪的另一位法学家是艾德蒙德·波洛登,他将英国法分为一般法、习惯法和制定法三部分,习惯法仅指当地特别的习惯,一般法指的是普通法。在这里,“普通法的两个本质性的特征是理性(reason)与习惯(usage)。其中,理性指的是法律职业共同体的法律知识和自然法(the law of nature);习惯指的是法律职业共同体长期认可、试错下的习惯与民众认可的习惯”[②]。

在 17 世纪,戴维斯认为英国人民才是普通法的最终来源,这有助于使“王在法下”、王国无权制定法律、制约国王权力建立在社会基础之上。与此同时,柯克对普通法的“技术理性”进行强调,这一理性的支撑观念是“法律是习惯,习惯是永远的调适”。[③] 这对于普通法诉讼的大法官柯克对抗当时国王干预司法起到了非常重要的作用。柯克强调:“没有什么违反理性的东西是合法的。因为理性是法律的生命。不仅如此,普通法本身不是别的,只是理性,这需要通过理性在技艺上完善才能获得理解,技艺理性需要通过长期的学习、观察和实践经历才能获得,并非每个人都拥有的自然理性,因为没有人天生就是技艺理性者……这种司法理性是最高的理性。因而,即使将所有分散在众多人头脑中的理性汇集到一个人的头脑中,他仍然不能制定出像英格兰这样的法律来,因为在一代一代人连续继承的漫长岁月中,英格兰法律得到了无数严肃认真、博学人们的反复锤炼,通过长期的实践才能获得了这种完美,来用于治理这个王国。正如古老的规则能够正当地证实这一点。没有人比法律更睿智。”[④]因此

---

① J. W. Tubbs, *The Conmon Law Mind*, The Johns Hopkins University Press, 2000, p. 71.

② 李栋:《通过司法限制权力:英格兰司法的成长与宪政的生成》,北京大学出版社 2011 年版,第 235 页。

③ 参见[英]J. G. A. 波考克:《古代宪法与封建法:英格兰 17 世纪历史思想研究》,翟小波译,译林出版社 2014 年版,第 159 页。

④ 转引自李栋:《通过司法限制权力:英格兰司法的成长与宪政的生成》,北京大学出版社 2011 年版,第 288 页。

说,“这样的区分,使技艺性的司法成为专制王权无法跨越的鸿沟”①。

当然,深层次的原因还在于,在都铎王朝、斯图亚特王朝时期,王权较之既往变得越发强大,为了维护自由民的权利与限制王权,柯克、戴维斯和黑尔甚至伯克在著述中强调“普通法是不可追忆的习惯”且是不成文的,是奠基于习用的,不能为立法所改变,即“普通法智识”或“普通法心智”,为当时的普通法律师所坚持,其之所以如此立论,理由在于:其一,普通法律师的历史和法律思想使他们对“自己的法律之外的法律无知”,梅特兰则强调“某种程度的比较性知识是对与法律相关的问题作历史性理解的实质前提”,②这就使普通法思想的历史性缺位;其二,对“诺曼征服”的“封建制的引入”作“一般性”处理,诺曼征服对土地分封开始在档案中记录,但对“自有档案记录时起,英格兰法律史所展现的无非就是国王法庭的普通法的自我维系”,③同类个案档案记录的浩如烟海,便在普通法律师中形成无时间的理解,特别是柯克,“从来不满足于止步于撒克逊人那里;对他来说,法律是不可追忆的,撒克逊人只是通往不断回到过去的旅程中的一段而已。他沉迷于不列颠和特洛伊的古物;甚至到了这里,他也仍然只是半信半疑,而不愿承认法律曾经有个开端”,这会造成普通法的偶像化并形成英国特色。其单一的假设基础则是:“普通法是英格兰的不可追忆的习惯。”④对于黑尔的论点,可以归纳为:“英格兰法律的起源之所以不可能被知晓,是因为它的性质就是处于持续的、流畅的、大体上不为人知的变化当中,这是个没有什么东西长期不变的变化之流,而它变动的时刻和理由通常是不明确的和没被记录的。”这就将强调的重点“不

---

① 李栋:《通过司法限制权力:英格兰司法的成长与宪政的生成》,北京大学出版社 2011 年版,第 288 页。

② 参见[英]J. G. A. 波考克:《古代宪法与封建法:英格兰 17 世纪历史思想研究》,翟小波译,译林出版社 2014 年版,第 54 页。

③ 参见[英]J. G. A. 波考克:《古代宪法与封建法:英格兰 17 世纪历史思想研究》,翟小波译,译林出版社 2014 年版,第 59 页。

④ [英]J. G. A. 波考克:《古代宪法与封建法:英格兰 17 世纪历史思想研究》,翟小波译,译林出版社 2014 年版,第 53 页。

是放在古老性上,而是放在过程性与连续性上”,[①]这里的习惯,应该强调“习惯的观念是模糊的,因为它同时意味着保存和调适”[②]。

这对于排斥国王意志以及维护司法固有的权威,具有至关重要的意义。这一传统的存在,对17世纪普通法转型起着至关重要的作用。柯克等在与国王的交流与对立派别的论战中所提出的观点成为英国传统的重要组成部分,对于司法独立、司法权威、陪审团审判等重要性的强调也起着持久的影响,“普通法智识”既是刑事审判现代转型的观念支撑,也是刑事审判观念文化的重要内容。

四、“王在法下”的传统

在公元4世纪末5世纪初,盎格鲁-撒克逊人入侵不列颠,“把尊重规则的原始习惯带到了不列颠岛。他们在重建国家时,把原始习惯奉为治理国家、维护社会秩序的主要手段”[③]。将普通大众普遍认可的规范作为法律,要求国王也要遵守,“王在法下”便由此而来,1066年诺曼征服后的诺曼王朝,“全盘继承了盎格鲁-撒克逊时代的习惯法和大众化司法传统”[④]。征服者威廉一世即位初郑重承诺:“保持爱德华国王有关土地及所有其他事项的全部法律。”[⑤]此后,亨利一世为了使自己的统治合法化,在公元1100年颁布了《自由宪章》,许诺遵照“爱德华(Edward the Confessor,1041—1066年在位)的法律进行统治”,这样的许诺之前的每

① 参见[英]J. G. A. 波考克:《古代宪法与封建法:英格兰17世纪历史思想研究》,翟小波译,译林出版社2014年版,第164、167页。

② [英]J. G. A. 波考克:《古代宪法与封建法:英格兰17世纪历史思想研究》,翟小波译,译林出版社2014年版,第256页。

③ 李栋:《通过司法限制权力:英格兰司法的成长与宪政的生成》,北京大学出版社2011年版,第18页。

④ 程汉大:《法治的英国经验》,载《中国政法大学学报》2008年第1期。

⑤ F. W. Maitand, *The Constitutional History of England*, Cambridge University Press, 1926, p. 7.

一位新王都做过,但重要的是“亨利一世在加冕时颁布的法典本身”,[①]它引发了1215年的贵族起义,《大宪章》也再一次明确了“王在法下”,并且影响深远,即“《大宪章》的法治传统的实际影响是在中世纪以后产生的。但是,它的确在这段时间代表法治。‘君主在社会要求下对《大宪章》的反复确认重申了一个理念,国王像他的臣民一样处在法律之下’”。[②] 如在13世纪,布莱克顿强调:“国王不在任何人之下,但在法律和上帝之下,是法律造就了国王,因此国王应当遵守法律,在没有法律治理的地方就没有国王。”[③]后来,梅特兰教授也指出:“国王可能犯错;他可能违法;他低于法律,尽管他不低于任何人,也不低于任何法庭。”[④]

哈耶克研究指出:“中世纪提出的‘法律至上’观念,作为现代各个方面发展的背景,有着极为深刻的重要意义,尽管这一观念可能只是在中世纪的早期为人们所完全接受;这一观念明确指出,‘国家本身并不创造或制定法律,当然也不能够废除法律或违反法律,因为这种行为意味着对正义本身的否弃,而且这是一种荒谬之举,一种罪恶,一种对唯一能够创造法律的上帝的背叛’。在当时的数个世纪中,人们所公认的一项原则乃是,君王或者任何其他的权力机构只能宣布或发现已经存在的法律,或纠正其间所隐含的对既存法律的种种滥用情况,而绝不可能创制法律。”[⑤]在一定程度上,国王遵守法律已经成为习俗或习惯,“假如某个习惯真的不再适合人民的需要,人民就会抛弃它们;而人民没这样做的这一事实则表明,不论它是多么古老,它都不可能是过时的。换言之,习惯的本质就

---

① 参见[英]埃德·韦斯特:《1215:约翰王、贵族战争与〈大宪章〉》,谭齐晴译,化学工业出版社2021年版,第10页。

② 参见[美]布雷恩·Z.塔玛纳哈:《论法治——历史、政治和理论》,李桂林译,武汉大学出版社2010年版,第34~35页。

③ F. W. Maitand, *The Constitutional History of England*, Cambridge University Press, 1919, p. 100.

④ [英]梅特兰:《英格兰宪政史:梅特兰专题讲义》,李红海译,中国政法大学出版社2010年版,第11页。

⑤ [英]弗里德利希·冯·哈耶克:《自由秩序原理》(上),邓正来译,生活·读书·新知三联书店1997年版,第204页。

是‘它是不可追忆的’。这个论证也可被同样方便地用来表明：因为人们在很多世纪内一直保持某种习惯，这就证明它能满足在此期间出现的一切紧急情况。习惯是如此古老又如此新颖（tam antique et tam nova），他们总是不可追忆的，又总是完美地及时更新的”。[①] 直至中世纪晚期，立法观念为人们所接受的时候，贵族为捍卫本阶层的利益再加上资产阶级的兴起，立法权很快便为议会所专有，王权所受的制约较之既往更多，内阁形成并成为权力运行的中枢系统，君主立宪制的政体得以形成，即“15、16 世纪发展起来的具有高度组织性的民族国家（national statute），凭借其新获致的权力，首次将立法作为实施那些经过缜密思考的政策的工具加以使用……从 17 世纪英国人的斗争中产生出来的有限政府（limited government）的观念，则是一种新的发展，它在当时被用以对付新产生的各种问题”。[②] 英国宪法学家戴雪指出：“法律是最贵国宝，为君主所有；全国人民以至君主本身须要受治于法。倘使法律不能为政，以至全国无法律；必至全国无君主，复无任何遗产之可言。”[③]

不仅如此，西欧中世纪也是在封建主义的支配之下，为了效劳国王便要把其掌握的土地分封给受封的骑士，就受封关系而言，“‘领主’对被分封出去的土地拥有‘权利’，然而受封者却实际占有着土地，受封者唯一仰仗领主的只是广义的保护。可保护并非总是必须的”。因此，封建时代的国王“只有当其封臣面对外敌的威胁而需要保护和统帅时，当其征服新的土地进行分封时，他才强大”，而当封臣没有受到威胁或接受新的分封时，“国王就会弱小”。[④] 这就导致面对封臣或接受分封的骑士/贵族，国王也不能为所欲为，特别是在“国王靠自己养活自己”的前提下，国王的

① 参见［英］J. G. A. 波考克：《古代宪法与封建法：英格兰 17 世纪历史思想研究》，翟小波译，译林出版社 2014 年版，第 15 页。

② 参见［英］弗里德利希·冯·哈耶克：《自由秩序原理》（上），邓正来译，生活·读书·新知三联书店 1997 年版，第 205 页。

③ ［英］戴雪：《英宪精义》，雷宾南译，中国法制出版社 2001 年版，第 228 页。

④ 参见［德］诺贝特·埃利亚斯：《文明的进程：文明的社会发生和心理发生的研究》，王佩莉、袁志英译，上海译文出版社 2018 年版，第 311 页。

征税是恒定的,增加税收必须获得贵族同意并且是有条件的,这也决定了国王必须受既有的传统制约,接受税收惯例的调整,税收法定也好,征税权受限制也罢,都是"王在法下"的一种明确表征。或者说,国王的征税权限与"王在法下"是互为表里、相辅相成的。

陈瑞华教授指出:"现代对抗制审判的种子是在11世纪初由诺曼底人通过征服带到英国去的。他们引进了两种制度:一是由争端双方通过自行攻击的方式解决争端的制度,二是由若干名公正无私的公民发现事实真相的制度。这两种制度构成了现代对抗式审判得以确立和发展的基础。"①在1668—1669年,出现了几起含冤定罪,"革命后对司法所表达的不满,远不仅限于法官们在叛逆罪审判中的行为,法官支持君主所主张的'王在法上',尤其遭人怨恨"②。反过来,"'王在法下'原则与司法独立、程序正义两原则互为依靠……至今在英国法律体系内仍然有效的《大宪章》第39条宣布:'任何自由人,未经其平等人士合法裁决或我国法律审判,将不受逮捕、囚禁、没收财产、剥夺法律保护、流放或以其他任何方式受到伤害;朕亦不会对之实施暴力或派人对之实施暴力。'第40条则承诺:'朕不会向任何人出卖权利或公正,朕也不会拒绝或拖延任何人之权利或公正。'——这即是说,任何人都不得未经审判被剥夺人身和财产权利,每个人都应当被公正对待"③。这一"王在法下"还契合否定性自由的英国实践,对法国也产生了重要影响,戴雪指出:"巴士底狱(L'avenement de la loi)乃是权力不受法律控制的显见不争的象征。它被攻陷的事实,则意味着,或者说真正地意味着,早已存在于英国的法治进入了欧洲国家。"④

前述各章节已经提及,恰恰是英国王权的不够强大或"王在法下"传

① 陈瑞华:《刑事程序的法理》,商务印书馆2021年版,第272页。

② [美]兰博约:《对抗式刑事审判的起源》,王志强译,复旦大学出版社2010年版,第76页。

③ 《大宪章》,陈国华译,商务印书馆2016年版,第62页。

④ Albert Venn Dicey, *An Introduction to the Study of the Law of the Constitution* (10th *Edition*), Palgrave Macmillan, 1985, p. 177.

统的存在，使得英国的起诉制度并非像大陆法系一些国家一样实施起诉垄断主义，实行纠问式的诉讼，而是较长时期奉行"'任何人都可以起诉'的自由主义"，例外是所谓的"'法定之罪'(regulatory offences)通常(甚至全部)由特定机关侦查起诉。这些特定机关实际上是专门的警察机关"。[①] 这一现状持续到1985年皇家检察署成立，起诉才由皇室检察官行使。也是"王在法下"传统的存在，使王权受制，在土地、税收等领域对王权进行制约，使国王为了降低国家管理成本实行司法治国，使刑事审判最终形成陪审团定罪、控告式审判等明显特征。这也意味着"王在法下"传统在与王权的博弈中被不断提及，成为刑事审判现代化中的助力因素。

五、高等教育的"绅士情结"

在中世纪，英国是一个典型的"贵族皇室社会，它与欧洲大陆的重大差别在于，通过自我奋斗而成功的人士如律师、商人或企业家，极易获得相应的权力和社会地位，他们急于成为新贵族，这种欲望比他们欧洲大陆的同行们更为激烈。对贵族的界定并不完全是高贵的血统，而是血统加上美德。这种美德不仅包括献身于上帝和国教会，以及道德上的正直，还包括对某些技能如书本知识、语言、历史、优雅的举止和良好军事技术的掌握。对知识和教养的推崇，使得教育在贵族生活中的地位大为提升，接受贵族教育对于贵族的文化生活、公众形象和社会地位等都有着重要影响"[②]。中世纪的上流社会是由"骑士组成的"，[③]中世纪教育的目的在于"培养绅士和教士"，培养绅士/骑士教育"以家庭教育的方式进行"，"贵族子弟是到比自家地位更高的贵族家庭，以仆从身份接受骑士教育，而很

---

① 参见[英]麦高伟、[英]杰弗里・威尔逊主编：《英国刑事司法程序》，姚永吉等译，法律出版社2003年版，第138页。

② 王子悦：《英国中世纪大学早期发展研究》，中国社会科学出版社2017年版，第17页。

③ 参见[德]诺贝特・埃利亚斯：《文明的进程：文明的社会发生和心理发生的研究》，王佩莉、袁志英译，上海译文出版社2018年版，第138页。

少上大学”,[①]培养教士的教育“以正规教育的方式,在学校中进行,为诵读圣经、抄写圣书和计算宗教节日等服务”,[②]英格兰第一所大学——牛津大学始建于12世纪,由教会建立,是教士机构的一部分,教学以培养教士和讲授宗教内容为特色,管辖权也属于教会。骑士理想是“中世纪贵族行为的完美榜样”,包括:一是军事技能,掌握军事技能并应召参战是中世纪每一位骑士的主要责任;二是服务与忠诚,是骑士必须遵守的准则,是贵族理想中不可或缺的部分;三是崇拜女性,这是未来骑士性格发展的重要部分,这可以塑造优雅的举止,培养高雅的礼仪;四是宗教虔诚,这是骑士的宗教理想。“虔诚的宗教美德与武士的荣誉、忠诚、勇敢等品质相融合,使贵族阶层逐渐形成了一套本阶层特有的精神信念与行为规范。”[③]骑士教育通常是为了“实现骑士理想,希望培养骑士优雅的礼仪,以及为荣誉献身的英雄气概、为信仰而亡的殉道精神。因此,骑士教育旨在培养完美的骑士,而非有文化的贵族”,[④]在13世纪末14世纪初的英国,骑士精神形成,它兴起于日耳曼和法兰克地区,最初是“无聊的贵族男性因为无所事事而发起的一种暴力崇拜。然而,在教会的压力下,骑士精神也发展成一套有关囚徒待遇的规则,最初只涉及贵族及其伙伴,后来涵盖了妇女和儿童。骑士精神塑造了一种理性化的完美战士,即‘最优秀的人’(preudhomme),他拥有骑士应该具备的所有品质,‘擅长战斗、勇敢、忠诚、明智,能够提供良好的建议,但在必要的战斗中,也能变得很精明,甚至狡诈’。与最优秀的人相对的是失败者,他们则被看作是巧舌如簧的骗

① 参见刘贵华:《人文主义与近代早期英国大学教育》,中国社会科学出版社2016年版,第56、97页。

② 参见刘贵华:《人文主义与近代早期英国大学教育》,中国社会科学出版社2016年版,第56页。

③ 刘贵华:《人文主义与近代早期英国大学教育》,中国社会科学出版社2016年版,第25页。

④ 参见刘贵华:《人文主义与近代早期英国大学教育》,中国社会科学出版社2016年版,第26页。

子”。[①] 骑士教育忽视“文化知识的学习，使现实生活中的骑士不可避免地存在着愚昧、野蛮的现象，与理想的骑士之间存在很大的差距。中世纪贵族愚昧无知、逞强好胜的传统形象也成为近代早期教育改革家抨击中世纪教育的主要弊端之一”。[②] 骑士阶层有人在英国出任治安法官，对诺曼征服之后尤其是亨利二世改革后英国的国家治理产生了重要的影响。在中世纪的英国，法律、医学、神学是三大“需要学问的职业”，三大职业的从业人员经济报酬丰富，出庭律师中“佼佼者年收入平均在1000英镑，他们位于英国最富有的人之列”，[③]与此对应的以普通法为内容的法律教育却是在律师会馆进行，并没有在当时的牛津、剑桥大学实施，大学的法律教育以罗马法或教会法为授课内容和研究对象，教师的收入主要来自学生支付的费用，因而收入少且不稳定。

在英国治安官到治安法官的演进过程中，治安官由骑士担当，他们的贵族性能够维护封建统治，能够做到对国家忠诚，富有荣誉感，受基督教影响他们的品行可圈可点，他们的军事性质使他们在履职中雷厉风行，屡次赢得国王的信任并被赋予司法职能，在巡回法庭/季审法庭中审理案件，标志性的事件是“1338年治安委任令状授权治安官审理重罪和侵权罪，不久‘治安法官’（justices de la Pess）一词出现”，1361年《治安法官法》颁布，治安法官名称固定下来，治安法官因此正式诞生。[④] 这里需要说明的是，骑士精神存在于中世纪后期的上层社会，骑士精神“实为贵族精神”，骑士美德也是“贵族美德”。[⑤] 在中世纪，“每个社会阶层都有着自

---

① 参见［英］埃德·韦斯特：《1215：约翰王、贵族战争与〈大宪章〉》，谭齐晴译，化学工业出版社2021年版，第68～69页。

② 参见刘贵华：《人文主义与近代早期英国大学教育》，中国社会科学出版社2016年版，第26～27页。

③ 参见刘贵华：《人文主义与近代早期英国大学教育》，中国社会科学出版社2016年版，第83页。

④ 参见刘显娅：《英国治安法官制度研究：历史、价值与制度安排》，上海人民出版社2017年版，第40～41页。

⑤ 参见刘显娅：《英国治安法官制度研究：历史、价值与制度安排》，上海人民出版社2017年版，第105页。

己的行为模式，而其他的阶层，那些处于其他等级的人们则有着与之截然不同的行为模式，整个西方国家基本上都是如此”。[①] 中世纪的人们因“其特定的生活方式，每个人都受约束，都必须以骑士、行业手工业者或农奴的身份来生活”，同样在近代，一个“出身贵族的人可以当宫廷的朝臣；但是，即使他希望——好多人都这么希望——也不能再过放荡不羁的骑士生活。从某一个特定的时期起，骑士的社会功能和生活形式已经在社会结构中消失了”。[②] 后来的贵族尽管在身份上与骑士阶层有内在联系，但是在行为模式上则与时俱进，世袭贵族和新贵族进入大学接受教育在近代社会中成为常态。

近代早期人文主义者倡导的教育是两种传统的融合，即培养集“‘朝臣的眼睛、学者的辨舌、士兵的利剑’于一身的‘完人’”，是将“古典文化知识与骑士教育传统相结合，将古典文化知识与虔诚的信仰相融合，提出了培养完美绅士与虔诚教士的教育理想”。[③] 其中的关键在于，人文主义教育思想将“学问视为贵族必须具备的一种美德……学问已经成为体现贵族高贵性不可或缺的一部分，是塑造一名绅士的重要条件”。[④] 相应地，在近代早期，“绅士”是对上层社会成员的一种泛称，包括“公爵、侯爵、伯爵、男爵、子爵”五级世袭贵族，也包括从男爵、骑士、绅士等晋升的中小贵族。中小贵族被纳入贵族行列，也要通过接受大学教育实现代际流动，因利之所驱、希望所在，平民也纷纷涌入大学，这又促使大学规模扩张，贵族子弟将其生活方式带入大学，平民子弟效仿，导致“奢侈浪费、休

---

① 参见［德］诺贝特·埃利亚斯：《文明的进程：文明的社会发生和心理发生的研究》，王佩莉、袁志英译，上海译文出版社 2018 年版，第 132 页。

② 参见［德］诺贝特·埃利亚斯：《文明的进程：文明的社会发生和心理发生的研究》，王佩莉、袁志英译，上海译文出版社 2018 年版，第 218 页。

③ 参见刘贵华：《人文主义与近代早期英国大学教育》，中国社会科学出版社 2016 年版，第 56 ~ 57 页。

④ 参见刘贵华：《人文主义与近代早期英国大学教育》，中国社会科学出版社 2016 年版，第 102 页。

闲娱乐成为近代早期英国大学社会的典型特征”。[①] 与此同时，亨利八世的宗教改革摧毁了罗马教皇在英国的权威，导致牛津大学、剑桥大学管辖权从“教会到国家的转移”，推动了“大学教育的‘英国化’进程。国家可依据需要颁布大学章程、规定教学内容，大学教育成为英国化的大学教育”，这两所大学已经“融入英国社会结构组织之中”，成为“‘国王的眼睛’和‘教会与王国……的摇篮和源泉’”。[②] 这也促进了大学的发展，在17世纪50年代，牛津是英国甚至欧洲科学的中心。[③] “对西方的意识来讲，基督是历史的轴心”，[④]那么启蒙运动在英国的兴起，恰恰也与对传统基督教的思想转变有关。到17世纪末，“一个呼声前所未有地有所高涨：宗教与理性是一体的，必须同心协力。‘没有什么比宗教在本质上更为理性’”[⑤]。至关重要的是，“英国启蒙运动发轫于新教之内，而非反对新教”[⑥]。在这一过程中，英国哲学的经验主义逐渐形成，“尽管休谟的哲学深受他的文化语境的影响是一个事实，然而它却呈现给我们对于一种激进观念的系统建构。这种激进观念（它极大地扩展了哈奇森的主张）就是，在人类生活的最重要的方面（超出广大的现象范围），我们是而且必定是由我们本性中非理性的因素所支配的创造物”[⑦]。但自17世纪晚期起，假如不是更早，“人们还没有意识到新科学和占统治地位的社会制度

---

① 参见刘贵华：《人文主义与近代早期英国大学教育》，中国社会科学出版社2016年版，第107页。

② 参见刘贵华：《人文主义与近代早期英国大学教育》，中国社会科学出版社2016年版，第139页。

③ 参见［英］斯图亚特·布朗主编：《英国哲学和启蒙时代》（第5卷），高新民等译，中国人民大学出版社2009年版，第97页。

④ 参见［德］卡尔·雅斯贝尔斯：《论历史的起源与目标》，李雪涛译，华东师范大学出版社2016年版，第70页。

⑤ ［英］罗伊·波特：《创造现代世界：英国启蒙运动钩沉》，李源、张恒杰、李上译，商务印书馆2022年版，第115页。

⑥ ［英］罗伊·波特：《创造现代世界：英国启蒙运动钩沉》，李源、张恒杰、李上译，商务印书馆2022年版，第116页。

⑦ ［英］斯图亚特·布朗主编：《英国哲学和启蒙时代》（第5卷），高新民等译，中国人民大学出版社2009年版，第176～177页。

之间”存在诸多矛盾,[①]18 世纪的英国伦理学家沙夫茨伯里(1671—1713年)主张:“如果人们相信世界是一个有序的、和谐的系统,德性在其中有固定的地位,那么就更容易热爱德性所依存的那种有序性或和谐性。”[②]在 18 世纪 30 年代,有关高贵的界定是:“真正的高贵‘存在于灵魂之中……在上流社会里,只有它造就了荣耀的君王、著名的英雄、勇敢的指挥官、警惕的法官和可敬的律师;而在社会的下层,宽容的丈夫、体贴的父亲、深情的朋友、仁慈的领主和主人、忠诚的佃农和仆人,公正而光荣地履行所有相关的生活职责’。”[③]这些道德主张体现在高等教育中便是对贵族精神的推崇,在中产阶级中便是绅士化取向或对享受生活的重视。当然,这也与农村的土地精英对情感个人主义的接受有密切关系。这意味着对德性的强调,美德的重视,更多时候将接受高等教育视为一种荣誉,对后来的教育也有影响,强化人文教育的重要性,到 19 世纪时,“大学的行为,无论是教授的内容,还是秉持的精神,更多的都是为了培养英国绅士”。[④] 在维多利亚时代,“宗教已遭到质疑,杰出的知识分子特别关注道德本质和作用。对于大陆思想家——如尼采——来说,基督教的危机意味着道德的危机;但对于许多英格兰(其实是整个英国)的知识分子来说,对宗教的怀疑似乎是一个强化道德的契机,使其在人们的生活中更稳固和更具核心地位,而不是相反”[⑤]。

这一绅士教育的实现,与早于欧洲大陆的印刷术等的推广紧密相关。一般认为,印刷术推广,报纸的发行量增大,使新观念、新动态的传播成为必要。在 1660—1800 年,“超过 30 万种单行本图书、小册子在英国出版,

---

① 参见[英]J. C. D. 克拉克:《1660—1832 年的英国社会:旧制度下的宗教信仰、观念形态和政治生活》,姜德福译,商务印书馆 2014 年版,第 534 页。

② [英]斯图亚特·布朗主编:《英国哲学和启蒙时代》(第 5 卷),高新民等译,中国人民大学出版社 2009 年版,第 239 页。

③ [英]J. C. D. 克拉克:《1660—1832 年的英国社会:旧制度下的宗教信仰、观念形态和政治生活》,姜德福译,商务印书馆 2014 年版,第 257 页。

④ 参见[美]爱默生:《英国人的性格》,辜涛译,中央编译出版社 2019 年版,第 154 页。

⑤ [新加坡]C. L. 腾主编:《19 世纪哲学》(第 7 卷),刘永红等译,中国人民大学出版社 2016 年版,第 126 页。

总计印刷了2亿册。即使从这些粗略数据里也很容易看出，与他们的欧洲兄弟非常不同，英国文人很少被迫组织‘地下文学’，与当局打游击战。相反，他们是新兴文化产业的一部分”。[①] 报纸和杂志也较欧陆发行量大、品种多，并且以英语刊印。以此为转折，出版繁荣“塑造了知识分子群体，他们和教士集团分道扬镳（尽管还有交集），这是一个通过印刷业与公众群体连接在一起的‘有教养的人文共同体’”。[②] 在这个过程中，现代化观念“取得重大胜利，与其说是依靠强加，毋宁说是渗透，它通过供需机制在印刷资本主义的商业交易中发掘机会。更好的交通联系以及报纸杂志、教育书籍的传播，使乡下人熟悉了都市文化，使他们跟上了那里的风尚”。[③] 自19世纪起，伴随英国工业化进程，一种“英国特有的‘包容文化’”发展起来。“社会冲突从未明确解决，而是在已出现的妥协中被淡化，一个新的占统治地位的资产阶级文化带有旧贵族的烙印”，或者说“‘绅士化’的资产阶级文化的确立，特别是中上阶层知识界仿贵族立场和价值观的生根”。[④] 罗素曾强调：“绅士观念是贵族发明出来让中产阶级循规蹈矩的。”[⑤]从某种意义上说，“通过这种社会吸收机制，资本家阶级中对工作、发明、物质生活和赚钱的热情让位给了对幽雅生活方式、追求享乐和政界供职等更具贵族性质的兴趣。同样，只要财富尚存，他们就放弃现代工业城镇，宁可到乡村宅第，特别是具有悠久历史的乡村宅第居住”。[⑥] 随着19世纪临近结束，一种文化在“迅速发展的上层资产阶级和

---

① 参见［英］罗伊·波特：《创造现代世界：英国启蒙运动钩沉》，李源、张恒杰、李上译，商务印书馆2022年版，第89页。

② 参见［英］罗伊·波特：《创造现代世界：英国启蒙运动钩沉》，李源、张恒杰、李上译，商务印书馆2022年版，第111页。

③ 参见［英］罗伊·波特：《创造现代世界：英国启蒙运动钩沉》，李源、张恒杰、李上译，商务印书馆2022年版，第406页。

④ 参见［美］马丁·威纳：《英国文化与工业精神的衰落：1850—1980》，王章辉、吴必康译，北京大学出版社2013年版，第13～14页。

⑤ ［美］马丁·威纳：《英国文化与工业精神的衰落：1850—1980》，王章辉、吴必康译，北京大学出版社2013年版，第18页。

⑥ 参见［美］马丁·威纳：《英国文化与工业精神的衰落：1850—1980》，王章辉、吴必康译，北京大学出版社2013年版，第18页。

自由职业阶层(旧上流土地集团的继承人)中扎下了根”,这一阶层在使“过去和现在相适应时,为自己找到了一个很舒适的地位,它的世界观越来越表现为仅对现代事物的一种表面接受,却没有发自内心的深刻信念”,对他们中的大多数人来说,“变化已经走得够远的了,进一步变化的前景至多也是令人不安而不是喜悦”。[①] 而且,那种“乡村恬静的传统民族生活方式的幻想”,[②]已经融入英国生活,并且,对经济发展无论作何种理解都无法绕开这个事实。这就是英国绅士的价值观念和关于绅士的虚构说法,对“绿色而舒适英国”的向往。总而言之,“绅士风度是英国各阶层向上流社会看齐时以英国贵族精神为基础,掺杂各阶层某些价值观念融合而成,是英吉利民族精神的体现,极大地影响着英国社会”,绅士风度的特点主要体现为:一是“光明磊落,公平而合理的竞争”;二是“言行处世上尽量抑制感情色彩,让理性主宰一切”;三是“强烈的主人意识和社会责任感”。[③]

边沁在《道德与立法原理导论》中,提出了功利原则,并“通过对这一原则的采纳和应用构建了法律框架”,即“自然已经将人类置于两位君主的支配之下,即痛苦(pain)和快乐(pleasure)。只有它们能向我们指出什么是不能做的,同时决定什么是我们应该做的。一面是对与错的标准,另一面是因与果的链条,都紧紧系于它们的王座之上”。[④] 边沁针对非法证据指出:“排除证据就等于排除正义。”[⑤]但随着时代的发展,今天的英国刑事审判中也在强调证据的可采性问题,但往前追溯的话,从近代开始的

---

① 参见[美]马丁·威纳:《英国文化与工业精神的衰落:1850—1980》,王章辉、吴必康译,北京大学出版社2013年版,第54页。

② 参见[美]马丁·威纳:《英国文化与工业精神的衰落:1850—1980》,王章辉、吴必康译,北京大学出版社2013年版,第112页。

③ 参见刘显娅:《英国治安法官制度研究:历史、价值与制度安排》,上海人民出版社2017年版,第105~106页。

④ 参见[新加坡]C. L. 腾主编:《19世纪哲学》(第7卷),刘永红等译,中国人民大学出版社2016年版,第8页。

⑤ 张丽卿:《刑事诉讼法理论与运用》,台北,五南图书出版股份有限公司2016年版,第352页。

刑事司法领域,刑事审判便逐渐与长期以来社会生活中的“公平竞赛”精神相融合,再加上此后社会教育水平的提高以及绅士化的社会取向,即便是在对被告人定罪量刑的刑事审判中,也日趋与绅士风度的信守承诺、举止得体、公平竞争、愿赌服输等相契合。如果说今天英国的对抗式刑事审判是由控辩双方各为其主的律师来推动诉讼进程的话,那么他们虽然在诉讼中可以展示技巧,但陪审团定罪机制的存在,最终使对抗式竞技在整体上会控制在社会、诉讼、民众接受的限度之内,这就使刑事审判与社会生活之间的区分存在但又不是过于脱离社会生活而完全成为专家操作。可以说,到了19世纪,“英美刑事审判程序已基本上具备了现代对抗式审判模式的特征:控辩双方有权选择陪审团组成人员,向法庭提出证据,在公开法庭上作出陈述,对证人实施交叉询问,并且在审判结束时对本方的观点和证据作出总结性陈述”①。也恰恰因为其契合功利主义以及英国人的实用主义,使英国在中世纪发展出“自然公正”、“王在法下”、陪审制后,在现代非法证据排除的问题上并没有采取美国做法,在辩诉交易问题上也未如美国在罪与罚上做得那样彻底。

第三节　助力英国审判文化转型的现实因素

一、源远流长的多元化起诉

在英国对抗制审判制度形成时(18世纪下半叶),自诉一直存在,学者认为:“自诉是一种临时的当然制度,设计出一种有效的替代制度将使政治共同体面临一堆关于供养和控制公诉机构的棘手问题。”②因此,在19世纪以前,盛行的是没有任何官员“被指定为‘公诉人’的制度,将怀疑

---

① 陈瑞华:《刑事程序的法理》,商务印书馆2021年版,第274页。

② [美]兰博约:《对抗式刑事审判的起源》,王志强译,复旦大学出版社2010年版,第11页。

为犯罪的人提交审判是公民个人。通常,这意味着被害人后期代理人必须承担私人起诉"。[①] 但是,对国家的犯罪(谋划或实施杀害君主、挑起武装叛乱罪行的叛逆案件),由政府高官对此提起诉讼。[②] 此后,造币厂、财政部、英格兰银行以及伦敦市等机构均安排一名专门事务律师,邮政局的事务律师设立于1683年,这些事务律师调查和起诉刑事案件,这便促成新型起诉机构或机构性控告人的出现,如在18世纪初,造币厂事务律师的主要职责是调查犯罪、收集证据提交法庭,[③]在18世纪30年代,在事务律师主导的案件中聘请出庭律师已成为惯例。因此说,审前程序的律师化,提高了"审判的律师化程度。事务律师寻找、选择、并准备证人来提起刑事起诉,他们需要一名法律职业者在审判中引导这些证人"。[④] 还需要说明的是,18世纪末有关某事务律师的史料显示,为控方担任事务律师时,其发挥的作用是:一方面作为治安官的书记官依法办案;另一方面作为事务律师向聘用者提供服务。[⑤] 与此同时,这样的事务律师也在刑事案件中从事辩护业务,便出现"由法庭充当律师"到"由律师担任律师"的转变。[⑥] 兰博约教授总结指出:"从18世纪30年代至18世纪末的半个世纪左右,争吵式审判让位于一种风格迥然不同的程序——对抗式刑事审判。"在庭审中,控辩双方特别是辩护方的律师发挥了主导作用。在典型的充分律师化的审判中,"事务律师在开庭前收集和准备证据,出庭律师在庭上揭明事实,询问和交叉询问证人,提出法律问题。在这种风格的程

① 参见中国政法大学刑事法律研究中心组织编译:《英国刑事诉讼法(选编)》,中国政法大学出版社2001年版,第17页。

② 参见[美]兰博约:《对抗式刑事审判的起源》,王志强译,复旦大学出版社2010年版,第11页。

③ 参见[美]兰博约:《对抗式刑事审判的起源》,王志强译,复旦大学出版社2010年版,第113~114页。

④ 参见[美]兰博约:《对抗式刑事审判的起源》,王志强译,复旦大学出版社2010年版,第117页。

⑤ 参见[美]兰博约:《对抗式刑事审判的起源》,王志强译,复旦大学出版社2010年版,第122页。

⑥ 参见[美]兰博约:《对抗式刑事审判的起源》,王志强译,复旦大学出版社2010年版,第145页。

序定型后，出庭律师逐渐取代了法官和陪审团"[①]。在起诉问题上，19 世纪随着警察机关的形成和日益成为有组织的机构，警察机关成为"事实上的公诉人"，没有专门的授权，而来自他们"执法的总的责任"，[②]所以在英格兰和威尔士，绝大多数"控诉都是由警方提起的，因为被指控者要么在警察署被指控，要么由警官在执行职责过程中提交针对他的控告书……警察会负责对所宣称的犯罪进行调查并获取证据……负责在法院出示案件，在他们雇佣在治安法院代表控方出庭的律师并对皇室法院顾问发出指示的情况下。大多数警察机关都有带薪的'室内'律师部门，少数则仅仅向私人从业律师事务所发出指令"。[③] 与此同时，还存在其他机构或个人起诉，但在《1985 年犯罪起诉法》制定后，英国成立皇家检控署，从 1986 年 10 月起，警察卸除起诉犯罪责任，转由皇家检控署的地方分支机构接管。

就此而言，在对抗制中，王室检察院"被视为警察起诉机构"不足为奇，但并不意味着王室检察院对犯罪嫌疑人予以保护毫无可能，关键在于改变检察官与警察的结构关系，使检察官成为证据或公共利益尽职尽责的审查者。不过，目前的王室检察院并非承担裁决职能，而是作为警察决定的颠覆者。"颠覆另一个主体作出的决定而又要与之保持合作关系"便使其左右为难，并且始终如此。因此，无形中"起诉动力"被激发出来，这便"削弱了王室检察院的独立性和'平等武装'原则的实行，以致那些本不该继续的案件还会被诉诸法院"。[④]

恰恰是源远流长的在犯罪起诉上的多元性，普通法中对专制性王权

---

① [美]兰博约：《对抗式刑事审判的起源》，王志强译，复旦大学出版社 2010 年版，第 257 页。

② 参见中国政法大学刑事法律研究中心组织编译：《英国刑事诉讼法（选编）》，中国政法大学出版社 2001 年版，第 18 页。

③ 参见[英]约翰·斯普莱克：《英国刑事诉讼程序》（第 9 版），徐美君，杨立涛译，中国人民大学出版社 2006 年版，第 77 页。

④ 参见[英]麦高伟、[英]杰弗里·威尔逊主编：《英国刑事司法程序》，姚永吉等译，法律出版社 2003 年版，第 147 页。

与纠问因素的制约，再加上1215年教皇英诺森三世禁止教士参与世俗领域的刑事审判而引发陪审制度的引入，使英国的刑事审判走上对抗制，才使审判的程序正义发达、使以可采性为中心的证据规则丰富、使被告人的权利保障充分。

二、刑事审判中权力配置的分散性

基于自身特殊的历史，王权在中世纪既强势又受制，因而早期的司法治国、地方有效参与、源于宗教影响的司法神圣性色彩，造就了英国当下的刑事诉讼制度及其观念，并且具有世界影响。但是刑事司法权力配置的分散性也不容忽视，直至18世纪的不列颠，其司法系统十分依赖个体公民，公民们也极为配合，治安法官"在追捕嫌疑重犯或破坏治安者时发出召唤，就可以要求任何一位臣民协助他。任何人都可以合法地逮捕犯罪嫌疑人，如果他被确认有罪，就将被判戴枷示众，或在马车后面接受鞭刑并游街，人们也可以对其进行惩罚"①。当然，在公民执法过程中，也会从大众行为规范的定义出发，处罚嫌犯并不违法的行为，但为了使该类执法具有正当性，公民会模仿法庭的做法。不仅如此，英国自中世纪开始，"逐渐形成了由普通民众组成的陪审团参与审判和由普通民众出任治安法官独立进行审判的系统化制度的技术设计"，②二者与官方共享或分割了司法裁判权。这里的刑事犯罪的追诉权具有分散性的特点，与此契合

① [英]H. T. 狄金森：《十八世纪英国的大众政治》，陈晓律等译，商务印书馆2015年版，第128页。

② 参见刘显娅：《英国治安法官制度研究：历史、价值与制度安排》，上海人民出版社2017年版，第1页。按照1361年《治安法官法》规定，治安法官有权根据法律、习俗甚至自己的判断逮捕、拘留、缉拿或惩处罪犯或嫌疑者。对于被控诉的人或嫌疑人可以逮捕或拘禁在监狱；也可以缉拿本郡被发现的没有足够担保的声名狼藉的人和其他需要适时处罚的人。他们还可以通告、询问曾经在海外其他地区是强盗，现在游荡于本郡的不劳动者。单个治安法官可以决定是否保释重罪案件被告人，但在1487年为防止这一权力滥用，规定由两名以上治安法官同意才可以保释重罪案件的被告人，否则巡回法官可以给予相应的惩罚，在1554年法令中还进一步规定治安法官不得保释被控犯有叛逆罪、杀人罪、抢劫罪、纵火罪和伪造钱币罪的人以及私刻国王玉玺、越狱者和有前科者或犯有多种罪行者。直至19世纪英国新警察制度建立之前，警官作为治安法官的耳目和臂膀，协助治安法官从事犯罪侦查和逮捕罪犯等工作。

的则是刑事审判中权力配置的分散性。当然，这一分散性对应于各参与刑事审判的权力配置之集中性。这主要体现在如下方面：

（一）重罪案件审判权的二元结构

发端于中世纪的陪审制度，最初为解决事实问题由被告人的12个邻居到场证实被告人清白，后来变为由与被告人出自同一阶层的12个陌生人来认定被告人的犯罪事实，这便是小陪审团（相对于在巡回法庭面前起诉犯罪的大陪审团）定罪权的由来，相应庭审的法律适用、量刑、诉讼指挥权由职业法官担当，在这里对应应该判处1年以上监禁刑的犯罪案件，"审判以两个截然不同的实体为基础：法官引导审判进程，并最终作出判决；陪审团则对关键的正当与非正当、罪与非罪的问题作出裁断。邻里社区民众的声音，即'当地的真相'（truth of the land），要在法官的指导下被听取，但这一意见对法官也是有约束力的。实际上，它的拘束力同神明裁判是一样的，只是'民众的声音'（vox populi）取代了那终局性的为普通人所无法理解的'神的声音'（vox dei）。陪审团可以听审证据，并依据其自身关于事实的一手知识作出判断；后来就发展成对事实问题进行审理的听审陪审团，仅依摆在他们面前的证据作出判断"。[①] 其实，英国"控辩制度中重要的保护机制是独立的事实裁判庭。在庭审中，控方必须通过列举具有可采性和可靠性的犯罪证据，用排除合理怀疑的案件事实说服由独立个人组成的陪审团。作为事实的陪审员和任何一方当事人都没有联系。他们必须在不知道或不负责量刑问题的情况下自由地就法律上是否有罪的问题做出裁定"。[②] 当然，法官要在庭审时对证人和陪审员予以保护，裁决证据可采性问题，监督主询问和反询问的程序以更好地推进案件，对案件中所有证据进行总结归纳以促使陪审团作出正确裁判，等等。

---

① 参见［比利时］R. C. 范·卡内冈：《英国普通法的诞生》，李红海译，商务印书馆2018年版，第115～116页。

② 参见［英］麦高伟、［英］杰弗里·威尔逊主编：《英国刑事司法程序》，姚永吉等译，法律出版社2003年版，第322页。

这一二元化的庭审结构，使法官在庭审中的消极被动性得以体现，特别是职业法官与陪审法官的共同存在，分享重罪案件的司法裁判权，更好地协调了刑事司法职业化、精英化与民主化、大众化的矛盾。

在英国刑事审判发展史上，陪审团参与刑事审判的意义还体现在两大方面：一是抵制刑事审判在中世纪后期向纠问式的发展，二是英国刑事审判中的刑讯逼供现象较少，特别是在欧洲大陆猎巫现象普遍存在的情况下，英国极少发生。这是相比大陆法系，英国刑事司法在同一时期的评价上应该值得肯定的地方，这也是陪审团审判的独有贡献。

(二)重罪与轻罪审判系统的区分

从历史上看，治安法官最初在英国称为治安官，是为维护地方治安而由国王从地方骑士中任命而来，后来司法职能日益凸显，行政职能逐渐淡化，最终实现了完全司法化。其中标志性的事件是，在 1835 年，英国议会通过《市镇法》规定“自治市成立民选议会”，使城市政府不受治安法官管辖，即将治安法官被命名之前就行使的行政职能在城市废除，1888 年《地方政府法》颁布，将所有地区的行政职能从治安法官剥离给新成立的郡咨议会，治安法官职能的司法性更为突出。

通常来说，轻罪由治安法官在治安法院按照简易程序进行审理，尽管可以上诉，但是治安法官的定罪一般在监禁刑 1 年以下，治安法官的审理程序及其对应的起诉程序均相对简单。在今天看来，英国的治安法官制度，诞生于 1361 年，是数个世纪以来“产生和发展的结晶，也是英国法的一个典型”，[①]治安法官有领薪的职业性治安法官和无薪的业余法官之分，他们由国王任命，体现国王意志，代表国王进行统治。对于治安法院的发展历史应从两个维度来理解，一方面，司法审判权范围的逐步调整。

---

① 参见刘显娅：《英国治安法官制度研究：历史、价值与制度安排》，上海人民出版社 2017 年版，第 2 页。

当时英国的治安法院从事审判工作的主力是“无薪业余治安法官”。[①] 在1971年,英国出台《法院法》,将1362年建立的季审法庭与1847年建立的小审法庭改为治安法院。季审法院在每个郡均设立,每个郡的季审法院每年开庭4次,由若干治安法官组成,其中的季审法庭由2或2名以上治安法官组成,审理“公诉罪及受理来自小审法庭的上诉案件”。在季审法庭成立之初,治安法官能够审理除叛逆罪以外的所有刑事案件,但多是关于酗酒、诅咒他人和非法经营酒馆类的案件,以及一些关于郡守、警官、济贫员和教堂执事的渎职案件。自1590年开始,季审法庭和治安法官的刑事审判权受到一定的限制,主要审理轻罪。[②] 这里还需要强调的是,1842年法令将死刑案件的审理权限从治安法官手中拿走,同时也对大多数违法行为废除了死刑。因此,“不少案件还是由季审法庭审理。到1861年法令时只保留叛逆罪、谋杀罪、盗窃罪和纵火罪(烧毁内务部的船厂和军火库)这四种犯罪的死刑”,[③]为了替代死刑,流刑在季审法庭较之以往更加广泛地应用于少年法庭和成年人法庭。其中,在1847年首次使用“小审法庭”的称谓,小审法庭由本郡或小审法庭区域内的2名或2名以上治安法官组成,行使“简易审判权”。[④] 其中,小审法庭审理的未成年人犯罪限定在“年龄在14岁以下未成年人小的盗窃罪”。1848年下议院通过了4个有关治安法官工作的法案,其一为《即决法庭法》(1857年、1879年、1881年进行过3次修正)[⑤],对小审法庭工作予以详细规定,使

---

① 参见刘显娅:《英国治安法官制度研究:历史、价值与制度安排》,上海人民出版社2017年版,第24页。

② 参见刘显娅:《英国治安法官制度研究:历史、价值与制度安排》,上海人民出版社2017年版,第48~49页。

③ 参见刘显娅:《英国治安法官制度研究:历史、价值与制度安排》,上海人民出版社2017年版,第97页。

④ 参见刘显娅:《英国治安法官制度研究:历史、价值与制度安排》,上海人民出版社2017年版,第25页。

⑤ 1857年《即决法庭法》规定,不满治安法官即决审判的人可以上诉到高等法院。1879年《即决法庭法》规定,被起诉的人应负责任时,即决定罪不能超过3个月,他可以要求陪审团参加,等等。1881年又对1848年《即决法庭法》进一步修正。

几乎95%的刑事案件由小审法庭审理,对治安法官有权签发逮捕令、询问犯罪者决定是否进行控诉、司法管辖、初审均有明确规定,还规定了审前程序特别是传唤、逮捕和保释程序,等等。其二为《可起诉犯罪法》,使治安法官对于轻微犯罪(也包括那些损坏财产的犯罪)完全由小审法庭审理,同时预审所有的可起诉罪犯。其三为《治安法官保护法》,赋予治安法官豁免权。其四为《小审法庭法》(1949 年正式通过),正式确认小审法庭的存在。1853 年法令授权治安法官审理“侵犯14 岁以下儿童人身的犯罪”,1855 年又将他们的司法权延伸到“所有小的盗窃案件”。[①]

另一方面,与陪审团与法官共同审理案件在管辖权上的区分。相比之下,重罪案件则要用起诉书指控,由陪审团与法官共同审判,尽管“陪审团裁决的刑事案件不到 1%。只有大约 5% 的判决是由专业法官做出的”,[②]但陪审团审判的“案件是最严重的犯罪案件,如恶意杀人、非恶意杀人、严重的性犯罪及其他一些针对人身的严重犯罪。在这些案件中一旦错误定罪,其结果对被告人是最严酷的,而且这些案件经常引起社会的广泛关注,有时还会引起被控犯罪地区以外的公众关注。因此,陪审团审判的质量通常不可避免地构成了判断刑事司法系统整体效能的基础”。[③]

这样,英国法官制度“一方面以职业法官作为司法的主体和轴心,另一方面适当辅之以非职业法官——治安法官,二者既有分工又有合作,互为补充”。[④] 重罪包括一部分两可罪审判,除了认罪案件不需要陪审团参与外,陪审团定罪法官适用法律促成与确保职业法官的中立与被动,即

---

① 参见刘显娅:《英国治安法官制度研究:历史、价值与制度安排》,上海人民出版社 2017 年版,第 87 ~ 88 页。

② 参见[英]麦高伟、[英]杰弗里·威尔逊主编:《英国刑事司法程序》,姚永吉等译,法律出版社 2003 年版,第 260 页。

③ 参见[英]麦高伟、[英]杰弗里·威尔逊主编:《英国刑事司法程序》,姚永吉等译,法律出版社 2003 年版,第 347 页。

④ 参见刘显娅:《英国治安法官制度研究:历史、价值与制度安排》,上海人民出版社 2017 年版,第 7 页。

(认罪之)重罪与一部分两可罪中,由 2 名以上的治安法官对被告人审理并作出裁判,并且占据刑事案件的绝大多数。也恰恰是早期治安法官的存在及其与王权若离若合的关系,最后对王权在刑事司法领域的扩张起到抑制作用,陪审团的存在对都铎王朝与斯图亚特王朝纠问因素的抑制,以及欧洲猎巫中英国在很大程度上成为例外都起着十分重要的作用。今天,重罪案件中陪审团的定罪功能、绝大多数轻罪案件由业余治安法官审判,最终决定了英国刑事审判中的民主因素,也恰恰是 30,000 余名治安法官的存在,低成本(无薪)地运行,才使得重罪案件得以体现民主、贯彻程序正义、落实公正审判。

(三)发现事实真相的动力在律师

刑事司法以发现事实真相作为中心目标,古今都不例外,因而刑事诉讼的设计关键在于"确定真正的罪犯,只有他们被判有罪,无辜者获得自由",对抗制诉讼在英国"被认为是特别有效的发现事实的方法"。[①] 在英国,长期以来的刑事法院审理的所有案件"都由职业律师来代理,职业律师又区分为:为庭审准备材料的事务律师和受事务律师委托出庭应诉的诉务律师",诉务律师(出庭律师)"传统上由一小部分辩护精英组成,他们特有的价值观和习惯将他们与其他律师及他们的客户区别开来。'出租车规则'阻止律师与某种特定类型的客户结成紧密的联盟,即诉务律师要求接受先给予的委托,就像出租车司机必须运载队伍中第一个愿付费的人一样,这是一个特色……诉务律师很少考虑与客户建立何种联系"。[②] 他们在法庭独立陈述,而为出庭律师准备庭审材料的为事务律师,且与前者定位不同,二者在刑事审判中的作用也不同,但是英国重罪案件的刑事审判离不开事务律师的参与与推动。

---

① 参见[英]麦高伟、[英]杰弗里·威尔逊主编:《英国刑事司法程序》,姚永吉等译,法律出版社 2003 年版,第 237 页。

② 参见[英]麦高伟、[英]杰弗里·威尔逊主编:《英国刑事司法程序》,姚永吉等译,法律出版社 2003 年版,第 308 页。

三、刑事审判各职能专业化的渐进性

(一)刑事审判演进的渐进性

在诺曼征服后,威廉推行的刑事审判尽管有日耳曼因素,但整体讲与欧洲大陆相比并没有更强的比较优势。亨利二世改革尽管有加强王权的动机,但整体上也是“就地取材”,王室法庭的设立与巡回法庭的常态化,令状制度的实施,陪审团制度的推行,使英国的普通法得以形成,使王权得以用较低成本的司法实现治国。后来,王权统治由于普通法诉讼程序烦琐、周期漫长、诉讼冗长而陷入危机,随着都铎王朝的建立,建立特权法庭发展衡平法,王权得到巩固,但由于斯图亚特王朝的专制统治引发矛盾,光荣革命爆发,英国确立了君主立宪制,成为近代国家。不过,英国的光荣革命不同于后来的法国革命,后者在传统与现代之间界限分明,英国的“旧制度”与现代之间难以明确区分,常常是土地精英的准则被商业精英接受,并且后者往往向前者妥协,接受他们的条件。随着时间流逝,商业精英还通过购买没有宅基地权属的乡下房产来分享乡绅的乡下生活,在城市投资与在乡下居住,进而拥有双重身份:“社会界线是一个文化界线,介入贵族地主、银行家、律师、教士或商人一方和平民商人与工厂主另一方之间,而对英国旧制度的挑战,当其来临的时候,来自以文化界定的集团,而非来自以经济界定的阶级。”①经济地位、社会身份的混淆不清导致传统与现代的界限模糊,大约自1790年开始的半个世纪里,“占统治地位的情感几乎从来没有将‘工业化’的概念作为‘现代化’的附属物,被置于与‘现代化’对立的‘传统社会’的对立面”②。如果说“工业化”是“现代化”的一个重要表征,则英国的现代与传统之间的区分是模糊的,这也

---

① [英]J. C. D. 克拉克:《1660—1832年的英国社会:旧制度下的宗教信仰、观念形态和政治生活》,姜德福译,商务印书馆2014年版,第549~550页。

② [英]J. C. D. 克拉克:《1660—1832年的英国社会:旧制度下的宗教信仰、观念形态和政治生活》,姜德福译,商务印书馆2014年版,第556页。

在一定程度上决定了英国现代化出现的渐进性，由此作为国家和社会治理手段的刑事审判的转型也具有渐进性的特点。

社会转型伴随法治化程度的提高。在很大程度上，刑事审判职能转化的过程也是英国社会法治化不断提高的过程。在18世纪，英国人口增长，市镇社区因人口的聚集而较乡下社区面临的情形更复杂：首先，"经济增长、职业多样化和不断增大、充满竞争的人口诱发了市镇社区各种各样的社会不安"；其次，市镇社区还是"引进新思想和办事新方法的主力军和主要场所"，伦敦报刊、本省报纸等均能买到，俱乐部和其他带有社会和教育目的的协会也创办出来；最后，市镇社区也是"公民礼仪和公众仪式的所在地，这些礼仪和仪式可以加强社会联系，还集中展现了区域自豪感和政治上的忠诚"。[①] 城市的发展导致了"中产阶级的扩大，他们的财富不断增加，教育得到改善，也开始渴求更高的社会地位和更大的政治影响力"[②]。在18世纪后期，借助"俱乐部和协会，中产阶级联合起来，互相帮助并建立起了摆脱贵族精英的组织化"，[③]反过来在城镇存在矛盾与冲突，虽然"大部分市镇是被由少数极为富有的居民构成的寡头政治集团所统治的，但是这些人绝不会完全忽视社区内实际存在的中产阶级甚至是市镇穷人的利益。相比于对抗和冲突，执政者更倾向于谋求赞同和妥协"。[④] 与前述情形相契合，"无论是在捍卫最起码的公民自由，或致力于公民自由的范围，18世纪所有的评论家都十分强调法治的重要性，正是法治在政府的合法权威与公民自由之间画下了界线。人们发现，成功实

---

① 参见［英］H. T. 狄金森：《十八世纪英国的大众政治》，陈晓律等译，商务印书馆2015年版，第96～98页。

② ［英］H. T. 狄金森：《十八世纪英国的大众政治》，陈晓律等译，商务印书馆2015年版，第211页。

③ 参见［英］H. T. 狄金森：《十八世纪英国的大众政治》，陈晓律等译，商务印书馆2015年版，第212页。

④ 参见［英］H. T. 狄金森：《十八世纪英国的大众政治》，陈晓律等译，商务印书馆2015年版，第120页。

现并维持法治的唯一途径就是不给专制和暴政以任何机会”。[①] 这表明，英国社会的现代化与 18 世纪的英国城镇关系密切，在城镇的矛盾调整中逐渐出现了当权者的利益平衡，并且最终在整个国家逐渐形成确保公民自由与个人权利、反对政府专断与滥用国家权力的理念。在这一大的背景之下，刑事审判现代化逐步实现。

（二）治安法官由行政向司法的转化

在光荣革命之后，于 19 世纪 30 年代英国开始的地方政府改革中，1835 年自治区地方政府权力开始剥离给新成立的咨议会，1888 年《地方政府法》颁布，明确确立了现代地方政府管理体制，将都铎王朝时期把治安法官作为一级地方政府机构的做法废除，治安法官从 1361 年开始增加行使司法权并且将仍旧保留的行政权转移给新成立（成员来源于广泛的人群）的郡咨议会，除了保留批准酒类的执照等之外，治安法官的职能便“几乎是纯司法的”，治安法官有了新面向。[②] 治安法官也因此被纳入英国统一的司法系统，适用更为简易高效的运行程序。在 1848 年，英国针对治安法官通过了 4 个法案，《即决法庭法》《可起诉犯罪法》《治安法官保护法》《小审法庭法》来扩大治安法官的即决审判权，并且对小审法庭的审判程序规定得更加明确。

就治安法官而言，随着工业化带来的诸如卫生、环境、治安、供水、住房、就业、城市建设等新问题的出现，既往的政府职能难以应对，治安法官也越来越不愿意像既往一样从事义务工作，而且已经从事者也常常力不从心，这便使有薪的治安法官随之出现。但即便专职治安法官出现后，其人员构成仍旧以业余人员为主，一般多为退休人员，并且立法规定其从事治安法官工作有时间限制，一年至少要出庭累计达到 26 个半天（3～4 个

---

① 参见［英］H. T. 狄金森：《十八世纪英国的大众政治》，陈晓律等译，商务印书馆 2015 年版，第 165 页。

② 参见刘显娅：《英国治安法官制度研究：历史、价值与制度安排》，上海人民出版社 2017 年版，第 82 页。

小时)，特别是要经过精心培训，考核评估，导师指导等诸多环节，以满足履行司法职能所需。公民素质、履职热情、专业培训等，使治安法官能够胜任各项工作，在即决判决和两可罪的审判中发挥着不可替代的作用，“每个新任治安法官就职前必须宣誓，按照法律公正地判处呈现在他们面前的所有案件，决不能在利益驱动下进行量刑判决”。[①]

其实，英国治安法官职能担当的司法化，是一个从无到有的过程，更是一个司法职能不断凸显，行政职能渐渐淡出背景的过程，最后司法职能几乎成为治安法官的唯一职能，为了使诸多业余的治安法官更加胜任审判工作，对其管理和培训也日趋正规化，并且不断通过设立管理机构来实现。在这一过程中，议会不断通过立法对治安法官及治安法院的审判工作进行调整，使刑事审判能够适应控制和打击犯罪之需要。

(三)出庭律师培养的逐渐正规化

在英国刑事重罪案件的审判中，指控方也好，辩护方也罢，对抗式刑事审判形成后，支撑法庭运行的是控辩双方的出庭律师。英国早期的出庭律师和事务律师之间有明确的区分，英国的职业法官从出庭律师中产生，出庭律师和法官以对英国普通法的熟知和娴熟运用为专长，普通法是源自英国古老的习惯，是全国通用的习惯，因而是判例法，出庭律师和事务律师由取得出庭律师和法官身份者在律师会馆培养。在 15 世纪，内殿、中殿、林肯、格雷四大律师会馆脱颖而出，逐渐垄断了出庭律师、法官的培训和法律教育，但是到 17 世纪，因法律读物的出版普及而使自学成为可能，再加上社会发展，律师会馆墨守成规的法律人才培养已经不能满足社会需要，律师业的发展因此陷入困境，最终在 19 世纪晚期，新的律师培养模式形成，即由英国的牛津、剑桥、伦敦大学等负责基础教育、自由教育、理论教育，由律师会馆发展来的法律职业组织负责实践教育和应用技能培养，英国律师培养的历史延续性再加上与出庭律师、法官(负责培

---

① 参见刘显娅:《英国治安法官制度研究:历史、价值与制度安排》，上海人民出版社 2017 年版，第 211 页。

训)间的紧密关联,使英国的法律职业共同体具有稳定的发展模式,他们对职业伦理、法律价值理念、法律思维方式、法律知识具有共同理解,这一共同体在形成的过程中,要依赖王权又要与王权保持距离,也恰恰是从最早的普通法律师发展到后续的两阶段法律人才培养,使英国的出庭律师与法官能够独立依法维护正义,使现代对抗式刑事诉讼的运行获得人才支持和智力保障。

可以说,英国刑事审判各职能专业化的渐进性,使各职能之间在形成过程中相互照应、相互作用、相互支持,共同受由普通法传统、司法治国、"王在法下"构成的英国法治环境滋养,使各职能的形成既与时俱进又能渐进有序,因而在各关键历史阶段均能"逢凶化吉",在困局中找到突破点,在稳定中获得生机与发展动力。

第三章 英国刑事审判文化现代转型及其经验

尽管英国刑事审判文化在转型上捷足先登,对我国刑事审判文化转型有重要的区分意义,但它的若干特征,也是与大陆法系最先实现转型的法国相较而言的。它的进化论理性主义与法国的建构论理性主义形成鲜明对比,它的陪审团与职业法官的二元庭审结构与大陆法系参审制的一元庭审结构形成鲜明对照。诸如此类,不一而足。

第一节 英国刑事审判文化转型的特质

一、在宪制传统中确立现代审判

如果说刑事诉讼法是宪法的实施法,刑事诉讼法是宪法的应用法或者说刑事诉讼法是"小宪法"的话,那么英国的刑事诉讼法也不例外。我国学者王振民教授指出:"《大宪章》是法治之法……倡导了王在法下、司法独立、程序正义。”[①]伯尔曼教授指出：“法律的基本宪政框架保持不变正是英国法律变革的实质。”[②]同样，英格兰的司法与宪制之间也有着紧密的联系：一方面，“早期英格兰具有宪政特征的多元化权力结构，直接影响了司法的独立与发展”，另一方面，“英格兰司法也暗含了大量有利于宪政形成的因素”。[③] 诺曼征服后，在重申“王在法下”传统的过程中，国王在低成本的前提下，采取司法手段治理国家，“比起欧洲大陆的任何司法制度来说，它通过自己的令状、它的法庭程序、它的全国性执行能力，更为有力地保障臣民不受掌权者之压迫”[④]。

这里的关键是法官决定模式，即“法官保留原则”，刑事诉讼中要实现追诉犯罪、收集和保全证据，必然要实施干预处分，由法官行使决定权，依法决定之后再由侦控机关实施。时至今日，这种最先发源于“英国宪政史上的人身保护令状，迄今为止，拘束人身自由的逮捕拘禁必须经过法官的审查，早已经是现代法治国宪法的共通要求”。[⑤] 进言之，“英美法系注重于强制处分的令状审查，则称为‘令状原则’。但无论是法官保留原则或令状原则，本质上都是要求国家发动强制处分时，有必要建立一套防止滥权的制衡机制。换言之，执行强制处分，必须事先交由具超然中立性质的‘法院’（法官保留原则）审查处分的合法性与必要性，执行机关则须持有法院核发的‘许可证’（令状原则），方能为之”。[⑥]

在英美法系国家普遍采取“陪审制，为免陪审员提前接触侦查中未经法院调查的证据事实，污染心证造成偏颇，故会希望采取起诉状一本主义

---

① 《大宪章》，陈国华译，商务印书馆 2016 年版，第 59 页。

② ［美］哈罗德·J. 伯尔曼：《法律与革命：新教改革对西方法律传统的影响》（第 2 卷），苗文龙、袁瑜琤译，法律出版社 2018 年版，第 359 页。

③ 参见李栋：《通过司法限制权力：英格兰司法的成长与宪政的生成》，北京大学出版社 2011 年版，第 2 页。

④ ［美］小詹姆斯·R. 斯托纳：《普通法与自由主义理论：柯克、霍布斯及美国宪政主义之诸源头》，姚中秋译，北京大学出版社 2005 年版，第 369 页。

⑤ 参见林钰雄：《刑事诉讼法》（上册·总论编），中国人民大学出版社 2005 年版，第 227 页。

⑥ 参见张丽卿：《刑事诉讼法理论与运用》，台北，五南图书出版股份有限公司 2016 年版，第 225 页。

的根本精神。此外，当检察官起诉时仅准许提交起诉书时，目的是让‘新鲜’的证据，得在第一次审判程序中，借由合法严格的调查程序，陆续呈现在陪审员的眼前，确保陪审员能保持公平的态度进行判断”①。还需要指出，“起诉书一本主义”实为日本法律术语，检察官在提起公诉时“仅向法院提交起诉书，并规定‘起诉书中附带可能使法官对案件产生先入观念的文书及其他物品，也不能引用证据内容’”。这样，“提起公诉时只提交起诉书，被称为起诉书一本主义”。② 就英美法系而言，是指“检察官提起公诉，在起诉书上只记载犯罪事实，不引述被告所犯罪名与法条，更重要的是，证据与卷宗一概不并送法院”③。这意味着“在审判中证据需要经过反方当事人的检验，从而实现了审判中心主义”。④

为了防止草率定罪，“刑事诉讼上关于犯罪成立（实体争点）的证明，必须严格遵循形式上的法定程序，叫作‘严格证明’。必须严格证明的事项，只能以法定的证据方法证明，并且遵守法定的调查程序，所得证据才有证据能力”⑤。这里是由大陆法系庭审结构一元模式所决定的，要求证据严格遵循庭审原则，即证据在经过非法证据排除对应的可采性检验后，还要贯彻直接原则、言词原则、公开原则、辩论原则等，才能用于证明力的判断，作出有罪判决。

二、王室法庭在竞争中胜出

在中世纪的观念中，法律是上帝意志的体现，且只有“上帝才是法律

① 张丽卿：《刑事诉讼法理论与运用》，台北，五南图书出版股份有限公司 2016 年版，第 509 页。

② 参见［日］田口守一：《刑事诉讼法》（第 7 版），张凌、于秀峰译，法律出版社 2019 年版，第 276 页。

③ 张丽卿：《刑事诉讼法理论与运用》，台北，五南图书出版股份有限公司 2016 年版，第 509～510 页。

④ 参见［日］田口守一：《刑事诉讼法》（第 7 版），张凌、于秀峰译，法律出版社 2019 年版，第 276 页。

⑤ 张丽卿：《刑事诉讼法理论与运用》，台北，五南图书出版股份有限公司 2016 年版，第 258 页。

的渊源”;并且,法律又必然是古老的,“只有古老的法律才是真正的法律,真正的法律必为古老的法律”。因此,对于法律来说,“人类所能做的只是发现既存的法律,而永远不可能发明法律或创制法律”。即使世俗统治者——国王,也不可能依照自己的意志颁布法律,而只能在得力封臣的协助下发现子民所应当遵循的古老习惯,针对相应的规则进行概括和解释,并适用于具体个案。因此说,中世纪的法律观念——法是古老的、内在的、非人造的东西,能抵御人意志的入侵,因而它本来就不是由意志制造的——与现代“立法”理念格格不入,[①]为了捍卫受国王越来越强的完整性主权倾向对贵族特权或自由权的威胁,贵族阶层主张他们的权利“植根于不可追忆的神圣的习惯。这样,在很多国家,就生成了——毋宁说是强化和复兴了——这样一种习惯,即诉诸‘古代宪法’,努力证明它要捍卫的权利是不可追忆的,因而国王无权改变或废除它们”,[②]“古代宪法”的重申为法律解释与适用留有余地。于是,“中世纪的‘统治’主要是一个解释性的行为,在这里,所谓的‘行政’和‘立法’部门服从于所谓的‘司法’部门……在中世纪的欧洲,政治权力仅具有解释和运用现存法律的单一的‘司法’职能”。[③] 因此,当12世纪“西欧开启现代国家的进程时,由于传统意识形态的束缚,所能选择的道路理所当然地应当是以法庭为中心的‘司法’,而绝非更为现代的‘立法’或‘行政’”。[④] 而通过司法治理本身就节省成本,这首先表现在“司法治理总是以‘个案’为中心,因而可能更为直接地进入到具体的社会生活中”。[⑤]

与此同时,在中世纪西欧,国王及其他领主只能“依靠自己的领地养

---

① 参见[英]J. G. A. 波考克:《古代宪法与封建法:英格兰17世纪历史思想研究》,翟小波译,译林出版社2014年版,第16页。

② 参见[英]J. G. A. 波考克:《古代宪法与封建法:英格兰17世纪历史思想研究》,翟小波译,译林出版社2014年版,第16页。

③ 参见于明:《司法治国:英国法庭的政治史(1154—1701)》,法律出版社2015年版,第48~49页。

④ 于明:《司法治国:英国法庭的政治史(1154—1701)》,法律出版社2015年版,第49页。

⑤ 参见于明:《司法治国:英国法庭的政治史(1154—1701)》,法律出版社2015年版,第53页。

活自己”，也就是“国王靠自己生活”，它是“封君封臣制度”的概念，按照封君封臣制度，“封君除了把土地分封给封臣以外，还有一部分自营地，在正常情况下，封君应该依靠自营地的收入维持生活，只有在封君被俘需要赎身、封君的长子被封为骑士和封君的长女出嫁这三种特殊情况下，封君才能向他的封臣征收协助金”①。受此影响，英王的收入分正常收入和特别收入两种，正常收入包括王领收入、司法收入和封建协助金（有次数限制），大宗是王领收入。协助金征收的依据是封臣对封君所承担的财政效忠义务。当封君（国王）遇到财政困难时，即封臣对封君承担财政效忠义务时。随着 12 世纪协助金以封建习惯的方式固定，王室法院司法管辖权扩展，王室法院的财政能力得到充分体现，“司法中有大钱”成为共识，“国王通过收取当事人的诉讼费、在民事或刑事判决中的大量罚金以及出售司法令状，获取钱财”②。罚金等收入，即“王室意志及其高压统治是历史上普通法诉讼的主要动力源泉……王室法官所致，不仅是刑事诉讼中会处以大量罚金，而且民众还会被频繁地要求前来说明他们为什么为某种行为或拒绝为某种行为，并经常因各种各样的违法事由而被处罚”。③这成为亨利二世司法改革，扩大司法管辖权的动力。

不仅如此，诺曼征服以来，威廉从盎格鲁－撒克逊时期的“国王的和平”和源于法国的“诺曼底公爵的和平”继承了双重遗产。在加冕时，威廉在誓言中宣称“维护王国的和平”，而且在 1070 年至 1087 年的立法中多次申明“要持守上帝的信仰，维护英格兰和诺曼底的和平”。此后的英国国王也在延续这一双重使命，这意味着“国王承担着维护王国和平与正义的重要职责，臣民则负有持守王国和平的义务”。于是，“‘国王的和平’观念蕴含着国王是全体臣民和整个王国利益的代表，侵犯了国王或其

① 李栋：《通过司法限制权力：英格兰司法的成长与宪政的生成》，北京大学出版社 2011 年版，第 72 页。

② 李栋：《通过司法限制权力：英格兰司法的成长与宪政的生成》，北京大学出版社 2011 年版，第 76 页。

③ 参见［比］R. C. 范·卡内冈：《英国普通法的诞生》，李红海译，商务印书馆 2018 年版，第 96 页。

臣民的财产和生命权益,就是侵犯了'国王的和平',国王则享有当然的司法管辖权。从本质上讲这一观念体现了王权有及于全国的、普遍适用的公法效力,被宣布不在'国王的和平'之下者就不再是国王的臣民,也就失去了国王的保护……还被视为严重的犯罪。'国王的和平'这一法理前提为国王司法权的扩张、普通法的成长乃至王权的集中提供了合法性"①。与此相关,在英国,个人"安宁"的法权观念源远流长,盎格鲁–撒克逊时代具有"自由人均享有不受他人侵犯的人身和家庭'安宁'权",国王作为一国之君和最大领主,其个人"'安宁'权外延自然比普通人要宽泛",再加上基督教的影响,"王之安宁"便具有了神圣性,在11世纪"王之安宁"主要体现在三大宗教节日、王宫或交通大道等特定地点和针对"王室成员、国王仆人等"特殊个人的凶杀、抢劫等刑事案件上,到12世纪"王之安宁"管辖的范围迅速扩大,几乎囊括了"危害国家、社会和基督教安全的"刑事犯罪。② "国王的和平"也好,"王之安宁"也罢,成为"国王是司法审判权的唯一源泉"的观念支撑和正当理据。

威廉一世在位时,经常派遣御前会议成员到地方听讼,巡回法庭形成于亨利一世统治时期,亨利二世改革时,巡回法庭才"纳入制度化的轨道"。③ 1166年《克拉灵顿诏令》确立的巡回审,"国王对于其他权力主体的控制主要是通过司法管辖权实现的。因为司法管辖权在中世纪不仅是一种政治权力,而且更被视为一种财产权力"④。例如,亨利二世在位时曾成功颁布规则强行规定:"没有王室令状的授权,(封建法庭——译者加)不能听审任何涉及自由保有地产的诉讼。"受这一限制,"领主只是不能听审有关最近发生的土地侵夺或在被继承人死亡时原告要求进占其土

① 于洪:《英国现代法治的历史渊源研究》,人民出版社2020年版,第36~37页。

② 参见刘显娅:《英国治安法官制度研究:历史、价值与制度安排》,上海人民出版社2017年版,第32页。

③ 参见李栋:《通过司法限制权力:英格兰司法的成长与宪政的生成》,北京大学出版社2011年版,第102页。

④ 李栋:《通过司法限制权力:英格兰司法的成长与宪政的生成》,北京大学出版社2011年版,第121页。

地的诉讼——这些实际上都留给了王室法庭”。13 世纪时，王室法庭逐渐开始提供更为宽泛的救济措施，最终“王室法庭垄断了对于这类诉讼的授权管辖，封建法庭也因此受到阻却，其在地产权（农奴保有地除外）方面的管辖权也被拖入了一种半死不活的状态”。① 这里需要明确的是，首先，“统一的法院体系及其实施的普通法的兴起，并非国王正面攻击地方法庭的结果——无论是诺曼人的封建法庭，还是盎格鲁-撒克逊的百户区及郡法庭。事实上，这些法庭是被王室法庭所提供的那些更先进、更有效的救济排挤开的。它们并没有从法律上被剥夺其管辖权，但王室法官为当事人提供的选择，要比地方法庭陈旧过时的程序提供的任何东西都要好，以致王室法庭注定要从全国各地吸引当事人”。其次，启动司法程序的普通法令状是“点滴积累才完成的，每一种新的令状指令一种特定的诉讼程序，最后导致了诉讼程序的大量变化”。这一切的起点或动因在于“原告们那种背离地方法庭而转投王室法庭的不可遏制的欲望……民众一定已经感觉到了‘国王所至，法律必存’（wherever the king was, there was the law）……王室法庭，业务不断地增加，这倒不是因为国王要求这样，而是因为在那样一个‘对诉讼有着特殊渴求’的世纪里，当事人在王室法庭能更好地达到自己的目的……经过对你权利正当性及地方法庭缺陷的必要解释，说明你对它们的担心和不信任及对国王作为正义之源的坚定信念之后，就可能为你起草一份王室令状，并盖上印章”。② 王室法庭优势有增无减，最终使封建法庭大部分诉讼转移到王室法庭。

英国在早期的国家治理中，用巡回法庭、令状制度、陪审团制度等司法手段促成了国王司法治国的形式，同时也营造了英国普通法的实施环境。这一治理的特点是：“国王对地方的治理不能再依靠咄咄逼人的地方长官，将其权力的触角进一步扩张，相反只能依靠代表公众利益的治安法

① 参见［英］保罗·布兰德：《英格兰律师职业的起源》，李红海译，北京大学出版社 2009 年版，第 49 页。

② 参见［比］R. C. 范·卡内冈：《英国普通法的诞生》，李红海译，商务印书馆 2018 年版，第 64～66 页。

官‘间接地’控制着整个社会。这样的局面不得不促使国王放弃权力扩张本身的逻辑和方式，而选择另外一种更加和缓、内敛的方式达到对整个社会的控制。”[①]与此同时，也是巡回法庭、令状制度、陪审制这“三大支柱”，使英国各地方逐步认可了全国统一适用的习惯法，即作为古代宪法的封建法、普通法，也即“欧洲最早的国家法，它最早共同适用于整个王国，并由一个全国范围内拥有初审管辖权的统一法庭予以实施”，[②]这一新的法律及其司法机构“是民族性、国家性的，是属于王室的；不是地方官员，而是国王及其中央法官才是整个制度的承载者，其适用也是全国范围的……这一现代化的英格兰法律实质上还是本土的，它建立在众所周知的规则和习俗基础之上”。[③]

上述法律及司法机构的民族性、国家性、本土性，对于英国现代刑事审判的形成起着重要作用，英国普通法植根于本土习惯，因而英国刑事审判现代化是一个渐进的过程，是自生自发的，是进化论理性主义的产物，而非人为建构的。

三、对抗式审判出现的渐进性

本书前述分析表明，英国历史和社会非常独特，思想演进的逻辑和政治现实也因此独具特色，“复合型权力结构和同心圆权力结构是相互推进的。《大宪章》就是连接两个结构的枢纽。原来只是几个男爵找约翰王要求封建特权，后来的贵族们都陆续获得了特权。大家的诉求是权利而不是权力，或者说是以权利作为依据的权力。所以只要乱局出现，《大宪章》就成了国王团结贵族的法宝，新国王登基会立马重申《大宪章》。后

---

① 李栋：《通过司法限制权力：英格兰司法的成长与宪政的生成》，北京大学出版社2011年版，第100页。

② 参见[比]R.C.范·卡内冈：《英国普通法的诞生》，李红海译，商务印书馆2018年版，第139页。

③ 参见[比]R.C.范·卡内冈：《英国普通法的诞生》，李红海译，商务印书馆2018年版，第143～144页。

来资产阶级和新贵族崛起,也争取到了权利。以《大宪章》为圆心,英国的政治现代化是一个特权逐渐变成普遍人权的同心圆结构。权利在不断往外扩张,成为把英国人团结起来的政治机制,同时也是安排政治权力的社会机制。有了权利,就有了参与政治的资格,就有权投票代表到西敏寺替你说话,议会就成了一个不断汇入政治势力的平台。权利和权力两者缠绕并进,自由和强国高度兼容”。①

在这里,刑事审判的演进也与上述情形紧密相关,最早的刑事审判是争吵式审判,让被告人自己辩白无罪或罪轻,但是随着都铎王朝和斯图亚特王朝王权强势对抗教权,王室普通法诉讼因令状种类繁多、诉讼过程烦琐、耗时费力而出现僵化,于是特权法庭出现,诉讼程序也有别于普通法诉讼,这便是衡平法诉讼的出现。1540 年星室法庭成立,它不是一个普通的法院,是不受普通法法院程序规则调整的特权法院,审理刑事案件,可以传讯“任何一个违法者出庭受审,对地方任何法院判决不满的人也可以上诉”到星室法院寻求救济。② 这是王权对教权胜利的结果,但是也是诺曼征服以来国王对贵族逐渐取得支配地位的结果,到 16 世纪时,“英国政府逐渐取得司法/刑罚、军事保护、社会福利及财产管理的独占权。在此攫取进行的同时,关于忠诚的宣传活动(教授‘每位公民的首要义务是服从君主’、‘人的最高责任是对他的国家,所有其他考量及忠诚,甚至生命本身,都应臣服于对国家的义务之下’等观点)也一并进行”。③

最初,重罪案件审理程序是不允许辩护律师介入的,轻罪案件类似民事诉讼,则不排斥律师辩护,重罪案件的审理明显偏向争吵式审判,被告陈述为案件信息来源,这是由“现代刑事诉讼的逻辑,是压迫被告自行陈述,或赢得清白,或自陷缧首”决定的,但是也恰恰是这一时期的叛国罪案

① 参见李筠:《英国政治思想新论》,商务印书馆 2019 年版,第 261 ~ 262 页。

② 参见刘显娅:《英国治安法官制度研究:历史、价值与制度安排》,上海人民出版社 2017 年版,第 55 页。

③ 参见[英]劳伦斯·斯通:《英国的家庭、性与婚姻:1500—1800》,刁筱华译,商务印书馆 2011 年版,第 93 页。

中,引入政府赏金制度,催生了伪证行为,为1678年至1688—1689年光荣革命十年间应对"一系列叛国罪的审判不公",1696年《叛逆罪审判法》的出台,叛逆(策划或实施杀害国王的行为,或否定武装叛乱)罪的被告人在审前阶段和审判中有权获得辩护奠定基础,也恰恰是这一"保护刑事诉讼被告的纲领性文件"的通过,英美刑事程序制度史出现了转折,对抗式刑事审判由此起源。[①] 此后,重罪案件也允许辩护方委托律师辩护,又历经很长的时期,所有案件都允许被告人委托律师,特定条件下还可以获得政府提供的法律援助。律师在刑事审判中的出现,伴随质证方式的改变,即直至18世纪30年代,"出于询问特别是交叉询问证人等特定目的",法官们"逐渐开始在普通重罪案件中摒弃禁止辩护律师的规则",允许律师辩护,限定在"对证人进行询问特别是交叉询问"中,这关键的一步,使英格兰的程序制度踏上了此后的对抗式审判之路。[②]

值得一提的是,1993年英国成立皇家刑事司法委员会,对英格兰和威尔士的对抗式司法进行定义,即"以法官为裁判,控辩双方就案件各自提出主张,并分别准备证据,传唤、询问和交叉询问综合认定的一种制度",在此基础上这一制度仍在不断完善,即"警察、检察官、被告人和社会等多种相冲突的利益必须达到平衡,以便不仅满足国内对公平与正义的期望,而且满足……被告人获得公平审判的权利"。[③]

英国的对抗式刑事审判历经了1215年英诺森三世禁止教士参与神判以来的长期发展演进过程,在这一漫长过程中,对抗式刑事审判是逐步发展起来的,恰如英国的经验主义、法治道路的进化论理性主义、自生自发秩序的形成一样,其间存在传统因素的保留,也伴随保守因素的存在,个案之中或多或少存在严重问题,但是从大的历史阶段看,刑事审判的进

---

① 参见[美]兰博约:《对抗式刑事审判的起源》,王志强译,复旦大学出版社2010年版,第25~68页。

② 参见[美]兰博约:《对抗式刑事审判的起源》,王志强译,复旦大学出版社2010年版,第108页。

③ 参见[英]麦高伟、[英]杰弗里·威尔逊主编:《英国刑事司法程序》,姚永吉等译,法律出版社2003年版,第190页。

步是不言而喻的，也恰恰是这一渐进性的发展进程使得英国刑事审判现代化是一个水到渠成的过程，思想观念的转变、制度的演进是互为表里的，关键是伴随英国人代际更替中的不断进步。

四、在自生自发演进中铸就司法诚信

英国当下的刑事审判理念也好，制度也罢，均不是任何一个超人设计的结果，而是在英格兰岛与诺曼底、王权与教权、贵族与国王、王室与地方的不断博弈、缓慢演进中逐步实现了观念转变与制度变迁的，这是自生自发的，其中伴随竞争与妥协、冲突与和解，使司法在争论与对立中展开、在妥协与信任中收场，司法制度在诚信的支撑下逐渐获得发展。

(一)司法治国的权威性

在与领主法庭、庄园法庭等争夺司法管辖权的过程中，"国家正义"特别是巡回法庭引入，"家门口的正义"出现，通过令状制度便可以在巡回法庭进行权利救济，特别是重罪案件中巡回法官和陪审团的二元审理结构，陪审团是当地与刑事被告同一阶层的人，由其对刑事被告进行定罪，由职业法官进行量刑和适用法律，再加上治安法官制度的引入，由不计报酬的地方士绅义务性地参与郡以下地方刑事犯罪案件的即决审理，"普通民众通过出任治安法官在治安法院亲身进行审判活动可以直接知晓案件的审理裁决过程，增强他们的法律知识和法律意识以及对法律的信仰，治安法院无疑是一所很好的免费法律学校。每个治安法官在治安法院运用自己的权利，在书记官指导帮助下进行判决，不断增加自己的法律知识和法律技术"，他们"参与审判本身就是一个学习、了解国家的法律规定以及普及法律知识的过程，有利于提高治安法官们自身的法律意识和法治观念，教导人们尊重已经判决的事项，养成权利的观念"。[①] 治

---

① 参见刘显娅：《英国治安法官制度研究：历史、价值与制度安排》，上海人民出版社 2017 年版，第 119～120 页。

安法官恰恰在对刑事案件的即决审判中,才能感受到法律的神圣、裁判的权威,他们来自民间,再加上英国社会的绅士化取向,便会在公民之间形成一种认同感。当然,这一道理也适用于重罪案件中陪审团定罪,他们通过个案定罪增加对法律的认同,将参加陪审团作为人生阅历中比较神圣的大事来看待,这对于周围其他人认同感的形成有着潜移默化的影响,并且是十分必要的。

如果说在诺曼征服之前的刑事案件中,当案件事实真伪不明的时候,由水审或火审来决定有罪或无罪,是用神的启示来裁判,随着诺曼征服后决斗的引入与陪审出现在土地诉讼中,那么在 1215 年英诺森三世召开第四次拉特兰大宗教会议禁止教士进行神明裁判后,刑事案件恰巧为了解决证明难题尝试借鉴土地诉讼中由被告人的 12 个邻居作证,来解决被告人是否有罪的疑问。这是不经意间的做法,其中的 12 位乡邻则是最初的陪审团,是作证性的。在之后的英国历史上,审判仍旧是争吵式的,让被告自己说,后来随着社会人口增长,社会流动性加大,犯罪率上升,12 位邻居作证证明被告人无罪的困难加大,于是便由非邻人 12 人组成陪审团来认定被告人是否构成犯罪,这一转变直到 17 世纪才真正完成,1670 年布谢尔案(Bushell's Case)之前"法官有权强迫陪审团同意其意见,布谢尔案之后剥夺了法官这一权力,此案对陪审团演变为真正裁判者有着决定性意义。当陪审团事实裁判成为终局性时,陪审团角色嬗变最终完成,现代意义上的陪审制诞生"。① 人类学家指出,神判被陪审团审判取代,而且陪审团裁判不说明理由,但其对犯罪事实的认定却具有终局性,不允许针对事实认定进行上诉,说明陪审团对事实认定具有神圣性和权威性。加之同侪裁判心同此理、推人及己的效果,参与陪审作为公民人生经历的重要体验也会使陪审团在裁判案件的过程中认真负责,再加上法庭的庄严氛围,使陪审员感受到法律神圣性的同时,也会对法律产生由衷的敬畏

---

① 参见刘显娅:《英国治安法官制度研究:历史、价值与制度安排》,上海人民出版社 2017 年版,第 319 页。

与信任,使判决的权威性有所保障。

(二)平衡推进中的可选择性

在 1845 年,亨利·都铎伯爵登上英国王位,英国历史上独具特色的专制君主体制由此开始,中经克伦威尔时期,直至 1688 年"光荣革命"的发生,英国历史揭开新篇章。但从刑事审判的发展过程不难看出,英国特殊的历史事件发生在特殊的历史环境之下,各种因素的综合使整个英国的刑事审判具有自身特色,其中在平衡推进中对于被告人在法庭审判上的可选择性,选择由信任感在起作用,在经验传播与积累中形成人们的信任心理,进而凝结成刑事审判文化中的信任因素。

第一,王室法庭的胜出离不开当事人的选择。在国王针对领主法庭、郡法庭等审理的案件中,如果当事人认为存在不公正情形,便可以通过申请令状在王室法庭进行审理,这里以"王在法下"、国王是正义的化身等为支撑,当事人选择在王室法庭审判是一种选择的结果,巡回法庭的出现成为"家门口的正义",这是莫大的信任在其中起作用的结果,因而王室法庭裁判的权威性和可信性是不言而喻的。

第二,治安法官与公民法官在审判上的可选择性。当前英国"90% 刑事案件没有陪审团参与,99% 民事案件没有陪审团参与。在所有案件中陪审团参与审判的大约只有 5% 。治安法官制度在 19 世纪后期被纳入全国统一的司法体系,治安法官地位更加明确,呈蓬勃发展趋势,审理了 95% 的刑事案件,还有部分与家事有关的民事案件以及颁发酒类执照的行政权力"①。还需要说明,在皇家刑事法院的审理中,被告人承认有罪也不适用陪审团。就此而言,陪审团制度也好,治安法官制度也罢,封建时代的"英国国王想象不到的就是,原为他们统治有效工具的陪审团和治安法官逐渐脱离他们的控制并最终走向了国王专制统治的对立面",这是因为"陪审制度和治安法官制度本身被普通法精神所鼓舞,充满了社区精

---

① 参见刘显娅:《英国治安法官制度研究:历史、价值与制度安排》,上海人民出版社 2017 年版,第 320 ~ 321 页。

神,其民主价值伴随着斯图亚特王朝的专制统治而凸显”。[①] 特别是重罪案件及一部分两可罪,一旦被告人主张无罪,必然意味着要有与自己处于同一阶层并且中立、独立的陪审团来认定犯罪是否成立,这种选择长期以来得到宪法性文件的承认,也是普通法中古代宪法的主要内容之一,是一项必须要由各项其他诉讼基本权利支撑的重要选择,也恰恰是这一点使英国的刑事审判与大陆法系各国相区别。而且,在陪审团的组成上,被告人可以提出回避,以确保对其进行定罪的陪审团成员能够做到公正,对这一权利及其他各项权利的支持,使这一选择具有可接受性,同样两可罪或即决犯罪由业余的治安法官来审理,同侪审判也使判决结果具有可信性。

第三,对抗式审判中律师的可信性。如前所述,在英国整个社会的绅士情结中,律师作为社会上层的一部分,以刑事辩护为职业,一旦接受委托或者受指派提供法律援助,便会在法庭上为被告人的利益而从事实、证据上据理力争,赢要赢得体面,赢要依法,被告人无论最后被判有罪还是宣告无罪,均会心服口服,这也许是陪审团审判乃至对抗式诉讼对被告人具有的可信性所在。

也许在上述两个方面的相互促进中,对欺诈、违法行为的及时纠偏与惩罚,使对抗式审判充满诚信。

(三)司法诚信的一脉相承

英国普通法形成后,律师业随之形成。在律师业形成以后,英国法律职业共同体也随之形成,在律师职业的一脉相承中司法诚信贯穿始终,并且成为法律职业伦理而铸魂育人。其中的内在关联是,在出庭律师中选拔职业法官,出庭律师采取师徒式的培养方式,培养由律师会馆来完成。从律师会馆中被任命为职业法官的人,也会在律师会馆讲授所审案件、解释法律,这就使出庭律师、职业法官与律师会馆密不可分,15 世纪四大律师会馆脱颖而出,逐渐垄断了法律职业,自此英国便逐渐形成法律职业共

---

① 参见刘显娅:《英国治安法官制度研究:历史、价值与制度安排》,上海人民出版社 2017 年版,第 332 页。

同体。在17世纪律师会馆的法律教育陷入危机后，牛津大学、剑桥大学也因为不讲授英国法而不能适应时代需求，这两所大学对罗马法、教会法的讲授在17世纪也陷入困境，破解难题使两种教育传统逐渐走向合作，由包括两所大学在内的所有大学（新建的大学，其中最为瞩目的当属伦敦大学）以法律基础教育为目标，培养学生的理论素养，传授学生法律基础理论，之后由在律师会馆基础上形成的法律职业组织负责实践技能的培养。这就使英国法律职业共同体的素质可圈可点，特别是"英国法官群体的高度同质性是令人吃惊的。高级法官基本上都是在牛津和剑桥大学受过基础教育，他们父辈的职业，除法律职业外，多为自由主义者、大地主、大商人、银行家、股票经纪人或政治家和学者等，基本上都属于资产阶级，英国的法律职业阶层保持高度的同质性"，[①]无论是早期的律师会馆还是后续的分段联合培养，对出庭律师资格的授予均注重其职业伦理的养成，信仰法律、维护法律尊严，抵制对司法的干涉，其中关键的是出庭律师与职业法官的伦理诚信，他们作为法律职业共同体，有着共同的知识、技能、思维方式、伦理信仰，因而能够在各自的职业生涯中信仰法治、践行法治、捍卫法治。

总之，"英国普通法的传统和经验主义法律教育基础上培养的法律人加上一个人浓厚的保守性格，使得英国律师和法官在内的法律人形成了一种对古老制度的尊重，使得他们在制度建构和立法过程中往往会压倒纯粹出于逻辑的推理，这在很大程度上保证了社会的稳定发展。通过法律教育培养高素质法律人才，通过实施法律来及时有效地调节社会矛盾和纠纷，稳定社会秩序，增强社会主体对法律的信仰"[②]。社会诚信、法律信仰、律师和法官对法律的信仰与尊重，它们的形成过程也裹挟着刑事审判现代化的转型，它们形成后便是对现代刑事审判的有力支撑，是促进刑事审判各参与主体依刑法、依程序、凭证据审判的内在动力和内心信念。

---

① 参见韩慧：《英国近代法律教育研究》，山东人民出版社2014年版，第142页。

② 韩慧：《英国近代法律教育研究》，山东人民出版社2014年版，第145页。

第二节 英国人在刑事审判方面的现代化

爱默生指出："英国人复杂的性格其实也表明他们有一个混合的起源。每一件英国的东西都是遥远和对立的元素的融合……深思熟虑和实用技能；积极的思维头脑和顽固的保守主义；世界范围的事业和虔诚的奉献精神；赋予攻击性的自由和友好的法律，以及痛苦的阶级立法。"[①]或者说，"英国人喜欢凭空捏造'传统'，以迎合当代的时代精神，然后立即就开始以哀痛怀旧的心态哀叹起这些传统，仿佛它们曾是我们文化传统里极其重要却被蚕食的一块"[②]。英国人的"民族性格，从历史来看，也不是一蹴而就、摇摆不定的，深刻的英国人慢慢用烈火锤炼了民族的性格，伦敦的怒火和法国的怒火不同，在最热烈的时候，也有规则和限制"[③]。这也决定了英国通过对《大宪章》的不断重申，"王在法下"传统的不断重复进而使刑事审判一步一步地建立在对抗式模式之下，使被追诉人的权益得到保障，使刑事审判对自由的维护、对王权的抑制起着非常重要的作用。从中世纪诺曼征服时期的英国人到今天的大不列颠英国人，都能在面临或面对刑事审判时，以绅士的心态和风度、按照平等武装的游戏规则进行重罪案件的审判。

一、英国人的民族性格

储安平先生指出："并世各国，论社会公道，当无过于英国。英人之哲学为凡事必有两面，由是产生了 Fair play 之原则……Fair play 之要义为：除了自己，尚有别人。自己固要顾到，亦须顾到他人……Fair play 本是运

---

① [美]爱默生：《英国人的性格》，辜涛译，中央编译出版社 2019 年版，第 72 页。

② [英]凯特·福克斯：《英国人的言行潜规则》，姚芸竹译，生活·读书·新知三联书店 2015 年版，第 241 页。

③ [美]爱默生：《英国人的性格》，辜涛译，中央编译出版社 2019 年版，第 113 页。

动场上的术语……教导一个运动员,要他将一场游戏(game),是为一个整个的单位。这个术语的最深意义乃在不仅指出这一个运动员及其同队队员的关系,并且指出他和他竞争的对方的关系。"这一精神发挥到了极点,"就使社会一切都有是非。是是非非,全凭理性而毫不诉诸感情。不将私人的恩怨和个人的好恶渗入是非之中,不以一己的利害作为判别是非的出发点"①。英国人类学家指出:"英国人很在意公平……公平渗透进我们的生活和文化的方方面面。特别是在运动以及竞赛性游戏中,无论某些悲观论者如何批判,无论是否能够达到,公平都依旧是英国人坚守的理想……说明英国人仍然非常看重运动伦理,世界上其他国家的人也常常将英国人认作这种精神的起源。"②也正是英国游戏中的公平竞赛精神使英国的普通法司法程序在诺曼征服带来决斗、陪审萌芽等时具有了对抗制刑事审判的基因。因此说:"无论法律的理想基础是什么,法律的实际应用即诉讼,与竞赛何等酷似——一旦认识到这一点,法律和游戏之间可能存在的密切关系就昭然若揭了……法律程序起初就是竞赛,而其竞技性质即便今天仍继续存在。"③在古代社会法律程序和其诉讼之中,可以区分出三种游戏形式:"碰运气游戏、竞赛和论战。诉讼理所当然一直就是论战,哪怕随着文明发展,其游戏性质全部失去或部分失去也好,表面失去或实质失去也好,诉讼都还是论战。"④李麒教授认为:"对抗制的基本精神是'司法竞技主义',即把诉讼视为一种控辩双方为了各自的利益而展开的法官居中裁判下的竞赛。"⑤可以说:"对英国人来说,他们最热爱的就是一场公平的战斗。"⑥

---

① 储安平:《英国采风录》,东方出版社2005年版,第161~163页。

② [英]凯特·福克斯:《英国人的言行潜规则》,姚芸竹译,生活·读书·新知三联书店2015年版,第240~241页。

③ [荷]约翰·赫伊津哈:《游戏的人:文化的游戏要素研究》,傅存良译,北京大学出版社2014年版,第95页。

④ [荷]约翰·赫伊津哈:《游戏的人:文化的游戏要素研究》,傅存良译,北京大学出版社2014年版,第104页。

⑤ 李麒:《刑事诉讼制度变革的法文化阐释》,山西人民出版社2019年版,第153页。

⑥ [美]爱默生:《英国人的性格》,辜涛译,中央编译出版社2019年版,第90页。

与这一品性相对应，“自然公正”或“自然公平”最早出现的英国，1723年国王诉剑桥大学案普拉特法官起草的判决书中最早使用“自然公平”一词，在这个案件中，在剑桥大学副校长主持的取消本特利博士神学博士学位的会议上，本特利没有获得任何申辩的机会。后王座法庭在首席法官普拉特的评论中按照“自然公平”原则恢复了本特利的学位。“自然公平”制约着“任何人在法庭内外行使司法职权时应该遵循的行为方式。如果违反这些原则，有关的审判活动应被宣布无效”。它的第一个原则是，“任何人都不得在与自己有关的案件中担任法官。如果负有司法职责的人与审判程序的结果有利害关系，那么他必然会被认为有偏袒一方的嫌疑”。它的第二个原则是，“必须给予诉讼当事人各方充分的机会来陈述本方的理由。这意味着必须将诉讼程序告知他们，并及时通知其任何可能受到的指控，以使当事人能够准备答辩。此外，还应允许当事人以适当的方式将答辩提交给法官”。这一原则适用于刑事审判，要求“审判程序能够在整个社会利益与被告人的个人利益之间保持平衡”，引起偏见或不可靠的证据是否要排除等，真正的“公平审判程序，不仅要求罪犯被宣布为有罪，而且还要求在发现其犯罪后，以一种明确无误的方式宣布其有罪”。① 这一精神不仅蕴含契约精神、平等精神、法治精神等，而且是英国当下审判文化形成的重要前提，也只有由这一精神武装起来的英国人才会在其自身的历史发展过程中，形成当下的刑事审判文化。或者说，在当下，英国刑事审判中的竞赛因素、游戏色彩仍然十分浓厚，也正是英国人生活中的“公平竞争精神”，使英国的刑事审判与生活存在紧密联系，这就增加了诉讼行为方式的正当性与诉讼结果的可接受性。

与此同时，英国人日常生活中具有强烈的规则意识，如日常行为中的自觉排队，有论者指出：“观察英国人的排队，真有点儿像观察蚂蚁或蜜蜂。乍看上去，英国人的队列真是非常单调乏味，不过是一队人，排得很

① 参见[英]彼得·斯坦、[英]约翰·香德：《西方社会的法律价值》，王献平译，中国法制出版社2004年版，第112~119页。

整齐,耐心地等待服务。但是,当你用社会科学的显微镜去检视英国人的排队行为时,你会发现每一支队列都犹如一出迷你戏剧,不仅富有娱乐性,富含戏剧元素,而且全部真人出演,情节紧凑,暗藏机关,折射出深刻的道德困境,既有荣誉与利他主义,联盟和分化组合,无地自容与换回面子,火冒三丈与冰释前嫌。"①规则意识渗透于社会生活的细节之中,便意味着英国人潜移默化程序意识的存在,一旦涉嫌犯罪,无论是被告人还是追诉者,以及站在控辩双方立场的律师,均会按照诉讼规则、证据规则、庭审规则有序实施诉讼行为,检察官有符合其追诉立场的义正词严,也会有基于同情心、正义感的起诉裁量,陪审员或法官也各自具有审判中的角色定位,按照审判规则的要求公正履行审判职责。

英国的人类学家研究指出:"在我看来,在所有这些中庸、混乱、骑墙的态度背后,隐藏着深刻的英国特征。英国人的工作文化是一种矛盾的结合体,但我们的矛盾并非那种大爱大恨、大鸣大放的矛盾,也不是高度紧张跌宕起伏的斗争性矛盾,而是一种总体上悬而未决的妥协性矛盾,采用的正是英国人所特有的那种受抱怨的、模棱两可的、永远不满意的妥协方式……妥协的概念似乎深深地嵌在英国人的思维之中。"②这样的民族性格,体现在刑事审判中,一旦双方律师针对证据、事实主张、法律争议展开舌战,便是"愿赌服输"、坦然接受结果。所以,这样的对抗式审判程序能够运行良好,能够在个案或是程序本身虽有抱怨或微词但绝不会出现非此即彼、你死我活或必须改革的情形。

在 19 世纪时,"大学的行为,无论是教授的内容,还是秉持的精神,更多的是为了培养英国绅士",③这种现状直至 20 世纪还一直存在,这便是为我国学术界所熟知的诺斯对"两种文化"的阐述,其实意在表明人文学

---

① [英]凯特·福克斯:《英国人的言行潜规则》,姚芸竹译,生活·读书·新知三联书店 2015 年版,第 160 页。

② [英]凯特·福克斯:《英国人的言行潜规则》,姚芸竹译,生活·读书·新知三联书店 2015 年版,第 204 页。

③ 参见[美]爱默生:《英国人的性格》,辜涛译,中央编译出版社 2019 年版,第 154 页。

科与自然科学间的泾渭分明，存在“老死不相往来”的对话障碍，对科学不受重视及其后果深表担忧。当然，这不是本书关注的问题，但英国社会及其高等教育的绅士化取向，对于刑事审判中平等武装、公平竞争的开展提供了坚实的社会基础与现实基础。而且，英国人在日常生活中的竞赛精神、游戏色彩、中庸之道，会使围绕被告人定罪量刑的刑事审判运行顺畅，裁判结果的形成也是来自裁判获得信息与裁判者对犯罪事实整合后的建构之中。高等教育的绅士化取向，只不过使日常生活中的习惯性行为获得更为稳定的心理支持，最终成为蕴含理性支持的思维方式。

二、由农民到公民的转变

需要指出，刑事审判文化作为群体对刑事审判的应对方式要在具体个案中通过个体行为体现出来，其中的关键是个人行为体现出的群体性，这就要把个人行为与社会文化结合起来认识，即“没有个人本能与感情的沟通，不对个人行为进行某种调节，任何社会都无法存在。人与人之间如若不相互施加强制，如若这种强制在被强制者身上不转化为这种或那种恐惧，这样的调节就无法进行……今天个人所屈从的强制，与强制相应的恐惧，其性质、其强度和其结构都是由我们的社会大厦……的相互交织关系强制、水平的差异和贯穿于其中的强大的张力所决定的”①。这里的强制，区别于“当一个人被迫采取行动以服务于另一个人的意志，亦即实现他人的目的而不是自己的目的时”的强制，后者的成立要求具备：“一是要有施加损害的威胁，另一是要有通过这种威胁他人按强制者的意志采取某种特定行动的意图。”②1560 到 1640 年发生在“价值观及社会体系上的大幅转变”，曾被史学家描述为从“‘世系社会’（具有封闭的视域及特殊化的思想模式等特征）到‘公民社会’（当中道德标准较普遍化）”的过

---

① ［德］诺贝特·埃利亚斯：《文明的进程：文明的社会发生和心理发生的研究》，王佩莉、袁志英译，上海译文出版社 2018 年版，第 561 页。

② ［英］弗里德利希·冯·哈耶克：《自由秩序原理》（上），邓正来译，生活·读书·新知三联书店 1997 年版，第 164 页。

渡。这一变化的肇因是:“宗教改革带来社会的基督教化的强大驱力,以及对绝对的道德忠诚的要求;文法学校及大学教育借由人文主义的教导带出它对忠于君主的强调;四法学院教育强调对习惯法的尊重优于对个人的忠诚;人与人之间逐渐走向较商业化的关系;经济个人主义(possessive market individualism)兴起,逐渐侵蚀旧有的宗教联系。最后有民族国家的体制化扩张;随着俗人的识字能力及资料保存能力提高,民族国家的官僚政治的规模、组织及权力变大;民族国家对君主的绝对忠诚的要求权扩大;中央政府对地方政府、地方司法权及地方庇护网络展开长期的、不断的侵入。这些不是自主的过程,而是受有关‘较高的忠诚应置于何处’的概念的巨大转换所推动。官僚主义的民族国家的扩张,起初是受对安全的普遍热望推动,但它很快取得自己的独立生命。随之发生的亲属关系及扈从关系的衰微是核心家庭兴起的一个主要原因。”①

与此同时,“对每个个人的确获保障的领域”界定并提供保护,与既往对本能的克制、对尴尬的应对、形成心理上的自觉排斥也不能等量齐观。进言之,将一些本能性行为在公共领域予以强制规训后排除并且使公共领域与私域分离,私域排斥某个人意志对他人强制的现代意义上的否定性自由才是立法的目标。二者间的紧密联系则是,中世纪社会对本能性行为在公共领域的逐渐排斥而造成的环境性强制的实现才会使现代社会中对“个人确获保障的私域”的界定成为可能和必要。个人私域的保障并不是一开始就出现的,它既与英国源远流长的经济上的个人主义密切相关,也与“王在法下”及普通法传统有密切关联,但是《大宪章》作为国王对既往习惯遵守的象征,并不意味着社会上的普通公民也被囊括其中,《大宪章》是与贵族签订的,只不过在第三阶段或新贵族崛起后,既往臣民才在内涵上出现变化,成为公民。在其中,从“公民社会”的初露端倪到公民社会的切实形成,还有一个不断发展演进的阶段,这又与中产

① [英]劳伦斯·斯通:《英国的家庭、性与婚姻:1500—1800》,刁筱华译,商务印书馆2011年版,第93页。

阶级的形成密不可分。

关键在于,随着王权强大、民族意识增强,原来上帝的子民、国王的臣民、家庭的成员才逐渐摆脱各种身份关系而成为独立的个体,就宗教而言,这必然意味着经过宗教改革,“新教‘无须神职人员做神人之间的中介,信徒皆可为祭司’”成为可能,[①]这样的人才可能成为天赋权利对应的独立个人进而享有各种权利。这一公民身份的出现并不是如同自然状态的假说或者无知之幕的假定平等之人,而是随着社会进步、教育发展、经济增长,具有成熟的个人心智、认知水平、受教育程度等一系列条件支撑的个人,他们的认知能力、征服自然和改造自然的能力均得到提升。

三、法官的成长与区分

(一)平民法官的出现与成熟

就陪审团制度而言,值得注意的是,“与使用陪审团起诉相比,亨利二世没有把陪审团审判扩展到刑事案件”,只是到 1215 年教皇英诺森三世于第四次拉特兰大宗教会议废除“神明裁判之后”才将陪审团审判扩展到刑事案件。[②] 在英国法律史上,陪审团有大陪审团与小陪审团之分,但就陪审制产生初期看,“大陪审团既负责案件的起诉,又负责案件的审理”。但这里存在一个问题,这种集“控诉与审判职能于一身的制度往往很容易‘先入为主’,判决结果时常对被告不利,因而被告拒绝陪审的事件经常发生。大陪审团的制度缺陷使得其面临危机……智慧的英格兰人通过将大陪审团中控诉陪审团与审判陪审团分开化解了危机”,[③]即在 1351—1352 年,“对起诉陪审团参与审判的反对情绪已经如此激烈,以致

① 参见[英]劳伦斯·斯通:《英国的家庭、性与婚姻:1500—1800》,刁筱华译,商务印书馆 2011 年版,第 105 页。

② 参见[美]哈罗德·J. 伯尔曼:《法律与革命:西方法律传统的形成》(第 1 卷),高鸿钧等译,法律出版社 2018 年版,第 589 页。

③ 参见李栋:《通过司法限制权力:英格兰司法的成长与宪政的生成》,北京大学出版社 2011 年版,第 149 页。

法律不得不规定,在反叛和重罪案件中,如果起诉陪审员遭到被告人的挑战,他就不得参与案件的裁决。后来,1352 年爱德华三世颁布法令,规定起诉陪审团不得参加审判陪审团”。[①] 大约在 14 世纪后期,大陪审团 23 人,小陪审团 12 人,成为定制。当然,后来居上,随着大陪审团制度被取消,今天众所周知的则是审判陪审团,即小陪审团。

从小陪审团看,其起源于英国的陪审制,“发展历程是‘从证人到裁判者’”。[②] 1215 年罗马教皇英诺森三世在第四次拉特兰宗教会议上推行改革,18 号教规改革通过,禁止牧师进行“水审或者火审的神明裁判”,教士缺场导致神明裁判难以为继,英格兰的法官们则接受挑战,在 1220 年威斯敏斯特的一场审判中首次大胆尝试,在一个名叫艾丽斯的杀人犯审判的案件中,该犯不仅自己供述有罪,还检举另外 5 个被告人,希望能获得从轻处罚,免于一死。因为“她是女人,这个指控没有用决斗的方式解决,但是,被她指控的人,愿意接受‘不论好坏’的 12 个有财产的邻人的审判”。次年,这一审判方式被英格兰各地监狱的巡回审判所运用,“由 12 个好人进行的审判,由此产生了”。这一审判方式可以追溯到 879 年国王阿尔弗雷德与丹麦国王古斯洛姆签署的和平协议,协议中规定,“每个统治者区域内的杀人犯如果想洗刷自己的罪名,都可以要求由 12 个宣誓之人进行审判(‘如果他敢的话’)”。可以确定的是,在 1220 年,12 个人进行审判已经成为惯例,“仅仅一个有想象力的步骤,就可以导致共誓涤罪仪式转变为陪审团。甚至在 11 世纪早期,一些案件中的被告人需要从当地中立的人员选择共誓人进行审判,而不是从他们的朋友中挑选,唯一的改变就是将例外转变为原则”。[③] 在诺曼征服(1066 年)后,1215 年通过《大宪章》,废除“神判”和“武力决斗”,改由 12 个邻居认定犯罪,由普通人进行审判,使公开审判成为可能与必要,“英国法庭的特征就像所

---

① See W. S. Holdsworth, *A History of English Law*, Methuen, Vol. Ⅰ, p. 325(1956).

② 林钰雄:《刑事诉讼法 · 总论编》(上册),中国人民大学出版社 2005 年版,第 71 页。

③ [英]萨达卡特 · 卡德里:《审判的历史——从苏格拉底到辛普森》,杨雄译,当代中国出版社 2009 年版,第 61 页。

有的习惯一样，既是偶然产生的，也是必然出现的。这些特征定义了司法的概念，它具有持久的重要意义，首先影响到英格兰，其后影响到其他地方。其中公开性是重要的偶然所得，它现在使得审判从宣誓仪式变成了基本的政治与社会意义的动态竞赛”①。其实，“完美司法的古老梦想，就像埃及古老的神灵把死者的心脏和真理的羽毛放在天平的两端一样。显然，陪审员们有可能犯错，但总需要有人来解决无法解决的问题，其中的关键是选择最能赢得信心和尊敬的方案。历史学家和逻辑学家对这一问题都相当小心谨慎……在刑事审判中，证人是否值得信任，信念或怀疑是否合理，诸如此类的问题很具争议性，必须由社会的正当性来加以解决”。②

大陪审制，又称为起诉陪审制，“审查重罪案件应否起诉”，可以追溯到1166年《克拉灵顿诏令》的规定，“王室法官或郡长在每个百户区召集12名、每个村庄召集4名守法人士宣誓作证，来调查讯问他们亨利二世即位以后本地发生的一切抢劫、谋杀、盗窃以及窝藏等犯罪，以便对当地的犯罪予以指控。这一规定实际上建立了控诉陪审团（jury of indictment），亦即我们常说的大陪审团（grand jury）”③。大陪审团由23名宣誓的人组成，“他们的角色就是决定起诉司法继续”，④或者说“审查检察官侦查后所提出的证据，是否达到起诉的门槛，但却耗费大量人力、物力”⑤，只有重罪案件由大陪审团认定有罪后起诉，法院审判才必须由12个成员提出最后的判决，大陪审团存在到1933年，被国会废弃。而且，在12～13世

① ［英］萨达卡特·卡德里：《审判的历史——从苏格拉底到辛普森》，杨雄译，当代中国出版社2009年版，第63～64页。

② 参见［英］萨达卡特·卡德里：《审判的历史——从苏格拉底到辛普森》，杨雄译，当代中国出版社2009年版，第280页。

③ 李栋：《通过司法限制权力：英格兰司法的成长与宪政的生成》，北京大学出版社2011年版，第142～143页。

④ 参见［英］萨达卡特·卡德里：《审判的历史——从苏格拉底到辛普森》，杨雄译，当代中国出版社2009年版，第102～103页。

⑤ 张丽卿：《刑事诉讼法理论与运用》，台北，五南图书出版股份有限公司2016年版，第66～67页。

纪，提起诉讼的陪审团（大陪审团）和审判陪审团都是自行获得信息的。陪审员们“是从那些可能已经了解事实的人们中选出”。相邻原则，即陪审员们必须从案发地毗邻的地段遴选，这意味着应挑选那些已经知晓真相、或其他社区关系中能够使其自行查知事实的人士作为陪审员。“他们一旦被召集”，就有责任“调查事实，然后在出庭时进行陈述。他们必须收集证据，必须进行甄别，并在裁决中说明结果”。因此说，“中世纪的陪审员们出庭更多的是为了陈述，而非倾听”①。在1348—1349年，因为黑死病所造成的社会大混乱，“各郡巡回法庭召集大陪审团和小陪审团时，已不是从案发的毗邻区，而是从整个郡召集”。②

（二）治安法官的萌生与职业化

在英国，诺曼征服后，国王既要加强对全国的治理，又要降低成本，因而亨利二世便通过《克拉灵顿诏令》，由王室法官和郡长共同完成治安管理，之后到理查德一世时期，首席政法官休伯特·瓦尔特在镇压一场叛乱后颁布1195年法令，规定各郡年满16岁的骑士都有义务维持郡内治安。也是在这一年，瓦尔特还发布了“起誓者”通告，规定每个百户区内由四名骑士协助郡长逮捕犯人。这四名骑士，也就构成了最初的“治安维持官”，加之此前骑士就经常被任命提审羁押的罪犯，参与囚犯提审巡回的审判，因而，“治安维持官”便成了“治安法官的起源”。③ 在1300年5月，爱德华一世颁发一个“治安官委任状”，同时还颁布《有关大宪章的确认和执行条例》，任命三名骑士对“教士、贵族和其他人员的行为展开调查”，对违法行为作出审判，这是“治安维持官‘司法化’的一个重要里程碑，它标志着‘治安维持官’开始初步获得司法审判的权力，开始了迈向

---

① ［美］兰博约：《对抗式刑事审判的起源》，王志强译，复旦大学出版社2010年版，第42～43页。

② 参见［美］兰博约：《对抗式刑事审判的起源》，王志强译，复旦大学出版社2010年版，第43页。

③ 参见于明：《司法治国：英国法庭的政治史（1154—1701）》，法律出版社2015年版，第169页。

‘治安法官’的历史转型”。[①] 但治安法官确立的标志是1361年和1363年的立法，1361年，立法赋予“治安维持官”作为“地方治安的维持者与裁判者”的双重身份，规定在每一个郡任命“一名贵族和三到四名在这个郡里最受尊敬并有一定法律知识的人”，肩负“追捕、逮捕……并严惩”罪犯和暴乱者的责任，并从那些“名声不好”的人那里收取保证金以保证他们对“国王和他的子民”有良好举止。[②] 治安法官“生于地方，长于地方，服务于地方。出任治安法官几乎没有薪俸而言，不以政治为生，这使得他们具有本能的独立自主意识，能有效抵制来自中央政权的束缚与压力”。[③] 在1363年，立法要求治安法官每年开庭四次，“法官”成为正式身份。到18世纪，他们发挥的作用更大，在行政上，负责“给啤酒屋颁发执照、任命贫民监督员和高速公路检查员、在所在郡内征收地方税和从事重要的郡内商业交易”等，在司法上，在简易“审判轻微案件”的同时，还在“季度开庭期由2至9名治安官主持陪审团审判”，但到了19世纪末20世纪早期，其行政职能被转移给选举组成的地方政府，司法职能没有明显变化。[④] 在1888年，治安法官变成几乎纯粹的司法职能，而且在即决审判方面发挥着更大的作用。今天，在英国，从普通公民中任命不具有法律资格的30,000多名非公职“治安法官协助职业法官工作，这种法官都是业余且不领薪俸，因此被称为‘伟大的志愿军’。他们不仅是职业法官的补充，实际上他们是英国整个刑事审判制度的支柱”。[⑤] 他们在刑事诉讼方面的职权有：签发令状逮捕被指控有一项犯罪的某人，或签发传票要求他

---

① 参见于明：《司法治国：英国法庭的政治史（1154—1701）》，法律出版社2015年版，第173页。

② 参见［英］约翰·斯普莱克：《英国刑事诉讼程序》（第9版），徐美君、杨立涛译，中国人民大学出版社2006年版，第105页。

③ 参见刘显娅：《英国治安法官制度研究：历史、价值与制度安排》，上海人民出版社2017年版，第5页。

④ 参见［英］约翰·斯普莱克：《英国刑事诉讼程序》（第9版），徐美君、杨立涛译，中国人民大学出版社2006年版，第105～106页。

⑤ 参见刘显娅：《英国治安法官制度研究：历史、价值与制度安排》，上海人民出版社2017年版，第7页。

在治安法院出庭应答所宣称的罪行；作为审查官听审移交程序；在成人治安法院简易审判案件；审判 18 岁以下的未成年人案件；等等。[①]

（三）刑事法官的职业化

一般认为："法官总是与法律知识、法律技术、法律语言、法律思维等紧密联系在一起，他们以体现法律精神的职业性和专业性为底色……司法也是一门源于生活、高于生活、再现生活和回归生活的关于正义的生活艺术，尤其是人类进入现代社会后从权力本位到权利本位、人民主权理论的彰显、司法职业化与司法大众化的论争等要求法官在不同时空和具体场景中扮演不同角色。"[②]如前所述，英国从诺曼征服开始，便是一个低成本运行的国家，司法治国的实施、巡回法庭的创设都闪烁着诺曼人不平凡的智慧，特别是治安法官的创建及其现代化转型——司法唯一指向的定位。当下 30,000 余名治安法官，"职业法官人数非常少，拥有一个按国家标准来看规模很小的职业司法系统，所有法院全职法官只有 1200 名，最高法院、上诉法院和高等法院总共有不到 150 名正式法官。英国职业法官队伍的骨干是 550 名巡回法官和 335 名地区法官"。[③]

从 12 世纪开始，英国就从出庭律师中"任命高级法院法官，出任高级法院法官是由于律师在律师界的声誉和成就"，[④]这一法官的输送途径一直延续至今，特别是中世纪大学的管辖权属于罗马教皇，牛津大学与剑桥大学虽然也讲授法律，但仅涉及罗马法和教会法，对于英国的普通法不予涉及，这就导致由出庭律师与职业法官组建律师协会进行（普通法）法律教育，对于都铎王朝詹姆士一世要干预审判予以制约，对斯图亚特王朝王

① 参见［英］约翰·斯普莱克：《英国刑事诉讼程序》（第 9 版），徐美君、杨立涛译，中国人民大学出版社 2006 年版，第 106 页。

② 刘显娅：《英国治安法官制度研究：历史、价值与制度安排》，上海人民出版社 2017 年版，第 345 页。

③ 参见刘显娅：《英国治安法官制度研究：历史、价值与制度安排》，上海人民出版社 2017 年版，第 345～346 页。

④ 参见刘显娅：《英国治安法官制度研究：历史、价值与制度安排》，上海人民出版社 2017 年版，第 346 页。

权扩张的抵制也可圈可点，斯图亚特王朝时期，国王利用特权法院打压独立性较强的普通法法院。大法官法院经常依据衡平法原则签发禁令，中止普通法法院的审判活动或阻止其判决生效。星室法庭和宗教特权法院则成为国王镇压政治反对派和宗教异端的有力武器。普通法的主导地位及其代表的法治传统陷入关乎生死存亡的严峻危机。在此关头，普通诉讼法院首席法官柯克挺身而出，高举法律至上的大旗……柯克的斗争尽管因势单力薄没有取得真实性成果，但毕竟高扬了法治精神，打击了斯图亚特王朝的专制主义气焰，鼓舞了议会中国王反对派的士气……1641年，议会宣布废除星室法庭、高等委任法院等特权法院，剥夺了政治权力干预司法的主要手段。接着内战爆发，王权倾覆。在法治与专制王权的首次正面交锋中，法治原则获得了初步胜利。[①] 随着英国社会转型，以普通法律师为主的法律教育陷入困境，法官的知识结构、业务素质也面临转型，这一问题的解决是随着后来大学承担法律理论教育、法律职业组织承担实践教育共同完成的。这意味着，职业法官的知识储备从单纯的普通法到法律理论学习与判例法学习相结合，使其在伦理、知识、技能等方面做到与时俱进。

四、律师职业的演化及贡献

(一) 律师业的发展与分化

一般认为，英格兰在12世纪中期之前"是一个没有执业律师的国度"。[②] 李栋博士指出："普通法法律职业共同体的形成既是中世纪英格兰司法发展的一个结果，同时也是英格兰司法继续得以维持、发展的重要原因。中世纪英格兰法律职业共同体的形成，标志着英格兰司法制度发

---

① 参见程汉大：《法治的英国经验》，载《中国政法大学学报》2008年第1期。

② 参见[英]保罗·布兰德：《英格兰律师职业的起源》，李红海译，北京大学出版社2009年版，第4页。

展基本已经完善。”[①]有论者研究认为，职业律师在英国的出现，是对“亨利二世统治期间及此后英格兰法律大环境变革的一个回应”，[②]一方面，普通法法律职业共同体的形成使普通法司法制度得以维系与发展，摆脱了罗马法对英格兰司法的影响；另一方面，中世纪英格兰普通法法律职业共同体的形成使法律至上的宪制概念得以保持和发扬。[③]

就“职业律师的出现”而言，程汉大教授认为开始于12～13世纪，[④]有研究者在对法庭早期（民事案件的）卷宗广泛了解的基础上认为始于“约翰王统治时期”。[⑤] 这些初期的律师职业——代理律师可以划分为三种类型：一是“王室法庭或财政署保有职位”，代理律师是其“一桩有利可图的副业”；二是在当地身份与地位不显赫、财产不丰厚、无公职的普通人；三是两种特殊人物，即农村骑士和伦敦商人。其实，这里存在法律辩护人与法律代理人的区分，法律辩护人发展为后来的出庭律师，法律代理人发展为事务律师。

首先，法律辩护人是“进行法庭陈述和辩论的法律职业者”，[⑥]或者是以“在法庭上代人发言”为业的代诉律师（出庭律师，也有译为诉务律师的），其职责是“对一个案件的法律依据和准备工作提出意见并作为诉讼代理人出庭……在历史上只有诉务律师被赋予出席高级法庭的权利”，诉务律师或出庭律师也同样存在一个职业化的问题，而且有时候代理律师也充当代诉律师。尽管“个体在英国的各级法律程序中都可以代表自

---

① 李栋：《通过司法限制权力：英格兰司法的成长与宪政的生成》，北京大学出版社2011年版，第227页。

② 参见［英］保罗·布兰德：《英格兰律师职业的起源》，李红海译，北京大学出版社2009年版，第4页。

③ 参见李栋：《通过司法限制权力：英格兰司法的成长与宪政的生成》，北京大学出版社2011年版，第228～229页。

④ 参见程汉大：《英国二元律师制度的起源、演变与发展走向》，载《甘肃社会科学》2005年第4期。

⑤ 参见［英］保罗·布兰德：《英格兰律师职业的起源》，李红海译，北京大学出版社2009年版，第82页。

⑥ 参见程汉大：《英国二元律师制度的起源、演变与发展走向》，载《甘肃社会科学》2005年第4期。

己”,但英国800多年的法庭审判史表明,人们通常需要“诉务律师从复杂的文字和观点中筛选和提炼出法律语言和法律论点,并借诉务律师之口表达出来。这样诉务律师在法庭上就成为其委托人的化身”,恪守“服从当事人”原则,即“诉务律师的职责是:只要准备代理的案件是他们通常承担的类型,并与其经验水平相适应,就应当听从当事人的指示”,①当然,这不排斥诉务律师或出庭律师基于职业独立性和遵守职业规范而排斥当事人的不当要求。就其形成而言,到1299年时,在皇家民事法庭执业的“代诉律师已经形成了一个专门的机构,他们至少垄断了该法庭代诉律师业务的一个方面,加入这个团体很可能要通过某种正式的接纳程序”。② 14世纪时,他们要进入伦敦的四大律师会馆,这些会馆学员作为“法律学徒”,由开业资深律师作为主管委员负责管理和教学,“至少要学习七年后,经主管委员批准,学徒才获得出庭辩护资格,成为出庭律师”,可以在巡回法庭、各郡季审法庭或城市法庭提起诉讼和出庭辩护,这是普通出庭律师。有资格在三大中央法庭出庭的则是优中选优的御状律师,他们是“律师界的精英和法官的后备力量,其人数较少,常年保持在10人上下”,③由国王从执业满10年的优秀出庭律师中封受(每10年一次,每次6~8人)。律师业已经形成了严格的职业规范,律师受法律职业《行为准则》的明确约束。就庭审行为而言,他们不能在法庭上走动,要进行证据开示,控方律师要负举证责任,控辩双方的诉务律师要交叉询问等等,辩护方诉务律师的最后陈述对于逆转对被告人不利的案件至关重要,辩护方的诉务律师还要对被告人一方是否上诉提供建议。还需要指出,御用状律师后因自视清高而故步自封,观念和行为与十六七世纪的社会发展需求脱节,最终于1873年被废除称号。

---

① 参见[英]麦高伟、[英]杰弗里·威尔逊主编:《英国刑事司法程序》,姚永吉等译,法律出版社2003年版,第284~286页。

② 参见[英]保罗·布兰德:《英格兰律师职业的起源》,李红海译,北京大学出版社2009年版,第192页。

③ 参见程汉大:《英国二元律师制度的起源、演变与发展走向》,载《甘肃社会科学》2005年第4期。

其次,代理人是“代表当事人完成这个诉讼过程的全权法律‘代表’”,他们在法庭上“所说的一切,均代表着当事人的意志,具有充分的法律效力”。[①] 相比出庭律师,代理人发展缓慢,他们只能“从事法庭之外的某些事务性工作,如申请司法令状、收集证据,制作法律文件等”,这样的事务性工作使他们与法庭关系密切,必须“在某一特定法庭上经法官认可后,遵照规定的程序和仪式由当事人正式任命,而且只能在授予其代理权资格的法庭上开业”,所以他们不受律师协会管辖,“法庭直接负责对他们的管理”,其就学于“大法官庭法律学校,重点学习实用性技术和诉讼操作技能”。[②] 在中世纪早期,出庭律师和代理人都可以接触当事人,但是到十六七世纪,“只有代理人可以直接接触到当事人。因为这时英国已采用书面诉讼形式,与当事人直接交谈、了解案情、收集证据、起草起诉状或辩护状以及其他庭审前的一切准备工作,都由代理人负责,出庭律师只是到开庭时根据书面诉状进行法庭辩论,因而无须接触当事人。通常的做法是,代理人接受某件诉讼并准备好必要的文件后,再代表当事人聘请出庭律师出庭辩护”[③]。与此同时,原来不属于法律职业范围的事务律师,到15世纪时,他们作为“协助当事人或代理人完成某些辅助性诉讼工作的低级法律职业者……是当事人或代理人的助手、仆人”,到16世纪中叶,事务律师队伍发展壮大成为“堪与代理人相提并论的一个新兴律师集团,尽管其法律地位低于代理人:只有从业5年以上的事务律师才能取得法律代理人资格”。[④] 也正因为如此,他们为内殿律师会馆(1557年)所排斥,不被接受为学员,也同样为法官和枢密院(1574年)发布命令来呼

---

① 参见程汉大:《英国二元律师制度的起源、演变与发展走向》,载《甘肃社会科学》2005年第4期。

② 参见程汉大:《英国二元律师制度的起源、演变与发展走向》,载《甘肃社会科学》2005年第4期。

③ 程汉大:《英国二元律师制度的起源、演变与发展走向》,载《甘肃社会科学》2005年第4期。

④ 参见程汉大:《英国二元律师制度的起源、演变与发展走向》,载《甘肃社会科学》2005年第4期。

应,将“开业事务律师和开业代理人”排斥在律师会馆之外,后来从 17 世纪开始,国家和社会民众将他们混同对待,特别是 1750 年议会法案透露出“事务律师资格和代理人资格可以相互通用,已不分彼此了”。[①] 自此,英国历史上区别于出庭律师的事务律师正式形成,并且与出庭律师存在一如既往的明显区分。

(二)律师会馆与法律教育

前文已提及,在英国中世纪,牛津大学、剑桥大学尽管也进行法律教育,但以罗马法和教会法为“显学”,对普通法持轻视态度,致使对英国法的教育“落在了实践中出现的律师会馆方面,由律师会馆承担”,普通法是以巡回法庭、令状制度与陪审制度为支柱形成的国家习惯法,是“典型的判例法,是司法实践的记录和总结”,需要经过长期学习,对法院判决全面了解,并进行归纳分析,才能发现其“真谛与原则”,才能驾驭法律,这便决定了“法律职业队伍的专业化”,即“除了具有丰富经验的律师和法官以外,几乎没有人知道法律到底是什么,于是律师和法官完全控制了法律的整个运行过程”。法律从业者独特的社会地位使很多人慕名来到伦敦,在法庭开庭前后云集关注王室法庭的审判活动,对最新的审判和法律见解交流学习,致使其“住宿的地方逐渐形成了法院内行业性的、私塾性的教育机构”,即律师会馆,15 世纪以后林肯会馆、中殿会馆、内殿会馆、格雷会馆脱颖而出,并通过“‘阅读’、‘模拟法庭’以及持续的正式和非正式的辩论”进行学习,并且采用学徒制的方法传授法律知识。[②] 而且律师会馆不仅培训法律,其教学课程中还包括其他科目,教人向善与交往礼节,因而得到年轻贵族与士绅的青睐。还需要指出“自爱德华一世时起,英国的职业法官开始从精通法律、经验丰富的职业辩护律师中选任,这在 14 世纪形成了一条不成文的惯例。这些从律师中选拔的职业法官依旧

---

① 参见程汉大:《英国二元律师制度的起源、演变与发展走向》,载《甘肃社会科学》2005 年第 4 期。

② 参见韩慧:《英国近代法律教育研究》,山东人民出版社 2014 年版,第 21 ~ 23 页。

保留着原来律师协会会员的资格,他们每天开庭完毕,就回到律师会馆与同一会馆的律师们共同就餐,在餐桌上交流法律经验,探讨疑难案件甚至人生信仰",这促使职业法官与职业律师关系的融合,也正是职业法官从出庭律师中遴选,因而水涨船高地使出庭律师的准入门槛提高,仅向特定阶层开放,再加上学徒式的教育模式与人数上的控制,导致英国的出庭律师和法官无论从"来源上、知识结构和学历背景上",还是在"价值观上"都具有高度的同质性,[①]法官与出庭律师形成法律人共同体,他们在抵制文艺复兴中罗马法复兴的欧陆热潮,使普通法统一实施并且契合司法治国,意义重大。程汉大教授指出:"法官全部由出类拔萃的资深律师担任,因此,法官和律师关系密切,组成一个半封闭的法律职业集团。它有自己的一套学徒制法律教育制度,由四大律师会馆(林肯会馆、格雷会馆、内殿会馆、中殿会馆)和分别附属于不同会馆的 9 所初级法律学校组成,自主地开展法律教育、授予律师资格和进行职业管理,不受政治当局的控制。"[②]随着印刷机的使用,出版业开始发达,法律读物的大量发行使自学成为可能,导致律师会馆法律教育在 17 世纪开始陷入停顿,再加上律师会馆的主管委员会在授予出庭律师资格上的随意,平庸之辈混迹于人数增加的出庭律师队伍之中,出庭律师的整体威信在降低。牛津大学、剑桥大学作为中世纪欧洲大学的代表之一,15 世纪开始顺应文艺复兴而在办学模式上实行变通,"从宗教训练转向自由教育,从培养神职人员转向培养社会精英",把"法学当作一种知识体系和学科体系来"传授,对"法律技能培训和经验的积累"不理不睬,罗马法取向的教学与普通法实践产生脱节,相比之下衰落之前律师会馆的法律教育更有优势,光荣革命之后英国社会对法学教育的需求对两种教育传统提出挑战:一方面,牛津大学和剑桥大学的法律教育"是一种脱离本国法律的大学教育,像世外桃源,与现实生活中的法律相差甚远";另一方面,律师会馆的法律教育"几近停

---

① 参见韩慧:《英国近代法律教育研究》,山东人民出版社 2014 年版,第 28 ~ 30 页。
② 程汉大:《法治的英国经验》,载《中国政法大学学报》2008 年第 1 期。

滞,无法满足英国法律教育发展的需要”。[①] 为摆脱各自面对的难题,两种传统均寻找出路,各传奇式法律专家立足时代贡献智慧,大学和律师会馆逐渐互动,一生从事英国法研究的查理斯·维纳立下遗嘱,将自己的法律书籍、图书馆和不动产捐赠给牛津大学设立的英国法的维纳讲座,布莱克斯通则在牛津大学毕业后进入中殿律师会馆取得出庭律师资格后回归牛津大学任教,对英国法主张讲述原则与原理,成为英国史上法律教育改革的第一次尝试,后来大学和会馆不断尝试改革,1828 年坎贝尔创建伦敦大学学院,区别于牛津大学、剑桥大学(讲授罗马法与教会法),主张教授与研究英国法,拉开了英国大学法律教育聚焦英国法的序幕,后来戴雪等学者均对英国法律教育的发展作出贡献,直到 19 世纪末 20 世纪初,英国的法律教育改革取得重大突破,大学与法律职业组织在法律教育上实现明确分工,成效显著,“在英国新型法律教育体制下,基于培养高素质人才的需要,大学侧重于讲授罗马法、法律史等人文基础课程,其教育理念是通才教育,而法律职业组织则侧重于训练普通法方面的知识和技能,其教育理念是职业训练,从整个法律教育全过程的课程设置来看,法律理论课程和实践应用型课程结合,课程设计有机统一,基本上适应了法律教育培养目标的要求。两种教育相互补充,这也构成了英国近代法律教育的主调”[②]。

也恰恰是普通法律师及由其支撑的法律教育对英国的现代化进程发挥了积极作用,对英国的法治建设起着举足轻重的作用,对英国的刑事审判现代化功不可没,因此说“普通法的律师比任何其他职业对英国政治生活的影响都更为巨大。英国的法律职业共同体是一支独立的政治力量,其强大到足以对抗王权的程度,成为一种‘宪政’的力量。英国是‘宪政之母国’,宪政是从英国发展起来的,而司法独立是其最鲜明的标志。离开了司法独立,根本不可能有真正的法治与宪政。司法独立要求一切司

① 参见韩慧:《英国近代法律教育研究》,山东人民出版社 2014 年版,第 33 ~ 39 页。

② 韩慧:《英国近代法律教育研究》,山东人民出版社 2014 年版,第 127 ~ 128 页。

法事务应当由而且只能由法官进行裁决,任何人、任何机关都不得干涉。在英国历史发展的早期就形成了这样一种牢固的信仰——法治就是法律的统治,法治实际上是法官之治,职业的法律人才主宰了英国司法界"①。

第三节 英国刑事审判现代化的经验

一、英国刑事审判理念现代化的经验

李栋博士指出:"英格兰司法……以英格兰民众自由、权利的保障与救济为根本出发点。"②经过中世纪的漫长岁月,英国的司法治国也好,政治问题转化为司法问题也罢,深深"植根于英国文化和社会中、历经数世纪才得以形成的内核:在公众和政府官员中间广泛存在的共同信念和承诺,即政府是在限制性法律框架下运作的"。③ 与此相契合,在漫长的岁月演进中,英国形成了如下审判理念,作为现代刑事审判理念,它是英国当下刑事审判的理念支撑,也在一定程度上为其他国家所借鉴,或者为其他国家所认同,并且立足本国现实而予以有针对性的调适,当然有的已经成为联合国刑事司法的支撑理念:

(一)独立审判

尽管英国现代刑事审判在形成中,很大程度上与王权的支持分不开,王权通过对抗教权、在与领主的竞争中统一了司法权,但是近代以来的刑事审判中,无论是作出事实认定的陪审团,还是主持刑事审判的法官,均在刑事审判中保持独立性,而且为了对抗都铎王朝中的国王参与审判,柯克以"技术理性"对抗自然理性,强调审判是需要以职业训练为前提的,

---

① 韩慧:《英国近代法律教育研究》,山东人民出版社 2014 年版,第 137 页。

② 李栋:《通过司法限制权力:英格兰司法的成长与宪政的生成》,北京大学出版社 2011 年版,第 204 页。

③ 参见[美]布雷恩·Z. 塔玛纳哈:《论法治——历史、政治和理论》,李桂林译,武汉大学出版社 2010 年版,第 74 页。

没有经过专业训练便不能胜任审判工作。这一做法尽管在今天看来不足为奇,但是在王权专制加强的那个特定时代,却是难能可贵的。这是英国普通法发展史中宝贵的精神财富,也是刑事审判坚实的历史基础。首先,它蕴含独特的宪制理念,古代宪法作为习惯法,源于不可追忆的过去,不能为任何人所全面认识,但也不能为任何人所轻视,更不能为强权所僭越。近代以来,这一理念更为《权利法案》等宪法性法律所支持,成为自由保障的依据。其次,它具有神圣性。法官独立审判作为普通法的核心内容,源于不可追忆的过去,为世俗领域最高的王权所承认与恪守,为大多数公民所认可,再加上宗教信仰中的法官受托代表上帝审判,这就使独立审判具有神圣性,对于提升审判者的使命感、神圣感、责任感无疑具有重要作用。最后,它具有现实性。独立审判源于英国普通法的历史,源于不同历史时期的现实需要,如早期的司法治国、后期的保障被告人权利以对抗王权等,正是这些现实基础的存在,才使独立审判理念历久弥新。

还需要说明的是,这里的独立审判是法官在个案中的独立审判,独立于案件中一同办案的其他同事,独立于个案审判时法院的行政领导乃至上级法院的法官及领导,独立于作出起诉的检察官。在与詹姆士一世国王针对审判案件的对话中,柯克强调"人为理性"是从事审判工作的前提,捍卫独立审判具有必要性与正当性,黑尔对此也予以强调,即"人们不可能生来就是普通法法律家,仅靠运用理性的天赋也不能给予一个人以有关法律的充足的知识,相反,它需要经由习惯、熟悉和训练才能获得,通过运用那种天赋进行阅读、研究、观察,才能给予一个人关于法律的完备的知识",①这里的"人为理性",是指"一种司法技术理性,它建立在法律职业者特有的一种思维模式和判断艺术上"。② 为了防止王权对司法的干预,1701 年《王位继承法》制定,其第 7 条规定"罢免法官的决定必须由议会上、下两院联合作出",这意味着法官摆脱了王权的控制,法律成为他

① 参见[英]托马斯·霍布斯:《哲学家与英格兰法律家的对话》,姚中秋译,上海三联书店 2006 年版,第 205 页。

② 参见韩慧:《英国近代法律教育研究》,山东人民出版社 2014 年版,第 138 页。

唯一的"上帝",依法独立审判成为他的神圣职责。同样,陪审团认定犯罪事实也要根据日常生活的经验法则,根据证据作出裁判,独立于其他陪审团的成员也要独立于主导审判的法官。正是在审判个案中裁判所要求的独立,才能使审判程序在实现实体公正和程序公正的同时发挥程序吸纳不满之功能,才会增加司法判决的可接受性,才能确保司法具有公信力。

(二)程序优先

前文探讨了英国的普通法传统,并且在17世纪与王权的对抗中普通法的法官和律师坚持普通法是不可追忆的习惯,被史学界称为"普通法智识"。在其中,便蕴含一种不同于大陆法系的程序优先理念与传统。有论者指出:"英国普通法是以程序法为中心建立起来的法律体系,程序法在普通法中有特殊的地位。在英国人长期的观念中,权利是自然而然地存在于法律程序之中,权利由程序来设定,权利因程序的存在而存在,程序甚至比权利本身更重要。"直至19世纪,英国的法律界仍然将关注的焦点主要集中在程序法上,"从有无救济方法出发来看待实体法规定的权利,奉行'程序优先于权利'的原则"。① 这与如下因素紧密相关:首先,"程序优先于权利",是指一项权利能否得到"保护和实现,首先是看当事人所选择的程序是否正确,如果程序出现错误则必然导致权利丧失",这里的诉讼救济手段是与准确的"令状"之申请相对应的,即"无令状则无权利";其次,英国法的法律分类和法律概念相关,是普通法诉讼形式的派生物,英国财产法分为动产与不动产,源于普通法对物诉讼和对人诉讼的区分;最后,与英国传统的法学教育相关,英国律师学院的法学教育侧重于法律事务教育,聚焦"案例教学法","课程主要以讲授和分析典型案例为主,教学也往往以诉讼程序与证据问题为中心"。②

① 参见洪莽主编:《法律文化研究》(第14辑),社会科学文献出版社2021年版,第71页。

② 参见洪莽主编:《法律文化研究》(第14辑),社会科学文献出版社2021年版,第71~74页。

（三）自然公正

陈瑞华教授指出："在英国，程序正义观念的古典表述是'自然正义'（natural justice）。1215 年英格兰国王颁布的《大宪章》（Magna Charta）规定：'除非经由贵族法官的合法裁判或者根据当地法律'，不得对任何自由人实施监禁、剥夺财产、流放、杀害等惩罚。1355 年英王爱德华三世颁布的一项法令（有学者称为"自由律"）明确规定：'任何人，无论其身份、地位状况如何，未经正当程序，不得予以逮捕、监禁、没收财产……或者处死。'这两个法律文件被许多学者视为英国普通法中正当程序理念的最早渊源。"[①]这内在地要求，司法程序要贯彻公平原则，任何人在行使司法职权时均要遵循如下原则：首先，"任何人都不能充当自己案件的法官"；其次，"必须听取当事人双方的陈述"，也称"两造听证"原则。这要求法官在裁判案件中不偏不倚、公平对待当事人双方的事实主张和证据。其中，英国普通法中的自然正义/自然公正/自然公平也好，司法中的程序正义观念也罢，均在美国得到继承和发展，形成了"正当法律程序"（due law process）的宪法原则。美国联邦《宪法第五修正案》和《宪法第十四修正案》均规定："未经正当法律程序，不得剥夺任何人的生命、自由和财产。"这是程序正义观念在美国宪法上确立的标志，并且在美国学者和联邦最高法院解释之后，英国"自然公正"最初对应的美国正当法律程序，又被区分为"实体性正当程序"（substantive due process）和"程序性正当程序"（procedural due process）两大理念，前者是对"联邦和各州立法权的一种宪法限制，它要求任何一项涉及剥夺公民生命、自由和财产的法律不能是不合理的、任意的或者反复无常的"，应符合"公平、正义、理性"等基本理念；而后者则涉及"法律实施的方法和过程"，它要求用来"解决利益争端的法律程序必须是公正的、合理的"。[②] 自然公正理念不仅影响了美国，后来联合国刑事司法准则也将自然公正或程序正义理念予以吸收，体现

---

① 陈瑞华：《刑事诉讼法》，北京大学出版社 2021 年版，第 43 页。

② 参见陈瑞华：《刑事诉讼法》，北京大学出版社 2021 年版，第 44 页。

在《联合国公约》《公民权利与政治权利国际公约》等的相关条款之中，成为世界各国办理刑事案件的最低标准。当然，刑事司法公平中最基础的仍然是实体公平，自然公平是实现实体公平的保障，是实体公平实现的前提，特别是随着社会发展犯罪形势的复杂、案件侦破难度的加大，程序公平也日益凸显其自身价值，"自然公正"作为其核心内容，便应该作为底线来坚守，应该对英国源远流长的自然公正理念保持敬畏之心，在立法和司法中予以贯彻。在当下的刑事诉讼中，"公平要求审判程序能够在整个社会利益与被告人的个人利益之间保持平衡"，要确保有罪者受罚与无罪者不受罚，但相比之下无罪者不受罚更为重要，就有罪审判而言，"不仅要求罪犯被宣布有罪，而且还要求在发现其犯罪后，以一种明确无误的方式宣布其有罪"。①

"自然公正"首先要求法官在裁判案件中保持中立性，这要在管辖、回避等制度设计上得到体现，尤其要充分听取双方当事人的陈述。随着时代的发展，"自然公正"的内涵更加丰富，19 世纪以后，英国"被告人在诉讼程序上方始具有独立的法律地位，成为拥有诉讼权利、负担诉讼义务的主体，因此能尽其所能地在法庭上进行防御，提出各种声请及证据，并可依法提起救济"。② 1696 年，《叛逆罪审判法》被告人可以获得律师辩护权。此后，"在英格兰……上层人的法律逐渐适用于所有人"③。

就我国"推进以审判为中心的改革"来说，自然公正理念的确立具有举足轻重的地位。立法也好，司法也罢，自然公正都应该作为最低要求在制度上体现，在司法中贯彻。也只有这样，庭审实质化、审判中心主义才会在我国司法改革中落地生根。

---

① 参见[英]彼得·斯坦、[英]约翰·香德：《西方社会的法律价值》，王献平译，中国法制出版社 2004 年版，第 112～119 页。

② 参见张丽卿：《刑事诉讼法理论与运用》，台北，五南图书出版股份有限公司 2016 年版，第 109 页。

③ 参见[美]兰博约：《对抗式刑事审判的起源》，王志强译，复旦大学出版社 2010 年版，第 95 页。

（四）平等武装

现代刑事审判是一种对抗性的平衡架构，在被告人权利与公诉机关之间在权力配置上追求抗辩平衡，这在英国刑事审判发展史上已经得到印证，更为英国的平等武装思想所支撑，自然公正便契合平等武装思想。针对今天的英国刑事审判，有论者指出：“蕴含在公正审判理念之中的总体原则是，‘代表国家提出的诉求不得超越对个人自由的保护’。对抗制的证据与程序规则源自社会组织关于个人的诸多利益与道德权利应与国家利益相分离的某一特定功能。社会应予保护的主要利益当属个人利益。因此，应赋予被告人一些基本权利。每位公民都享有个人自主权，其作为个体应当受到尊重，而不应当被视为一种资源。而且，任何个人的确立都不应当屈服于集体利益之下……恰恰相反，国家应被视为一种潜在的侵入性势力。这种侵入性势力的可能性无所不在，在刑事司法领域更是具有夸张性，因为国家通过起诉个人的这一事实，声称其有权惩罚其中某位公民。在此背景下，公民个人享有的主要权利之一就是有权免受因为其未曾犯下的（莫须有的）罪行而被国家宣布为违法并受到惩罚。”①因此说：“对抗式司法制度的基础是当事人意识自治，审判法官——他们不同于其纠问式审判制度中的同行——充当裁判，而案件的准备和陈述则留给控辩双方。每一起案件都被赋予某一独特的身份。每一位犯罪嫌疑人和被告人被赋予个人自主权并可获得由律师来代理案件的权利。”②

（五）司法民主

在英国，业余的治安法官在最初行政职能变为司法职能后，审理了95%的刑事案件，他们以普通人的是非认知、情感体验、法律知识来评判被告人的犯罪行为是否成立及对应刑罚，这固然体现司法民主，但相比陪

---

① ［英］麦高伟、［英］路加·马什：《英国的刑事法官：正当性、法院与国家诱导的认罪答辩》，付欣译，商务印书馆2018年版，第9～10页。

② ［英］麦高伟、［英］路加·马什：《英国的刑事法官：正当性、法院与国家诱导的认罪答辩》，付欣译，商务印书馆2018年版，第12页。

审团审判彰显的司法民主受到的关注要少。治安法官如同陪审团审判一样，都是司法民主的体现。在英国，支持陪审制的理由很多，但最核心的观念则是："陪审制是民主参与的体现。陪审团可以将普通公民带入法庭的专业世界，他们可以在司法程序的核心领域代表公众发出决定性的声音。这种参与会把对司法制度的信赖感在参加陪审团的人以及一般社会公众中逐渐传递……不论对被告还是对普通公众来讲，判决的合法性，都会因被告人是由他的同类人、而不是对他出身的阶层了解有限的职业法官决定命运，而得到提升。"①不可否认的是，近30年来，陪审团在英国审理刑事案件的范围呈缩小趋势，对陪审团在刑事审判中作用的评价也存在争论，再加上"更为复杂的诸如法医方面的、或者表面上有说服力但凭经验却容易出现错误的证据"，陪审团认定犯罪的可信度便会存在疑问，而且"陪审团作为辩护之友的制度形象"也受到一定的质疑，尽管如此，公道地说："适用陪审团审判的案件数量的下降，更多的是出于成本和便于管理因素的考虑，并非原理方面的因素。陪审团审判是一项昂贵的事业，历任政府都因公共财政原因几经努力缩小陪审团审判的范围，但重要的是，这样的努力通常总会受到公众和政界的抵制，这显示了人们对陪审制的强烈推崇，陪审制因此得以继续存在……陪审团审判的精神……'已深入英国人心中到了这样的程度，以至于陪审制的批评者要废除陪审制就会废除议会民主'。"②

二、英国刑事审判制度现代化的经验

（一）遵循先例

1066年的诺曼征服是英国史上一个非常重要的大事，"征服者"威廉

① ［英］麦高伟、［英］杰弗里·威尔逊主编：《英国刑事司法程序》，姚永吉等译，法律出版社2003年版，第347页。

② ［英］麦高伟、［英］杰弗里·威尔逊主编：《英国刑事司法程序》，姚永吉等译，法律出版社2003年版，第348～349页。

的名字有些名不符实,这是后来人们对他的称谓。在威廉本人看来,他的行为并不是征服或入侵,而是以一名"合法继承人的身份——理所应当的英格兰威廉一世国王的身份——获得了被哈罗德篡夺的盎格鲁-撒克逊王国的王位",威廉非常清醒,"统治的合法性是由法律及其连续性决定的",他在英格兰尤其是伦敦步步为营,以国王施政的方式而非速战速决般军事推进,他被拥戴并加冕为国王,加冕时立下誓言,"像他的前任们一样,承诺维护和平、保护教会、仁慈和公正并施,以及维护英格兰的传统法律。他是在建立自己的王国,而非仅仅掠夺这片被征服的土地。诺曼人到来的目的不是摧毁和消灭,而是进步和开发"。[①] 历史地看这一事件,英格兰虽然被欧洲大陆的力量征服,却没有采用大陆法系的罗马法,威廉及其继任者在此后的历史中一再重申"盎格鲁-撒克逊的遗产"——"'忏悔者'爱德华的律法"。不同于其他元素,"英格兰的法律'在1066年的混乱中起到了固定支点的作用……是那场风暴中的一个锚'"。因此可以说:"诺曼征服像一个子宫,其中孕育了盎格鲁-撒克逊和诺曼的混血儿——英格兰普通法。"[②]它是"一套'自生自发秩序',它是王室法官在司法实践过程中通过判例的日积月累逐步形成的,而且是通过法官对既有判例的解释和不断开创新判例而实现自身发展的。在此过程中,王权的实际作用只是充当法官的后盾,为其造法活动提供了舞台和权威,而没有直接参与法律的创制与适用"。因此,"普通法是'法官造的法',是'法律人的法'"。[③] 这意味着,普通法是一种适用于全国的判例法,即"由法官在作出裁决时阐述和据以行动的规则和原则组成"。[④] 在19世纪,英国通过了一系列法规,规定"先例或作为先例的判决理由对后诉的案件有法律上的约束力,这些规定大大加强了司法判决的重要性和权威性,而

① 参见[英]哈利·波特:《普通法简史》,武卓韵译,北京大学出版社2022年版,第30~31页。

② [英]哈利·波特:《普通法简史》,武卓韵译,北京大学出版社2022年版,第31~32页。

③ 参见程汉大:《法治的英国经验》,载《中国政法大学学报》2008年第1期。

④ 参见[英]鲁伯特·克罗斯、[英]J. W. 哈里斯:《英国法中的先例》(第4版),苗文龙译,北京大学出版社2011年版,第5页。

这些法规则构成了著名的‘先例原则’,有时被称为‘遵循先例’”。[①] 首先,遵循先例的理由在于:(1)判例法的独特性:①由判例法的主导地位所决定。在英国的法律渊源中,判例法占“主导地位”,议会立法至今“仍然被视为补充”,这决定了法官不会从制定法中发展出一般性原则,反而经常会从判例法案例中概括出普遍适用的法律原则,法官还在适用制定法的过程中对其漏洞予以巧妙补充,对制定法规定可能导致的不公予以悄然修正;②判例法的形式和效力的独特性,判例法不同于制定法规则与案件事实的明确对应性,英国法官有时会从相互冲突的先例判决理由中进行平衡和取舍,形成当下判决的法律观点或判决依据;③先例同时也是英国法官进行法律创新的界限。(2)司法的统一性,从出庭律师中选任职业法官的机制,及从中世纪延续下来的法律教育也使法官的审判思维形成定式,确信“英国的法律就当如此存在于不断向前发展的判例中”。(3)当事人主义的民事诉讼体制要求当事人既要向法院提交证据证明案件事实,还要提出支持自己一方主张的法律依据。

这一原则的存在,契合了程序正义,因为要通过过去的判例等来评价当下的行为,这一过程是为当下案件寻找判决依据的过程,因而先有程序才会有实体。同时,这一复杂的诉讼程序也需要律师的存在,由律师就本方当事人的利益诉求在先例中寻找支撑理由,法官把这一重任交给两方律师,导致判例法诉讼中律师的不可或缺。

(二)陪审制度

亨利一世时期引入巡回审判制度,但也因王位争夺、社会动荡而名存实亡,亨利二世(1154—1189 年在位)在恢复中又有创新,在 1166 年,《克拉灵顿诏令》颁布,“‘为了维护和平、实现正义’,巡回法官们将在陪审团的面前审理案件。陪审团由十二名符合资格的男性组成。每个村庄有一百零四名候选人。陪审员就在这些候选人中挑选。这些陪审员和如今的

---

① 参见洪荞主编:《法律文化研究》(第 14 辑),社会科学文献出版社 2021 年版,第 123 页。

陪审员又有很大差别,他们没有权衡证据和作出裁决的权力。他们的用途是'讲述实情',指认当地'被指控的或臭名昭著的强盗、杀人凶手或盗窃嫌疑人',以及'在国王成为国王以来''被公认'的上述任何犯罪"①。这是"未来控诉陪审团的影子",②事先知情是重要前提,也是其显著特征,并不是今天意义上的认定犯罪事实的陪审团,是相对于"控诉陪审团"(大陪审团)而言的小陪审团。由"信息提供者"转变为"裁断者"包含两个更细的阶段:"一是陪审员从司法调查的被动的参与者转变为拥有相当权力的事实的判断者,二是在成为判断者后陪审员从可以依据其个人所知作出判断到仅能依据公开的呈堂证供作出裁断。"③就第一个方面而言,与教皇英诺森三世在1215年第四次拉特兰宗教会议上明令禁止"教士参与任何与神明裁判"有关的宗教仪式密不可分,为了应对这种困境,1219年国王对巡回法官发布原则令状作出临时指示,巡回法官据此进行了多种尝试,权宜之计之一便是使前述"信息提供者"组成的陪审团(这里李红海教授认为应该称之为咨审团:"咨"是指就其所知向王室法官提供咨询性信息,以助其作出判断;所谓"审",是在法庭面前作出回答,所提供信息用于司法审判)作出一个"中间裁决来裁定该适用哪种神明裁判(共誓涤罪还是决斗)——通常是依据被告人的品行;或者对某指控是否出于恶意作出裁断——依据原告的品行",对当事人品行的中间裁断当地人更胜一筹,担任"控诉人的人同时也在部分地进行裁断"的陪审员团体在13世纪出现,即"土地权利诉讼中的大咨审团和当事人双方同意接受其裁断的陪审团"。此情此景之下,在不断摸索中,巡回法官尝试着迈出了左脚,紧跟着也伸出了右脚,让咨审团对"被告人是否有罪作出"裁断,如果被告拒绝咨审团裁断,便会按照国王1219年的指示被投入监狱,同时也对控诉咨审团进行改组,使之更为"客观、中立",与其直接进监狱,还不如接受陪审裁决,此时乃至此后的一段时期内(1215年开始

---

① [英]哈利·波特:《普通法简史》,武卓韵译,北京大学出版社2022年版,第48页。

② 参见李红海:《英国陪审制转型的历史考察》,载《法学评论》2015年第4期。

③ 李红海:《英国陪审制转型的历史考察》,载《法学评论》2015年第4期。

到1275年的立法通过，此后实践中仍时不时地适用，长达几个世纪之久）的“陪审员基本上仍是当事人的邻人，他们仍然可以甚至主要是以自己的所知来对案件事实进行裁断”。[①] 就第二个方面来说，1352年立法规定：“如果在调查过程中其身份遭到挑战，则控诉人将不得参与对被告人的事实调查程序。”其中的关键为“被告人可能因为参与调查和裁断的人既是指控方同时又是裁断者而提出此类挑战甚至拒绝接受陪审裁决，出于迫使被告人接受陪审裁决，也是出于公平考虑，法官开始改组负责裁断之陪审团的人选，知情并已经参与指控的邻人被调整出法庭调查之外”，立法是对实践的一种认可。这一转型的原因在于：“首先，社会流动性的增加导致陪审团对当事人和案情比较了解变得名不副实，其‘知识上的不足’使得它依自己所知进行裁断也变得越来越不现实；其次，司法理性化、公平化的追求和趋势，导致司法的裁断方式在朝着理性化的方向不断演变，经过当庭质证而得到验证的信息要比陪审员自己所知却未予披露的信息更具有正当性和合理性，这使得陪审员要么就只能依呈堂证供进行裁断；最后，法官起初出于政治上的考虑通过重审对陪审团进行的控制，后来演变为了陪审团技术上的变革：陪审员不再能够依自己所知而应依呈堂证供进行裁断。”[②]

尽管近年来英国陪审团审理案件的范围逐渐缩小，但是我们并不能否定陪审团在被告人犯罪事实认定上的重要意义，它既植根于英国普通法的历史，也是程序正义、公正审判的重要体现。正是这一制度的存在才会使被告人的程序选择成为可能，才会使提高诉讼效率的简易审判中规中矩，才会使控辩双方各取所需，如果一味地强调刑事审判程序中的“管理主义”因素，没有陪审团审判的存在空间，便会使刑事审判程序完全异化为“管理”，而没有了“公正”。因而，陪审团审判制度便是永远也不会过时的制度。

---

① 参见李红海：《英国陪审制转型的历史考察》，载《法学评论》2015年第4期。

② 李红海：《英国陪审制转型的历史考察》，载《法学评论》2015年第4期。

（三）交叉询问

普通法之下的“刑事审判被誉为‘对抗制’”。[①] 它的内在理据是：“某种观点的真伪最后通过有经验的律师对证人的交叉询问来验证。该理论基于证人在准备陈述时没有互相串供为前提。证人之间的陈述差异为对方律师质疑证据的可信性或可靠性提供了依据。据说，交叉询问是‘有史以来发现事实真相的最伟大的法律工具’。”[②]交叉询问是陪审团裁判功能被赋予后才出现的，并且最初的约束较少，18世纪初期律师可以代理当事人进行交叉询问，并被认为是发现案件真相的重要途径之一。今天，法庭询问证人的步骤为：（1）首先由传唤的一方对证人进行询问（主询问）；（2）由对立方对该证人交叉询问（交叉询问）；（3）再由传唤的一方对该证人进行询问（再询问）。[③]

主询问的目的在于“传唤证人的一方能够从该证人身上得出所有他能够证明的用来支持该方理由的相关事实”。在主询问中，首先，不能诱导询问。所谓诱导询问，是指询问中“暗示所需要的答案”或者“假定争议事实的存在”。禁止诱导询问的理由为：（1）证人应当独立陈述，不应受到“传唤他的一方的提示”。（2）“假定某一争议事实的存在是不恰当的并将错误地导致对证言的歪曲”。但作为例外情形，允许诱导提问：一是“介绍性提示；或者对于没有争议的事项的提问”，之所以允许是因为提示可以尽快使证人围绕实质内容进行陈述或者指导证人将注意力集中到特定议题，对无争议问题提问不会误导陪审团的事实认定，但会浪费时间（理应禁止。——笔者注）。二是“反驳”，直接就另一方证人提供的有关某次谈话的证言是否存在而对证人进行提问。三是“敌意证人”，在被传唤证人对传唤者具有敌意时，对敌意证人可以问及诱导性问题。其次，

---

① 参见［英］麦高伟、［英］路加·马什：《英国的刑事法官：正当性、法院与国家诱导的认罪答辩》，付欣译，商务印书馆2018年版，第70页。

② ［英］麦高伟、［英］路加·马什：《英国的刑事法官：正当性、法院与国家诱导的认罪答辩》，付欣译，商务印书馆2018年版，第70页。

③ 参见［英］理查德·梅：《刑事证据》，王丽等译，法律出版社2007年版，第633页。

不能对己方证人怀疑。作为一项规则,“一方不允许对己方证人提出质疑”,但“如果证人对传唤他的一方不利,即他未能证明他被传唤作证需要证明的相关事实,该方可以传唤其他证据以对其反驳”。如果“证人具有敌意,即他对传唤其的一方怀疑敌意倾向,并且未能公平地出于告知真相的动机而提供证言,传唤他的一方可以在特定情境中对其交叉询问,并以对先前的不一致陈述反对他”。[①]

交叉询问的目的:误解或者削弱由主证证人所提供证言的效果;从该证人处得出对交叉询问方有利的信息。如前所述,特殊情况下控方可以直接对所传唤的证人交叉询问。这里需要强调,被告人有权对同案被告人或同案被告人所传唤的证人交叉询问,法官所传唤的证人只有经法官同意后才能由双方对其交叉询问。一般情况下,要遵守的规定有:交叉询问“必须同该案件的争议事项有关或者同证人信用有关”;[②]对“引导性问题”可以询问,但不应以评论或请其辩论的方式进行;对证人不应问及未被采纳的证据;应当询问其要求证人向其提供的内容同等的证人自己的事实;要礼貌和关照证人;律师只有在与其客户的案件具有实质性影响的争议事项有关时,才能提出证人犯有欺诈、不正当行为或者犯罪等;如果被告人由于其非常恶劣的记录而拒绝进入证人席提供证言,可以允许对该被告交叉询问;性犯罪中为自己辩护的被告人对被害人的交叉询问是否允许应由法官裁量,以确保被害人免遭该被告人的交叉询问或无关、重复的提问而引起的羞辱或辱骂。某一传闻文件不能通过在交叉询问中将其向证人提供或者要求其大声宣读的方式而成为证据。以往证人曾经作过与本案不一致的陈述,为了证明证人曾作过该不一致陈述,可以交叉询问。就信用问题,可以就某一证人以前的有罪判决和履历进行交叉询问。

在交叉询问终结后,传唤证人一方可以对其再询问。[③] 再询问的目的在于澄清证人在交叉询问中暴露的疑点或问题。

---

① 参见[英]理查德·梅:《刑事证据》,王丽等译,法律出版社2007年版,第638~639页。

② 参见[英]理查德·梅:《刑事证据》,王丽等译,法律出版社2007年版,第646页。

③ 参见[英]理查德·梅:《刑事证据》,王丽等译,法律出版社2007年版,第660页。

这一证据调查机制，需要口头原则予以支撑，这一原则为基本的审判原则，要求“法庭只能依据当庭口头作证的证人所提供或作出的证据来判案”。[①] 它是整个对抗制审判的重要制度支撑，当然也需要个案中的有效辩护予以支持和推动。

（四）有效辩护

对抗式刑事审判的重要支撑是充分的律师参与，尽管在英国的刑事审判史中纠问式因素不强，但衡量律师制度的关键还是辩护制度。抛开18世纪末英国对抗式刑事审判形成后出庭律师制度或有效辩护制度的发展不论，仅就英国曾经作为欧盟的成员国，自2000年起，《欧洲人权公约》在英国具有国内法效力，当下尽管英国已经脱欧，但就刑事诉讼的有效辩护而言，恰如有学者认为的那样，“分手了”但是“婚难离”，《欧洲人权公约》还会形塑着英国的有效辩护。据此，“将嫌疑人或被告人置于问题的中心”，来审视他们是否获得有效辩护。也就是说，被追诉人除自行辩护外，其所享有的律师有效辩护的权利体系是：其一，知情权，在逮捕（我国《刑事诉讼法》对应的应该是“拘留”，即人身受到短时间控制）时[②]要告知逮捕的理由；警察询问（我国有独立的刑事案件立案程序，之后便是侦查行为“讯问犯罪嫌疑人”，即侦查人员不少于2人的讯问），实践中“警方经常在询问前向犯罪嫌疑人披露一些关于取证的信息”；审查起诉，必须向当事人告知“其已被指控及起诉涉及的犯罪事实”，并且要向其送达书面通知（详细列举罪行，被指控罪行的概要），警察也应“对其进行警示”，传票（或书面指控）必须以书面形式并且明确司法程序的启动；预审，关键在于证据开示，尽管在理论或立法上区分得很细，但原则上，证据开示仅适用于“被告人不认罪的案件”。对于可诉案件，在决定审判方式之前，被告人有权“获得证人陈述的副本，即公诉机关可能在法庭上传

---

① 参见丁鹏等编译：《欧洲四国有效刑事辩护研究——人权的视角》，法律出版社2012年版，第38页。

② 英国现行法规定拘留在极其特殊的情况下最长不超过96小时。

唤证人的证言或这些证言的摘要”；对必诉案件或即将移送到刑事法院的可诉案件，公诉机关“必须提供足够的证据以建立案件基本事实，使案件受理或移送成功，并且这一义务是持续的，亦即获得新的可用资料时，也应对辩方开示”。其二，个人辩护权，自行辩护权毫无疑问应该适用于审判阶段，侦查阶段接受警察询问的犯罪嫌疑人有权为自己辩解；1984 年立法规定，“在警察局（或者其他场所）中的被逮捕人或羁押人员，有权要求‘在任何时间内单独会见律师’”；根据普通法，在一般的实践中，法院会告知没有聘请律师的被告人，其有接受律师帮助的权利，特别是“对延期审理期间可能被羁押或最终可能被判监禁”的被告人，而且法律援助当然适用于上诉程序的被告人；法律服务委员会为了保障法律援助的质量及成本考虑，导致警察局对辩护律师于 20 世纪 90 年代引入认证机制，世纪之交法开始采用合同机制。其三，程序权利，这些权利为我国学术界所熟知，仅简单列举如下：未决羁押期间获释的权利；被告人到庭参与审判的权利（刑事法院审判被告人到庭为原则）；被推定为无罪的权利；沉默权；获得说明理由之判决的权利；上诉权。其四，获得有效辩护的权利：（1）调查案件的权利，在侦查阶段警察询问犯罪嫌疑人时律师必须到场，但在获取指纹或其他样本的过程中，如果律师不在现场，警方无须因等待律师而推迟程序。就“寻找证据、调查事实、与证人进行面谈或向专家请教”而言，是被告人普通法上的权利，也是律师的职业义务，不过，辩方律师在进行调查时会受到限制，如警察没有义务允许律师在侦查阶段进入犯罪现场，在审判前，控方一般会采取措施防止证人地址外泄，律师协会建议律师询问控方证人要三思而后行，向专家证人请教有额外费用时律师会适可而止等。（2）享有充分时间与便利条件以准备辩护的权利，辩护律师如果申请，不应拒绝。（3）询问证人时控辩双方力量平衡的权利，若被告人没有委托律师，法官应协助他们对证人进行交叉询问，特别是对弱势证人的保护与传闻证据的例外情况。（4）免费获得口译或笔译的权利。①

① 参见丁鹏等编译：《欧洲四国有效刑事辩护研究——人权的视角》，法律出版社 2012 年版，第 44 ~ 84 页。

尽管随着犯罪尤其是恐怖犯罪的增长趋势，英国在程序正义的落实或者对警察取证上的限制有所松动，平等武装在一定程度上为司法“管理主义”所冲淡，但是有效辩护的制度架构或者应有的诉讼职能并未发生实质性改变，它所发挥的被追诉人人权保障的功能依然如故。

(五) 预决审判

在英国的审判中，事实争议由陪审团来裁决，但是有的争议事实必须先予裁决，“以便接着决定某项证据是否能被采纳。在这样的情形中，法官必须单独决定事实问题”，通常情况下，法官会听取证言以便作出决定。这一程序被称为“预决审判”或者“预备讯问”，实质是有关定罪量刑实体审判中的审判，也称为“审判中的审判”，它最经常地发生在“对供述的可采性具有争议的情形……当然，还有一些适于预决审判的其他情形，例如裁决录音磁带的可采性；或者某一证人的能力；或者以往(提出过但随后被撤回的)对指控所作的认罪答辩的证据是否应当被采纳”。[①] 当然，某一证据是否真实，或某一会见记录上的被告人签名是否被伪造，多数情形下列队辨认证据的可采性等，[②]是陪审团的权力范围。在预决审判程序中，一般会要求陪审团退庭。

就是否排除犯罪嫌疑人供述的自由裁量权而言，在《欧洲人权公约》的关照下，“总体上来说如果取得证据的方式存在重大程序瑕疵或会对审判公正性造成影响，这些证据均会被认定为无效而不予采信”。[③] 这一制度的存在，与陪审团参与审判是紧密结合在一起的，与前述(不认罪的)重罪、两可罪案件的庭审二元结构遥相呼应，较为妥善地解决了证据可采性的司法审查机制问题，也使被追诉人的诉讼权利或程序正义获得制度支持。

---

① 参见[英]理查德·梅：《刑事证据》，王丽等译，法律出版社2007年版，第493~494页。

② 少数情况下也可以由法官预决审判。

③ 参见丁鹏等编译：《欧洲四国有效刑事辩护研究——人权的视角》，法律出版社2012年版，第34页。

第四章 我国刑事审判文化转型面临的任务

第一节 我国传统刑事审判文化的稳固根基

中华文明具有连续性,我国刑事审判文化同样具有连续性,中华文明之“根”也是刑事审判文化之“根”,其中的优秀传统审判文化成为刑事审判现代化必须坚守的根脉,而一些与现代刑事审判不能契合的因素,则成为我国刑事审判文化转型面临的任务。

一、“天人合一”的观念基础

天人相与,“中国人并不认为天地之间有一条鸿沟,而是将两者看作一个统一体。他们最强大的祖先如今与天帝——至高的祖先在一起,但他们曾经一度在尘世中生活。天与地可以通过圣谕进行沟通,而人类——地上的居民,可以与祖先和神灵在宾宴仪式中共同进餐”①。宋代朱熹认为:“宇宙之间,一理而已。天得之而为天。

① [英]凯伦·阿姆斯特朗:《轴心时代》,孙艳燕、白彦兵译,海南出版社2010年版,第82页。

地得之而为地,而凡生于天地之间者,又各得之而为性。其张之为三纲,其纪之为五常,盖皆此理之流行,无所适而不在。"①这便是我国认识机理的天人合一观念,是说"'天'(宇宙)与'人'(人间)的所有合理性在根本上建立在同一个基本的依据上。它实际上是古代中国知识与思想的决定性的支持背景。尽管古代中国关于天象的知识虽然在长时期中并不直接干预思想,但是,作为思想的支撑背景,它却是至关重要的,在这个背景中,延续和笼罩一个文化时代的知识和思想系统被建立起来,它在一段时期内会呈现出绝对的稳定性,在这个根基上,人们运用思考、联想和表述,知识与思想通过词语似乎完美地表达着世界的秩序和存在的秩序,因为在一个时代中,知识和思想总是需要而且拥有统一的秩序,但是一旦这种根基被动摇,秩序被搅乱,知识与思想就会失去理解和解释世界的有效性"②。恰恰由这种天人合一思想所决定,在"中国文化的象征符号里,基本上缺乏二元对抗、邪恶与魔鬼的要素。中国文化独有的'邪恶'观念也只是阴阳失调,不能保持和合,失去稳定状态"。③

与此同时,天人合一思想也决定了历朝历代的统治者要努力实现社会制度与自然秩序保持协调,造成"法律'自然化'",即"法律与自然的变化相适应",特赦经常根据对自然现象的观察及推断发布,在司法程序方面,"执行重要的判决,尤其是执行死刑,只能在秋季和冬季,因为这是万物凋零和死亡的季节;相反,在春季和夏季,万物复苏,茁壮成长,因此,执行死刑应完全避开这两个季节"。④ 再加上,天人合一思想认为自然秩序与社会秩序存在相关性,自然界的灾祸出现与一国之君的治国理政之得失相联系。这也是中国封建君王推行仁政成功原因之所在,他们为了坐稳江山,要力争做到爱民如子、教化为要、政通人和;作为皇权

① 《朱文公文集》卷七〇《读大纪》。

② 葛兆光:《中国思想史导论》(第1卷),复旦大学出版社2004年版,第47页。

③ 参见[美]孙隆基:《中国文化的深层结构》,中信出版社2015年版,第373页。

④ 参见[美]D. 布迪、[美]C. 莫里斯:《中华帝国的法律》,朱勇译,江苏人民出版社2003年版,第26页。

之下的各级官吏主政一方追求风调雨顺、路不拾遗、夜不闭户、百姓安居乐业；作为平民百姓应该是一“姓”之家耕读持家、人丁兴旺、增产增收。这样的天人合一，使一切各安其位、各得其所。治国、为官、持家有了依托，各项事务的展开便有了秩序、有了依据。各项秩序在道德、礼俗的调整下，一旦出现偏离，可以由为官者或长者进行疏导、协调或引入法律处理机制。

在“天人合一”观念中，人、人生等是思想的对象，生活、人际交往是主旋律。中国传统法文化的思维轨迹是：“自然/宇宙观→社会/人生观→政治/法律观。”①需要说明，这一“天人合一”观念，是中国文化的认识论基础，就其与法律的内在联系而言，“中国传统的观念认为，法律来自于天，体现了‘天理’。‘天理’是通‘人情’的，所以，天理、人情、国法三位一体，成了传统中国固有的法观念”②。以情断罪，情判，刑罚的轻重，均与此相关。具体到审判领域，“天人合一”观念并不是现代审判文化生成的张力成因，但是因为它对应的因素与现代审判文化要素缺乏对应性，或者说，它所派生的各种因素与现代审判文化偏离，因而可以说它是现代审判文化消极因素的前提与基础。

就我国传统的刑讯逼供也好，扭曲人性的现实也罢，之所以对其进行研究，不过是为了警醒，“唤醒历史记忆是为了消灭历史记忆，他们把传统放置在批判位置是为了给新知腾出空间来，他们对历史的批判，实际上是为了凸显或放大新思想的合法性和合理性，在心理上使自己尽快地融入新的知识、思想与信仰世界”③。而且，前述的非对抗思维、缺乏邪恶与魔鬼的文化要素，并不是严刑峻法的原因，这一原因立足“二人”关系定义个人，是为内外有别、人兽有分以及“当官求财”的小人行径所致。

---

① 张中秋：《中西法律文化比较研究》（第5版），法律出版社2019年版，第358页。

② 张中秋：《中西法律文化比较研究》（第5版），法律出版社2019年版，第98～99页。

③ 葛兆光：《中国思想史导论》（第1卷），复旦大学出版社2004年版，第92页。

二、家国本位的社会基础

我国古代是沿着“由家而国”的途径进入“阶级社会”的，因此宗法血缘关系对于“社会的许多方面都有着强烈的影响”，[①]宗法家族制度与“国家政治制度相融合”，[②]形成“家国一体、亲贵合一的特有体制。家是国的缩微，国是家的扩大。国家的组成、政治结构与国家活动，都以血缘与政治双重原则为依据”[③]：首先，家庭内的“父子、夫妻”关系必然扩广为国家内的“君臣、臣民”；“兄弟”关系延伸为“臣与臣、民与民”关系。其次，家的伦理关系的核心是“孝”，进而形成“父为子纲，夫为妻纲”，在此基础上又强调“子孝之父慈，弟悌之兄爱”，这透射在国上，必然由“‘孝’成‘忠’”，同样在强调“‘忠’时又注意到君仁、臣爱与民和”。最后，齐家、治国与平天下，“只有父慈子孝、兄友弟悌才能齐好家；也只有君仁民忠、臣爱民和才能治好国。可见，齐家是前提，治国是目的。这样，齐家与治国与平天下是同一概念……必须解决人们上下左右各个层面上的政治和伦理关系”[④]。因此，家国本位既是古代君王治国平天下的基础，也是中国传统社会审判文化的社会基础，也正是在这一传统之下，个人的主体地位不凸显，个人权利不彰，与现代刑事审判保障被告人的公正审判权存在深层张力。

在我国古代思想世界中，“‘家’、‘国’是不言而喻的实在，以‘孝’为核心的血缘亲情是一种自然的感情，建立在这个自然感情基础上的人性，是维持家庭、社会正常秩序的基础”。[⑤] 在社会生活中，“家庭制度是中国社会的根基”，“五伦”中的“四项关系都与家庭有关。这五大伦理关系

---

① 参见张晋藩：《中国法律的传统与近代转型》（第4版），法律出版社2019年版，第165页。

② 参见王立民主编：《中国传统侦查和审判文化研究》，法律出版社2009年版，第162页。

③ 张晋藩：《中国法律的传统与近代转型》（第4版），法律出版社2019年版，第165页。

④ 胡旭晟主编：《狱与讼：中国传统诉讼文化研究》，中国人民大学出版社2012年版，第56页。

⑤ 参见葛兆光：《中国思想史》（第1卷），复旦大学出版社2001年版，第431～432页。

是:君臣关系、父子关系、夫妇关系、兄弟关系和朋友关系。这最后一项的朋友关系,可以说,是和家庭一致的,因为朋友是可以包括在家庭圈子里的人——'家里的朋友'。于是家庭就成了所有道德行为的出发点"。[①]家庭奉行的伦理是"孝",君臣之间的要求是"忠",是"以孝为政、移孝为忠",[②]朝代更替,江山易主,诉讼中便出现以"君"为核心落实"忠"的"八议"(亲、故、贤、能、功、贵、勤、宾)制度,这些特权阶级不受"司法机构及普通法律程序拘束,法司不能依法逮捕他,审问他,更不能判决他的罪",[③]再加上上请、例减、听赎、官当等方式,使官僚阶层犯罪后的实体处罚与程序展开区别于普通人的犯罪,相应的家族内身份的尊卑区别决定了"卑幼的诉讼权利"受限制。为了保护家与国的利益不受侵犯,"以惩罚为目的刑法被特别强调,罪与罚的规定是中国古代法律的中心内容,刑法几乎涵盖了中国法律的基本体系",同时也正是因为个人从属于家族,"法律对他们所要求的是尽其应尽的对国对家的义务,而不是享受更多的权利。个人的价值决定于他们在伦常秩序中的尊卑和在国家机关中的位置。法律不仅体现这种身份和伦常关系,而且维护这种关系,以示重纲常名教"[④]。这导致契约概念的缺失,自由主张的缺场。

与此相对应,我国文化对人的定义,是在"二人"关系中定位个人,这可以从《孟子》对"仁"的定义"人者,仁也"中获得支持。孙隆基教授指出:"'仁'是'人'字旁一个'二'字,亦即是说,只有在'二人'的对应关系中,才能对任何一方下定义。在我国传统中,这类'二人'的对应关系包括:君臣、父子、夫妇、兄弟、朋友。"[⑤]这种忠孝一体的理念,对应家长与国家统治权,特别是国家认同家长、族长的治家理族之权(宗族行政权、经济

---

① 参见林语堂:《中国人》,郝志东、沈益洪译,学林出版社 2000 年版,第 180~183 页。

② 参见俞荣根:《应天理 顺人情:儒家法文化》,山东教育出版社 2020 年版,第 105 页。

③ 参见胡旭晟主编:《狱与讼:中国传统诉讼文化研究》,中国人民大学出版社 2012 年版,第 85 页。

④ 张晋藩:《中国法律的传统与近代转型》(第 4 版),法律出版社 2019 年版,第 250~251 页。

⑤ [美]孙隆基:《中国文化的深层结构》,中信出版社 2015 年版,第 15~16 页。

权、立法权和司法权），进而决定了在国家法律和国家司法之外，“家族法和家族司法”的存在，[①]其处理轻微刑事案件与几乎全部的民事争端，成为国家法和国家司法的补充。北宋时期开始，以皇权为核心的封建统治者开始鼓励“联宗收族”，使作为“封建社会重要一翼的家长制家庭，得到了进一步强化”，“家训”“宗规”之类的族内成文法得以在社会上大量流行，使族长们对族内成员的钳制和束缚更加理直气壮。北宋以来的家法族规，都是以“纲常名教为指导思想，以国法和宗法习惯为基础，经过修订加工而成的。它同封建国家的法律本质是一致的，一以治国，一以治家，其重要性不容忽视。所谓‘家之有规犹国之有典也，国有典则赏罚以饬臣民，家有规寓劝惩以训子弟，其事殊，其理一也’。由此而形成了二元的法律网络”。[②]

简言之，“中国人的‘仁’是这样的一种关系：人与人之间的心意感通，亦即‘以心换心’，并且，在这种双方心意感通的过程中，理想的行径必须是处处以对方为重。中国人的‘礼让’其实正是这种关系的外在表现。这种对‘人’的设计，一般地使中国人富于‘人情味’，亦即在面对相识的人时，不轻易拒绝别人的要求，急人之难，忘我地为别人办事，以及自己多吃一点亏也无所谓的作风”。[③] 这就像“大家庭中的媳妇，有数不清的家务在等她去做”。[④] 在农业社会中，因为人与人之间的关系是一种“生于斯，长于斯”的家族村落的熟人关系，面对的有家、族、乡、国、天下，在这里，以个人为中心画同心圆，越是离圆心近，关系越近，以对方为重的义务就越大，反之越轻。这样人伦便是按照半径大小区分出不同的交际圈、关系圈、生活圈、人际圈，越离圆心近，关系越近，界限越少，这就是人与人之间关系有远近，人情有厚薄。这样，儒学的社会关系或现实的家庭

---

① 参见胡旭晟主编：《狱与讼：中国传统诉讼文化研究》，中国人民大学出版社 2012 年版，第 613 页。

② 参见张晋藩：《中国法律的传统与近代转型》（第 4 版），法律出版社 2019 年版，第 167 页。

③ 参见［美］孙隆基：《中国文化的深层结构》，中信出版社 2015 年版，第 16 页。

④ 参见林语堂：《中国人》，郝志东、沈益洪译，学林出版社 2000 年版，第 182 页。

制度就忽略了“每个人对自己不相识的人所应有的社会责任”，这对于法治建设而言是极为不利的。①

就中华民族的民族性而言，一般认为有稳健、单纯、酷爱自然、忍耐、消极避世、超脱老滑、多生多育、勤劳、节俭、热爱家庭生活、和平主义、知足常乐、幽默滑稽、因循守旧、耽于声色。总的来讲，这是“平凡而伟大的品质”，可以用“老成温厚”概括。这些品质“都有消极性，意味着镇静和抗御的力量，而不是年轻人的活力和浪漫。这些品质是以某种力量和毅力为目标而不是以进步和征服为目标的文明社会的品质。这是一种能使人在任何情况下都可获得宁静的文明……这个民族知道生活的意义，不奢求不可企及的东西。这种中国理性的崇高地位使中国人失去自己对事物的希望与欲念”，②梁漱溟先生因此说“中国式人生”，乃“向里用力之人生”。③

这样，在以关系定义个人的社会中个人自身的重要性无法体现，集团本位或家国本位的传统社会的法律“不只是压制了人的个性，束缚了人的解放，还限制了法律权利和社会结构的发展”。④ 中国传统诉讼文化“几乎不承认当事人在诉讼法上有任何诉讼权利，这就使得诉讼参与者们在全部诉讼过程中根本不可能保持自己作为‘人’所应当拥有的尊严”，⑤再加上中国人遇事不争、农业社会的社会流动性小、人与人之间交往的半径小，贱讼、息讼、惧讼、耻讼便成为一种民族心理，围绕诉讼在制度设计上程序权利的缺失与官方对诉讼的轻贱、平民百姓的畏惧，各种因素交织便契合了当时的社会现实，当时社会中国人的现实适应性也淡化了法的压制性，所以说刑事审判文化现代化的基因在家国本位之下是无法生成的。

---

① 参见林语堂：《中国人》，郝志东、沈益洪译，学林出版社 2000 年版，第 185 页。

② 参见林语堂：《中国人》，郝志东、沈益洪译，学林出版社 2000 年版，第 56 ~ 57 页。

③ 参见梁漱溟：《中国文化要义》，上海人民出版社 2005 年版，第 157 页。

④ 参见张中秋：《中西法律文化比较研究》（第 5 版），法律出版社 2019 年版，第 60 页。

⑤ 参见胡旭晟主编：《狱与讼：中国传统诉讼文化研究》，中国人民大学出版社 2012 年版，第 40 ~ 41 页。

三、儒家思想的文化基础

德国思想家卡尔·雅斯贝尔斯指出:“我们对当下现状以及历史的意识,直至我们仅能部分地预示其结果,都是由轴心时代的观念决定的……从轴心时代出发,在精神上成为了真正的人,并具有了完全的开放性。”[①]提出轴心时代,即公元前800—公元前200年的这一时期,它所探讨的现象发生的地域大多在北纬25度到35度之间的中国、印度、希腊、中东地区,是人类精神从古代暴力、野蛮状态结束时的重大突破时期,在轴心时代的每一种宗教之中,“人们都没有实现其崇高的理想。在所有这些信仰里面,人们在追逐排他、残忍、迷信,甚至暴行中堕落。但在其核心部分,轴心时代的信仰里都有一种共同的理想,即同情、尊重和普遍的关注”[②]。针对暴力主体,轴心时代的贤哲们给我们两条建议:一是“要作自我批判。人们必须反省自身的行为,而不能只是谴责‘另一方’”;二是“采取务实而有效的行动。当他们面对自己传统中的侵略性时,并没有假装它不存在,而是竭力改变他们的宗教,重新修改他们的宗教,重新修改和组织其礼仪和经文,以消除多年积蓄起来的暴力”。[③] 本书引入轴心时代的分析,意在表明我国文明历史悠久,这也决定了我国刑事审判文化当下转型的复杂性、深刻性与全面性。

抛开儒家创始人孔子不论,孟子、荀子,“无论他们持性善之说还是持性恶之说,他们对于一个‘人’的价值的评判,仍是以他在社会上的道德品质或功业成就为基准的,人如果不赢得社会舆论的赞扬或政治权力的认可,不取得家、家族的尊重,很难被认为是实现了‘人’的价值”。[④] 佛教

---

① [德]卡尔·雅斯贝尔斯:《论历史的起源与目标》,李雪涛译,华东师范大学出版社2016年版,第29~33页。

② [英]凯伦·阿姆斯特朗:《轴心时代》,孙艳燕、白彦兵译,海南出版社2010年版,第448页。

③ 参见[英]凯伦·阿姆斯特朗:《轴心时代》,孙艳燕、白彦兵译,海南出版社2010年版,第453页。

④ 参见葛兆光:《中国思想史》(第1卷),复旦大学出版社2001年版,第181页。

传入中国，中国使佛教思想发生了转化，即“在佛教教团与世俗政权、佛教戒律与社会道德伦理、佛教精神与民族立场三方面，佛教都在发生着静悄悄的立场挪移”，[①]逐渐与我国的文化传统相接近、相互取长补短，最终在传统社会后期儒、释、道三种文化能够和谐相处，在大一统的中国文化中有一席之地，但又不独霸天下，当然主流文化还是以儒家主张为主，并且距今历经几千年的发展，早已成为中华文化的传统，如同血脉一样延续。

汉武帝罢黜百家独尊儒术之后，“当儒家的话语作为仕进的必修知识与做人的基本准则，被职司传道解惑、承担着文化传播责任的知识阶层普遍认同，并占据了上层社会的权力中心时，其他的一切知识与技术都被‘边缘化’了”[②]。李约瑟博士指出：“儒学作为一种‘宗教’，并不拥有那些能够抗拒科学的世界观渗入其禁区的神学家们。它只不过遵从它那个学派创建者的态度，避而不谈自然界和对自然界（天）的研究，而把一千多年来的兴趣集中在人类社会，而且仅仅集中在人类社会上。”[③]这也决定了我国传统社会逻辑思维不发达，学而优则仕是人文知识学者读书后通过举荐或科举考试做官，而工程、水利等实用技术的掌握者为下层劳苦大众，他们对技术的体认仅限于经验的积累，不能上升为理论或科学高度，这就使我国传统社会上层知识分子的推理能力不发达，进而导致法律思维欠缺，最终使我国的刑事审判低程序化、审判中出现艺术化取向，情判或妙判等别具一格，但是法治意识、证据意识、程序意识在很大程度上是欠缺的，这是我们在探讨儒家思想对刑事审判的影响中不能忽视的。

儒家思想的一统地位，导致道家思想不受重视，这也促使道家开始考虑如何经典化，即“如何使它的知识与技术合理化，如何使它的组织形式合法化，如何使它的道德与律令神圣化”。[④] 当然，这与佛教的影响不可

---

① 参见葛兆光：《中国思想史》（第1卷），复旦大学出版社2001年版，第450页。

② 葛兆光：《中国思想史》（第1卷），复旦大学出版社2001年版，第349页。

③ ［英］李约瑟：《中国科学技术史：科学思想史》（第2卷），何兆武等译，科学出版社2018年版，第34页。

④ 参见葛兆光：《中国思想史》（第1卷），复旦大学出版社2001年版，第350页。

分离,“在中国,所有宗教行为却都会被纳入中国思想世界所已经确立的、社会优于个人的道德与伦理规范中,因此个人的解脱和宗教的救赎,从来就不是个人面对宗教的事情,而是每一个人面对家庭、家族、社会、国家的思想与行为,至于宗教的权力,则主要是宗教对这种思想与行为是否认同与允诺,并给予相应的回报”①。宗教被信徒按照是否对其有利进行现实化理解,再加上儒家思想的一统地位,家国本位与儒家思想的遥相呼应,最终导致宗教被纳入皇权的支配之下,皇权的超然也导致皇权之下各级行政权力由上向下延伸,到县一级,仅仅县令及少数官员为朝廷命官,大多数的差役、捕快、师爷等都受雇于县令,这就导致皇权不下县,皇权治理和乡间自治相结合,而各级衙门虽然有裁断刑狱之职能,但是仅仅是众多职能中的一项,甚至是相对不重要的一项,在这种情况下,刑事审判的专业化、审判程序的正当化、审判展开的法治化都成为奢谈,于是刑事审判的自生自发便存在三种可能:一是清官的依法办案;二是酷吏的贪赃枉法;三是名吏的情判妙判。每一种裁判类型都没有完全固定的发展趋势,贪赃枉法尽管存在,而且危害甚巨,但也没有发展成西方如同纠问式后期那样的草菅人命,也没有出现西方猎巫那样的捕杀、滥杀、错杀。

在六朝时期,佛教东传与道教整顿后,我们的“善恶标准已经由传统的儒家价值标准所确立并得到普遍的认同,所谓‘恶’,常常指的是不忠不孝、犯上作乱、鱼肉乡里、荒淫贪婪等等,所谓‘善’,常常指的是孝顺忠诚、重视亲情、谨守本分、勤俭自律等等,也就是说,在人际关系上是以血缘亲情为基础的,在做人品质上是以谦让和睦为目标的,在日常生活上是以勤劳节俭为标准的”②。儒家文化不敬鬼神,强调人伦常理,强调血脉延续,敬奉祖先“慎终追远”,因而始终在我们的日常生活中占据重要地位。

梁漱溟先生指出:“宗教问题实为中西文化的分水岭”“人类文化占

---

① 葛兆光:《中国思想史》(第1卷),复旦大学出版社2001年版,第388页。
② 葛兆光:《中国思想史》(第1卷),复旦大学出版社2001年版,第389页。

最大部分的，诚不外那些为人生而有的工具手段、方法技术、组织制度等。但这些虽占分量，却只居于从属地位。居中心而为之主的，是某一种人生态度，是其所有之价值判断。——此即是说，主要还在于其人生何所取舍，何所好恶，何是何非，何去何从。这里定了，其他一切莫不随之。文化之改造，亦重在此，而不在其从属部分。否则，此处不改，其他尽多变换，无关宏旨。此人生态度或价值判断寓于一切文化间，或隐或显，无所不在。而尤以宗教、道德、礼俗、法律，这几样东西特为其寄寓之所。道德、礼俗、法律皆属后起，初期都孕育于宗教之中而不分。是即以人类文化不能不以宗教为开端，并依宗教作中心了"。[①] 中国之路也是由轴心时代的"周孔教化"来的，"中国数千年风教文化在所由成，周孔之力最大。举周公来代表他以前的那些人物；举孔子来代表他以后那些人物；故说'周孔教化'"[②]。孔子总是"教人自己省察，自己用心去想，养成你自己的辨别力。尤其要当心你自己容易错误，而勿甘心于错误。儒教没有什么教条给人；有之，便是教人反省自求一条而已。除了信赖人自己的理性，不再信赖其他。这是何等的精神"。此乃道德，而非宗教，"道德为理性之事，存在于人之自觉自律。宗教为信仰之事，寄于教徒之恪守教诫。中国自有孔子以来，便受其影响，走上以道德代宗教之路"。[③] "孔子将中国的宗教带到了人间的实际生活中。与其修得来世幸福，不如现世诚心向善。"[④]在现实中讲求"讲真话"、"己所不欲勿施于人"以及"推己及人"的忠恕之道，"爱民如子""为政以德"的为官之道等是中华文化的根脉，但忽视了人之趋利，这最终影响了审判的制度建构与价值伸张，常以"无讼"是求。

与此同时，儒家思想强调道德教化的重要性。一方面，将法律伦理化，即"中国传统的人伦道德，亦即儒家伦理或者说宗法伦理，内化在中国

---

① 参见梁漱溟：《中国文化要义》，上海人民出版社 2005 年版，第 85 ~ 87 页。

② 梁漱溟：《中国文化要义》，上海人民出版社 2005 年版，第 92 页。

③ 参见梁漱溟：《中国文化要义》，上海人民出版社 2005 年版，第 95 ~ 96 页。

④ [英]凯伦·阿姆斯特朗：《轴心时代》，孙艳燕、白彦兵译，海南出版社 2010 年版，第 236 页。

传统法律之中并在精神和原则上支配着法律的变化和发展。伦理化的表现是儒家伦理成为国家立法与司法的指导思想,法律内容和人们的法律意识渗透了儒家伦理的意蕴"[①]。瞿同祖先生指出:"中国古代法律的主要特征表现在家族主义和阶级概念上。二者是儒家意识形态的核心,和中国社会的基础,也是中国法律所着重维护的制度和社会秩序。"[②]这是从积极方面而言。另一方面,从对儒家思想内在要求的违法而言,"出礼入刑",即"出于礼,入于刑。礼之所去,刑之所取"[③]"礼之所去,刑之所禁;失礼则入刑,相为表里也"[④],这意味着"违反礼的规定,就应受到刑罚惩处。礼所反对的,即是刑所惩罚的"[⑤]。我国古代"刑起于兵",这使此后产生了思维定式,"人们总是习惯地视法为刑,亦总是习惯地将刑与野蛮和与野蛮相关的下等人、未受教育的愚昧者、不守礼教者、心术不正者等,凡均可被统称为品性不良(性恶)的小人联系在一起。这样的联系和类比的结果是,法律、刑法、小人(性恶者的统称,其对立面为君子),在传统中国人的传统思维里就有了逻辑关联……'礼坏乐崩'的现象。于是乎,统治者及其代言人便指责他们的行为是'小人造反''犯上作乱',是'冒天下于大不韪',是犯罪,最后自然是动用刑和兵来镇压"[⑥]。

四、生活取向的现实基础

我国历史理论和哲学理论不同于古代西方,它的明显特征是"注重现实的社会生活"。[⑦] 这种传统由来已久,它的自然发展进程被鸦片战争之后的西方列强入侵所打断,励精图治也好,振兴中华也罢,这一社会取向

---

① 张中秋:《中西法律文化比较研究》(第5版),法律出版社2019年版,第126页。

② 瞿同祖:《中国法律与中国社会》,商务印书馆2010年版,"导言"第10页。

③ 《论衡·谢短》。

④ 《后汉书·陈宠传》。

⑤ 俞荣根:《应天理 顺人情:儒家法文化》,山东教育出版社2020年版,第73页。

⑥ 张中秋:《中西法律文化比较研究》(第5版),法律出版社2019年版,第102~103页。

⑦ 参见[美]D.布迪、[美]C.莫里斯:《中华帝国的法律》,朱勇译,江苏人民出版社2003年版,第8页。

便是一切革新或革命的逻辑起点。葛兆光教授指出："这就是光绪初年即十九世纪七十年代的世情。年轻的天子还在经史之学中建筑着自己的知识结构，他将来要用这种知识为背景'用人行政听言'，按庄子祯的话说，是'听言在致知，致知在穷理，穷理在读书'，读书就是读经史，他要靠这些已经悬诸义理高阁而不切实际的书本来君临天下；古老的官僚文化机构还在旧的传统轨道上缓缓地滑行，仿佛是惯性，一时还没有办法让这机器改变，尽管也可以加加油，但机器已经陈旧；相当多的文化人还在传统的生活轨道上继续着自己的活动，'天不变道亦不变'，他们从乡塾发蒙以来所接受的知识已经足以谋官职、治民事，他们在宦海生活中积累的阅历和经验足以维持身份，应付局面，所以，尽可以风流儒雅地去唱酬去闲游，领略敦厚乡风。至于下面的平民百姓，宗祠的祭祀，寺观的进香，节令的乡俗，终年必需的辛勤和一本皇历的规范就是他们全部的文化知识。"[①]这样"观察和把握世界的方式相比较而言通常较为直观和具象，由此形成的中国传统思维方式也主要是'经验—实用'型的，而非'抽象—超越'型的；这种民族思维方式的特点是重判断而轻分析、重结果而轻过程、重实体而轻程序"[②]。江湖之远的闲云野鹤、升斗小民如此，庙堂之高的达官贵人也是如此，一旦有人为官断案，便会出现"低程序化"的诉讼操作。这样的思维方式也深深地影响着我国传统社会的证据理论和当下证据法的转型，证明与证据运用的实践更多是靠经验，而不是靠一套规律、原理支撑的原则与严格的证据、证明制度。但在传统人与人之间关系简单、社会流动性小的农耕社会中，却也能维护现实秩序，保证社会对公平正义的追求，满足对犯罪的一般预防与追诉。

林语堂先生指出："欢快而古老的中国，面对着战争和瘟疫，周围是贫穷的子孙，安详地呷着茶，微笑地笑着，笑着。在她的笑声中，我看到了她真正的力量……在她的笑声中，我有时发现一种惰于革新的惰性，有时则

---

① 葛兆光：《中国思想史》（第2卷），复旦大学出版社2001年版，第496页。

② 胡旭晟主编：《狱与讼：中国传统诉讼文化研究》，中国人民大学出版社2012年版，第17页。

发现一种颇觉高傲的保守……在她灵魂深处的某个地方,存在着一种老犬的狡黠,一种给人以奇怪印象的狡黠。多么奇怪而又古老的灵魂!多么伟大而又古老的灵魂!"[①]这与我们民族性中的"老成温厚"相联系,并且具体化为如下方面:一是"遇事忍耐"。"忍耐的品质是整个民族设法去适应周围条件的结果,即过分稠密的人口和经济上的压力等等,使人民只有狭小的生存空间;这种品质又特别是家庭制度的产物,家庭制度是整个社会的缩影",也是"中国人的崇高品格",有如中国"景泰蓝一样举世无双"。[②] 二是"消极避世"。"消极避世在中国具有明显的'活命价值'",是一种在没有法律保护下的"不可忽视的处世态度"。三是"超脱老滑"。"超脱老滑是中国人聪明才智的结晶,它的最大缺点是与理想主义和行为主义相抗衡""'大事化小,小事化了'。在这个原则下,人与人之间的所有裂痕都得以弥补,所有的计划都得以调整,所有的改革方案都被打了折扣,直至有了和平,每人碗中都有了饭吃"。[③] 没有思想上的苦思冥想、没有物质上的斤斤计较,悠然自得、随遇而安、听天由命等现实的人生态度和生活态度,再加上农业社会的安土重迁、自给自足的经济形态,社会流动性小,对以皇权为核心的封建政权的对抗性小,皇权之下百官有行政权、司法权等权力,他们在治理一方的过程中,尽管不违背"千里为官只为财"的铁律,在极端情况下也会徇私枉法甚至草菅人命,但整体上还是在社会允许的范围内,尽管不能总是"爱民如子",但是"为官一任,造福一方"则为大多数为官者的日常遵循,他们裁断狱案尽管有刑讯逼供存在,但也能做到秉公断案,个案裁断也能在个人可容忍的程度内,一般不会激化矛盾乃至出现不可收拾的局面。

不难看出,我国传统社会既不以宗教信仰指导人的行为,也不以法律为重要的调整规范。我们的文化是理性早启的文化,较早地便摆脱了宗教对社会的控制,同样,中国古代社会也不是靠法律调整人的行为。美国

---

① 林语堂:《中国人》,郝志东、沈益洪译,学林出版社 2000 年版,第 18 ~ 19 页。

② 参见林语堂:《中国人》,郝志东、沈益洪译,学林出版社 2000 年版,第 59 页。

③ 参见林语堂:《中国人》,郝志东、沈益洪译,学林出版社 2000 年版,第 60 ~ 69 页。

学者指出:"中国古代虽然制定了很多而且具有较高水平的法典,但传统的中国社会却不是一个由法律来调整的社会。"[①]作为农耕文化发达的国家,我国古代社会是乡土社会,奉行的是礼治秩序,礼是公认的"合式的行为规范。合于礼的就是说这些行为是做得对的",礼和法不同是"维持规范的力量"的不同,法律靠国家的"权力来推行",礼"却不需要这有形的权力机构来维持。维持礼这种规范的是传统",是"社会所积累的经验",[②]其中包括道德规范、日常礼节、交往方式等。如果说现代社会是一个陌生人的社会,需要"签字画押"产生法律,或者说在传统社会凭着信徒对万能上帝的忠诚信仰而遵守宗教法,乡土社会的"信用并不是对契约的重视,而是发生于对一种行为的规矩熟悉到不假思索的可靠性"。[③] 在法律实践中,"真正与法律有关系的,只是那些道德上或典礼仪式中的不当行为,或者是那些在中国人看来对整个社会秩序具有破坏作用的犯罪行为""正式的法律总是以垂直的方式发生作用——由国家指向个人",而不是在同阶层的个人之间在水平方向上发挥作用。[④] 如果两个人之间发生冲突,原告不得直接向加害人/侵权人提起诉讼,而必须向衙门提出控诉,由官府决定是否向加害人/侵权人提起诉讼。当然,刑事案件也好,个人向官府告发启动诉讼也罢,都是少数或极端事件。常态是,面对现实生活,国人以乐观、务实、从容的态度,巧妙地处理着以"自己"为中心的各种关系,追求人与自然的和谐,"克己复礼"、以和为贵地从事人际交往,安于现状、安于命运、安于平淡,精打细算也好,精耕细作也罢,平凡中见伟大、隐忍中见真情,与人无争、与人为善、重义轻利,既不想忍受现世之苦以消极避世,也不想勤勉拼搏以求在末日审判后重返天堂,过好当下的生活,没有必要自寻烦恼,难得糊涂便是活得通透与豁达。

---

① [美]D. 布迪、[美]C. 莫里斯:《中华帝国的法律》,朱勇译,江苏人民出版社 2003 年版,第 3 页。

② 参见费孝通:《乡土中国》,人民出版社 2008 年版,第 58 ~ 59 页。

③ 参见费孝通:《乡土中国》,人民出版社 2008 年版,第 7 页。

④ 参见[美]D. 布迪、[美]C. 莫里斯:《中华帝国的法律》,朱勇译,江苏人民出版社 2003 年版,第 4 页。

正是这种生活取向的现实基础,决定了我国传统社会难以形成清晰的民族意识。这是因为尽管为数不多学而优则仕的国人有家国情怀,但是,古代社会中识字率不高,面朝黄土背朝天仅知有家而不知有国,以家为圆心,以土地或集镇的距离为半径,一定程度上这也是交往的地缘半径,形成了出行范围与交际圈,很多时候仅熟稔春种夏长秋收冬藏,熟知二十四节气与农时的关系,并不知道民族大义或华夏精神,因而民族国家观念淡薄,大多数个人对国家事、天下事关心少,对国家的要求程度低,进而导致刑事诉讼对国家定位的缺失,国家追诉个人同时要保护个人的理念也无法形成。

第二节 我国传统与现代刑事审判间的断裂

与促成刑事审判文化转型的英国记忆相比,由前述理念、社会、文化、现实基础所决定,饱读儒家诗书的人往往奉行"爱民如子""为政以德""兼善天下",在裁判刑狱时力争做到"俯仰无愧""恤刑""慎刑""宽严相济"等,但美中不足的是有些传统因素则与现代刑事审判之间存在断裂,因本书主旨所在,在此仅针对后者进行分析研究。再加上我国刑事审判的既往进程因鸦片战争开始西方列强入侵(包括被列强加了领事裁判权)中断,自1840年开始的百年驱除入侵之敌争取独立的奋斗历程,法治建设虽有成就,但并没有完全确立起现代审判制度,现代刑事审判的前提条件未能在近代孕育完成,新中国成立后,我国开始推动刑事审判现代化,在很大程度上为"平地起高楼",因而探讨古代传统与现代刑事审判间的断裂,既对我国刑事审判转型研究的现实意义重大,也对我国刑事审判转型推进的现实意义重大。

一、专业法律教育的缺失

现代职业以发达的学校教育为前提,法律职业以发达的法律教育为前提，优秀的法官、检察官、律师等需要在接受法学教育的基础上形成系统的法律知识、成熟的法律思维、初步的法律技能、稳定的法律伦理。遗憾的是，我国古代的学校教育中并没有给法律教育留有一席之地。

从古代到清末，我国学校由官学（官府创办）和私学（民间自办）组成，介于二者之间的是书院。当然，相比私塾、社学、义学，也有专家主张私塾是私学的初级形态，书院是私学的一种高级形态，为我国古代所特有。书院之名始于唐中叶贞元年间（785—805年）官方设立的“丽正书院和集贤殿书院”，职责为“收集整理、校勘修订图书，供朝廷咨询、兼做皇帝侍读、侍讲，类似于宫廷图书馆”。唐末五代，读书士子多隐居“避乱读书山林，后发展为聚徒讲学，常以书院命名读书教学之地，遂演化为一种教育组织形式”。这样，官学与书院之间有一个兴替发展的清晰脉络。北宋初期，科举考试受到重视，读书人趋之若鹜，官学兴盛，同时也对书院进行资助扶持，形成一批影响深远的知名书院，如白鹿洞、应天府、岳麓、嵩阳、茅山、石鼓等书院。靖康之难后，南宋开始，官学不彰，有识之士吸收、借鉴“佛教禅林讲学的制度，使书院得到进一步发展和完善”。南宋时期，书院形成相对稳定的建筑格局，一般由祭祀场所、藏书地点、讲学场地、斋舍、生活设施五个单元组成。朱熹在白鹿洞书院反复勖勉学生“不要参加科举，不要只想做官，不要追求利禄，应当牢记古代圣贤教人为学之意，讲明义理，以修身心，然后推己及人”，即“究明义理，求得德行道艺之实”。[①] 元朝书院官学化，主要体现在“官方加强对书院经费的管理和控制”上，并且各级官府“为书院委派山长，选任主讲”，甚至“直接由各级官府官员兼任”。[②] 明朝前期，官学兴盛，书院衰落，但随着官学与科举制度弊端丛生，正德、嘉靖两朝开始对书院的发展予以支持、鼓励，王阳明在贵州创办龙冈书院，潜心做学问的同时也受邀到其他书院讲学，形成阳明心学，在书院中倡导“会讲”制度，影响甚广，而且各地书院也得到飞速发

① 参见王炳照：《中国书院史话：典藏版》，中国国际广播出版社2020年版，第62、70页。

② 参见王炳照：《中国书院史话：典藏版》，中国国际广播出版社2020年版，第107～108页。

展。嘉靖后期,朝廷感到书院有失控的危险,再加上书院卷入政治斗争,禁毁书院的事件多次出现,结果往往是禁而不止、毁而难废。明朝后期,书院以“徽州、江右、关中、无锡四处为最盛”,[①]东林书院名气最大,以“讽议朝政,裁量人物”的新学风参与政治斗争,天启年间(1621—1627年)魏忠贤专政,制造东林党案,扩大打击面,天启五年(1625年)八月严令“拆毁天下书院,首及东林”。清朝前期,对书院严格限制的同时有限度地允许书院“讲学,并且开始表彰书院”,从雍正十一年(1733年)在禁止私人创办书院的同时,开始提倡官办书院,“首先在各省会所在地兴建或恢复书院一二所,并拨给帑金以资膏火”,但绝大多数书院“已演变成同官学无区别的考课式书院,并同官学一样沦为科举的附庸”,[②]但仍有几所书院另辟蹊径,在艰难的守正中有所创新,后来甲午海战后因戊戌变法兴西学而改造学堂,1902年获准在全国推行。从书院办学历史看,法律教育并未提起,它们坚持的是捍卫儒家学说,强调修身、养德、尊礼、行义。

(一)法律职业发展与主流教育脱节

从教育起源看,朱熹曰:“有聪明睿智能尽其性者出于其间……此伏羲、神农、黄帝、尧、舜所以继天立极,而司徒之职、典乐之官所由设也。”[③]在一定程度上,可以把这些传说中或有据可考的圣人先贤视为我国最早的教师。学校教育,一般从西周开始,当时学校官办,即学在官府,也称“学术官守”,当时的学校教育由官府创办,在官府之中设教育机构,官府把持学术与教育,各级官员来自贵族,他们将教育视为特权、尊贵的象征。按照对应的地域及其行政区划,学校可分为国学与乡学。国学是专门为统治阶级和贵族子弟设立的学校,一般设在王城和诸侯国都,可分为大学和小学,以十五岁为界。大学教学内容以诗、书、礼、乐为重点,是逐步提

---

① 参见王炳照:《中国书院史话:典藏版》,中国国际广播出版社2020年版,第128页。

② 参见王炳照:《中国书院史话:典藏版》,中国国际广播出版社2020年版,第133~138页。

③ 《大学章句序》。

高自身精神境界的终身教育；小学的教学内容则主要是德、行、艺、仪等方面。乡学属于地方学校，生源可以包括一些经济条件比较宽裕的平民子弟，仅有小学教育，教学内容与国学中的学校教育差别不大。从汉朝开始，官学体系比较成熟，中央官学中最高学府是政府培养人才的主要场所，包括太学和国子监：太学始于西汉汉武帝元朔五年（公元前 124 年），在董仲舒、公孙弘等的建议下创办于长安，太学的学生考试合格后，被任用为政府官吏，一直延续到宋代；国子监设立于西晋，教授内容与太学没有区别，但是生源显贵，为皇亲国戚和五品以上高级官僚制度，一直存续到 1905 年才随科举考试一起被废除。在公元 3 世纪，地方学校建立。官学是选拔人才的重要途径，太学如此，国子监也是如此，特别是后者生源身份显贵，因而无论是官员选拔还是科举考试他们都占有先天优势。

私塾是我国古代私人创办的教育机构，是私学的重要组成部分，以儒家思想为中心，产生于春秋时期，开展的是启蒙教育，因此又称为“蒙学”，入学称为“开蒙”。办私塾的人多为科举考试中名落孙山的读书人。幼童入学后，首先要学习识字和写字，接着便要读书，从《三字经》（出现于元朝）、《百家姓》（出现于北宋初年）、《千字文》（南朝梁时即有）开始，当然还有其他启蒙教材，读完蒙学教材后便要读儒家经典的“四书五经”和其他诸子百家。这是小学后半段和大学始终要读的。第一轮读“四书”，次第为《大学》《论语》《孟子》《中庸》。第二轮读“五经”，依次为《诗经》《尚书》《礼记》《周易》《春秋》。第三轮读史书和诸子百家，最经典的前四史为《史记》《汉书》《后汉书》《三国志》，再加上《资治通鉴》《老子》《庄子》《韩非子》等也非常重要。

这不难看出，我国古代的教育体系并没有施行较为系统的分专业教育，不像西方古典教育或中世纪教育区分为神学、医学和法学。这是由如前文所述的家国本位的社会基础决定的。当时我国学校教育的目标是培养齐家、治国、平天下的全能型人才，他们崇尚孟子所说的“父子有亲、君臣有义、夫妇有别、长幼有序、朋友有信”，信奉“三纲五常”（三纲：君为臣纲、父为子纲、夫为妻纲；五常：仁、义、礼、智、信），个人与社会紧密互动，造成整个古代中国重礼教轻法治的局面，一般读书人都“喜欢拿礼义为标榜，不愿谈治法”。[①] 尽管历朝历代也有关于法律的学说与研究，也时不时有一两位法律造诣惊人的名垂青史者，但因与社会主流不符，往往昙花一现，没有传承便没有一以贯之的脉络，也便无法形成如西方中世纪(6～15世纪)以来那样的法学流派。但是历朝历代都有专人解释法律，形成律学，是我国古代法制文明的代表。律学“很早便摆脱了宗教神学的束缚，其发展方向与程度受到专制国家的严格控制，因而基本上是官学，私家注律只是国家法律的补充”。[②] 这与古人对待法律的态度有关，“中国人最初是以明显的敌意来看待法律的，似乎法律不仅是对人类道德的背叛，而且也是对宇宙秩序的破坏”。[③] 法律在社会中的地位不高不受重视，也决定了律学地位的边缘化，中国古代律学家，或为官僚律学家，或为经学律学家，或为“幕友”，“他们只对皇帝负责，奉行的是国家至上主义、君主至上主义，而漠视社会的公允和私人的利益。他们的研究成果的价值决定于是否得到皇帝的认可。在他们的研究成果中，法律的功能被单一化了，不外乎刑的宽严适用。至于类似律师性质的讼师，不仅受到社会的鄙视，还为国家所明令禁止”。[④]

(二)法律人才在人才选拔中被忽视

我国传统社会人才选拔只需满足政治伦理化，即“‘德’、‘忠’是选拔人才的唯一标准”。[⑤] 相对例外的是夏商周时期，官员的选拔靠身份，即世卿世禄，祖先为官，世世代代为官，子子孙孙都是公卿或者贵族，祖先食俸禄，子子孙孙都享受俸禄。春秋战国时期，世卿世禄的“世袭体制开始松动”，“举贤才”的观念“开始广为流布”，在百家争鸣中，诸多思想家提

---

① 参见孙晓楼：《法律教育》，商务印书馆2015年版，第12页。

② 参见张晋藩：《中国法律的传统与近代转型》(第4版)，法律出版社2019年版，第231页。

③ 参见[美]D. 布迪、[美]C. 莫里斯：《中华帝国的法律》，朱勇译，江苏人民出版社2003年版，第8页。

④ 参见张晋藩：《中国法律的传统与近代转型》(第4版)，法律出版社2019年版，第253页。

⑤ 参见胡旭晟主编：《狱与讼：中国传统诉讼文化研究》，中国人民大学出版社2012年版，第243页。

出“贤能治国的真知灼见”，特别是孔子提出的“学而优则仕”，学，为学习，优，为“有余力”，仕，即做官，是指“学习有余力者便去做官”，后来成为“读书做官论”，认为“读书优秀就可以做官”，正所谓英雄不问出处，贤才治国便成为古代人才选拔的理论基础。汉武帝在位时期开始实行察举制度。所谓察举的“察”是“考察”，“举”是“举荐”“推举”，察举就是由“地方官察访人才，举荐给朝廷的制度，察举的核心是推荐”。察举制度的标准是“读书人的道德水平和文学才华”。[①] 道德水平通过言行表现出来，言行有时可以伪装，在东汉时期便有人为了被推举而弄虚作假，欺上瞒下，此制度的弊端逐渐凸显。后来，为了打破门阀士族对人才选拔的垄断，给地方士族做官被推举的机会，在魏晋南北朝时期实施九品中正制。这项制度的核心内容是“设立大小中正官，分别负责一州、一郡的人才评定。一般是现任官员担任原籍地中正官。他们把辖区人才分为上中下三等，每一等又分上中下三个级，最高级是上上，最低的是下下，一共是九品。朝廷再根据人才品级授予官职，上品（品级高的）授予起点高、升迁快的官职，下品（品级低的）授予起点低、升迁慢的官职”。[②] 这一制度出现于曹丕当政时，在两晋时期有所发展，在南北朝时期成型，但因为对寒门弟子的评价仍由门阀士族把握，中正官“自然把自己的亲戚、子孙评为上品，其他人家的子弟再优秀，也得让道，有权者变相地世袭权力，无权无势者想升迁比登天还难”，结果便是“上品无寒门，下品无世族”，[③]所以收效甚微。在隋代（大业元年，即 605 年）开始实施科举考试，延续了 1300 年，到清代（光绪三十一年，即 1905 年）才废止。在隋唐时期，科举考试科目繁多，在唐代，秀才、明经、进士三科是“选拔经术和文学通才的科目”，明法、明书、进士三科则是选拔“专业性或技术性专才的科目”，明法科与

① 参见李兵、刘海峰：《科举：不只是考试》，上海教育出版社 2018 年版，第 12～17 页。

② 参见张程：《制度与人情：通俗解读中国古代政治制度的发展历程》，华文出版社 2021 年版，第 159～160 页。

③ 参见张程：《制度与人情：通俗解读中国古代政治制度的发展历程》，华文出版社 2021 年版，第 160 页。

后两者并列,但地位更高,“明法科及第者授予的官阶与进士一样,为从九品上和从九品下……明法科的考试内容主要是律、令各一部,目的是选拔精通法律的官员”①。《新唐书·选举志下》:“凡择人之法有四:一曰身,体貌丰伟。二曰言,言辞辩正。三曰书,楷法遒美。四曰判,文理优长。”这是唐朝授官的依据,要求:其一,相貌出众身材挺拔强壮;其二,口才出众守正能言善辩;其三,书写楷书笔法刚劲优美;其四,判状文采出众说理透彻。还需要说明,判状也就是考察考生的判词撰写水平,考察的是文采,而不是案例分析。宋代对考试科目进行了调整,在宋徽宗时(大观元年,即1107年),正式采取“八行科”取士,在诏书中,朝廷明确提出“为了‘善风俗,明人伦’,参考‘成周以六行宾兴万民’的办法,设立‘八行科’。所谓‘八行’,即:‘善父母为孝,善兄弟为悌,善内亲为睦,善外亲为姻,信朋友为任,仁于州里为恤,知君臣之义为忠,达义利之分为和’”②。凡是有以上“八种善行的读书人”,当地将其平时表现的记录上报到县衙门,县衙门择优录取后入官学学习,审核后上报府州衙门,府州衙门依据道德表现区分等第:孝、悌、忠、和为上,睦、姻为中,任、恤为下。并且据此区别举荐官职,后不了了之。在王安石变法中,改革也涉及科举考试(见下文)。至绍兴三十一年(1161年)形成“经义进士和诗赋进士分科取士”的定制。在元朝恢复科举考试后,仅设德行明经科,实际以“经义”为主,明朝科举考试以八股取士而著称,“内容虽然是经义,形式却是文学,是一种糅合散文的章法、骈文的排偶和近体诗的格律而构成的一种文体”,③清朝承袭明朝及以前做法。

科举考试自实施以来,历朝历代考察的主要是儒家经典。官员选拔并不侧重评价人才的法律知识、法律技能、法律素养,必然意味着在私人教育中不会把法律专业知识的学习放在重要位置,习法注定处于不太受重视的地位。较为重视法制的是宋朝,统治者强调“法制立,然后万事有

① 李兵、刘海峰:《科举:不只是考试》,上海教育出版社2018年版,第30页。
② 李兵、刘海峰:《科举:不只是考试》,上海教育出版社2018年版,第88页。
③ 参见李兵、刘海峰:《科举:不只是考试》,上海教育出版社2018年版,第152页。

经,而治道可必”。[①] 而且,唐代科举考试录用的人数较少,每举不过 10 余人,多者不过 20 ~ 30 人。到了宋朝,北宋初年,开始增加取进士的人数,从开宝三年(970 年)原只取进士 8 名,到宋仁宗赵祯时期每举超过 1000 人。这得益于宋初以来重文抑武的治国策略,随着科举考试录用人数的增加,读书人也出现“逐功名,埋头苦读,不务实学,且作弊流行”的各种乱象,为整顿学术和纯化社会风气,北宋政权展开三次兴学,从宋仁宗时期的范仲淹,到宋神宗时的王安石,再到宋徽宗时期的蔡京,从中央到地方发展官学。其中,第二次兴学,即熙宁兴学,“除改革太学外,还设立武学,讲习诸家兵法;律学,讲授法律律令;医学,讲授医药病理。总之,是为了更多地培养应用型的人才”,[②]当然就律学而言,也可以从王安石变法来观察,因“急需专门法律人才,大兴律学教育,开设‘明法科’,选拔法律专门人才。但神宗变法失败以后,律学开始衰微”。[③] 越到我国传统社会后期,科举考试在制度上越完备,包括组织考试、阅卷与分配名额等方面,均体现出对人才选拔和地区平衡等的考虑,但对法律人才或法律素质的重视始终没有提上日程。

在实施科举考试之后,古代的读书人一旦名落孙山,便要自谋生路,从事各种非在编食俸禄的文职工作,“书吏是古代各级政府机关文职工作人员的总称。一般都是从民间选拔或征发具有一定读写能力的平民来承担。书吏享有免除一般徭役的特权,也有可能上升到官僚阶层”。[④] 就审判活动而言,书吏的作用有:受理案件,调查与取证,审判记录,制作文件,监督执行。再有是幕友,又称“幕客、幕宾”,也就是通常所说的“师爷”,这里“幕”的含义有:一是指幕友能参与主人的机密谋划,即“入幕之宾”;

---

① 参见《续资治通鉴长编》卷一四三,庆历三年九月丙戌。转引自张晋藩:《中国法律的传统与近代转型》(第 4 版),法律出版社 2019 年版,第 241 页。

② 参见王炳照:《中国书院史话:典藏版》,中国国际广播出版社 2020 年版,第 51 页。

③ 参见张晋藩:《中国法律的传统与近代转型》(第 4 版),法律出版社 2019 年版,第 241 页。

④ 参见胡旭晟主编:《狱与讼:中国传统诉讼文化研究》,中国人民大学出版社 2012 年版,第 209 页。

二是古代"冥府"之自治由军事行动中"允许战区指挥官有相当大的人事自主权,可以自行招聘下级官员'幕僚'来组织指挥机构'幕府'"引申而来,"幕友"也由"长官自行礼聘而来",便可以"幕"为命。其中的"友""宾"等,表示其并不具有"正式的官方身份,只是以官员的私人朋友、私人顾问的身份参与政务"。[①] 师爷对司法裁判的参与有:受理案件与批词,到现场调查,草拟判决,对于书吏以及衙役进行监督。

(三)存在于帝国一角的法律学习

一般认为,郑析是我国历史上第一位以法律为职业的人,也是古代第一个设立私学广招学徒的习律之人。但是,我国古代社会法律知识及其技能的学习,始终以自学为主,习律者不占主流,官学之中的是律学,也称"刑名之学""刑学",实际上是"中国古代的法学",发轫于"商鞅变法,兴起于汉,繁荣于魏晋,成熟于唐,衰微于宋元,复兴于明,至清而终结"[②]。我国自古饱读诗书的人,未必人人均能如愿被选拔去做官,能够读书便能在成文法出现后,通过对儒家经典的理解,迎合朝廷诏令等,利用法律儒家化参与刑事审判,取得薪酬。书吏、幕友、讼师便是古代自学习律之人。在这里,为各朝各代统治者所排斥的是讼师,尽管通常他们的收入较底层苦力要高,但因为与主流社会对无讼的追求相悖,往往又在一些个案中搬弄是非、挑战官威,因而始终处于官府的打压之下,只能暗中营生,不能名正言顺地出现在衙门大堂之上。

当然,习律也不是私学的主流,但是因为毕竟书吏、幕友、讼师作为一种谋生手段较之纯粹的底层苦力要相对好些,而且讼师往往由前两者兼任,在此情况下只要能够识字、能够熟悉儒家经典便可以习律。幕友相对较好,讼师则不受待见,因而,除了法律儒家化过程中因解释律令需要人

---

① 参见胡旭晟主编:《狱与讼:中国传统诉讼文化研究》,中国人民大学出版社 2012 年版,第 219 页。

② 参见袁瑜琤:《中国传统法律文化十二讲:一场基于正义与秩序维度的考量》,北京大学出版社 2020 年版,第 258 页。

才在特定时期由官方习律外，大多习律在民间，讼师的法律传承甚至在“地下”，但是幕友或讼师，除家族世代之间学习传承外，他们也曾在特定时期招生门徒，授课学习，有的还人数可观，以绍兴府人最为知名，“许多家庭成员或子承父业世代为幕，或是通过同一家族中充当幕僚或官吏者的引荐，步入师爷生涯，从而在官场上布下一张张光怪陆离的社会关系网络。父死子继、兄终弟及、儿女联姻等血缘关系，是师爷群体中最重要、最亲密、最有用的亲缘关系”。[①] 当然，讼师有讼师秘本流传，幕友也有关于法律学习的笔记存在，为自学提供了便利。尽管没有正式的民间法律学校，但是民间的法律学习一直存在，尽管它们一直处于非主流的地位，但要与官方的法律意识形态相呼应，也要按照法律儒家化的要求在儒家经典与法律运用之间寻找立论之道，出具法律意见、提供法律服务：幕友服务于主官，讼师服务于客户。

二、职业司法官员的缺位

在我国古代，皇权之下各种官职的配置中，尽管在中央一级各时期存在专门的大理寺、刑部等刑事审判机构，即“法律是在专司矫正人们行为的机构中的最后一项手段。只有在较高的行政机构中才设有专司法律的官员”，[②]此外还存在“三堂会审”等与慎刑等相关的制度。与前述的学校教育相对应，专业法律教育的缺失，对应在官职上从来没有终身性职业的法官。尤其在地方，司法裹挟在行政之中，从来就没有专门的法院，也没有专职的法官。如果从机构配置看，县级政府就是基层法院的话，不难发现，越是到政府机构上层，“专司司法的部门就越多，呈现出‘倒三角’的状况”，县一级的官员岗位配备，秦汉以来一直设置的县尉（负责治安、巡逻、监狱管理等项，为正八品，是未入流的典吏）被裁撤，另配的两个传统

① 参见宗承灏：《衙门绝密录》，天津人民出版社 2019 年版，第 12 页。

② 参见［美］D. 布迪、［美］C. 莫里斯：《中华帝国的法律》，朱勇译，江苏人民出版社 2003 年版，第 4 页。

县级官职为县丞与主簿，也变为非常设，最后仅存知县、典吏2人。明代开始，知县1人包揽了“从诉讼的案件受理到最后宣判执行的所有事务”，切实成为“‘一人政府’‘一人法院’”，[①]即“在最低一级的行政区域——县里，政府的法律与民众发生最直接的联系。县长的司法职能只是若干行政职能中的一种。虽然他们通常没有受过专门的法律训练，但却必须同时兼任侦探、检察官、法官、陪审员等数种职务”[②]。而且，包括县衙在内的各级地方衙门，在水利、农桑、徭役、兵役、漕运、治安、刑狱等各项职能中，办理案件都不占主流。为了解决一人多用、一职多能地方政府长官分身无术的情况，各地方长官便编外用工，幕友成了衙门的重要当差者。从明代中期开始，惯例为“知县上任时会带有自己聘请的司法、财政顾问也就是‘幕友’来组成自己的工作班子……‘刑名幕友’，在这个私人性质的工作班子里坐第一把交椅”，[③]上级地方政府的情况也大同小异。

上述情形存在三个方面不容忽视的问题：首先，裁判刑狱的儒生被赋予了多元化职能。其一，依法的同时还要在无法规定时引经折狱。在裁判案件中，并非完全依法裁判，还要引经折狱或春秋决狱（此处取狭义），做到“以儒家经典中的‘微言大义’作为处理政治和司法问题”，要在“个案折断中体现微观的衡平”，[④]要遵循原心论罪原则（标准是“原孝”“原忠”，方式为“原心”“原经”），具体适用要遵循“自发的一般性原则”（人性、人道的普遍性）或“人为的特殊性伦理”原则（我国的家/国立场）。[⑤]其二，要在无法律规定以及儒家经典没有涉及的情况下，依据儒家思想及

---

① 参见郭建：《中国传统法律文化精讲》，复旦大学出版社2020年版，第217～219页。

② [美]D.布迪、[美]C.莫里斯：《中华帝国的法律》，朱勇译，江苏人民出版社2003年版，第4页。

③ 参见郭建：《中国传统法律文化精讲》，复旦大学出版社2020年版，第219页。

④ 参见胡旭晟主编：《狱与讼：中国传统诉讼文化研究》，中国人民大学出版社2012年版，第578～579页。

⑤ 参见胡旭晟主编：《狱与讼：中国传统诉讼文化研究》，中国人民大学出版社2012年版，第601～602页。

相关原则能动办案。此处不同于上述的引经折狱，后者有法律规定，但是个案中具有类似或特殊性，而这里与“情判”相关，要依据人之常情作出判决，如有一男子，窥探邻居少女洗澡，被发现后扭送至县衙门，法律也好，儒家经典也罢，均没有相关规定，后来县令命衙役抬来少女的洗澡水，当庭令男子喝光便告结案。还有的是各有其情的争子案，聪明的裁判官从来不去审理，也不去查明案情，而是通过巧设情景，或要大劈活人（男孩）或称男孩突然死亡，通过观察生母表情巧妙结案，诸如此类。另外，断狱功能偏在侦查。当然，侦查是现代刑事诉讼法的概念，是控审分离之下，警察或大陆法系德国及我国台湾地区检察官的职责，即要为追诉犯罪抓获犯罪嫌疑人与收集各种犯罪证据（也包括无罪证据），郭建教授指出：“中国传统法律文化对于法官还有更高的要求，无论是司法指导思想，还是民间的舆论要求，都一致认定，法官不应该仅仅是被动的裁判官，还应该是能够‘明察秋毫’的破案高手。”①这是要求法官集现代的侦、控、审职能于一身，与现代大陆法系和英美法系的控审分离原则格格不入，也与我国的分工负责原则风马牛不相及。我国传统法律文化强调的是法官“自己去发现事实，自己去寻找证据，然后按照自己所发现的事实裁断案件”，②尽管这些裁断刑狱的儒生学而优则仕，但也未必能明察秋毫，能心细如丝，很多时候难免顾此失彼，偏听偏信或者误信误判，古今中外对错案及其负面后果的担忧是一样的，特别是恩格斯还曾经从心理的角度提醒人们注意职能的分化。其三，背书式办案。上文所述“一人法院”或刑名幕友的“第一把”交椅，县衙或上级衙门中的裁判官，很多时候，案件裁判并不体现裁判官的亲历性，不是由他对案件事实、证据调查后得来的结论，而是依据其手下仵作、捕快等对证据的收集、对现场的勘验、对身体的检查等作出的，裁判结论也来自“师爷”的“操刀”。在这种情况下，裁判官甚至对案件本身不清不楚，便由其他人提供的信息或者由“师爷”对案

① 郭建：《中国传统法律文化精讲》，复旦大学出版社 2020 年版，第 219～220 页。

② 参见郭建：《中国传统法律文化精讲》，复旦大学出版社 2020 年版，第 220 页。

件代为裁判，这是与司法审判的内在要求——亲历性格格不入的。具体来说：第一，“‘体制外’人员暗箱操作诉讼过程，加剧司法审判过程的‘暗箱’程度”，尤其是我国古代官员任免实行严格的籍贯回避制度，主官在短短的任期内到异地任职，不通当地人情世故，甚至有可能不懂当地语言，而幕吏为当地人，在这种情况下，审判的相关事宜假借幕吏之手，完全取决于这些人的道德情操和业务素质，裁判结果的不确定性便难以避免。第二，“‘体制外’的收入导致腐败人群扩大化”，无论是因籍贯回避主官自带办案班底，还是任用衙门内的办案班底，这些人的开支要主官自掏腰包，为官求财，办案班底的薪酬一般难以做到高薪养廉，手下人便有可能在办案中利用各种机会“自肥”，结果“任你官清似水，难逃吏滑如油”。第三，“‘体制外’人员往往注重的是解决纠纷，在很大程度上脱离法律以及儒家礼教有关诉讼的基本宗旨”。幕吏到传统社会晚期已经形成自己的集团，如尽人皆知的绍兴师爷，他们有自己的认知、生存法则、思维方式、价值取舍。此情此景，国家的息讼也好，诉讼本身的公平也罢，全凭幕吏在个案中的抉择。① 当然，这种“体制外”的人员对裁判形成可能存在误判，严格的上诉制度便能够满足纠错。

三、专职辩护律师的缺场

（一）教化万民中无须专职律师

受天人合一的思想基础决定，古代人认为，天、地、人之间是相关的，而不是对抗的，天道、人道的根据是相通的，天、地、人之间是相互印证的，宇宙、社会、人之间具有内在的一致性。这就意味着有两个方面的内容需要引起重视：一是宇宙中的天地人三要素是有序存在的，月落日出、山高水低、早出晚归等；二是宇宙中的天地人三要素是和谐相处的，春种夏耕

① 参见胡旭晟主编：《狱与讼：中国传统诉讼文化研究》，中国人民大学出版社2012年版，第234~239页。

秋收冬藏。三者之间,是以人为中心的,人通过观察天、地规律组织自身的生产和生活,进行自身与物质财富的生产。其中,与自然秩序相对应,人要生存和生活,便需要有自己的家庭,同时还要建构秩序,人与人之间的关系与相处之道为"三纲五常",等级是自然秩序的折射也是古代人类秩序的关键,要想保持良好的秩序,人们之间需要以"忠""孝"调整相互之间的关系,不同等级及同一等级间的人进行交往,开展行为时需要特定的规范,最为突出的则是"礼";人类交往的目的应该是在立足秩序的基础上追求和谐,即"礼之用,和为贵"。为了使人尊"礼",尽"忠"行"孝",便需要对人进行教化,如果教化失败,便需要使用强制手段,用法律来处罚,即"出礼入刑"。这也决定了我国古代教育的内容——宣扬儒家经典,官与吏的国家定位——教化万民。这也是上文分析的法律教育缺位、法律人才选拔不受重视的原因所在。申言之,各安其位的政治秩序不需要职业律师的存在,国家立场中律师缺位便意味着职业律师成长的空间缺失。

(二)"父母官诉讼"中排斥律师辩护

我国古代民本思想源远流长,"民贵君轻"在历朝历代施政中均占有一席之位。在教化为主的治理语境下,古代思想家即便提及法律的作用,也是强调各安其位:皇帝立法、官员执法司法、百姓守法。具体到法律运行中,即便出现触犯法律之人,需要官府追责,对其犯罪行为进行审判,也应该认识到其中的特殊性,即"中国诉讼的原型,也许可以从父母申斥子女的不良行为,调停兄弟姐妹间的争执这种家庭的作为中来寻求。为政者如父母,人民是赤子,这样的譬喻从古来就存在于中国的传统中……事实上,知州知县就被呼为'父母官','亲民官',意味着他是照顾一个地方秩序和福利的总的'家主人'。知州知县担负的司法业务就是作为这种照顾的一个部分一个方面地对人民施与的,想给个名称的话可称之为'父母官诉讼'"①。如果说地方衙门主官作为饱读儒家诗书之人,他们的职

---

① [日]滋贺秀三:《中国法文化的考察——以诉讼的形态为素材》,王亚新译,载《比较法研究》1988年第3期。

责便是劝人向善，即便是刑事审判中确认有罪之人，如果不是十恶不赦，也应该在地方衙门主官的教化下使其改过自新。既然如此，地方衙门主官能够如"父母"一样，为官一方时爱民如子，便不需要由懂得法律之人从不同于法官的角度评价案件、辨明是非，也不需要他们从"父母官"手中为被告人争权利。这便意味着懂法之人不能以职业身份出现在衙门大堂之上，也不能打着衙门主意挑拨词讼，这也是古代社会用"讼棍"称呼这些人的原因。一旦被官府发现这些人堂而皇之地出现，如在清代便要构成"教唆词讼"罪，美国学者指出："在法律制度经过两千多年的高度发展的中国，人们将法律看作政府用来自上而下地惩罚那些破坏社会和政治秩序的行为的手段，而不是将其作为维护自身权利、主张个人要求并排除他人或政府对自身权利侵犯的工具。在这种观念盛行的中国社会，没有形成国家正式承认的私家法律职业，是不足为奇的。"当然，如果想不被看作讼棍，只能在"关系较近的亲属服务之内"或者打着亲属的旗号提供法律服务，包括"书写诉状、提出诉讼请求"。①

（三）在追求"无讼"中抵制律师辩护

古代社会的"法律不是一个终极的评判，法律并不完全等同于正义"，②因为正义的最高标准来自儒家的家国观念，来自三纲五常，核心便是君仁、臣忠、民从，对于诉讼的基本态度与看法是消极的。以儒家为代表的"主流传统法律观念认为社会纠纷的增加、诉讼的增加，反映的是对民众的教化不够，是社会道德水准的下降"。③ 孔子曰："听讼，吾犹人也，必也使无讼乎！"④反之，按照孔子无讼思想的内在逻辑，一个地方如果"打官司成风，民间诉讼不停，这个地方的社会道德水平就实在是低下，精

---

① 参见［美］D. 布迪、［美］C. 莫里斯：《中华帝国的法律》，朱勇译，江苏人民出版社 2003 年版，第 288 页。

② 参见郭建：《中国传统法律文化精讲》，复旦大学出版社 2020 年版，第 16 页。

③ 参见郭建：《中国传统法律文化精讲》，复旦大学出版社 2020 年版，第 222 页。

④ 《论语 · 颜渊》。

神文明程度不高。理想的社会应该是无讼社会，没有官司发生，没有纠纷”。[①] 这便决定了我国传统社会是排斥诉讼的，因而国家便要通过各级裁判官在审判案件解决冲突的同时，还要恢复秩序，教化涉诉之人，化解冲突。因此说，“法官不是简单的各类纠纷的裁断者，还应该是消灭一切纠纷的终结者”[②]。

此情此景，按照现代刑事辩护原理推断，专业律师在庭审中进行辩护无非是在证据上争长论短，在事实上明辨是非，在法律上对号入座，区分得清清楚楚，裁判后有理有据，对于可能犯罪或者犯重罪的人，还要有人甚至是免费为他捍卫程序权利、促进公正刑罚、辩驳控方指控、监督裁判法官，或者说站在挑剔的立场上面对衙门主官，这在各安其位、安分守己、和谐体谅的传统社会，在“父母官”诉讼的语境下，在儒家思想“无讼”为最高境界的前提下，辩护律师作为形而下的争辩、对抗、平等、制约的独立法律职业者，与全能的读书人楷模、擅长教化人、等级化现实中的裁判官是不能共存的，辩护律师的角色也与传统社会格格不入，因而他们在“无讼”理想下便没有生存空间。对此，张晋藩教授认为：“由于崇尚无讼，随之而来的必然是厌讼、贱讼，以致讼师一类的职业在中国古代是为人们所鄙弃的。”[③]

第三节　我国传统社会人们与刑事审判的疏离

一、关系性架构下的人情社会

（一）我国社会的关系性架构

如前所述，不同于西方社会由个人形成国家和社会，我国传统社会占

---

① 参见郭建：《中国传统法律文化精讲》，复旦大学出版社 2020 年版，第 223 页。

② 郭建：《中国传统法律文化精讲》，复旦大学出版社 2020 年版，第 220 页。

③ 张晋藩：《中国法律的传统与近代转型》（第 4 版），法律出版社 2019 年版，第 241 页。

统治地位的思想为儒家思想,孟子强调"仁者,人也","在'二人'的对应关系中"定义个人。这种"二人"关系被公式化为"五伦观念:君臣、父子、夫妇、兄弟、朋友"。[①] 这就使社会结构的格局"好像是把一块石头丢在水面上所发生的一圈圈推出去的波纹。每个人都是他社会影响所推出去圈子的中心",我们社会中最重要的亲属关系"就是这种丢石头形成同心圆波纹的性质。亲属关系是根据生育和婚姻所发生的社会关系。从生育和婚姻所结成的网络,可以一直推出去包括无穷的人,过去的、现在的和未来的人物",该网络像张蜘蛛的网,"有一个中心,就是自己"。由个人组成群体,在我国传统里"群的极限是模糊不清……不过是从自己这个中心里推出去的社会势力里的一圈而已",以"己"为中心的结果便是没有中心,最后便形成了以"己"为中心外推形成不同的"圈"构成的差序格局。[②] 从"自己推出去的和自己发生社会关系的那一群人里所发生的一轮轮波纹的差序",便是重在分别的"伦",在《礼记·祭统》里所讲的十伦,"鬼神、君臣、父子、贵贱、亲疏、爵赏、夫妇、政事、长幼、上下,都是指差等。'不失其伦'是在别父子、远近、亲疏。伦是有差等的次序"[③]。我国文化"'二人'定义'一人'的设计"或"中国文化里'你之中有我,我之中也有你'的'二人'关系,是一种类似'文法'规则的东西,它可以演绎出多种可能性",完全能够按照"五伦"来表达关系,五伦的前提是"父子""夫妇"的血缘/血亲、姻缘/姻亲,这样的关系是按照情感/感性来体现的,家庭内的"孝"转变为对"君"的"忠",进而使传统社会成为人情社会,也是关系社会。

(二)人情社会的法律意识淡薄

无论是在"二人的对应关系中"定义个人,还是以"己"为中心形成的亲属"圈",都是有内外区分的:从二人的对应关系定义个人,使这种文化

---

① 参见[美]孙隆基:《中国文化的深层结构》,中信出版社 2015 年版,第 15 ~ 17 页。
② 参见费孝通:《乡土中国》,人民出版社 2008 年版,第 28 ~ 34 页。
③ 费孝通:《乡土中国》,人民出版社 2008 年版,第 30 页。

处处以对方为重,以对方怎么看为重,或者说以特定“个人”为中心向外推的各伦/波纹是有区分的,离“自己”越近的“圈”关系越近,关系越近越以对方为重,甚至可以付出生命,如“缇萦救父”(西汉孝文帝即位十三年,即公元前167年),父亲淳于意为齐太仓令,犯罪要处肉刑时,缇萦随父进京并上书皇帝,祈求代父抵刑,感人至深,成为历史佳话。为了关系近的人可以舍去生命如果不是为了“义”便会产生诸多弊端。孙隆基教授指出:“中国人的人我界限不明朗的倾向,可以导致‘守望相助’的互助精神。但是,同一倾向,也可以导致在‘自己人’之间画小圈子,并且使这种‘互助’变成‘拉关系’与‘走后门’,从而破坏公家的体制,使任何明文规定的条例都无法执行。”①人情社会从古至今因国人血脉的延续而延续,凡事“看交情”或办事“攀关系”必然使规则意识或法律意识难以树立,而且“有权好办事”被用于为熟人办事,便会导致权力徇私,官场腐败。虽然鸦片战争之后中国开始近代化进程,但是很长一段时期内,国人的规则意识或法律意识仍然未树立起来。

这种情况一直到建国之前,储安平先生(1945年之前)指出:“中国人不以理性而以感情驾驭一切……好讲私情。英国人的社会以法为中心,中国人的社会以人为中心,大如国家的制度,常常以一人为转移,小至买一张车票,也视有无人事关系而决定买到之先后或有无。中国实是一个人情的社会,无论大事小事,若有人的关系,总会得到或多或少的方便,所以即使是一封八行或一张名片,在中国社会上无不有它的效用。在中国,既无事不讲人事关系,能钻营的人总要比不能钻营的人多占些便宜,故人人乃在交际、请客、接纳、奔走、驱赶上用功夫,大部分时间耗费在应付人事,而分内的事务反无充分的精力去照顾。一般说来,顾私总不免要损公,所以我们的社会遂到处充满着不合理不合法和不公正;一个不合理不公正的社会,自然是一个不健全的病态的社会。”②

---

① [美]孙隆基:《中国文化的深层结构》,中信出版社2015年版,第134页。

② 储安平:《英国采风录》,东方出版社2005年版,第335~336页。

人情社会的历史延续,影响着刑事审判的发展演进。具体案件发生在人情社会,审理在人情社会,人情世故便会渗透到审判中,因而难免会偏离法律的轨道。

(三)人情干预刑事审判

我国传统社会讲究关系,衙门也不例外。关系“似乎是衙门的润滑剂,没有关系时,事情办起来总是磕磕绊绊的,托了关系后,事情办起来总是顺风顺水”。[①] 传统社会中,“官—绅—民”的三角关系构成了社会的“基本框架结构”,就官而言,“个人的义务和忠诚,特别是对家庭成员、对来自同一个家族、地区或学校的忠诚,有可能破坏官员的公正性”,[②]士绅阶层“联结着社会的顶部与底层”,他们既“扮演着‘政府经纪人’的角色,又同时扮演着‘民意代言人’的角色”,官“恃绅力以治民”,民“借绅势以行事”。[③] 通俗地讲,“乡绅一只脚踩在官场,一只脚扎根乡土,在官府和当地之间扮演着桥梁和中介的作用”。[④] 绅本来就来自乡土社会,因而更是处于各种人际关系之中。“官—绅—民”社会结构的形成在很大程度上取决于“科举考试”,科举考试靠学识、品行而不靠出身,这就使社会底层子弟历尽艰辛也会在金榜题名后做官,而且各代朝廷为了网罗读书人也往往对寒门出身的人加以重用,树立典范,这在一定程度上使社会自下而上具有流动性,进而也便增加了社会的稳定性。这样,衙门也好,官也罢,有一套复杂的思维方式、阶层归属、行事逻辑。即便是 100 年以前的城镇,也总有“一个阳性的三位一体:官、绅、富,以及阴性的三位一体:面、命、恩。阳性的三位一体通常是一起共事的。一个好的行政长官要开出自己的一条路来,就得越过士绅与富豪直接与人民取得联系……农村,我

---

① 参见王俊编著:《中国古代衙门》,中国商业出版社 2017 年版,第 33 页。

② 参见[美]詹姆斯·R. 汤森、[美]布兰特利·沃马克:《中国政治》,顾速、董方译,江苏人民出版社 2003 年版,第 30 页。

③ 参见宗承灏:《衙门绝密录》,天津人民出版社 2019 年版,第 60~61 页。

④ 参见张程:《制度与人情:通俗解读中国古代政治制度的发展历程》,华文出版社 2021 年版,第 144 页。

们还有第四个统治者。在某些地方，代之以三位一体的是四个巨人携手并肩：官、绅、富、匪。有时地方富豪退出，则还有三位”，就隐性的三位一体来说，“社会等级观念与等级内平等的观念导致了中国某些社会行为规范的产生。这就是三个不变的中国法则……正统治着中国的三位‘女神’……它们的名字是面子、命运和恩惠。这三位姐妹过去统治着中国，现在也如此。唯一真正值得一试的革命是反对阴性三位一体的革命。问题是这三位女人是那样的斯文，那样的迷人。他们使我们的祭司堕落，向我们统治者献媚，保护强者，引诱富豪，麻痹穷人，贿赂有雄心壮志的人，腐蚀革命阵营。它们使司法机构瘫痪，使宪法无效。它们讥笑民主，蔑视法律，拿人民的权利开玩笑，践踏所有的交通规则、俱乐部规则和人民的家园……它们的声音是那么温柔，办法是那么和缓，脚步轻轻地走在法庭之上，指头在静静地，娴熟地移动，让正义的机器停止运转；与此同时另一只手却在抚摸着法官的面颊”[①]。

如果说传统文化的大传统是儒家文化观照下的礼教文化的话，那么现实中的小传统便是这里阴性三位一体的“面、命、恩”，大传统对应君、臣/官、民三种身份，小传统对应官、绅、富三种主体，联系大传统和小传统则是天理、国法和人情，其中的要害是“我们朴素的人情事理决定了儒家与儒学的存在，而不是儒家与儒学创造了我们的人情事理”，[②]“天高高在上，不言不语，神秘莫测。但儒家的理论中，自有沟通天与人的路径，这就是天人合一学说。儒家强调，‘民之所欲，天必从之’，因此，天心源自民心，天意即是民意，天之情便是民之情，天之理就是民之理。天不在人类之上，也不在人类之外，就在万民之中。天是至上的，又是亲民的；天是神圣的，又是人情的”。紧接着，“‘天子’受命于‘天’，代‘天’牧民，履行‘天’的代理人职责，治理万民，保护万民。‘天’是最高立法者，‘天理’是最高的法，或者说是‘国法’与制定法的最终渊源，所以天理即是民情，

---

① 林语堂：《中国人》，郝志东、沈益洪译，学林出版社 2000 年版，第 198～200 页。

② 参见袁瑜琤：《中国传统法律文化十二讲：一场基于正义与秩序维度的考量》，北京大学出版社 2020 年版，第 51～52 页。

‘国法’必须‘应天理’，‘应天理’就是‘顺民情’‘从民心’……‘人情’必须得到‘国法’的控制和矫治，不然，一切都顺着‘人情’，就会导致无序状态”[①]。

现实社会中，有时由小传统所决定，人情通过权力介入衙门的裁判，便会使刑事审判偏离正轨，林语堂先生指出：“当权者和保护者之间的私人关系……可以取代法律，事实也是如此。一个中国人被捕了，或许是错捕，他的亲戚本能的反应不是去寻求法律的保护，在法庭上见个高低，而是去找长官的熟人，去求他的‘恩典’。由于中国人非常重视个人关系，重视‘情面’，这个去求恩典的人如果‘面子’足够‘大’，他的说情往往能够成功。这样，事情总是很容易，比那耽延时日的官司花钱要少得多。”[②]为他人徇私枉法是无视法律，有时候办案者还会为自己谋私，构陷他人入罪、刑讯逼供、草菅人命等无所不用其极。此情此景，人情干预审判、滥用权力干扰审判，便是伤天害理、罪不可赦。也恰恰因为“天理”的存在，民情作为最大的天理，国法便会被强调对追名逐利、以权谋私、枉法裁判的情况进行制约，便会在一定程度上使扭曲的刑事审判回归正轨。

（四）有效确保审判公正的机制

按照各朝各代的法律规定，除轻微案件由县衙门直接处理外，还有上诉制度，实现“上情下达，防止民怨沸腾，纠弹违法官吏，促使其执法守法”，[③]有正常上诉与直诉之分：正常上诉，要求主体明确、确实存在冤情、严格限制越诉；直诉，在特殊情况下，是指控诉者“直接向皇帝控告犯罪、申冤的行为”，这是越诉制度最典型的表现形式，在北宋末至南宋时期，越诉之禁大开，如宋徽宗政和三年（1113 年），朝廷为整饬司法秩序，下诏曰：凡“官司辄紊常宪，置杖不如法，决罚多过数，伤肌肤，害钦恤之政”

---

① 俞荣根：《应天理 顺人情：儒家法文化》，山东教育出版社 2020 年版，第 144～145 页。

② 林语堂：《中国人》，郝志东、沈益洪译，学林出版社 2000 年版，第 200～201 页。

③ 参见胡旭晟主编：《狱与讼：中国传统诉讼文化研究》，中国人民大学出版社 2012 年版，第 378 页。

者,“许赴尚书省越诉”,等等。[①] 直诉具体包括:击登闻鼓、立肺石、上表、邀车驾。直诉要求:必须案情重大、冤情必须真实、应以逐级陈告为先、诉冤必须依程序礼仪。复审制度,区分为上诉复审、申报复审、死刑复核。在清朝,县、州“应将所处理的案件报上级机构,某些案件[②]要一直上报给皇帝本人”,按照常规,分如下情形:首先,案件的调查及初审,都由州、县衙门主持。其次,州、县作出终审判决并执行刑罚,只限于处以笞、杖刑的案件(但需要府定期汇总上报至按察使司)。再次,对于徒刑、流刑及涉及杀人的徒刑、死刑案件,州、县官经过证据收集与初审后,只能作出一个倾向性的意见,再上报府,由府将州、县报来的案件转报到省,由省上报到按察使司(直接向刑部负责),案件转移的同时,被告及证人也要一并移送,如果按察使司审理后仍不能断案需要报送刑部,当事人也要一同押解到京城(现实中很少解送)。最后,笞、杖以上案件的分类处理:第一种情况,按察使对(徒刑)案件的处理意见,要经过同省的总督或巡抚批准,并对案件和处理意见进行汇集,定期上报刑部;第二种情况,对于更严重的案件(包括虽然只可能处以流刑或涉及杀人的徒刑案件),总督或巡抚在接到按察使的案件及处理意见之后,应随即向刑部转报,刑部对各省转来的案件要经过再次审理,作出最后判决;第三种情况,对于死刑案件,按察使司审判并经批准后,报刑部作出判决,然后上报到“三法司”,再由“三法司”复核上呈皇帝,由皇帝本人核准,至此,该死刑案件的判决才正式生效。[③] 这种系统的审判程序,对于保障案件的公正处理,防止不公正审判的发生意义重大。但是因为我国传统社会的成文法规定不可能事无巨细、面面俱到,在法律儒家化的语境之下,再加上侦控审合一,如同今天的侦查取证对后续程序的影响具有基础性作用一样,古代办案也强调“狱贵

① 参见《宋太诏令集》卷二〇二。转引自胡旭晟主编:《狱与讼:中国传统诉讼文化研究》,中国人民大学出版社 2012 年版,第 379 页。

② 判处死刑的案件。

③ 参见[美]D. 布迪、[美]C. 莫里斯:《中华帝国的法律》,朱勇译,江苏人民出版社 2003 年版,第 86 ~ 88 页。

初情”,州、县处理意见中对犯罪事实的描述成为司法的重中之重。现实中,这些案件的描述大多数时候由幕友操刀,疑难案件等表达的空间很大,因而一定程度上案件处理是否公正还取决于刑名幕友对天理和国法的敬畏。

当然,在特定情况下,衙门主官裁断刑狱的枉法行为往往上升到天灾的高度,在百官面前辩论,这对于冤狱救济及防范是有积极作用的。如在明朝洪武二十四年(1391 年),在甲子年(1384 年)六月,皇帝朱元璋因久旱无雨,害怕“刑狱有冤滥者”,于是派“刑官及监察御史清理天下狱讼”。两年后的四月,皇帝朱元璋也因天旱,召集群臣直接判决是否存在“政事有失”,[①]有人建议刑事审判定罪从宽,得到皇帝认可,让三法司认真审查全国疑案,下旨曰:“迩年以来,水旱蝗蝻,无岁无之。深为所忧,比刑法有失当欤?不然何天谴之数也?夫死者不可复生,绝者不可复续。今简命尔等往直隶并浙江等处清理重狱。”[②]不过,自然灾害的发生不可控制,且与刑事审判结论没有必然联系,只是因为天灾出现引起了朝廷对已决刑狱是否公正裁判的重视,而且能否发现既往冤狱也是未知数。

可以说,在以各安其位、各安其命、重义轻利、以和为贵为核心的文化大传统的古代社会中,由于人口比今天少,农耕文明安土重迁导致社会流动性小,交通工具以人力/畜力为主致使人的活动半径小,犯罪的发生概率与案件的侦破难度相对不大,因而枉法裁判尽管有所发生,但是尚在社会允许的范围之内,一旦刑事审判超出了社会容忍的范围,一定是吏治腐败积重难返,政权处于风雨飘摇中,这便意味着改朝换代时刻的到来,前朝教训、吏治清明、民风改善等便促使刑事审判本身的公正性程度提升,司法腐败发生的概率小。历史周期率的存在,也使得刑事审判混乱如期而至,这便意味着当下刑事审判转型的难度和触及面的广度。

---

① 参见胡旭晟主编:《狱与讼:中国传统诉讼文化研究》,中国人民大学出版社 2012 年版,第 502 页。

② 《明太祖实录》(卷二〇九)。转引自胡旭晟主编:《狱与讼:中国传统诉讼文化研究》,中国人民大学出版社 2012 年版,第 502 页。

二、裁判官的“无讼”追求

这里的内容与上一节内容存在某种程度的重合，即“无讼”理想是导致专职律师辩护制度缺位的因素之一，是从与现代刑事审判制度对照的角度分析的，这里则从审判官角度进行分析，强调裁判官为了追求“无讼”而在裁判中的所作所为，与现代审判在职业心理和行为方式上存在疏离。尽管这一群像在现代不会成为普遍，但它是传统社会的常态，与前述人情社会的官场逻辑相一致。

（一）“无讼”追求的理论支撑

我国传统社会奉行天人合一的观念，其中和谐是其应有之义，需要政通人和，社会“无讼”。我们传统社会的世界观不同于西方，因而思想文化、政治思想、法律制度便有别于西方。李泽厚先生认为：“中国‘天人合一’观念源远流长，其来有自。大概自漫长的新石器农耕时代以来，它与人因顺应自然如四时季候、地形水利（“天时”“地利”）而生存和发展有密切的关系，同时，这一时期尚未建立真正的统治阶级，人们屈从于绝对神权和绝对王权的现象尚不严重，原始氏族体制下的经济政治结构和血亲宗法制度使氏族、部落内部维持着某种自然的和谐关系（“人和”即原始的人道、民主关系）。这两个方面大概是产生‘天人合一’（人与自然、个体与群体的顺从、适应的协调关系）观念的现实历史基础……从而‘天人合一’，便既包含着人对自然规律的能动的适应、遵循，也意味着人对主宰、命定的被动的顺从崇拜。”[①]或者说：“天人合一是认命的意义，或者与神复合是认命的目的，简言之认命即是行道，故为积极与艰难之事，这可能是苦撑待变，但决非坐以待毙。命为人事变化之道，而变化与时俱进，所以命为天时，于是圣人认命不过‘随时而已’，然随时不是随便，它是应

① 李泽厚：《中国古代思想史论》，人民文学出版社2021年版，第271页。

天之举,兼需智慧与勇气。"[①]此情此景之下,人与人之间的相处之道便是"礼之用,和为贵"。人与人之间应该重义轻利,应该各安其命、各安其位,做到自强不息的同时能够厚德载物。在和谐的大背景之下,人与人之间应该互相谦让,互利互信,互爱互助。因此说"无讼的价值取向是以追求和谐的中国传统文化深厚的积淀为基础的"[②]。

"无讼"是儒家思想的一部分,必然要在治国理政中有所体现。无讼思想起源很早,《周易·讼卦》的卦辞是:"讼,终凶。"这是在告诫人们"诉讼不吉利"。[③] 儒家思想的创始人孔子指出:"听讼,吾犹人也,必也使无讼乎。"[④]这里的"无讼",不是不进行审判,也不是以其他手段阻止诉讼,他的"无讼",不是只顾眼前,而是着眼未来;不是简单手段,而是终极目的,但这只是孔子的理想,朱熹也在其《劝谕榜》中倡导:"劝谕士民乡党族姻所宜亲睦,或有小忿,宜各深思,更且委曲调和,未可容易论诉。盖得理亦须伤财废业,况无理不免坐罪遭刑,终必有凶,且当痛戒。"[⑤]因此说"在儒家思想的支配下,贵和持中、贵和尚中,成为几千年来中国传统文化的特征,而'无讼'则一直是执政者追求的目标"[⑥]。

(二)"无讼"追求的现实动力

在我国古代,以州县为政治体制的分界线,上下存在巨大差异。州县以上,明显为官僚政治,有着一套以"典章制度为规范的"行为准则;而在州县以下,其政治形态是"典型的乡绅政治,有着一套以人情关系为规范的行为准则",很多时候是"靠人情"来推动工作的。县作为最基层的地方政权,县官是帝国权力体系中级别最低的一级官员(所谓"皇权不下县"),是平民百姓眼中的皇权代言人,县成为帝国的治民之所。州县官

① 王世宗:《东方的意义:中国文明的世界性精神》,台北,三民书局2014年版,第96页。
② 张晋藩:《中国法律的传统与近代转型》(第4版),法律出版社2019年版,第298页。
③ 参见俞荣根:《应天理 顺人情:儒家法文化》,山东教育出版社2020年版,第123页。
④ 《论语·颜渊》。
⑤ 俞荣根:《应天理 顺人情:儒家法文化》,山东教育出版社2020年版,第124页。
⑥ 张晋藩:《中国法律的传统与近代转型》(第4版),法律出版社2019年版,第285页。

员的工作是帝制运行的基础，但是官员本身却难以受到朝廷的关注。这就导致“权力核心对州县官员的漠视，对彰显建制的重视，往往使地方官员陷入一种非常尴尬的境地”。州县官员，接触权力核心的可能性小，工作负担却是难以想象得大。所以说“天下之治始于县，县之治始于令”。县令的职能有四项：“钱谷、刑名、教化、治安。”[①]但在具体操作中，州县的政务被扩大到“无边无界的范围……州县长官，本身任期却是短暂的，职权也是有限的，以有限的职权和短暂的任期来应对无边的政务，其结果可想而知”[②]。到帝制国家后期，县令一人是朝廷命官，[③]所有工作由其一人负责，要在盘根错节中开展工作，便要处理盘根错节的各种关系，就权力结构的关系网络而言，海瑞总结指出：“上而朝廷，吾父母；中而抚、按、藩、皋、僚属、过客、乡士夫，吾长兄弟；下而书吏、里老、百姓人等，吾子姓，遇之各有正道。”[④]这里的“正道”，其实是儒家所奉行的那一套“伦理纲常”。官员的选拔和考核按照家天下的利益为参照，官场晋级中将私家利益作为衡量标准。对于那些“把做官食俸禄作为自己的人生终极目标”之人，他们的所作所为只向“皇帝和上级官员负责，至于说社会效益和民生疾苦只是官员政绩的一个参考指标，并不是最重要的指标”。[⑤]宦海沉浮中，“决定一个官员升迁的不仅仅是能力和贡献——它们只占很小的份额，还有各种人情关系和政治需要”。[⑥]而州县主官，他们很清楚，“亲民、教民都是表面文章，可以作为仕途的点缀，却不能让自己加官晋爵……上级最看重的、决定晋升的关键因素是钱粮赋税的征收情况”，因此，他们“无不将钱粮当成日常工作的重中之重来做”。[⑦]同时，州县衙门办案作

---

① 宗承灏：《衙门绝密录》，天津人民出版社 2019 年版，第 215 页。

② 宗承灏：《衙门绝密录》，天津人民出版社 2019 年版，第 215 页。

③ 古代官与吏是有区别的，“官”是管人的人，“吏”是受管的做事的人。官管着级别更低的官，更管着那些无品阶无级别的人，甚至是没有正式编制的吏。官并不直接管事，也不直接管民。

④ 《海瑞集》。

⑤ 参见宗承灏：《衙门绝密录》，天津人民出版社 2019 年版，第 216 页。

⑥ 参见王俊编著：《中国古代衙门》，中国商业出版社 2017 年版，第 129 页。

⑦ 参见张程：《衙门口》，中国文联出版社 2021 年版，第 57 页。

为刑狱工作的第一线、最初程序，狱贵初情也好，案件处理的开端也罢，在很大程度上决定后续程序处理的走向。基层县令工作千头万绪，爱民如子或同情弱者受益的是百姓或少数百姓，但考核后决定是否升迁在权力上层，因而便要有所取舍，但至少要迎合上级的评价。其中，“无讼成为德政的一种标识，官员的政绩考核的指标”[①]。相应地，各级官吏的“最大政绩，并不在于他们成功地审理了多少件民、刑诉讼案件，而在于他们是否通过种种努力，使得百姓‘民风淳朴’，使得人们‘皆以争讼为耻’、‘几致刑措’，等等”。[②] 反过来说，在我国传统的法文化中，“诉讼被认为是官吏德化不足和缺乏政绩的表现”。[③] 选择为官，不想碌碌无为，便要遵循官场的升迁逻辑，在消弭诉讼上下功夫，为升迁加分。

(三)追求无讼的实践面向

1.贱讼

“以和为贵”的文化无论是大传统，还是小传统，均教导人与人为善，以和为贵，自我向善。文化大传统对官员的培养和要求是“修身、齐家、治国、平天下”，小传统则奉行“万般为下品，唯有读书高”。儒生做官后，教化为民、和谐万邦，对于“讼”一般认为是道德败坏所致，因而古代与“讼”相关的词汇均有贬义，如“滋讼”“聚讼”“兴讼”“争讼”“健讼”“好讼”“讼师”“讼棍”自然更是无耻之尤了。[④]

这样，如果有人诉讼，便认为是教化不足，道德败坏之人，围绕整个诉讼程序的设计以及个案中的诉讼参与者“不得不‘贱’、不得不‘厌’”，尤其是不承认“当事人在程序法上有任何诉讼权利”，[⑤]将其客体化对待，视

---

① 俞荣根：《应天理 顺人情：儒家法文化》，山东教育出版社2020年版，第123页。

② 参见胡旭晟主编：《狱与讼：中国传统诉讼文化研究》，中国人民大学出版社2012年版，第29页。

③ 参见张晋藩：《中国法律的传统与近代转型》（第4版），法律出版社2019年版，第286页。

④ 参见胡旭晟主编：《狱与讼：中国传统诉讼文化研究》，中国人民大学出版社2012年版，第40页。

⑤ 参见胡旭晟主编：《狱与讼：中国传统诉讼文化研究》，中国人民大学出版社2012年版，第40～41页。

之为小人、刁民、无赖，各种不文明甚至暴力手段便信手拈来。因而每每有人击鼓鸣冤，便会不问青红皂白先打一顿板子，然后再对其察言观色。如果从中认为涉诉之人不是良民，是奸诈之徒，便顺理成章地进行大刑伺候，直至他们招供为止。同样对于诬告，刑讯得实后可以反坐。在对于这样的道德败坏之人进行严惩的过程中，以恶对恶、以邪恶对待邪恶等不合法律的方法办案是司空见惯的。这里程序公正或者人道尊严，不在办案者的考虑之内，如果不是屈打成招、徇私枉法、草菅人命便无须也无人关注。

2. 息讼

古代司法行政上的道德色彩浓厚，如果有人告状，衙门主官往往先自责，他觉得只要是“有违人情、有悖常理的事情一出现，肯定是政府失德”，[①]自我检讨，或者苦口婆心劝慰当事人，或者千方百计教育感化当事人，若有十人来告状，能让九人撤回，这就是教化有功，是水平，也是政绩评价的加分项，因为平息诉讼是古代官员在听审案件的重要考核标准。

与此同时，既然主流文化或绩效考核都强调教化为功，差评兴讼现象，因而州县衙门主官平时便在道德教化上下功夫，加大宣传力度，在断案中加大消解纠纷之力度，清代的康熙皇帝曾经颁布《圣谕十六条》，与“息讼”相关的有：“和乡党以息争讼”“明礼让以厚风俗”“敦孝悌以重人伦”“笃宗族以昭雍睦”“息诬告以全良善”“训子弟以禁非为”，等等。[②]当然，各朝各代对待诉讼尽管说辞不尽相同，但在态度上是一致的，这就导致各朝各代的司法官员在实践中将“息讼”放在首位，使用各种招式，可谓花样翻新、各有所长，总结起来有四种：一是“拖延”术，受理案件后推脱、迟延审理，使当事人因失去耐性而放弃诉讼或撤回诉讼；二是“拒绝”术，是对一般“民间词讼”以各种理由不予受理，将争端挡在衙门之

① 参见张程：《制度与人情：通俗解读中国古代政治制度的发展历程》，华文出版社 2021 年版，第 11 页。

② 胡旭晟主编：《狱与讼：中国传统诉讼文化研究》，中国人民大学出版社 2012 年版，第 42 页。

外;三是"感化"术,在诉讼过程中本着"'以德化人'之心,恳切劝谕,使当事人主动息讼",这是古代司法官的惯常手段,与主流文化的教化万民相契合,也与无讼追求的现实目标相一致,因而几乎构成了"古代司法审判的基本内容和模式",[①]在个案中造就了无数的历史佳话;四是设"教唆词讼"罪,尤其是针对讼师,在古人眼里,"兴讼是道德败坏的表现,是社会稳定的威胁,是陷人心不古的权利之争和使人格与族望扫地的恶行",[②]因此一般会对讼师进行严打。

3. 其他

为了减少诉讼,各级司法官员还通过在各地树立道德楷模,强化乡间耆老、里正、族长的教化与纠纷化解功能,对狱讼进行分流做衙门外处理。由于这一部分还对应民的厌讼、耻讼,下文再做分析。

与此同时,一旦刑狱发生,有当事人等不服裁判,认为存在冤情的,司法官员也会千方百计地控制影响,虽然诉讼已经发生,追求无讼已经不可能,但是减少上级考评时的扣分项乃当务之急。其中,地方官吏对于因刑狱要上京控的人员,围追堵截,各种手段、怪招层出不穷,最为"恶劣的是截访、截拿上访人的伎俩。历史上就有很多地方豪绅、官吏派人在路上抢走上访者的盘缠——上访者绝大多数都是贫苦百姓,没了路费川资,自然就寸步难行,更不用说是到京城上访了"。[③]

三、裁判官情判的不可复制

前文已经指出,国人的日常生活中,调整人们行为规范的并不是法律,而是一套道德规范,人与人之间奉行仁义礼智信,在行为方式上尊礼如仪,相处之道为重义轻利,日常交往奉行"和为贵"与和气生财,这与儒

---

① 参见胡旭晟主编:《狱与讼:中国传统诉讼文化研究》,中国人民大学出版社 2012 年版,第 44 页。

② 参见张晋藩:《中国法律的传统与近代转型》(第 4 版),法律出版社 2019 年版,第 289 页。

③ 参见宗承灏:《衙门绝密录》,天津人民出版社 2019 年版,第 218 页。

家思想影响至深至远有关，儒家学说的创始人孔子也常常被奉为“无冕之王”，即“素王”。[①] 儒家学说是一种“重视现世、关心社会的学说。孔子所追求的是想在封建或封建官僚式的社会秩序体制之内实现社会正义”。[②] 以孔子为开端，儒家思想进一步发展，就人性之善/恶的观念进行考察后，李约瑟博士指出：“中国人思想的特点是这样的：人所独有的特征不在于推理的能力，而在于他所具有的正义感。”[③]

在我国传统社会的刑事审判中，有一种称为情判或妙判。饱读儒家诗书的各级衙门长官在审理案件时，并不是如我们今天所熟知的那样，本着实体法的罪刑法定原则、刑法适用的平等原则、罪刑相适应原则，证据法的自由心证与证据裁判原则，程序法的无罪推定、程序法定、正当程序、有效辩护、公正审判等原则进行，而是根据对儒家经义的理解，对案情的准确把握，对人情世故的巧妙揣摩，对各种价值的精妙权衡，作出符合时代、符合伦理、符合人情的巧妙判决，而且往往能够做到各方满意、扬善抑恶、弘扬正气、传播义礼，被当时和后人传为佳话。

清代著名的画家及诗人郑板桥任山东潍县知县时，曾审过一则“僧尼私恋案”。一日，乡绅把一僧和一尼带入县衙，谴责他们私通。实际上，他们在没有削发为僧/尼前是同村人，青梅竹马长大后两情相悦，海誓山盟后私定终身，但女方父母却拟将女孩许配给邻村一个老财主做妾，女子宁死不从，出逃到桃花庵削发为尼，男孩也在绝望中削发为僧。巧在三月三的潍县风筝会上，痴男怨女偶相逢，于是趁夜色互诉相思苦，不料被人撞见当场被抓。依《大清律》，僧道犯奸要在凡人相奸（杖八十或徒二年）基础上加二等。郑板桥问清案情后，认为情有可原，“遂判他们可以还俗结婚，提笔写下诗体判词曰：‘一半葫芦一半瓢，合来一处好成桃。从今入定

---

① 参见［英］李约瑟：《中国科学技术史：科学思想史》（第2卷），何兆武等译，科学出版社2018年版，第4页。

② 参见［英］李约瑟：《中国科学技术史：科学思想史》（第2卷），何兆武等译，科学出版社2018年版，第5页。

③ ［英］李约瑟：《中国科学技术史：科学思想史》（第2卷），何兆武等译，科学出版社2018年版，第23页。

风归寂,此后敲门月影遥。鸟性悦时空即色,莲花落处静偏娇。是谁勾却风流案?记取当堂郑板桥'"。[①] 此案被传为佳话,从判词角度分析是一种艺术,若从情判角度分析则是一种裁判意境,是一种裁判艺术。

情判、妙判在我国传统社会比清官现象要相对普遍,但凡能够情判或妙判的,都绝不是信手拈来,而是可遇而不可求的:一是案件的特殊性,如果案情简单或者法律规定等十分明确,裁判官便没有另寻结论的必要;二是裁判者人文法律素养超凡脱俗,绝非泛泛之辈,他们对儒家经典的把握、对人情世故的拿捏、对法律规定的熟稔、对吟诗作赋的精通,都恰到好处。这些案件之所以能传为佳话,恰恰与主流文化相契合,如果背离儒家伦理便有可能引来杀身之祸。可以说,情判、妙判的案件,均属疑难案件,法律规定的人伦关系,因为现实的复杂多变可作区分理解,生硬裁判便会使刑罚有失公允,背离人之常情。林语堂先生曾指出:"中国的司法是一种艺术,不是科学。"[②]这就意味着,作为非常态的情判、妙判,契合丰富多彩的生活,疑难案件也是大千世界中的极端案件,对法律规定的严格遵循便会或多或少地存在缺憾,这不是法官的问题,但是面对这样的案件,需要法官穷法究理、法益权衡、理解时代、关注现实,像曾经饱读诗书的裁判官一样,将各种可能考虑其中,将主流价值观念参透,最后作出具有引领性的高难判决,满足立法、司法的时代需求。

四、古代清官的凤毛麟角

我国传统文化博大精深,包容性特别强,在饱读儒家诗书的人之中有极少数官员"不食人间烟火",与官场的"惯常节奏"不合拍,是官场中的另类,但是恰恰因为其难能可贵,所以名垂青史,为此后的主流文化所宣扬,为平民百姓所敬仰,在历史演进中不断丰富人物形象,传为佳话,可以

---

① 参见胡旭晟主编:《狱与讼:中国传统诉讼文化研究》,中国人民大学出版社 2012 年版,第 569 页。

② 林语堂:《中国人》,郝志东、沈益洪译,学林出版社 2000 年版,第 91 页。

说“清官廉吏大多是孤介之士,生前艰辛而死后留名”,[①]并且历史上“真正的清官只是凤毛麟角”。[②]

就清官所包括的内容看,包括:一方面,清官意识为“民本思想”所派生,“安民”“保民”“养民”“为民请命”等思想行为,在历代清官身上体现得都比较突出;另一方面,清官还是朝廷树立官场典型对理想人格的形塑,也是儒家知识分子正面形象的代表。清官意识尽管在官方的记载中有所涉及,但更为久远的在“民间社会持久和广泛地传播”,甚至可以说“清官基本上是一种民间意识、民间信仰”,在广泛传颂的清官佳话中,可以想象“是黎民百姓塑造了清官的形象,维持了清官的信仰”,可以说“清官是民间社会的平民百姓为自己创造的理想官吏,也是平民百姓以自己的心灵和情感来供奉的‘神’”。[③]“清官”受“青天”意识指导,古人认为:“为官长当清、当慎、当勤,修此三者,何患不治乎?”[④]据此,清官意识体现为:其一,“清廉品德”是为官的必要条件,更是执法的必备前提;其二,“慎”,即“慎乎法”“慎乎刑”,在诉讼活动中“不弃律,不尚酷,为惟官而屈法,不为民而酷法”;其三,“勤”,“勤思”与“勤政”。[⑤]其实,在官场中摸爬滚打,既有同僚之间的尔虞我诈,也有上司钦差的吃拿卡要,更有朝廷升贬的一念之间。但是,在官场如炉的复杂网络中,能够保持廉洁自律,能够做到不同流合污,必然需要刚正不阿、不畏强权。恰恰因为木秀于林,因而受历代敬仰,但也会被增添内容,如宋代包拯,铁面无私、明察秋毫、断案如神,但据郭建教授考证,仅“智断牛舌案”为包公亲断,包括作为其行使“先斩后奏”之权的三口铡刀也无历史事实。在包拯第一次

① 参见宗承灏:《衙门绝密录》,天津人民出版社2019年版,第19页。

② 参见王子今:《权力的黑光:中国传统政治迷信批判》,四川人民出版社2020年版,第258页。

③ 参见胡旭晟主编:《狱与讼:中国传统诉讼文化研究》,中国人民大学出版社2012年版,第143页。

④ 《世说新语·德行第一》。

⑤ 参见胡旭晟主编:《狱与讼:中国传统诉讼文化研究》,中国人民大学出版社2012年版,第203~206页。

做官任安徽天长知县时,有一个农民跑到县衙报案,称自家耕牛突然不食草,满嘴是血,扒开牛嘴巴一看,牛舌被割,请求包拯做主,缉拿案犯。包拯告诉苦主,不急先回家,第二天白天先杀了耕牛再说。秦以来,杀牛均为重罪,宋代杀牛要判一年半的徒刑,而且不得赦免。宋代法律规定,如果县令三年任上发生七起以上农民私自屠宰耕牛案,便要受降级处分改任县丞。杀牛后的第二天,有农民来报案,称村里有人昨天私自屠宰耕牛,要求包拯依法惩治。包拯一拍惊堂木,直指纠举之人便是割牛舌之人,这个农民当即认罪伏法,称与耕牛主人有过节,割牛舌是为了报复。案件真相大白,割牛舌者被判屠牛罪。①

这里需要进一步说明的是,清官在传统社会属凤毛麟角,他们"出淤泥而不染",在古代官场中如一缕徐徐清风,是一股浩然之气,但他们对于人情世故、风土人情、儒家经典、案件现实的理解深入细致,无论是判断能力还是人品素养都是可圈可点的,是精英,也是楷模,更是弥足珍贵的民族记忆,也是我国全面依法治国中需要深入挖掘的宝贵财富,是文化自信的重要素材,尤其对我国当下建设德才兼备的法治工作队伍有启迪意义。

五、平民百姓的厌讼、耻讼

与传统社会裁判官对"无讼"的追求相契合,平民百姓也对诉讼持排斥态度,在文化小传统上形成了厌讼、耻讼的心理,但这不仅是前述顺应主流文化的结果,而且有其自身的生存土壤。

(一)厌讼、耻讼的支撑理念

如前所述,我国文化不同于西方文化,在二人对应的关系中定义个人,结果形成了以对方为重的文化,不是从自我感受、需要、认知出发,而是从别人怎么看、有何感受、对其有何影响出发,此情此景,人与人之间的关系是讲交情、讲礼尚往来、讲吃亏让别人欠情的一套交往逻辑,纷争因

---

① 参见郭建:《中国传统法律文化精讲》,复旦大学出版社2020年版,第227~230页。

谦让而减少,故在以“己”为中心的“关系性”交往中,一般是排斥诉讼的。

我国的主流文化强调“礼之用、和为贵”,这种和谐文化与诉讼的对抗、相争是相对的,不仅如此,在小传统的家庭之间,或者以家为中心外推的人际交往中也是讲付出、讲奉献的,亲情之间不需要对簿公堂。因此说,“中国古代就是一个家族本位的熟人社会,崇尚伦理秩序,无讼和调解正是与这种社会结构相契合的,不应视为纯属统治者的主观妄为,实践中也取得了协和人际关系、稳定社会秩序,又节约诉讼资源和司法成本的效果,孔子和儒家提倡无讼论的合理性正在于此。经过几千年历史的选择和积淀,重调解、贵和谐成为中华民族的文化心理”。[①]

(二)厌讼、耻讼的现实基础

在我国古代,社会最基本的单位是“家”和“族”,即“建立在血缘关系基础上的最小单位是‘家’,集家又成‘族’”。[②] 尽管在传统社会,人与人之间的交往也遵循特定的规范,但这种规范很大程度上不是国家的法律规范,而是日常行为规范或社会规范。又由于我国传统社会是宗法社会,也是农耕社会,典型特点是安土重迁,每个人的交往半径和生活半径都比较短,再加上个人都属于特定的家族,因而家族成员或地域成员之间的交往便在整体上局限于家族成员之间,以及基于姻亲局限于一定地域内的亲属、邻居之间。在传统社会后期,一般家族都有族规、家训等,形成我国特有的家族法。此类规范形成于北宋时期,当时“鼓励联宗收族,作为封建社会重要一翼的家长制家庭,得到了进一步强化。社会上大量流行的‘家训’‘宗规’之类的族内成文法,使得族长们更加严密地有恃地钳制和束缚族内成员”。[③] 越到传统社会发展后期,这类家训、族规的发展越成熟,如明代郑氏家族的《郑氏家范》规定:“子孙倘有私置田业,私积货泉,

---

① 参见俞荣根:《应天理 顺人情:儒家法文化》,山东教育出版社2020年版,第127~128页。

② 参见胡旭晟主编:《狱与讼:中国传统诉讼文化研究》,中国人民大学出版社2012年版,第612页。

③ 参见张晋藩:《中国法律的传统与近代转型》(第4版),法律出版社2019年版,第166页。

事迹显然彰著，众得言之家长。家长率众告于祠堂，击鼓声罪而榜于壁，更邀其所有亲朋，告语之，所私即便拘纳公堂。有不服者，告官，以不孝论。其有立心无私，积劳于家者，优礼遇之。更于《劝惩簿》上记其绩，以示于后。"[①]此类家规、族训在明清时期非常多，而且在一定程度上还得到朝廷或国家法的认可，是为"家族法"。"作为社会普遍制定的家法、家规、家训、族规、族约、宗规、宗约，'在结构上很多都模仿和接近于封建国家制定法，如有相似于国家制定法的正文、注疏、行为规范和相应的法律后果等部分。在内容上，它涉及封建国家制定法中的刑事法律和民事法律的很多方面，与封建国家制定法有广泛、深入和直接的联系'。此时的家法族规俨然以'准法律'的面目出现，它的法律效力也越来越大。"[②]在这里，家族可以既是宗族组织，也是司法机构。族、房和家便是三级司法机构。由轻到重，由家到房、再到族，有一套系统的程序。宗法组织对其成员的教育，远离狱讼、和谐相处、清白做人等观念使其耳濡目染，厌讼、耻讼劝勉早已在日常生活中为家族成员所接受，再加上家族司法的存在也使纠纷的族内解决成为可能，刑狱的发生及"送官府惩处"则寥寥无几，因而更加强化了"厌讼、耻讼"的心理效应。

其实，除了家族法及家族司法之外，在传统社会还存在另外一种重要的乡土秩序，如明太祖朱元璋于洪武五年(1372 年)创建"申明亭"，作为"读法、明理、张善抑恶、剖决争讼小事、辅弼刑治之所"，设申明亭处，也必设"旌善亭"，亭上书"写善人善事、恶人恶事，以示惩劝"。其运行方式为"每里推选一年高有德者掌其事，曰老人，里长襄助"。[③] 就调解(不仅仅是明朝初年)而言，"里正"或"耆老"作为解纷的调解人员，都是"乡里

---

① 胡旭晟主编：《狱与讼：中国传统诉讼文化研究》，中国人民大学出版社 2012 年版，第 618 页。

② 胡旭晟主编：《狱与讼：中国传统诉讼文化研究》，中国人民大学出版社 2012 年版，第 615 页。

③ 参见俞荣根：《应天理 顺人情：儒家法文化》，山东教育出版社 2020 年版，第 122~123 页。

德高望重之辈或大家族之族长,或财绅”。[①] 该“老人”定期向里中编户“宣读并讲解明《大诰》《大明律》、明太祖的《教民榜》”,使全里人“知法畏法,不敢犯法”。同时还宣讲“‘孝顺父母,尊敬长上,和睦乡里,教训子弟,各安生理,勿作非为’《圣谕》六事,并讲说《宣谕》……须‘各守本分,纳粮当差’……尊为‘方巾御史’”。[②] 这不难看出,“耆老”宣讲的既有国家法律,也有道德规范,他们在正面劝人向善的同时还积极调解纠纷。而且,其他朝代也有乡规民约,对本乡本土的乡民进行教化引导,对其违反规约的行为进行惩戒,由德高望重、饱读诗书的老年人负责,做法也与明朝大同小异,如果存在纠纷或有小偷小摸、为非作歹行为,这些乡绅耆老等也可以进行训诫或责罚。大庭广众之下,受训斥、惩戒是“丢面子”的事情,这也强化了平民百姓的“厌讼”“耻讼”心理。

(三)厌讼、耻讼的具体表现

在传统社会后期,西方传教士对我国百姓进行观察,认为他们具有极为惊人的隐忍性,遇事隐忍,能躲就躲。他们本着“退一步海阔天空”“忍一忍风平浪静”的心态,与人相处,奉行“和气生财”的理念,认为“吃亏就是占便宜”,等等。这就使在传统社会人们“面朝黄土背朝天”男耕女织的生活中,纠纷出现的概率很低。

他们的厌讼、耻讼心理往往表现为家庭内部纠纷,往往认为“家丑不可外扬”,稍微谦让一下便会云开雾散,凡事多念念别人的好;“屈死不告状”,宁愿吃亏也不去告状,鸡毛蒜皮的事不跟人一般见识,事情重大则本着“惹不起,总能躲得起”的观念;重大事件发生,宁愿“私了”也不“报官”,乡里乡亲“做事留一线,日后好见面”,凡此种种,一般人“以一生未进‘法院’为荣,一般家族则在修谱时以‘阖族和睦,历久无讼’相标榜”。[③]

---

① 参见胡旭晟主编:《狱与讼:中国传统诉讼文化研究》,中国人民大学出版社 2012 年版,第 883 页。

② 参见俞荣根:《应天理 顺人情:儒家法文化》,山东教育出版社 2020 年版,第 123 页。

③ 参见胡旭晟主编:《狱与讼:中国传统诉讼文化研究》,中国人民大学出版社 2012 年版,第 41 页。

第四节　我国刑事审判转型中的消极因素

我国传统社会自有其理论基础、教育制度、考试制度、官僚制度、人才选拔制度，传统刑事审判便是在前述诸多因素相互作用的总体背景下展开，审判运行的各要素与整个大环境相契合，"恤刑""慎刑""宽严相济"等是主流，但是站在我国刑事审判文化现代化的语境下，它们是必须要克服的消极因素，本节主要分析历史上审判职能不独立，程序不受重视两大因素。

一、审判缺乏独立性

（一）审判职能不独立的理论前提

如果说英国的刑事审判来源于它的普通法传统，中国的刑事审判则来自它的儒家传统。儒家传统强调家国一体，家国同构，儒家文化或以儒家文化为核心的中国文化是一种向内用力的文化，不主张天人对抗，不主张人对自然的征服与改造，不将自然对象化和客体化，强调在"二人的对应性关系"中定义个人，是以他人为重的文化，处处以别人的感受为重，因而人与人之间交往以"个体""自我疆界"的消弭为特点，这种情况下个体的权利与义务等内容是无从产生的。儒家文化强调道德教化，受教育的人以"修身、齐家、治国、平天下"为人生奋进方向，无论从孟子的性善论（人之初、性本善）出发，还是从性恶论着眼，都强调教育、教化的作用，荀子的"化性起伪"强调教育的作用，教育、教化后没有效果的，便是"非人"便需要用法律来处罚。这样，我国传统社会的法律也好，审判也罢，仅仅是一种教化失败才引入的手段，在教化第一位的前提下，国家的各种定位中审判便永远是别无选择时不得不用的手段，因而司法和审判便不被放在优先地位来看待。

(二)审判职能不独立

我国帝制时代的官僚群体整体看是“一肩二职”:一方面对发放俸禄的皇帝负责,另一方面要对文化道义与黎民苍生负责。[①] 通常而言,皇权之下中央设有最高司法机构,秦汉时为廷尉,隋唐时期开始形成以“大理寺为中央审判机构、刑部为最高复核机构、御史台为最高监察机构”的三大中央机构。明清发展为“刑部(审判)、大理寺(复核)、都察院(监察)‘三法司’”,负责司法审判事务。按道理都察院(监察)本来应该从事的是对审判是否合法、公正之监督工作,而不是直接参与案件的审理,因此可以说,即便是中央层面,我国古代并没有形成司法职能独立的原则,三法司没有单独的从下而上的审判组织系统,也不可能奉行独立审判原则。[②] 恰恰因为三堂会审,导致“中国古代司法制度中的一个突出问题是审出多门,审判权不能划一行使,这一问题与监察职能的无序扩张有紧密联系”。[③] 在地方上,司法审判仅仅是地方政府诸多工作中的一部分,是地方长官的职责之一,但在官职的设置上并无“专门法官和单独的审判组织体系。从此意义上说,认为中国古代‘行政与司法合一’,还不如说‘行政兼理司法’更为贴切”。[④] 因此,“在中国传统社会里,可以说自始至终都没有与‘行政’相对应的‘司法’,‘司法’只是‘行政’应有的一种职责,因而既不存在专门化的司法系统,也没有职业化的司法队伍”[⑤]。就我国的官员选拔而言,推举制也好,后来的科举考试也罢,古代官员(包括审判官)所接受的“教育和训练”几乎都是“儒家经典和道德礼义”,各朝各代“并不将法律作为一种专门的学问来学习、钻研和训练,甚至还视其为等而下之的东西”;国家对官吏的选任也不注重这一方面的知识与素养,与

---

① 参见袁瑜琤:《中国传统法律文化十二讲:一场基于正义与秩序维度的考量》,北京大学出版社2020年版,第242页。

② 参见王立民主编:《中国传统侦查和审判文化研究》,法律出版社2009年版,第260页。

③ 参见曾哲:《中国监察制度史稿》,光明日报出版社2019年版,第293页。

④ 参见王立民主编:《中国传统侦查和审判文化研究》,法律出版社2009年版,第261页。

⑤ 胡旭晟主编:《狱与讼:中国传统诉讼文化研究》,中国人民大学出版社2012年版,第12~13页。

前者具有同样的倾向。[①] 这进一步决定了我国“政治统治与司法审判”完全合一,各地的“官府就是法院”,各地的“官员就是法官”。我国诉讼审判制度的目的是“以贯彻官府的政令为核心”,视民间的诉讼为“对政府施政的干扰”。[②]

(三)“法外”“审外”裁判

除审判职能的混同之外,我国古代也存在审而不判的情况。如对贵族官吏的特权制度,《唐律疏议》沿袭既往规定,针对“八议”,规定“诸八议者,犯死罪,皆条所坐及应议之状,先奏请议,议定奏裁”,即皇帝周围“亲、故、贤、能、功、勤、宾、贵”等犯死罪的人物,一般的审判机关“不得径行审判,要先奏请皇帝批准集议,议定之后复请皇帝裁决”,[③]即先议后判。与此同时,我国古代推崇以情断案,“在儒家思想主导的中国古代,情理高于法令而具备了类似西方自然法的衡平功效,情理也自然成为比法律更高的法律渊源”,[④]“古人断案大量地使用义、礼、天理、人情一类的字眼,这些都是断案的依据,其效力并不低于正典的法律条文,甚至有时比它们更高”[⑤]。这里所谓“人情”“实质是‘亲亲’‘尊尊’血缘伦理,以情断案不过是以渲染圣君仁慈的方式来宣扬封建纲常名教”“以情断案是礼刑相佐、明刑弼教在司法实践中的具体化”[⑥]。这一内容已经在其他地方多处提及,在此不再赘述。最后,在“王权至上、人情大于法理”的环境

① 参见胡旭晟主编:《狱与讼:中国传统诉讼文化研究》,中国人民大学出版社 2012 年版,第 13 页。

② 参见郭建:《中国传统法律文化精讲》,复旦大学出版社 2020 年版,“前言”第 3 页。

③ 参见袁瑜琤:《中国传统法律文化十二讲:一场基于正义与秩序维度的考量》,北京大学出版社 2020 年版,第 219 页。

④ 参见胡旭晟主编:《狱与讼:中国传统诉讼文化研究》,中国人民大学出版社 2012 年版,第 430 页。

⑤ 胡旭晟主编:《狱与讼:中国传统诉讼文化研究》,中国人民大学出版社 2012 年版,第 97 页。

⑥ 胡旭晟主编:《狱与讼:中国传统诉讼文化研究》,中国人民大学出版社 2012 年版,第 98 页。

里,[1]裁判官在审判案件时,既要在案件涉及的关系中左右逢源,也要对案件全面考虑,死刑案件的最终裁判权在皇帝手中,因而说皇帝是最大的法官也不为过。

(四)衙门中流水般的裁判官

按道理法官/从事裁判者应该善始善终,但是我国古代的各级官员不仅不能按照职业区分从一而终,而且恰如俗话“铁打的衙门,流水的官”。衙门中“你方唱罢我登场”,常态下为官一任任期短短三年,还不包括其间存在变故,中途换主的情形。就个人而言,宦海沉浮,或平步青云,或大起大落,或原地踏步,真正能够如愿在行政兼理司法的前提下从事审判工作的寥寥无几。如北宋官场上的文豪苏东坡,虽然仅仅是个案,但也能看出其仕途多变,甚至较为坎坷,而且在探讨我国古代“诉讼的人情化与艺术化”时,苏东坡于杭州任职时审理民间讨债案,苏东坡当场以扇面作画,二十把扇子抢售一空,苦主债务得还,各方皆大欢喜,传为佳话,[2]而且林语堂先生也认为他是“心肠慈悲的法官”,对他在官场的评价是:“在为官职所羁绊时,他自称局促如辕下之驹。处此乱世,他犹如政坛风暴中之海燕,是庸妄官僚的仇敌,是保民抗暴的勇士。虽然历朝天子都对他怀有敬慕之心,历朝皇后都是他的真挚友人,但苏东坡还是屡遭贬降,甚至遭到逮捕,忍辱苟活。”[3]苏东坡后来被流放海南,无官一身轻,在炼丹求道中给人生画上了句号。

我们不能拿今天的标准苛责古人,但是衙门法官变动频繁是客观存在的。这无疑使司法的独立性在前述问题的基础上又打折扣。

---

① 参见胡旭晟主编:《狱与讼:中国传统诉讼文化研究》,中国人民大学出版社 2012 年版,第 558 页。

② 参见胡旭晟主编:《狱与讼:中国传统诉讼文化研究》,中国人民大学出版社 2012 年版,第 16~17 页。

③ 林语堂:《苏东坡传》,张振玉译,湖南文艺出版社 2018 年版,“原序”第 3 页。

二、程序被轻视

(一)轻程序的原因

1."经验—实用"型思维方式

有观点认为:"中国的民族性,是常识的、功利主义的。所以中国一切的学问都是实践之学。在中国智识社会所发达的思维,一切都集中于和人的现实生活有直接关系的实际问题。道德、政治或处世之方、成功之法等,是为关心之焦点……中国人没有成立初看好似与实用无关的论理学。"①这里的论理学对应的词汇是 categoria,日译范畴,来自我国《书经》之《洪范》九畴,正是政治伦理体系的演绎,实用主义指向明确,但停留在对现实之人日常生活的观察,忽视一般性或规律性的抽象,即"中国人重视个别性……站在信赖且执着于感觉的特殊性之立场,故较之于把握事物的合于法则的统一,毋宁是对不统摄于法则的多样性的方向,要敏感得多……对于规制多样事项的法则之普通妥当性,则不予考虑"。② 李泽厚先生指出:"中国实用理性有其唯物论的某些基本倾向,其中我以为最重要是它特别执着于历史。历史意识的发达是中国实用理性的重要内容和特征。所以,它重视从长远的、系统的角度来客观地考察、思索和估量重重事物,而不重眼下的短暂的得失胜负成败利害……把自然哲学和历史哲学铸为一体,使历史观、认识论、伦理学和辩证法合一,成为一种历史(经验)加情感(人际)的理性,这正是中国哲学和中国文化一个特征。这样,也就使情感一般不超出人际界限而狂暴倾泻,理智一般也不超出经验界限而自由翱翔。"③也恰恰因为我们观察和把握世界的方式重在"直观和具象",思维方式便停留在"经验—实用"上,进而决定了民族性"思维

---

① [日]中村元氏:《中国人之思维方法》,徐复观译,九州出版社 2013 年版,第 112 页。

② 参见[日]中村元氏:《中国人之思维方法》,徐复观译,九州出版社 2013 年版,第 104 页。

③ 李泽厚:《中国古代思想史论》,人民文学出版社 2021 年版,第 259 ~ 260 页。

方式的特点是重判断而轻分析、重结果而轻过程、重实体而轻程序”。[①]

2.“全职—全能”型官员使用

我国传统社会中,“学而优则仕”永远是幸运的少数人,学优而未能入仕者为了谋生便需要以其识文断字之所长谋生。这样,便有了官与吏之区分,官从七品知县开始,他们是朝廷命官,领受皇恩、食君俸禄,仕途如果顺利可以升迁,虽然不能步步高升,但总是“体制之内”的一员,县令是官仕途的开始,一般负责钱谷、刑名、治安、教化,但现实中的政务事无巨细、无穷无尽。这些无穷无尽的政务并不是由县令事必躬亲,而是由幕吏[②]、衙役等具体负责,他们在行使由县令负责的各项事务中,因缺乏监督机制,便会狐假虎威,趁机捞取好处,在刑狱案件中超越法律规定牟取非法利益便较为常见,在防不胜防的偷奸耍滑、敲诈勒索的情境之下,一般县令只能退而求其次,任这些幕吏、差役等“有限地”胡来,失去监督与制约的办事过程/程序,实际上包含县令的默许,轻视程序便顺理成章。县官升迁,幕吏等会留任,州、府、省/郡等大抵如此,这样轻程序的范围便得以扩散,再加上程序本身不受重视,便在现实中得到放大。

不仅如此,从县令开始的地方官员特别是衙门主官,一官多项职能,而在程序本身或职能行使条件缺乏严格限定的前提下,便会衍生出各项权力,随意行使的权力便意味着程序制约的缺乏,这些权力行使的评价取决于其实现的结果,不出人命、不影响考核便无须认真对待,程序也便无须关注了。

---

① 参见胡旭晟主编:《狱与讼:中国传统诉讼文化研究》,中国人民大学出版社 2012 年版,第 17 页。

② 吏与官,是有天壤之别的。吏“不是官员,且地位低微,为人所轻。读书人‘读书不读法’,读律、判例、行政规章和惯例等在他们看来不是真正经世治国的学问,而是手艺,是刀笔小技。而操习这些的‘吏’,就是‘匠人’了。自然要低读圣贤书、济世救民的官员们一等”。详见张程:《制度与人情》,华文出版社 2021 年版,第 137 页。明清时期,幕友也叫师爷,整体上为绍兴人把持,他们一般世代习幕,绍兴师爷在全国各级地方政府做师爷,相互之间联系紧密,也会互通信息,暗中勾兑,谋求私利。

(二)轻程序的表现

1.依法刑讯在实践中异化为普遍刑讯

我国古代刑讯制度在西周便已存在:"仲春之月……命有司,省囹圄,去桎梏,毋肆掠,止狱讼。"[①]孔颖达注"掠"为"捶治人也"。据此,"西周已有刑讯求口供的做法"。[②] 最晚到秦朝,刑讯便已合法化和制度化。合法刑讯,便需要严格的限制条件,依法行刑,如"诸应讯囚者,必先以情,审察辞理,反复参验,犹未能决,事须讯问者,立案同判,然后拷讯。违者,杖六十"。[③] 不过,在现实中因为官场陋习的存在,有时甚至远离审判与法度,变成了衙门编外人员的衙役榨取钱财的肮脏手段。清朝桐城派方苞于康熙五十一年(1712 年)因为《南山集》出版作序而入狱刑部大牢,看到每天都有三四具尸体被从监狱的后门抬出去,一同入狱的原山西洪洞县令杜某已经习以为常。当时的情况往往是,一旦有命案发生,从缉拿犯人开始,衙役们便把缉捕工作当作买卖来做,任意捏造罪名逮捕无辜者,常常缉拿主犯、从犯、胁从犯等一干人等,赫然在列的一定有当地富豪,他们这样做的目的很明确,就是借机讹钱。你"想不上杀人黑名单,就交钱,而且是大钱。交得少了,他可能只是把你的名字从主犯挪到帮凶而已……有罪的人混杂在无辜者中进入监狱后,真正的噩梦开始了……和方苞一起被捕遭遇下马威的有三个人:其中一个塞了 30 两银子,被打得轻微骨折,病了一个多月才好;另一个给了 60 两银子,伤了肉没有伤到骨头,养了 20 天就好了;第三个人拿出了 180 两银子,结果当晚就像平常人一样了",小吏根据交钱多少区别对待的逻辑是"不区别对待,谁愿意多给钱",这样,一个人从入狱那一刻开始,"决定他命运的不是罪行,也不是态度,而只是他的经济能力"。[④] 当然,监狱之中,获取口供的严刑拷打才

---

① 《礼记·月令》。

② 参见胡旭晟主编:《狱与讼:中国传统诉讼文化研究》,中国人民大学出版社 2012 年版,第 105 页。

③ 参见《唐律疏议·断狱》,"讯囚察辞理"。

④ 参见张程:《衙门口》,中国文联出版社 2021 年版,第 305～306 页。

是本书意义上的刑讯逼供，但纠问式程序中侦查、起诉与审判程序合一，监狱中的其他各种陋习、野蛮现象与今天的变相刑讯（逼供）也有异曲同工之处。我国传统社会自秦朝以后，越到后期，刑讯逼供的现象越普遍，这是不容忽视的事实，与儒家的恤刑、依法刑讯也格格不入，更是今天的刑事诉讼所严厉禁止的。

2. 裁判官对案件不审而判

这里的不审而判并不是胡乱判案，而是通过对人性的准确拿捏，对案情的大体猜测，对结果的必要自信进行裁判。如（清代记载）元代聂以道判决的“还钞得钞”案：聂以道在江西任职，一天有人早起去卖菜，捡到元代银子 15 锭，回家后将这件事告诉母亲。母亲非常生气地说：“莫不是偷来欺骗我吧！何况我们家从来没有出现过这样的事，别马上招来灾祸，应该快点送回去！”儿子按照母亲的吩咐拿着银子到拾起的地方，果然遇到丢钱的那个人，还给他。这个失主却说：“我原来是 30 锭银子，你为什么私吞一半？”两人争执不下，相互拉扯到聂以道面前。聂以道调查乡邻，核实案情如二人所说，于是作出判决，指出：“丢的银子是 30 锭，捡到的银子是 15 锭，不是失主的那些银子，失主可以到别的地方去找。这 15 锭银子应该给拾主母亲用来养老！”①

这样的案件审判，在传统社会可谓多有记载，在本案中，聂以道并没有对案件进行审理，无论是拾金而昧还是设局讹人，都仅仅核实了二人争执本身，也没有判侵占本身，更没有另案追诉欺诈，仅仅认为二人争执不一致，便将所拾银子判给拾主，遂宣告审结。这是典型的对争议事实没有审理，在清代是被充分肯定的，在当下也还可以接受，但无论从当下人口流动性对应的丢失财物（寻找）看，还是从法律、审判的内在要求看，均不能作出这样的终局处理。

① 参见胡旭晟主编：《狱与讼：中国传统诉讼文化研究》，中国人民大学出版社 2012 年版，第 564 页。

3. 裁判官对案件的不问而拷

这里对案件不问是指对案情本身的不闻不问，经过其他看似与本案关系不大的环节，然后静待某种情形出现，作为对案件处理的前提，就案件直接相关的问题不闻不问，这是与程序正义的内在要求相悖的。但是从当时的案件处理本身看，有值得肯定的地方，能够满足实体上的公正。其中有一个案例是这样的，一个老妇人早年丧夫，一人含辛茹苦将独子抚养成人，直至其娶妻成家。但天不如人愿，该男儿英年早逝，而且没有子嗣（女）。家中婆媳均成寡妇，有人劝儿媳改嫁，媳妇矢志为丈夫守节。丧夫的痛还没有过，家中又平添烦心事。婆婆与一无赖勾搭起来，频繁入室，寻欢不疲，儿媳劝阻，提示婆婆要注意影响。但是婆婆不知收敛，泼皮无赖往来家中一如既往，儿媳便摔东西、（向泼皮无赖）泼脏水以示抗议。两人情浓，儿媳气盛，抗议升级。后来婆婆便到官府告发儿媳不孝且不守节，衙役便带儿媳到大堂问话。儿媳抗辩说，不是她不守妇道与不尽孝道，而是婆婆为老不尊、不知羞耻，与泼皮无赖勾搭成奸。县令于是便当堂传讯此泼皮无赖。泼皮无赖来到大堂，县令吩咐衙役将一些刀具等呈上大堂，令婆媳二人拿趁手工具对此无赖泄愤，儿媳拿起剪刀便刺、婆婆拿起绣花针走向泼皮无赖且含情脉脉。在未及伤人之前，县令惊堂木一拍，让人对婆婆和无赖拷问，真相大白。

类似这样的案例在我国古代多有记载，县令并没有从儿媳不守妇道、不尽孝道本身入手查明案情，也没有对婆婆作风问个究竟，引入泼皮无赖让婆媳二人当堂拿刀具等泄愤，是不合审判程序的，但正是这一插曲，成为破局的关键。如果从今天的程序正义看，对争议事实本身不闻不问，还纵容涉案人当庭行刺，之后刑讯逼供，绝对应该对法官问责。但是，这样违背程序办案的行为却是被允许的，就案件本身的处理结果看也值得肯定。恰如上文分析，古代社会是农耕社会，收集证据证明案情的真相较为困难，出奇制胜便情有可原。但在当下的观念中，对案件评价则完全是另外一回事。不过，这样的案件能够为今天的程序正义提供支持的可能性便微乎其微。

第五章 我国刑事审判文化的现代转型

尽管清末以来,历经民国的发展、伴随根据地政权的审判实践,特别是在建国之后,尤其是十一届三中全会以来,我国的刑事审判取得了很大的发展,但是无论是我国的审判制度还是审判观念还存在这样或那样的问题。这也是在十八届四中全会《依法治国决定》中,提出"推进以审判为中心的改革"的关键所在。这就意味着,我国的刑事审判既需要在制度层面确立审判中心主义,也需要在观念层面实现转变,最终实现审判文化的现代化。恰如"我们不能把目前西方发展进程中的问题及西方理论旨在回答的问题虚构为中国发展进程中的问题,把西方迈入现代社会后所抽象概括出来的种种文化因素倒果为因地视作中国推进现代化的前提性条件。文化建设必须切中国情,有现实针对性",[①]我国的刑事审判文化现代化也不能简单地平移"自然正义"尤其是"正当程序",而应该从我国刑事审判文化转型的助力因素入手分析,聚焦参与刑事审判主体的现代化,将既往

---

① 参见丰子义:《现代化的理论基础:马克思现代社会发展理论研究》,北京师范大学出版社 2017 年版,第 396 页。

的观念现代化融入主体的构造之中,将制度现代化作为主体转变的促成机制来探讨,既照应本书刑事审判文化现代化的核心为主体现代化的学术主张,也使既往研究中观念现代化与制度现代化的成果得以吸收。

第一节 推动刑事审判文化转型的因素

习近平总书记在2014年1月7日的中央政法工作会议上强调:"一个国家实行什么样的司法制度,归根到底是由这个国家的国情决定的。评价一个国家的司法制度,关键看是否符合国情、能否解决本国实际问题。实践证明,我国司法制度总体上是适应我国国情和发展要求的,必须增强对中国特色社会主义司法制度的自信,增强政治定力。"①这便意味着,我国刑事审判文化转型要立足我国传统,这里需要在与前述英国相对照的前提下,分析转型中哪些深层次的因素已经在发生有利的变化。在这诸多变化之中,最为重要的是2020年11月16日至17日召开的中央全面依法治国工作会议首次提出习近平法治思想,这成为我国全面推进依法治国的根本遵循和行动指南,成为我国刑事审判文化转型中最为有利的促进因素。它能够对以下各个方面起到统领作用,促使各项改革齐头并进,效果显著,成为我国刑事审判文化转型的推动力。当然,在具体分析中探讨习近平法治思想的引领作用也是对这一全局影响的具体强调。

一、法治中国建设的全面驱动

在初民社会,犯罪与侵权基本不作区分。一旦出现侵害行为,便实行对等报复,以眼还眼以牙还牙。而且,从国家起源看,为了避免侵害发生后,人类在相互报复中同归于尽,于是放弃对犯罪或危害行为的私力救

---

① 中共中央文献研究室编:《习近平关于全面依法治国论述摘编》,中央文献出版社2015年版,第76~77页。

济,成立国家,由国家对犯罪行为进行审判。再后来,随着习惯化、职业性犯罪的出现,国家主动出击,追诉和打击犯罪。这意味着追诉和惩罚犯罪,是国家产生的动力之一。可以说,有什么样的犯罪,便会有什么样的惩罚方式,以文明而又强有力的方式追诉和审判犯罪,便是现代国家的重要职能之一。因而,要深入研究刑事审判文化现代化,我们必然要探讨国家与刑事审判的关系。

(一)现代刑事审判的国家支持

学术界在探讨刑事审判的时候,经常强调现代刑事审判是在国家与个人对抗的框架下展开的,这便意味着现代刑事审判是国家审判犯罪个人。也就是说,现代社会的刑事审判需要得到民族国家的支持。对外,在国家主权独立的前提下,依法独立对侵犯本国法益或针对本国公民的犯罪行使审判管辖权,而排斥其他国家的司法权介入或干涉。对内,要在国家政权之下,由法院代表国家依法行使刑事审判权。从这个意义上说,有什么样的国家政权便有什么样的刑事审判制度,刑事审判制度是实现国家建设目标的重要保障之一。

从历史上看,国家的审判制度与国家的历史是紧密相关的,并且也与一个国家的文化大传统密不可分。纠问式审判制度与国家实行的君主专制密不可分,英国对抗式刑事审判的形成也与1688年英国光荣革命后的君主立宪制紧密相关。有论者指出:"'民族—国家'的观念——'独立主权国家和公民的概念,宪法的起草,一个现代民族—国家的爱国仪式,普遍征兵制的实行,国家教育的建立和国家宣传的繁盛'——借助法国大革命传遍了欧洲。"[①]恰恰在欧洲现代民族国家的诞生中,同时配置国家权力,裁判权得以设立,刑事审判制度得以确立。二战以后,更多的民族—国家形成,裁判权和刑事审判制度作为国家对内职能的重要体现确立下来,并且伴随国家的发展而发展。

---

① 汪民安:《现代性》,南京大学出版社2020年版,第193页。

(二)刑事审判与新中国建设在互动中展开

历经百年抗争,我国才逐渐废除领事裁判权,并且经过艰苦卓绝的反法西斯战争——抗日战争,才将外来侵略势力完全驱逐出中国。在中国共产党的领导下,全国人民在浴血奋战中团结起来,在抗日战争胜利后,又经过三年多的内战,在新中国成立以后,我国才能切实建立起全国统一的刑事审判机制和刑事审判制度。刑事审判不是在真空中展开,它需要人财物的支持,需要以国家的强制力为后盾,也只有通过刑事审判,才能对犯罪行为予以打击,为国家建设提供稳定的社会秩序和公平的社会环境,并且在社会主义国家与时俱进中获得不断发展。

需要强调:第一,新中国的成立为刑事审判的发展提供了一个稳定的政治环境和社会环境。第二,刑事审判作为国家政治制度的一部分,受国家建设的整体水平制约,也服务于国家建设。第三,社会主义国家的发展阶段决定了我国刑事审判的发展阶段,我国的刑事审判始终要在社会主义国家建设的轨道上展开。第四,我国的社会主义国家建设也好,刑事审判的发展也罢,均应植根于我国的历史文化,不能因为强调我国刑事审判与社会主义国家建设的关系,便要割裂其与我国既往历史的联系。第五,不能因为强调刑事审判与社会主义国家间的内在联系,就排斥对现代刑事审判文明的借鉴。第六,无论是我国的社会主义国家建设,还是我国刑事审判改革的发展,都应该坚持中国共产党的领导,特别是刑事审判,要在中国共产党的领导下守旧创新,要在习近平法治思想的引领下实现全面转型。

(三)刑事审判在法治中国建设中升级

党的十八大以来,中国特色社会主义进入新时代,法治建设也受到前所未有的重视。在 2014 年 10 月,党的十八届四中全会强调,全面推进依法治国总目标是“建设中国特色社会主义法治体系,建设社会主义法治国家”,坚持在中国共产党的领导下,坚持依法治国、依法执政、依法行政,坚持法治国家、法治政府、法治社会一体建设。同时还部署“推进以审判为中心的改革”。这意味着,法治中国建设在一个更加科学、系统、协调的框架下展开，严格司法、公正审判等作为依法治国、法治中国的实现方式必然要发挥更大的作用。在“推进以审判为中心的改革”的过程中，要纳入“依法治国”决定的全面落实，实现刑事审判的现代转型，尤其使刑事审判文化转型得到国家的全面支持，为刑事审判深入发展提供动力，也要在习近平法治思想的指引下，贯彻落实党的二十大精神，通过“推进以审判为中心的改革”，在完善刑事审判制度的同时加快刑事诉讼法的法典化进程，为中国式现代化提供助力。

也正是全面推进依法治国和法治中国建设，刑事审判的现代转型获得了前所未有的动力，既往的局部改革变成全面改革的一部分，因定位明确、赋能准确、部署全面、实施迅速而事半功倍。反之，在局部改革中即便深思熟虑，但是涉及问题难免因部门之间的沟通、协调而消耗能量，各高层因部门利益难免相互推诿，因认识不全面也会遮蔽改革中的深层次问题。因此，当下伴随全面推进依法治国、法治中国建设的深入，刑事审判被纳入全面深化改革的大潮中只能顺势而为，必须有所为，做到全力以赴。

二、在践行核心价值观中深度“化”人

（一）审判文化研究中应聚焦“以文化人”

如前所述，我国既往对刑事审判文化转型直接展开研究的成果不多，刑事审判是刑事诉讼的一个关键环节，因而学术界大多在研究刑事诉讼文化时探讨审判文化，所以刑事诉讼文化研究的深入便决定着刑事审判文化研究的深度与广度。在既往的刑事诉讼文化研究中，我国学者更多地从法理学法律文化研究的成果入手，认为可将法律文化替换为诉讼法律文化或刑事诉讼法律文化，主张将西方刑事诉讼文化的成就直接平移到我国，转换与平移尽管对我们理解刑事诉讼文化或刑事审判文化非常有帮助，[①]但是不能切实解决刑事诉讼文化或刑事审判文化的转型问题。

① 参见孙记：《诉讼文化的重新界定》，载《内蒙古社会科学（汉文版）》2015年第1期。

也有学者主张按照刑事诉讼文化的结构来探讨刑事诉讼文化转型问题，主张制度性文化与观念性文化构成刑事诉讼文化的结构，刑事诉讼结构或构造是制度性刑事诉讼文化的集中体现，观念性文化是制度性文化的支撑，最后刑事诉讼文化的转型研究便转化为刑事诉讼构造/结构/模式的立体转型研究，价值观念决定制度设计，因此立足我国的“和合”文化探讨我国刑事诉讼结构，对我国刑事诉讼制度的发展完善提出构想。尽管后一种研究对我国刑事诉讼的改革有重大意义，但是文化的核心要义是“以文化人”，并且不能脱离民族精神，不能完全抛弃国家的文化传统。韩震教授指出：“中华传统文化是中华民族的‘根’和‘魂’，中华民族之所以生生不息、繁衍发展，就在于我们有这样的文化资源，这是我们民族的突出优势。我们应该坚持古为今用、推陈出新，有鉴别地加以对待，有扬弃地予以继承，取其精华，去其糟粕，用中华民族创造的一切精神财富以文化人、以文育人。”[①]因此，当下的刑事诉讼文化或刑事审判文化的转型研究，应该触及我国传统文化的内核，将儒家文化的积极因素纳入人之教化/变化的宏观背景，在践行社会主义核心价值观的过程中实现审判文化的现代化。

(二)社会主义核心价值观的提出

在文化之中，“核心价值观是最深沉、最本质的东西，它决定着文化的性质与方向”[②]。社会主义核心价值观是“社会主义核心价值体系的内核，体现社会主义核心价值体系的根本性质和基本特征，反映社会主义核心价值观的丰富内涵和实践要求，是对社会主义核心价值体系的高度凝练和集中表达”。[③] 从核心价值体系的提出到社会主义核心价值观的提

---

① 韩震：《社会主义核心价值观的话语构建与传播》，中国人民大学出版社2019年版，第140～141页。

② 韩震：《社会主义核心价值观的话语构建与传播》，中国人民大学出版社2019年版，第23页。

③ 参见雷浩伟、廖秀健：《社会主义核心价值观融入法治建设研究》，吉林大学出版社2020年版，第25页。

炼,是党在执政过程中对我国传统文化和现代社会价值认识不断深化的过程,是社会主义精神文明建设不断凝聚价值共识的过程,也是“以文化人”的不断深入过程。

2006 年党的十六届六中全会通过的《中共中央关于构建社会主义和谐社会若干重大问题的决定》首次提出“建设社会主义核心价值体系”,这一体系包括四个方面:其一,“马克思主义指导思想,是社会主义核心价值体系的灵魂,为我们提供了科学的世界观和方法论,决定着社会主义核心价值体系的性质和方向”。其二,“中国特色社会主义共同理想,是社会主义核心价值体系的主题。中国特色社会主义共同理想,就是在中国共产党的领导下,走中国特色社会主义道路,实现中华民族的伟大复兴”。其三,“以爱国主义为核心的民族精神和以改革创新为核心的时代精神,是社会主义核心价值体系的精髓”。其四,“社会主义荣辱观,是社会主义核心价值体系的基础”。[①] 这里的社会主义荣辱观,就是我们熟知的“八荣八耻”,[②]这一概括精辟,“内涵深刻,贯穿社会生活的各个领域,覆盖各个利益群体,涵盖了人生态度、社会风尚的方方面面”。[③]

2012 年,党的十八大首次提出了社会主义核心价值观,明确了“三个倡导”,国家层面倡导富强、民主、文明、和谐,社会层面倡导自由、平等、公正、法治,个人层面倡导爱国、敬业、诚信、友善。在 2013 年 12 月,中共中央办公厅印发《关于培育和践行社会主义核心价值观的意见》,2017 年党的十九大报告强调“培育和践行社会主义核心价值观”,2019 年党的十九届四中全会通过《关于坚持和完善中国特色社会主义制度 推进国家治

---

① 参见雷浩伟、廖秀健:《社会主义核心价值观融入法治建设研究》,吉林大学出版社 2020 年版,第 24 页。

② 以热爱祖国为荣,以危害祖国为耻。以服务人民为荣,以背离人民为耻。以崇尚科学为荣,以愚昧无知为耻。以辛勤劳动为荣,以好逸恶劳为耻。以团结互助为荣,以损人利己为耻。以诚实守信为荣,以见利忘义为耻。以遵纪守法为荣,以违法乱纪为耻。以艰苦奋斗为荣,以骄奢淫逸为耻。

③ 参见雷浩伟、廖秀健:《社会主义核心价值观融入法治建设研究》,吉林大学出版社 2020 年版,第 24 页。

理体系和治理能力现代化若干重大问题的决定》，也强调“坚持以社会主义核心价值观引领文化建设制度”。社会主义核心价值观是我国社会文化的灵魂，坚持文化自信说到底是对核心价值观的自信，社会主义核心价值观是“国家之德、社会之德、公民之德，践行社会主义核心价值观就要明大德、守公德、严私德”。①

（三）社会主义核心价值观融入法治

在全社会培育和践行社会主义核心价值观的同时，中共中央也在积极部署和推动社会主义核心价值观融入法治建设。在2016年12月，中共中央办公厅、国务院办公厅印发《关于进一步把社会主义核心价值观融入法治建设的指导意见》，在2018年5月，中共中央印发《社会主义核心价值观融入法治建设立法修法规划》，2019年十九届四中全会进一步在“坚持以社会主义核心价值观引领文化建设制度”下，强调“完善弘扬社会主义核心价值观的法律政策体系”。首先，牢牢把握“法安天下、德润人心”，要始终坚持“依法治国与以德治国相结合”。习近平总书记指出：“治理国家、治理社会必须一手抓法治、一手抓德治，既要重视发挥法律的规范作用，又重视发挥道德的教化作用，实现法律和道德相辅相成、法治和德治相得益彰。”②其次，始终以社会主义核心价值观作为社会主义法治建设的基础和灵魂，以社会主义核心价值观为法治中国建设不断凝聚共识，使法治建设能够顺利展开，为法治中国建设树立目标，为法治中国建设成就提供衡量标准。再次，将社会主义核心价值观融入立法、执法、司法、守法的各个环节，在每一个环节中将社会主义核心价值观贯穿始终。最后，既要将社会主义核心价值观融入德才兼备的法治队伍建设，也要在坚持抓住领导干部这一“关键少数”时，重点强调社会主义核心价值

① 参见《习近平法治思想概论》编写组：《习近平法治思想概论》，高等教育出版社2021年版，第305页。

② 中共中央文献研究室编：《习近平关于全面依法治国论述摘编》，中央文献出版社2015年版，第30页。

观在领导干部身上的内化于心、外化于行。

三、以“人民为中心”的法治根基

(一)“家国本位”下的“子民”

如前所述,我国传统社会家国一体、家国同构,孙隆基教授指出:“中国人对‘人’的定义,正好是将明确的‘自我’疆界铲除的,而这个定义就是‘仁者,人也’。‘仁’是‘人’字旁一个‘二’字,亦即是说,只有在‘二人’的对应关系中,才能对任何一方下定义。在传统中国,这类‘二人’的对应关系包括:君臣、父子、夫妇、兄弟、朋友。”[①]需要指出的是,东汉董仲舒为了确立儒家思想的统治地位,将君臣、父子、夫妇关系定义为“三纲”,提出“君为臣纲、父为子纲、夫为妻纲”学说,作为“国家的纲纪和立法的最高原则”。[②] 这也在一定程度上促成了中国古代法的义务本位,随着“礼法合一的法制模式的定型,法律从履行义务的角度,而不是从确认权利的角度全面规定了人与人之间的各种关系,强调了个人履行对国、对家应尽义务的一致性。于是以义务本位的儒家化的法律,取得了相对的稳定性而辗转流传,直至清末修律”。[③]

需要说明,我国古代思想中有“民本思想”,其最初表达可以追溯至《尚书》中的“民为邦本,本固邦宁”,提倡“把人民看作邦国的根本,人民安居乐业则邦国太平”,[④]西周初期是民本思想的第一次提升,周公提出“以德配天”“保民而王”,第二次历史性飞跃为春秋战国时期孔孟的儒家思想,“仁学”“仁政”的提出使古代中国民本主义思潮绵延不断,使中国古代能练出一个“政治合法性的理论模式和解释系统”,包括爱民敬民、

---

① [美]孙隆基:《中国文化的深层结构》,中信出版社 2015 年版,第 15 ~ 16 页。

② 参见张晋藩:《中国法律的传统与近代转型》(第 4 版),法律出版社 2019 年版,第 142 页。

③ 参见张晋藩:《中国法律的传统与近代转型》(第 4 版),法律出版社 2019 年版,第 144 页。

④ 参见俞荣根:《应天理 顺人情:儒家法文化》,山东教育出版社 2020 年版,第 99 页。

取信于民、富民教民、慎用刑罚等内容，但“民本并不等于民主。民本思想在本质上是‘君本位’论，只不过是一种明智的、开明的、具有远大眼光的用民之道、御民之学，旨在通过一系列重民政策取得政治统治的持久合法性”。因此，中华法系“对民本价值的追求，也同时遏制了民众的权利追求……应当避免传统法中民本精神的价值缺陷，培养公民的权利意识，加强限制权力的制度保障，使人民真正地能成为国家的主人，实现以人为本的全面发展”。[①]

与履行义务相对应，与权利意识缺失相暗合，义务与主导地位者的权力相对应，也因此有学者认为我国古代法是权力本位，权力意识“浸透于证据立法、司法的每一个具体环节，过分重视对犯罪的打击，因而窒息了证据运用中的程序意识和权利意识。从这个意义上说，我国古代证据制度在性质上是权力型的或者说是义务型的”。[②] 今天我国刑事程序的“权利赤字”，可以追溯到古代，当时的文化“历来强调‘人’的重要性，并提出了许多重要的论断，如‘间于天地之间，莫贵于人’‘仁者莫大于爱人’，等等。不过，具体到法律制度，则更多是从维护统治秩序的角度处理国家与个体的关系，并没有形成清晰的权利观念，也就谈不上系统的权利保障制度”[③]。

（二）“集体优位”下的“个人”

同样，在“二人”对应关系定义个人的惯性影响在新中国成立后仍在延续，孙隆基教授指出：“中国人对‘人’的定义，正好是将明确的‘自我’疆界铲除的……这个对‘人’的定义，到了现代，就被扩充为社群与集体关系，但在‘深层结构’意义上则基本未变。”[④]

---

① 参见俞荣根：《应天理 顺人情：儒家法文化》，山东教育出版社2020年版，第100~102页。

② 参见胡旭晟主编：《狱与讼：中国传统诉讼文化研究》，中国人民大学出版社2012年版，第421页。

③ 刘静坤：《刑事程序的权利逻辑：国际法和国内法比较考察》，法律出版社2021年版，第20~21页。

④ ［美］孙隆基：《中国文化的深层结构》，中信出版社2015年版，第15~16页。

如前所述，在我国古代，个人地位得不到充分体现，权利意识在古代思想文化中缺位。但这种情况为鸦片战争所打断，在1842年，英国开始在我国取得“领事裁判权”，此后领事裁判权的内容增加，攫取这一权力的国家也在增多，对此，张晋藩先生指出：“随着清朝国势的日渐衰微，领事裁判权的适用范围也越来越扩大，外国领事取得了观审权、会审权和会审公廨中的司法审判权，以致出现了‘外人不受中国之刑章，而华人反就外国之裁判’的怪现象。”[①]也正因列强入侵，国人开始觉醒，洋务派、改良派、（1910年之前的）革命派纷纷投入救亡图存的运动之中，阅读外国书籍（传教士等译/著）、（主动）翻译国外书籍、了解列强等国情况、学习西方技术、（甲午战后）接受西方法律观念等，即“鸦片战争以后，随着海禁大开，西方的法律文化也如潮水般输入中国，使中国人接触了西方的法文化，也逐渐接受了西方的法文化”。[②] 既往的法观念也出现了转变：学习西方进行变法，对“三纲”展开批判，在借鉴西方中坚持中体西用，主张国家实行君主立宪，主张依法治国，追求权利本位，主张司法独立，强调诸法并重。这些观念的转变非常值得肯定，但主要局限于官僚精英和知识精英间，大传统并未改变（戊戌变法尽管是在光绪皇帝支持下进行的，但是实权则掌握在以慈禧太后为核心的顽固派官僚手中，权力中心应该是顽固派，代表主流文化）。

孙中山先生拟通过《中华民国临时约法》有计划地引入西方的法律制度，但后来出现诸多曲折。在新文化运动和五四运动中，爱国知识分子和青年学生高举“德先生”和“赛先生”两面大旗。孙中山先生在辛亥革命中创建国民党，1921年中国共产党成立，1922年中国共产党召开第二次代表大会，提出最高纲领是实现社会主义、共产主义，现阶段的纲领是“打倒军阀，推翻国际帝国主义的压迫，统一中国为真正的民主

---

① 张晋藩：《中国法律的传统与近代转型》（第4版），法律出版社2019年版，第337页。

② 参见张晋藩：《中国法律的传统与近代转型》（第4版），法律出版社2019年版，第341页。

共和国”。[①] 1924 年国民党召开一大,重新解释了 1906 年孙中山先生提出的三民主义,即“新三民主义”。共产党的最低纲领与新三民主义之间在反帝反封建的目标上基本是一致的,在 1924 年开始第一次国共合作。后来的国民政府开始在法律领域进一步引入现代西方的法律制度,立法上的权利本位也逐步得以实现,但是因为战乱的长期存在,法律实施、司法工作因大环境制约,对我国乡土社会的差序格局或社会结构中阴(面、命、恩)阳(官、绅、富)三位一体的触动不大。

1927 年,蒋介石发动“四一二”反革命政变,屠杀共产党人和革命群众,紧接着汪精卫发动“七一五”反革命政变,第一次国共合作失败。为了回击,中国共产党领导了南昌起义、秋收起义和广州起义,在秋收起义进攻长沙受挫后,毛泽东同志在三湾对部队进行改编,然后率领起义部队来到井冈山,开始了中国共产党领导下农村包围城市最后夺取城市的道路探索。在 1928 年 4 月下旬,朱德同志和陈毅同志率领南昌起义后的部队和湖南起义农军转移到井冈山,与毛泽东同志领导的部队会师,后来在江西瑞金建立红色政权,在学习苏联做法的同时探索中国特色的法律制度,设置司法机构,开展工农政权领导下的司法审判。在此期间,蒋介石对红色政权发动了“反革命”围剿,在第五次反“围剿”中红军失利,被迫进行了二万五千里长征,在 1936 年 10 月,三大红军主力在陕北胜利会师。在抗日战争爆发后,国共第二次合作,长征到陕北的工农红军改编为国民革命军第八路军,南方八省的红军游击队改编为国民革命军新编第四军。在联合抗日中,八路军和新四军积极开辟敌后抗战根据地,根据地政权建设中也根据各地情况制定土地政策,探索建立法院等司法机构。在抗日战争胜利后,又经过三年解放战争,最后在 1949 年 10 月 1 日,中华人民共和国成立,中国共产党将不同时期的立法、司法经验进行总结,并且在学习苏联的基础上开始了新中国的立法、司法工作。

---

① 参见本书编写组:《中国共产党简史》,人民出版社、中共党史出版社 2021 年版,第 16 页。

如果说国民政府未能从根本上改变中国当时的社会现状，未能对义务本位的社会基础有所触动，那么新中国法治根基的形成便源于对旧传统的改造。其中的关键在于，在建国之前不同时期的根据地建设中，中国共产党深入最贫困、最偏远的农村，奉行群众路线，与"农民紧密相联，亲身体验了许多中国人的生活条件……'与农民同吃、同住、同劳动、同商量'……保持与大众需求的联系，人们认为这曾是使革命合法化的因素"，[①]也正是新中国成立前根据地政权的建设，使这些贫困地区最底层的农村劳苦大众（也包括那些身世悲苦的孤儿）认可了基层政权，并且有的还参加了革命，在艰苦卓绝的革命中成长，新中国成立后便成为基层政权建设中的领导干部，他们从群众中来，到群众中去，最终使中国共产党领导的新政权能够切实扎根到最基层社会。中国革命的复杂性既要反帝——民族独立，又要反封建——社会发展，在两重使命中来实现中国社会的转型——现代化。新中国成立之后，我国在很长的时间内，以"阶级斗争"为纲，也恰恰是这些早年在根据地成长起来的阶层干部，使国家政权在底层社会具有极大的动员能力，社会划分为两大阶级，无产阶级和资产阶级，无产阶级专政的人民民主政权，对人民实行民主，对少数的阶级敌人实行专政，这样劳苦大众便被动员起来，成为无产阶级队伍中的一员。

就劳苦大众而言，其身份上有一个重要的转变，即"把'封建主义'的主体——家庭——转化为一个对于所有的马克思主义观念都是核心的主体——具有集体性的劳动阶级"。[②] 劳动阶级也是人民民主专政下的人民，人民是一个群体概念，但也不排除个体本身，这就使我国原来义务本位之下的"子民"转变为"集体优位"下的单位"员工"。在传统社会中，"占统治地位的社会单位是亲缘单位：个人的行动是为了维护它，使它兴

① 参见［美］詹姆斯·R. 汤森、布兰特利·沃马克：《中国政治》，顾速、董方译，江苏人民出版社2003年版，第57页。

② 参见［澳］迈克尔·R. 达顿：《中国的规制与惩罚——从父权本位到人民本位》，郝方昉、崔洁译，清华大学出版社2009年版，第15页。

旺，普遍的社会行为都接受其首领的权威。然而，家庭或世系只是从一种忠于特定对象主义中得到了最明显的益处，这种忠于特定对象主义提倡排外和个人关系，而不是普遍和公共的关系；简言之，个人大多根据自己的特殊经验来看待效忠和责任问题，它创造另一种牺牲局外人利益、保护并有利于自己人（即那些分享特殊经验或关系的人）的义务网络”。[①] 在新中国，“集体主义代替了忠于特定对象主义，以此作为忠诚和权威的决定因素。政治权威无论在哪个级别上都高于团体内的构成分子：不管个人的联系和关系如何，忠诚的对象都是集体”，但实质的不同在于“坚持政治权威在所有生活领域都是最高权威，个人义务应扩展到他的社区的所有成员，而不只是那些跟他具有个人化关系或特殊关系的人”。[②] 在这新旧对比中，虽然“家庭从视野中消失了，但它不过是被新的道德场域——工作单位——所替代”，[③]这里发生的不是原子式个人的个体化，而是另一种“个体化”，即“一种在集体化了的阶层中和社群中进行个体化的过程。这种集体化了的阶层和社群中的主体正是父权本位下的规训和社会主义规训的对象”，[④]新中国成立后传统的计划经济体制“高度集中的国家所有制和社会主义性质的集体所有制，使得‘人民群众’成为社会全部物质财富特别是生产资料的抽象主体。在这一基础上，通过全面依附和融入集体，个体在获得了‘人民群众一员’自我定位的基础上，完整地获得了社会‘主人翁’的身份标识”，[⑤]这就使“对集体的依附性存在成为个体自我认同的基本价值定位”，据此，当“个人利益与集体利益发

---

① 参见[美]詹姆斯·R.汤森、布兰特利·沃马克：《中国政治》，顾速、董方译，江苏人民出版社2003年版，第133页。

② 参见[美]詹姆斯·R.汤森、布兰特利·沃马克：《中国政治》，顾速、董方译，江苏人民出版社2003年版，第133～134页。

③ 参见[澳]迈克尔·R.达顿：《中国的规制与惩罚——从父权本位到人民本位》，郝方昉、崔洁译，清华大学出版社2009年版，第275页。

④ 参见[澳]迈克尔·R.达顿：《中国的规制与惩罚——从父权本位到人民本位》，郝方昉、崔洁译，清华大学出版社2009年版，第18页。

⑤ 参见郑伟：《从主体的变迁到价值观启蒙：社会主义核心价值观研究》，北京师范大学出版社2021年版，第22页。

生冲突时,个人无条件服从集体成为社会主义的一个基本要求”,[①]如果说个体利益在立法上的承认便是个人权利,那么,新中国成立之后相当长的一段时期内,法律的义务本位倾向仍然十分明显。即使“在强调法律的时代,法律框架也是为了巩固阶级统治而不是确保权利”,[②]这在刑事审判中的体现是对犯罪的阶级敌人通过审判进行打击,致使相应的人权保障重视不起来。1979 年《刑事诉讼法》便是按照阶级斗争本位制定的,把涉嫌犯罪之人视为敌人,逮捕“人犯”,重打击、轻保护的价值取向比较明显。

(三)以“人民为中心”的“人人”

建设社会主义市场经济、实施对外改革开放以来,我国社会实行简政放权,强调个体的主体性,特别是党的领导一贯坚持群众路线,重视以人为本的执政理念。

习近平总书记多次强调:“我们党来自于人民,为人民而生,因人民而兴,必须始终与人民心心相印、与人民同甘共苦、与人民团结奋斗。每个共产党员都要弄明白,党除了人民利益之外没有自己的特殊利益,党的一切工作都是为了实现好、维护好、发展好最广大人民根本利益。”[③]在 2017 年党的十九大报告中,习近平总书记强调:“坚持党的领导、人民当家作主、依法治国有机统一。党的领导是人民当家作主和依法治国的根本保证,人民当家作主是社会主义民主政治的本质特征,依法治国是党领导人民治理国家的基本方式,三者统一于我国社会主义民主政治伟大实践。”[④]每一个共产党人应该不忘初心、牢记使命,从群众中来,到群众中去,全心全意为人民服务,做到“我将无我,不负人民”。[⑤] 在建党百年讲

---

① 参见郑伟:《从主体的变迁到价值观启蒙:社会主义核心价值观研究》,北京师范大学出版社 2021 年版,第 64 页。

② 参见[澳]迈克尔·R. 达顿:《中国的规制与惩罚——从父权本位到人民本位》,郝方昉、崔洁译,清华大学出版社 2009 年版,第 328 页。

③ 《习近平谈治国理政》(第 3 卷),外文出版社 2020 年版,第 137 页。

④ 《习近平谈治国理政》(第 3 卷),外文出版社 2020 年版,第 28 页。

⑤ 参见《习近平谈治国理政》(第 3 卷),外文出版社 2020 年版,第 144 页。

话中,习近平总书记指出:"江山就是人民、人民就是江山,打江山、守江山,守的是人民的心。中国共产党根基在人民、血脉在人民、力量在人民。中国共产党始终代表最广大人民根本利益,与人民休戚与共、生死相依,没有任何自己特殊的利益,从来不代表任何利益集团、任何权势团体、任何特权阶层的利益。"①

通常而言,以人民为中心,是"马克思主义以人为本理念的中国表达",是"当代中国特色社会主义的核心价值",是"统领社会主义核心价值的元价值",是"中国特色社会主义法治价值体系的基石"。② 在我国全面推进依法治国的过程中,"坚持一切为了人民、依靠人民、造福人民、保护人民,是社会主义法治的原则和目的"。③ 法治建设"以人民为中心",就是"'以人民为主体',亦即'法治为民'",④人民不是政治意义上的,也不是一般意义上的,而是泛指每一个中国人,他们是我国社会主义法治的根基,是中国共产党成立以来群众路线的体现。我国的法治建设,只有坚持以人民为中心,才能获得人民的支持:立法获得人民的支持,其才会积极反映立法中所要了解的信息,进而使科学立法、依法立法、民主立法成为可能,使立法切实体现社会规律;执法获得人民的支持,才能减少执法成本,达到事半功倍的效果;司法获得人民的支持,才会增加法院裁判结果的可接受性,才会达到"案结事了";最为重要的是守法,只有每一个公民都守法,全民守法的目标才会实现,法治社会才会建成。"坚持以人民为中心",它的重要性在于:"全面依法治国最广泛、最深厚的基础是人民,必须坚持为了人民、依靠人民。要把体现人民利益、反映人民愿望、维护人民权益、增进人民福祉落实到全面依法治国各领域全过程。推进全

---

① 习近平:《在庆祝中国共产党成立100周年大会上的讲话》,人民出版社2021年版,第11~12页。

② 参见张文显:《法理泛在:法理主题致辞集》,法律出版社2020年版,第122页。

③ 参见《习近平法治思想概论》编写组:《习近平法治思想概论》,高等教育出版社2021年版,第100页。

④ 参见张文显主编:《法理学》,高等教育出版社2018年版,第320页。

面依法治国,根本目的是依法保障人民权益。”①就法治中国建设而言,“坚持人民当家作主,必须坚持人民主体的历史观、人民至上的权力观、人民中心的发展观、人民为本的价值观,牢固树立民主意识、平等意识、制约意识、监督意识。依法治国作为党领导人民治国理政的最佳方略,就是人民为权力立法,使权力与法律结成一体,在法律的范围内运行,从而成为合法的权力”②。

从中不难看出,子民义务本位法,阶级斗争支配下的立法,对人民权益的保障注定不充分,只有以人民为中心的法治社会建设,才会使主体信守契约、诚信做事、主动守法,才会使社会从法治建设中受益,才能建设法治中国,才能使权力受制建成法治政府,才能让人民群众在每一个司法案件中感受到公平正义。

四、司法“去行政化”等改革的推进

(一)司法“去地方化”改革初见成效

在 2013 年 11 月,党的十八届三中全会通过《中共中央关于全面深化改革若干重大问题的决定》,决定推行在省级以下地方法院系统、检察院系统人、财、物独立的改革。围绕知识产权、走私、金融、环境资源、食品药品安全等案件,建立跨行政区划的法院、检察院,其中包括公益诉讼、犯罪追诉等,这些跨区域的法院、检察院的设立,与省级以下地方法院、检察院的人财物统管一样,对于破除司法权运行中的地方保护主义意义重大,有助于使司法权回归到其本该具有的职能定位。当然,省级以下法院、检察院系统的人财物独立,受制于一个地区的经济发展水平和经济发展速度,受制于当地的财政状况,受制于当地法律人才的储备情况,地区之间发展不平衡等,诸多的现实问题需要克服。习近平总书记在讲话中强调:“我

① 习近平:《论坚持全面依法治国》,中央文献出版社 2020 年版,第 2 页。
② 王寿林、张美萍:《文化视阈聊法治:中国特色社会主义法治文化研究》,重庆出版社 2019 年版,第 16 页。

国是单一制国家，司法权从根本上说是中央事权。各地法院不是地方的法院，而是国家设在地方代表国家行使审判权的法院。司法机关人财物应该由中央统一管理和保障。世界各主要国家也普遍实行由国家或某一个专门机构统一管理司法人员、经费等司法行政事务。考虑到全国法官、检察官数量大，统一收归中央一级管理和保障，在现阶段难以做到……"①可见，随着未来我国经济发展水平的进一步提升，国家变得更加富强，法治中国建设成效更加显著等，在时机成熟时，中央对法院、检察院系统的人财物统管也是可行的。不过，从现实看，各级法院管辖刑事案件的分布为大多数犯罪案件一审在基层法院，即便根据管辖权规定危害国家安全、恐怖活动案件，可能判处无期徒刑、死刑的重罪案件以及按照 2021 年最高人民法院《关于适用〈中华人民共和国刑事诉讼法〉的解释》第 17 条规定的"重大、复杂案件""新类型的疑难案件""在法律适用上具有普遍指导意义的案件"一审在中级人民法院，这就使人财物省级统管的基层、中级法院审理一审案件没有既往那样的顾虑，进而可以不加理会地方政府、党委对审判的干预，一审对外关系理顺二审便顺理成章，进而使法院审判权在大多数情况下都能做到依法独立行使。当然，同级法检的对应关系，也不难看出检察院对案件的捕诉也会相应地实现检察独立。

（二）司法"去行政化"改革进展顺利

在我国新时代的司法改革中，最重要的一个方面便是司法人员的分类管理制度，也就是众所周知的"员额制"改革。时至今日，员额制改革早已完成，入额法官、检察官的薪酬相对既往已经有所增加，尽管还存在这样那样的问题，但整体形势看好。现实中的问题有：（1）地区之间的收入不平衡。员额内的法官、检察官的收入与地区间的经济发展水平、地区的财产收入成正比，因而经济发展的不平衡会对法官、检察官的收入有所影响，进而影响到法官、检察院队伍的稳定。（2）员额的"额"数之盈亏在

---

① 习近平：《论坚持全面依法治国》，中央文献出版社 2020 年版，第 62 页。

各地分布不平衡。在员额制改革中，入额法官、检察官的编制数是确定的（≤39%），取决于改革之初的核算，并且不能任意增加。这样，有的地区或同一地区的不同法院、检察院之间，今后一段时间内不会有入额法官、检察官退休，这样未能入额的原助理审判员/检察官等的入额便遥遥无期，有的则出现空额，符合条件的法官不够，短期填补空缺有难度。（3）错案责任倒查制、终身追究制使法官顾虑重重。员额内法官、检察官一旦在办案中出现错案，便要终身承担责任，没有时效限制。（4）法院、检察院的司法辅助人员，如法官、检察官助理、书记员等，因为被设定为单独序列，不能在工作中晋升入额，积极性和责任心会受到影响，导致人员稳定性差，同时还存在人少工作负担重等问题，这会影响对员额法官、检察官辅助工作的契合度等。这些问题尽管存在，但在党支持司法的前提下，很快会得到缓解与解决，而且整体改革的成效还是非常明显的。员额制的推行，使现实中法官、检察官独立办案成为常态。

（三）排除司法干预的措施严厉有效

如果说前述改革是为法官、检察官独立办案所作的积极部署的话，独立审判、检察消极意义上的应对便是禁止行政干预司法、领导干部插手案件，这又与习近平法治思想之“坚持抓住领导干部关键少数”存在内在关联。习近平总书记指出：“做到严格执法、公正司法，还要着力解决领导机关和领导干部违法违规干预问题。这是导致执法不公、司法腐败的一个顽瘴痼疾。一些党政领导干部出于个人利益，打招呼、批条子、递材料，或者以其他明示、暗示方式插手干预个案，甚至让执法司法机关做违反法定职责的事。在中国共产党领导的社会主义国家里，这是绝对不允许的！”[①]为了解决这一问题：一是“建立健全违反法定程序干预司法的登记备案通报制度和责任追究制度，对违反法定程序干预政法机关执法办案的，一律给予党纪政纪处分；造成冤假错案或者其他严重后果的，一律依

① 中共中央文献研究室编：《习近平关于全面依法治国论述摘编》，中央文献出版社2015年版，第73页。

法追究刑事责任”[①]。对此，在 2015 年 3 月 18 日，中共中央办公厅、国务院办公厅印发《领导干部干预司法活动、插手具体案件处理的记录、通报和责任追究规定》（中办发〔2015〕23 号），在 2015 年 3 月 26 日，中央政法委员会审议通过了《司法机关内部人员过问案件的记录和责任追究规定》，在 2015 年 9 月 6 日，最高人民法院、最高人民检察院、公安部、国家安全部、司法部印发《关于进一步规范司法人员与当事人、律师特殊关系人、中介组织接触交往行为的若干规定》，一般简称“三个规定”。五年来，多位领导干部因插手案件而被依法依规处理，基本做到“零容忍”，“三个规定”落实到位，严肃处理后的威慑效果显著。二是纪检监察的监督落实，2018 年 3 月监察改革在全国范围内完成，监察与纪检合署办公，党内监督与国家监察相统一，各级监委按照干部管理权限对公权力的行使者履行监督、调查、处置职责，各级纪委也相应地履行监督、执纪、问责职责，在纪检监察工作中，坚持廉政教育与反腐败相结合，实现标本兼治，其中就有对领导干部等插手案件的监督，一视同仁做到全覆盖。以上两方面是依法依规的刚性措施，还有其他方面的教育引导措施，最终使行政权力、领导干部等对法官、检察官独立审判/检察的干预得以遏制。

五、刑事审判现代化的逻辑转换

如果说既往的刑事审判制度改革是法院系统或者联合检察院系统等展开的局部改革，那么，党的十八届四中全会通过《依法治国决定》中“推进以审判为中心的改革”则是党中央在新时代中国特色社会主义建设中的高度部署，最为明显的便是从职能部门的局部改革上升到党领导下的全局改革的一部分。这就使这次改革出现了前所未有的面貌。

---

① 中共中央文献研究室编：《习近平关于全面依法治国论述摘编》，中央文献出版社 2015 年版，第 74 页。

(一)更高的指导思想

审判改革不是随意进行的,要以一定的思想为指导。指导思想的高低,决定着改革的定位与成效。法治建设指导思想的不断完善与改革的与时俱进具有对应关系。我国当下"推进以审判为中心的改革"作为全面推进依法治国的重要组成部分,必然要以习近平法治思想为根本遵循和行动指南。

1. 党的领导

习近平法治思想中的"第一个坚持"便是"坚持党的领导",是"中国特色社会主义法治之魂"。[①] 推进以审判为中心的诉讼制度改革,固然要遵循审判规律,但是改革要涉及刑事审判的立法、司法、法院与检察院组织法等诸多环节,要涉及部门利益,还要涉及体制、机制问题,但前提是坚持党的领导。

首先,这是党对依法治国全面领导在推进以审判为中心诉讼制度改革的具体体现。坚持党对这一改革的领导,能够保证改革的正确方向,能够使科学立法、严格执法、公正司法、带头守法在改革过程中和改革完成后得到全面体现。

其次,符合党"统筹全局、协调各方"的作用。"推进以审判为中心的改革",不仅是诉讼制度的改革,还涉及诉讼体制、诉讼机制,涉及配套措施的改革问题。如果按照既往逻辑,仅仅看成法院系统内部的问题,便会使改革的力度和深度受到影响,由中共中央站在全面依法治国的高度进行改革,便会从全面依法治国各个部分在相互协调、相互配合的前提下全面推进。

最后,更好地支持司法。司法工作需要在党领导的前提下获得支持,因而需要各级党委对法院、检察院的工作予以支持,这里的支持首要前提是保证法院依法独立公正行使审判权,保证检察院依法独立公正行使检

---

① 参见中共中央宣传部、中央全面依法治国委员会办公室:《习近平法治思想学习纲要》,人民出版社、学习出版社2021年版,第13页。

察权。

2. 公正司法

既往的历次审判程序改革，既有出于效率考虑，不断在简易程序上着力，也有为确保程序公正与实体公正而进行的死刑案件的各程序改革，为体现程序公正而增加对抗制因素。但这或多或少带有法院系统（一定程度上也包括检察院系统）的部门利益，但“推进以审判为中心的改革”在习近平法治思想的整合之下便要在全面推进依法治国中展开，作为实现“公正司法”的必要部署。

这一改革是与习近平总书记对刑事司法中出现重大错案的关注分不开的，他强调“我国历来有‘好人不见官’的习惯，更有‘惜讼’、‘厌讼’甚至‘耻讼’的传统，不到万不得已老百姓不愿意打官司，打官司也无非就是相信能讨‘一个说法’。人民群众每一次求告无门、每一次经历冤假错案，损害的都不仅仅是他们的合法权益，更是法律的尊严和权威，是他们对社会公平正义的信心。要懂得‘100 - 1 = 0’的道理，一个错案的负面影响足以摧毁九十九个公正裁判积累起来的良好形象。执法司法中万分之一的失误，对当事人就是百分之百的伤害”①。

这次“推进以审判为中心的改革”就是要实现司法公正，让人民群众在每一个司法个案中都感受到公平正义。这里的公平正义既包括程序公正也包括实体公正，从防止错案发生的角度，是对实体公正的要求，是要求每一个案件都能做到实体公正，与前述围绕司法去行政化、去地方化的改革相一致，严格推行司法责任制，让“审理者裁判”，让“裁判者负责”。这就要求“凡是进入法官、检察官员额的，要在司法一线办案，对案件质量终身负责……把对司法权的法律监督、社会监督、舆论监督等落实到位，保证法官、检察官做到‘以至公无私之心，行正大光明之事’，把司法权关

① 中共中央文献研究室编：《习近平关于全面依法治国论述摘编》，中央文献出版社 2015 年版，第 96 页。

进制度的笼子”①。这就意味着，办理刑事司法个案的每一位法官、检察官既要公正审判案件，也要接受来自社会方方面面对其司法公正与否的监督，他们能够做到的唯有依照实体法、程序法、证据法的规定，进行定罪量刑，遇到疑难案件，唯有对法理、法律原则、公序良俗等法益进行权衡后给出办案结论，才是其使命所在。可见，严格依法办理刑事案件，便是对法官、检察官本人的最好保护，公正地办理刑事案件是每一位法官、检察官的最大利益。

（二）更高的改革目标

如果说既往改革主要是职能部门（法、检系统）基于工作需要而进行的话，“推进以审判为中心的改革”则是作为全面推进依法治国的一部分而进行的改革。作为“四个全面”之一的一部分，这次改革不同于既往定位，是以实现刑事法治为目标的，因为十八届四中全会部署全面依法治国的总目标之一就是建设社会主义法治国家，这是毫无疑问的。

但是，随着习近平法治思想的提出，在全面依法治国、人民当家作主、党的领导有机统一之下，这次改革的目标应该在实行法治目标的基础上进一步提升，在刑事司法中不仅要做到依法办案，更要在办案中坚持以人民为中心，做到司法为民，通过公正司法实现良法善治。

良法善治在刑事司法中的体现，是使人民群众在每一个刑事司法个案中都感受到公平正义，对每一起刑事案件都能做到依法、公开透明、有理有据的定罪量刑。在每一起重大的刑事案件中，通过审判的各个环节，真正使犯罪分子在事实、证据面前认罪伏法，被害人能够感受到通过刑事审判，他们的合法诉求得到法院支持，证人等诉讼参与人能够感受到他们对诉讼的参与是在促进公平正义的实现。这就意味着，通过个案审判，让每一个公民都感受到法律应该遵守，每一个案件中的办案人员都付出了真心和汗水，每一个判决都应该让人敬畏，都是在深思熟虑后审慎作出

---

① 中共中央宣传部、中央全面依法治国委员会办公室：《习近平法治思想学习纲要》，人民出版社、学习出版社2021年版，第112～113页。

的。让当事人或诉讼参与人切实感受到,法官、检察官办理的不仅是案件,而且是每一个涉案当事人的人生。当然,审慎办案也是对办案人员最好的保护,司法责任终身制并不是要办案者公正办案成为一生的负担,而是要让他们知道在不公正办案、违法办案的责任追究上不能心存侥幸。

(三)更佳的实施环境

相比前几次改革,本次改革是站在法治中国建设的全局上,在习近平法治思想的指导之下,在司法的去行政化和去地方化改革取得进展的前提下,在领导干部干预司法案件要追究责任的前提下展开的审判中心主义改革,这就使整个改革处于十分有利的实施环境中。

任何改革都不是凭空进行的,都来自对社会需要的回应,受制于社会条件。新时代的法治改革是"在党中央集中统一领导之下全面推进、加快推进的。以习近平同志为核心的党中央奋力推进法治改革,而且是不断地推进,是自上而下和自下而上相结合的全党全国共同推进"。这次改革的理论依据是习近平法治思想,是法律制度、法律体制和法治文化的全方位变革,是针对重点问题、难点问题的改革,是针对"硬骨头"进行的改革,改革对象具有"交互性、一体性、深层性",因而也决定了"法治改革的综合性""协同性"。[①] 这也意味着,改革的力度、深度、广度都是前所未有的,使改革动力十足,也正是改革对象为"硬骨头",决定了改革的难度,使改革面临一定的压力,但压力最终也是动力。

这就使刑事审判文化转型的各种深层阻滞力会全部浮出水面,并且在空前的改革力度之下被克服,最终使审判文化转型得以实现。

第二节　我国刑事审判文化转型的主体展开

在我国较早的法文化研究中,一般认为法律文化表涉及表层结构和

① 参见张文显:《法理泛在:法理主题致辞集》,法律出版社2020年版,第200~203页。

深层结构，[①]刑事诉讼文化的广义理解包括制度和观念，在狭义上专指观念文化。[②] 近年来，关于社会主义法治文化的研究已有将法治文化的结构分为精神理念、制度规范和行为实践三层次的，法治文化的“逻辑展开顺序是：精神理念—制度规范—行为实践”，[③]对刑事诉讼文化的理解受对法律文化或法治文化理解的影响较大，这在很大程度上影响对审判文化的理解。但前述对文化的理解几乎不关注刑事审判的主体，不聚焦法治思维方式的形成和符合法治的行为实践。这与文化的要义为“以文化人”也存在疏离。所以，本书强调审判文化的转型关键是参与审判之主体在刑事审判方面的现代化，也就是他们能够按照现代刑事审判的内在要求思、想、作、为。有论者指出：“如果法治要想有效地发挥作用——特别是法官致力于遵守法律这一关键特征——那些法律上训练有素的人的态度和取向应该发挥出应有的、必要的贡献。法官，如果不是更一般意义上的法律人，必须充满一种意识：他们的特殊使命和义务是忠诚于法律。”[④] 毫无疑问，法官忠于法律作为法治文化的内容，也是法律文化现代化/审判文化现代化的一种结果。要追问的是，这种文化现象是如何形成的，从法律文化现代化的角度来回答便是法律文化/审判文化如何实现现代化，即参与刑事审判主体的现代改造，使他们能够在观念性审判文化的指引下按照法律要求依法诚信办案，或者说按照现代刑事审判文化“化”参与刑事审判的人，尤其是办案之人。

---

① 深层结构包括：法律心理、法律意识、法律思想体系；表层结构包括：法律规范、法律制度、法律组织机构、法律设施。深层结构与表层结构的七个层次依次排列构成的文化结构图式，实际上是对法律文化概念的深化和具体化。参见刘作翔：《法律文化理论》，商务印书馆1999年版，第118～150页。

② 刑事诉讼文化可以从广义和狭义两个角度理解，从广义上看包括制度文化和观念文化，制度文化是指各种刑事诉讼制度的总和，观念文化是指人们对刑事诉讼的认知、情感和评价等。从狭义上看，刑事诉讼文化专指观念文化。参见汪建成：《刑事诉讼文化研讨》，载《政法论坛》1999年第6期。

③ 参见龚廷泰主编：《社会主义法治文化研究》，法律出版社2020年版，第99页。

④ ［美］布雷恩·Z. 塔玛纳哈：《论法治——历史、政治和理论》，李桂林译，武汉大学出版社2010年版，第76页。

一、主体现代化是文化转型的内核

毫无疑问,文化“与天然相对”,①是人特有的活动,可以概括为“人化”和“化人”两个方面。人化是“人改造自然的活动和成果”,是从物质领域“认知和改造自然”,是文化的基础层次;化人是“改造人类自己”,即“人可以认识自我的价值,并以这种价值理念来改造和控制自己野蛮的天性。这就形成了对人自身的认识,形成了复杂而严密的有利于人生存发展的行为规范,从而促成了道德、宗教、政治、法律的产生,并以此来约束、改造和提升人本身”,这是“从精神领域认知和提升人的境界”,是文化的高级层次。② 以此为前提,文化有广义与狭义之分,广义的文化从“人之所以为人的意义上立论,认为正是文化的出现将动物的人变为创造的人、组织的人、思想的人、说话的人以及计划的人,因而将人类社会的全部内容统摄入文化的定义域”。③ 与之不尽相同,有观点认为“广义的文化是指‘人化’,即文化是人类改造世界的过程和结果,而这一过程和结果旨在符合人的本性和尺度;同时,这种‘人化’反映到人自身即是‘化人’——用人类改造世界的物质精神成果去哺育人、塑造人、提升人。狭义的文化是相对于经济、政治等而言的,特指精神生活领域的文化,亦即社会精神生产和精神生活的方式、构成及其成果”。④ 这里的区别是“人化”与“化人”是并列关系抑或包含关系,但是“化人”是广义文化的重要内容,需要在法文化研究中受到重视,本书愿抛砖引玉,求教方家。

文化的定义本来就是多元的,有260种之多,观察文化的视角也是多元的,研究文化的目的也是多元的,广义上认为文化是人类物质活动和精

---

① 参见徐汉光:《中国高等教育史论》(第3版),华中科技大学出版社2014年版,第1页。

② 参见王寿林、张美萍:《文化视阈聊法治:中国特色社会主义法治文化研究》,重庆出版社2019年版,第3页。

③ 参见王寿林、张美萍:《文化视阈聊法治:中国特色社会主义法治文化研究》,重庆出版社2019年版,第4页。

④ 参见龚廷泰主编:《社会主义法治文化研究》,法律出版社2020年版,第71页。

神活动的总和便要考察人类在文化活动中创造了什么,这会更多从结果意义上考察,在20世纪八九十年代"文化热"的时候,我国学术界对此已经进行充分探讨,但是在探讨文化现代化的时候,就应该从过程来考察,从"化人"来着眼,从生活方式入手探讨受化之人的活动状态,尤其在受化上下功夫,这便是关注文化转型中主体的现代化。尤其是我国社会正处于全面转型时期,在百年未有之大变局之下,应该将主体现代化作为文化现代化的内核。

按照文化的一般理论,文化可以区分为大传统和小传统。大传统代表主流文化,小传统代表与前者相区别的民间文化,是文化生活的现实状态。这样,从主体现代化着眼,文化现代化便可分为知识精英的现代化与普通大众的现代化。主体的现代化也好,文化的现代化也罢,都是要在整个社会实现现代性,即在整个社会确立起"脱嵌机制","脱嵌"是指"将社会关系从彼此互动的地域性情境中'脱离出来',并穿越不确定性的时空范围而得到重构","脱嵌机制"有两种:一是"象征符号的产生";二是"专家系统的形成"。二者都依赖"信任",它"在本质上与现代性制度相关联。信任在这里针对的不是个人,而是对抽象的能力信任"。①

这里的主体现代化便意味着中国现代化的实现,至少应该将在"二人"对应的关系中定义个人而构成的人情社会为对所有人都适用的契约关系所取代,人情社会也便相应地为法治社会所取代。普通大众在交往过程中遇事找法是常态,公职人员带头守法也是常态,无论是知识精英还是普通大众,在公共领域的交往过程中,一旦产生分歧通过法律途径来解决问题应该是共识。这样,无论是知识精英还是普通大众,都是在法治中国中知法、懂法、守法、用法的公民。尽管可以有多种途径促进中国人的现代化,但是教育是最为重要的手段。经过党的十一届三中全会之后基础教育、高等教育的发展,我国适龄人口中高等教育的入学率已经超过

---

① 参见[英]安东尼·吉登斯:《现代性的后果》(修订版),田禾译,译林出版社2022年版,第23~29页。

50%,我国已经进入高等教育大众化阶段,现代化的条件已经具备。

二、我国刑事审判文化转型中的主体现状

(一)刑事审判文化转型中主体的两分

通常来说,文化有大传统与小传统之分,大传统与官方主流文化息息相关,与知识精英密不可分,小传统则对应大众文化,与普通民众关系密切。这样,在刑事审判文化的现代化上,我们便可以从职业、专业区分为两类主体。

1. 职业主体

所谓刑事审判的职业主体,是指接受过专门的法律教育,以从事法律工作为职业,能够参与刑事审判工作的人。在本书中,他们主要包括法官、检察官、辩护律师等。需要说明:其一,律师出现在刑事诉讼或刑事审判之中,并不代表国家,他们是从法律角度,作为辩护人维护被追诉者的合法权益,即便他们接受指派,从事的是法律援助,办案中取得的报酬来自国家也不能代表国家,如果他们作为被害人的诉讼代理人等,以被代理人的名义参与刑事诉讼或刑事审判,他们也不能混同于当事人,他们是当事人主体身份的一种延伸。但是从律师职业的成长看,他们对法律知识的学习、对业务技巧的掌握,整体看来自统一的法律教育。其二,鉴定人,一般具有专门知识,对案件中的专门问题,经过鉴定,一般能够提供专门意见,而且很多时候侦查机关中还有本单位的鉴定人员,但是他们出现在刑事诉讼或刑事审判之中,并不是提供法律服务而是提供专业意见,所以不能与法律职业主体相提并论。其三,刑事警察等专业人员,包括当下对职务犯罪进行调查的监察人员,他们从事的也是法律工作,而且与刑事诉讼紧密相关。但是,他们并不是刑事审判的核心主体,刑事侦查或职务犯罪调查只是后续审判的前提与基础,但从审判角度来探讨,审判文化对这些职业主体便不能直接分析。不过,对法官、检察官的一些分析,也适于他们。其四,从法官、检察官、律师等法律职业来看,虽然审判中职能有所

区分，但他们作为参与刑事审判的主体，信奉法律维护正义则是他们的共同使命。

2. 普通主体

普通主体是指与法律职业主体相对的，可能参与刑事审判的一般大众，是普通公民。按照参与刑事审判可能承担的角色，他们包括当事人、除律师之外的其他诉讼参与人。当事人主要包括被告人与被害人等，被告人是因为涉嫌刑事犯罪被人民检察院提起公诉或者被自诉人提起自诉的具体自然人。若从我国当下的刑事诉讼现状和本书研究对象看，应该是重罪案件中不认罪的被告人。被害人是指受犯罪行为侵害人身或财产等遭受损失的自然人，与上述的被告人相对应，也应该是未认罪重罪案件的被害人。证人，作为其他诉讼参与人中最为重要的主体，是因为感知案件事实而出庭就感知的案件情况进行陈述的案外第三人。鉴定人，是就案件中的专门问题以其专业知识进行鉴定后出具专门意见，并且受法庭传唤就鉴定意见的形成在法庭进行说明的人。翻译人员，是就庭审中的语言或其他问题进行翻译的人。

（二）刑事审判文化转型中主体的共同点

前述两类主体，绝大多数是在一线的办案人员或与之相对的大多数当事人和其他诉讼参与人等，都有如下共同的经历或面临共同的社会背景，也会在日常的社会生活中形成共同的道德情感和认知等。

1. 共同的基础教育

新中国成立以来，经过70余年的教育发展，从2006年我国开始全面推行九年制义务教育，基础教育成就显著。2021年在这一阶段的入学率为95.4%，高中阶段的毛入学率为91.4%。这意味着，义务教育、高中教育尽管教学内容存在差异（也包括中等职业教育），但是他们对文化知识的普及教育、德育、法律知识普及教育等，较之我国传统社会有天壤之别，公民文化素质的提升与社会转型的需要基本上相适应。

2. 共同的文化传统

无论是城市公民还是农村公民,均受中华文化影响形成鲜明的民族心理、风俗习惯、价值取向、民族认同等,人际交往奉行以和为贵、尊老爱幼、尊师重教、睦邻友好、礼尚往来、互助友爱等。或者如孔子所说:己欲立而立人,己欲达而达人;己所不欲,勿施于人等。就个人而言:自强不息、勤劳简朴、严于律己、宽以待人、无私奉献、大公无私等。这些做人做事的道理,从家庭教育开始,历经幼儿教育、小学教育、中学教育,基本上已经成为中国人的日常习惯,成为人际交往的行为准则。这是值得肯定的,也是中国文化生生不息的生命力所在。但同时,也因每个人都以"己"为圆心,以"亲情、友情、乡情"等为半径画圆,导致人情社会、人治取代法治社会、法治,这是我国刑事审判文化现代化在主体方面进行改造的着力点所在,也是用前述安东尼·吉登斯所认为的"脱嵌机制"来建设中国法治社会的原因所在。

3. 共同的思政教育

抛开基础教育阶段课堂、学校开展的思想政治教育不论,就高等教育阶段而言,全国统一开设思想政治教育课程,在专业课课堂上讲授专业知识的同时,也有针对性地开展思想政治教育。不仅如此,随着习近平法治思想的提出,无论是法学专业还是非法学专业,均会加强这一部分内容的教育,习近平法治思想已经按照统一的课程设计,作为专业必修课位列其他必修课之首,各高校由专任教师进行讲授,而且在其他专业课中,也要求做到进教材、进课堂、进头脑。不仅如此,随着社会主义核心价值观的形成和在全社会的践行,无论是法律专业的学习还是其他本科专业的学习,都将对这些价值要求深刻领悟,在学习与生活的互动中内化于心、外化于行。这就意味着,在高等教育阶段,经过专业课之外的学习,大学生除了具有爱国情怀和创新精神外,还会形成法治信仰,为真正接受刑事审判文化奠定前提。

4. 共同的社会责任

随着我国社会主义和谐社会的建设,社会主义荣辱观的宣传,特别是社会主义核心价值观的提倡与在全社会的践行,无论是从事刑事审判的办案人员,还是当事人以及其他诉讼参与人都耳熟能详,甚至通过参与审判感同身受,也会在日常的工作和社会交往之中不断提升自身的社会责任感,能够在社会主义核心价值观的指引下安排自己的家庭生活、社会活动、日常工作等。在这里,法治、民主、自由、平等等价值理念也不断地在他们身上内化于心、外化于行,其法律意识、守法意识也在不断增强。特别是习近平法治思想的提出,对于法律职业人员和普通公民,都会有触动作用,"己欲立而立人,己欲达而达人"与"己所不欲,勿施于人"的忠恕之道与依法办事的内在要求会使他们在人际交往中正确定位自己,在法律面前"有所为,有所不为"。

(三)刑事审判文化转型中主体间的差异

1. 专业教育上的区分

绝大多数法律职业主体在本科阶段接受的是法学教育,或者从研究生阶段开始接受法律职业教育。并且,从 2002 年开始,法官、检察官、律师等要想开展工作,首先要接受全国统一部署的司法考试,近年来又推行法律职业资格考试。这样的考试通过后,其才具有从事法律职业的资格,紧接着要想从事律师职业,必须要在有特定资质的律师事务所实习一年,才能申请执业资格,进行执业。若要从事检察官、法官工作,则要接受各地入职前的统一考试,录用后要从事一定时段的工作,然后再接受系统内的入职前培训,进而根据单位情况被安排从事辅助工作,不能直接入额。这一复杂的过程,说明职业主体一般要经过专门的法学学位教育,经过专门的职业资格考试,甚至要经过系统内的入职考试等,并不是选择法学专业学习就能如愿从事与刑事审判相关的工作。而非法学专业学生,则要接受自身的专业学习,通过高等教育本科阶段乃至之后的研究生阶段学习,虽然不能从事审判相关的工作,但是能够作为非职业主体,通过本科乃至后续学习,间接地为培养高素质的公民提供条件,一旦他们牵涉刑事审判,便会以公民的身份参与其中。

2. 个案中对办案者渐增的社会预期

如前所述，我国在“推进以审判为中心的改革”的同时，各项司法改革一并进行，去行政化的法院、检察院的员额制改革，法院、检察院去地方化改革，领导干部干预司法责任追究严格执行之改革，均取得成效，而且恰恰是员额制改革的进行，作为办案者的法官、检察官的待遇得到一定的提升，社会也好，改革也罢，对办案者的错案责任明确规定要终身追究，这就是社会对刑事审判的预期在提升，特别是“让人民群众在每一个司法案件中都能感受到公平正义”，让“人民群众感受到公平正义就在身边”的办案要求是非常严格的。在习近平法治思想的指导下，在这种高标准、严要求的语境下，在推进公正司法的大潮中，在全面推进依法治国的前提下，以人民为中心的司法保障人权机制稳步推进，社会对司法的预期只升不降，法官、检察官的办案责任也愈趋严格，在办案投入增幅不高的情况下，办案者的压力会有增无减，因而办案者自身能够做的便是迎难而上，提升素质加大办案精力投入。这便存在一个悖论：理想越来越美好，现实越来越残酷。

3. 被追诉人等对办案者与日俱增的挑战

除了上述因社会发展使办案者的办案压力日益增加外，被追诉人的诉讼权利也会随着改革的推进而日益增多，双重压力叠加便成为更大压力。首先，刑事诉讼的发展必然使被追诉人的基本权利保障不断完善，这是当下各国刑事诉讼发展的基本规律，我国在顺应这一潮流的过程中，刑事诉讼中的人权司法保障也在逐渐提上日程，诉讼权利与律师帮助权交织，使司法人权保障成为可能，也成为办案者的义务和责任。其次，法治政府建设必然意味着将国家权力“关进制度的笼子”成为时代主题，在被追诉人的权利保障有增无减之下，刑事审判中的办案者所受的制约必然要增多。最后，我国全面推进依法治国，法治国家、法治政府、法治社会建设一体推进，被告人及其近亲属在诉讼过程中获得各界重视的机会有增无减，特别是在反腐败力度加大、自媒体更加发达的今天，办案者法律之外、程序之外的心理负担也会在法治要求之外增加。与此同时，被害人的权利保障也应该与时俱进,他们在个案中的诉讼主张与权利主张,也会增加办案者的办案负担。

不仅如此,越是到现代的刑事审判中,越需要证人出庭作证,但是基于我国以和为贵的“无讼”传统,普通大众“多一事不如少一事”的思维定式,再加上我国法治建设中对公权力进行制约、对私权提供充分保护的重视,对于侦查阶段证人主动作证然后出庭作证的一系列立法尽管可以推进,但是对潜在证人在办案机关尚未锁定的情况下主动作证还是不能过于乐观,因为即便可以通过立法完善证人作证制度,但是真正强制证人作证的新规定与将公权力关在制度“笼子”里的大趋势也存在张力,而且按照比较法考察,从制度上看我国对证人权利保障的立法仍然存在差距,一方面要求证人权利保障立法的推进,另一方面办案者在个案中不断增加的压力需要证人作证,再加上个案中对办案者(刚性)制约的总趋势与证人(自愿)作证效果的提升未必同步,同理,其他诉讼参与人的权利保障也处于增加的趋势,他们对案件参与的同时也可能主张权利,同样会使办案者办案难度增加。

三、刑事审判文化转型应聚焦主体诚信

(一)现代性在刑事审判文化转型上的观照

需要说明,西方社会的危机来自现代性的后果,或者说“自反性现代化”,源于技术理性的直线发展,是现代社会中的个体因与原来身份对应社区的分离而焦虑,这也是技术理性的片面应用,单单强调科学发展,抛弃人文精神,这也是现代性的结果,它的重要表征是“脱嵌”,即将社会关系从“彼此互动的地域性情境中‘脱离出来’,并穿越不确定的时空范围而得到重构”。“脱嵌机制”体现为社会制度发展的两个方面:一是“象征标识”的产生,二是“专家体系”的建立。这两个方面都依赖对抽象能力的信任。①

① 参见[英]安东尼·吉登斯:《现代性与自我认同:晚期现代中的自我与社会》,夏璐译,中国人民大学出版社 2016 年版,第 17～18 页。

在我国传统中最为突出的便是在“二人”对应关系中定义个人，进而形成人情社会，人与人交往“攀关系、讲交情”，“在人情不到之处就无须‘做人’，基本上就缺乏‘人类’观念而倾向于把‘非我族类’都当作‘鬼’”，①进而无论是熟人还是陌生人，都不需要守规则、懂法律，都可以乱来，这就使规则意识、法律意识缺乏存在空间，即便在全面推进依法治国的今天，以人情对抗法治的现象仍然不可忽视。因此，我国社会现代化实现的关键，也需要通过“脱嵌机制”打破熟人关系，需要以抽象信任、制度信任、普遍信任的制度机制来推动。刑事审判文化的现代转型，也需要以普遍信任为依托。

(二)依法办案的效果依托信任

如前所述，我国在“推进以审判为中心的改革”中，司法改革在其他方面取得进步的情况下，虽然办案者的薪酬待遇较以往有大幅提升，但是各种压力也较以往无限增大，其中的重要方面是办案者以外的各主体认为诉讼权利不行使，会使其面临不利的诉讼处境，尤其是刑事被告人，他们认为审级更高的法院审判会更公正，再加上对整个刑事审判机制运行既往经验的了解，认为只要不停地向权威部门提出诉求，便会从中获得依法接受裁判结果以外的好处，结果便会使正常的审判变得不正常，再加上我国既往审判中存在办案人员出于私利考虑，迎合领导获得晋职晋级等个人好处的情形，因而办案者的行政领导也会对办案者依法办案之“公正”产生怀疑，结果内外呼应，使本来严格依法办案的办案者陷于各种被曲解和无形压力之中，进而评价案件办理是否公正便丧失了尺度，结果便使一切出于公正办案的努力白费。此情此景，亟待解决的是使办案者在制度约束、机制体制理顺的前提下公正办案得到信任。人情干预司法的破解需要信任，严格依法办案的结果也需要信任，最终围绕审判进行的改革成败便聚焦办案者的依法办案是否获得信任。

---

① 参见[美]孙隆基：《中国文化的深层结构》，中信出版社 2015 年版，第 150 页。

需要强调的是，这种信任也是普遍信任，是因为有一套机制能够保证当事人对裁判的公正性予以接受，将极端情况下的申诉、上访依法予以驳回，对既判力予以尊重。

(三)刑事审判文化转型的焦点为办案者诚信

不管我们对刑事审判文化现代化转型作出多少种预期，其焦点都在于办案者能否按照现代刑事审判制度的观念要求思、想、作、为。其中的内在逻辑在于办案者能够将体现无罪推定、程序正义、公正审判等的各项制度落实到位，如果涉及非法取证，办案者能够按照被追诉人一方的申请，依法进行审查，按照证明责任的分配机制、证明标准的要求，在认定为非法证据的前提下依法排除，在作出排除非法证据的决定后要说明排除理由，这样的审判才能称得上现代审判，但仅仅是现代刑事审判的一部分，现代审判应该是在一系列价值观念、由价值观念支撑的系统的制度规范下，由办案者与当事人等诉讼参与人依法展开的围绕定罪量刑、重要的程序争议的以“说服论证”为主的各项诉讼活动。与此相对应，支撑这种审判的文化才是现代审判文化。

制度层面的审判文化现代化为“推进以审判为中心的改革”所满足，观念层面的审判文化为习近平法治思想中的公正审判理念所体现，两者结合起来基本上能够满足既往关于审判文化现代化之标准。如上文分析的那样，如果办案者不能按照这两个方面从事审判工作，则审判现代化便徒有虚名，如果办案者做到了这两个方面，而仍然不能使裁判为被告人等所接受，甚至引发审判程序之外的附加程序，则刑事审判现代化的预期目标仍旧不能实现。问题的关键便在于办案者能够在完善制度的约束下按照公正司法的内在要求依法办案，并为当事人所接受。这里的关键是办案者依法办案获得信任。

办案者依法办案获得信任的关键是办案者办案满足司法诚信，即办案者能够示被告人等以“诚”，使他们相信。这一诚信的关键是办案者对实体法、程序法、证据法的信仰，对其审判案件的工作抱“赤诚之心”，对作为办案者办案有一种成就感、使命感和荣誉感等。办案的方式是在信仰法律的前提下，认真对待案件中的当事人，对他们有真诚的态度、对他们的主张和证据认真对待、对他们的说服教育有理有据等。精诚所至，金石为开，当事人对裁判没有异议，其他诉讼参与人对裁判的公正性表示认可，案结事了之时，便是公正实现之日。公开审判、判决的公开说理，亲历审判者对审判公正的口耳相传，日积月累便能使普通民众增加司法公正认可度，久而久之，司法诚信便会在全社会确立起来。

（四）以办案者诚信为中心的诚信体系

办案者在个案中的诚信为司法诚信①的关键部分，但仅此远远不够，这一诚信的达至离不开参与个案的其他主体的诚信。司法诚信是指办案者和当事人等诉讼参与人在个案中诚信，是由主体间诚信相互作用最终达至的办案结果和办案效果。在刑事审判文化现代化的语境中，它是刑事审判文化现代化是否实现的标志和判断标准。

从主体来区分，司法诚信或审判诚信首先是办案者的诚信，包括法官的诚信与检察官的诚信，法官的诚信上文探讨得相对较多，首先就检察官诚信而言，与大陆法系检察机关的客观义务相对应。如果要追问在英国如何解释这一内容，司法治国中陪审团体现的同侪审判，治安法官体现的业余身份对干预处分的审查与授权，更多地从普通民众的角度思考问题，从追诉的必要性考虑问题，与检察官的客观义务有异曲同工之处。这里需要确定的是检察官依据事实和法律、证据客观公正地提起公诉，认真调查核实证据，听取辩护律师与犯罪嫌疑人的陈述等，既要考虑犯罪嫌疑人有罪的成立条件，也要考虑无罪或疑罪从无的可能性。但是，上文分析的

---

① 刘昂博士从与立法、行政相对的前提下理解司法，对司法诚信采广义理解，但认为“法院和法官诚信是司法诚信最为重要的内容”。参见刘昂：《司法诚信研究——以刑事诉讼为视角》，北京大学出版社2016年版，第19页。我国对司法诚信从司法机关或者司法工作人员满足公众需要与期待来理解，具有见地，但是仅此还不够，因为司法显示诚信/做到诚信和社会接受司法诚信的内涵不尽一致，司法显示诚信/做到诚信还需要满足必要的条件，不考虑条件谈论司法诚信难免过于理想化。因此本书从广义上理解司法诚信，从主体着眼，从个案实践展开分析。

办案者的诚信在一定程度上使被追诉人等以诚相待,使其相信的内在要求也是需要检察官恪守与践行的。其次是被告人与被害人等的诚信。按照我国“推进以审判为中心的改革”和配套改革的推进,刑事审判也要求被告人诚信,因为他们在个案中的诚信会影响被害人的诉讼决策,影响办案者的具体操作。对于被害人更是如此,他们在诚信基础上作出的决定,会影响办案者对被告人刑事责任的判断,对程序推进的节奏与是否分流有重要影响。最后是以证人为核心的其他诉讼参与人的诚信,证人就其感知的案件事实,如实向办案者尤其是庭审中的法官作证,这是刑事诉讼得以公正办理的前提,是事实查清的关键,因而办案者的诚信是使证人等诉讼参与人能够积极配合的关键,而证人等诉讼参与人基于诚信前提下的积极参与诉讼,才能使办案者的诚信得以实现。与此同时,律师作为民间的法律工作者,他们也应该在职业伦理的规范下以专业技能为案件当事人提供最优质的法律服务,但是诚信参与诉讼,既是底线也是原则。这样,证人与律师等诉讼参与人的诚信与办案者的诚信,便构成了一个相辅相成的互动过程,但因为办案者是刑事程序的长期参与者,其他主体则可遇而不可求,再加上他们是程序的主导者,所以,以他们在个案中的诚信为整个司法诚信的核心,但是离开其他主体的诚信办案者的个案诚信便成为无源之水、无本之木。

四、刑事审判中各主体诚信的培育

(一)在“三观”教育中筑牢诚信品德

应该说明,任何人在成人之前的家庭教育、学校教育、社会教育都非常重要,这三者中,世界观、人生观、价值观的教育为重中之重。“三观”的正确是人之为人或中国人之为中国人的首要前提。不同于西方文化中宗教对“三观”的形塑,我国文化是一种早熟的文化,致使宗教对中国人“三观”的塑造作用微乎其微。因而“三观”教育便落在家庭、学校、社会的肩上。三者中家庭教育处于首要地位,俗话说“父母是最好的老师”。

从幼儿园开始，便开始逐渐接受正规教育，在认字、识数的同时，还接受思想品德教育，随着学习的推进，从小学、初中到高中，思想品德教育逐渐从感性到理性，世界观、人生观、价值观的教育也逐渐由浅入深。特别是近年来，我国倡导社会主义核心价值观，在全社会分国家、社会、个人三个层次有序践行，在深度、广度、效果上均较其他教育可圈可点。这是最好的教育，对于培养各主体的诚信具有筑基作用，特别是个人层面核心价值观之“诚信”，对于人们做人和做事都具有重要的指导意义。

（二）在习近平法治思想学习中树立诚信意识

在今后的大学学习中，习近平法治思想无论是对法学专业还是非法学专业，均将成为一门重要的课程，并会潜移默化地影响其他学科。习近平法治思想中关于中国特色社会主义法治道路的内容强调，坚持依法治国和以德治国相结合，以及社会主义核心价值观贯彻到法治运行的各个环节，对于在法治领域确立诚信意识，是非常必要的，也是切实可行的。“法安天下，德润人心”，习近平总书记强调要发挥好道德的教化作用，必须以道德滋养法治精神、强化道德对法治文化的支撑作用。① 通过对习近平法治思想的全面学习，将习近平法治思想与思想政治课程的学习进一步结合，在社会主义核心价值观的学习中，将诚信、法治与习近平法治思想的系统学习进一步结合，便会使法治领域的诚信意识逐渐树立起来。

（三）办案者司法诚信的逐渐养成

按照前述分析，办案者最初选择法律职业，在从事刑事审判相关的工作之前，一般要接受正规的法学教育，本科教育是起点，当然法律硕士（非法学）专业则从研究生阶段开始。民国时期的孙晓楼教授曾强调：“法律教育的目的，是在训练为社会服务为国家谋利益的法律人才。这种人才，一定要有法律学问，才可以认识并且改善法律；一定要有社会的常识，才

---

① 参见中共中央文献研究室编：《习近平关于全面依法治国论述摘编》，中央文献出版社2015年版，第30页。

可以合于时宜地运用法律；一定要有法律的道德，才有资格来执行法律。法律教育家一定从这三方面着眼，来办理法律学校；从这三方面着眼，来陶冶法律学生。”就最后一点而言，形成高尚的“法律道德”，办案中需要注意，平时也应该加强修养：其一，应当有“守正不阿”的精神，面对行政权或单位领导，在依法办案时要不卑不亢，但更要坚持原则，守住底线，甚至要抱有“不屈不挠的大无畏精神”。其二，应当有“牺牲小己”的精神，法律一旦通过，即便认为它有些不适时宜，但也要保留自己的意见，克制不满情绪，始终做法律的守护者。[①] 当下，法科学生要在思想政治课程的学习中，接受思想品德教育，在这期间养成诚信意识是可能的，在专业课的学习中，要系统学习法学的各门专业知识，刑法学学习刑法的一般原理，罪刑法定原则、适用刑法的平等原则、罪刑相适应原则，以及刑法的基本知识，刑事诉讼法学要学习惩罚犯罪与保障人权并重的刑事诉讼目的，刑事诉讼的公正价值、效率价值及其均衡等，学习无罪推定原则、控审分离原则、程序正义理念、公正审判权等内容，学习证据法学的基本知识等，并且很可能通过学习实践课程将刑法、刑事诉讼法、证据法的知识学以致用。在这一过程中，习近平法治思想的第十个坚持是“坚持建设德才兼备的高素质法治工作队伍”。按照法治人才成长规律，首先是“加强法治人才培养”，要在全面推进依法治国，在习近平法治思想形成的前提下，学校、学院动起来，切实把握新时代的人才需求与人才成长规律，深刻领悟习近平法治思想的精神实质，立足中国大地办好法学教育，使学生的法学知识、道德修养、职业技能全面发展，在这一过程中，使学生树立起法律诚信理念。

要在中国共产党的领导下，建设好法治专门工作队伍和法律服务队伍，不断推进革命化、正规化、专业化、职业化建设，既要培养人才的专业性，也要强化人才的思想政治教育。首先，各级干警要把“法治精神当作主心骨，做知法、懂法、护法的执法者，站稳脚跟，挺直脊梁，只服从事实，

---

① 参见孙晓楼：《法律教育》，商务印书馆 2015 年版，第 10～11 页。

只服从法律，一是一、二是二，不偏不倚，不枉不纵，铁面无私，秉公执法”。① 其次，各级干警要树立坚定的理想信念，习近平总书记强调：“坚定的理想信念是政法队伍的政治灵魂。我一直强调，理想信念是共产党人精神上的‘钙’，精神上‘缺钙’就会得‘软骨病’。这对政法机关来说更有现实意义……必须把理想信念教育摆在政法队伍建设第一位，不断打牢高举旗帜、听党指挥、忠诚使命的思想基础，坚持党的事业至上、人民利益至上、宪法法律至上，铸就‘金刚不坏之身’，永葆忠于党、忠于国家、忠于人民、忠于法律的政治本色。”②最后，要坚持在法治队伍建设中抓住领导干部这一“关键少数”，法院的院长和检察院的检察长等，如果能够以身作则，真抓实干，尊重办案规律，为单位内法官、检察官等依法独立办案创造条件，必然会使各级干警在刑事个案的办理中，谨小慎微、遵守法律、依靠证据、尊重事实，让每一起案件都能够经得起法理评判、经得起法律评价、经得起时间检验，真正做到“不仅是办案，而且是在决定当事人的人生”。

（四）在普法等学习中认可司法诚信

对于普通公民，也就是潜在的可能成为个案中当事人或其他诉讼参与人之人，在学习习近平法治思想树立起诚信意识的前提下，通过之后对刑事司法等知识的了解，接受“让人民群众在每一个司法案件中都能感受到公平正义”的司法愿景，认识到这一目标实现需要司法机关及其工作人员的依法诚信办案，也要认识到依法办案的前提是查清事实，查清事实的关键是感知案件事实的人积极如实作证或者从自身有利方面积极、诚信参与助力办案，就他们对刑事司法诚信的体认而言，可以通过多种途径去理解，但笔者认为现在最为有利的是，习近平法治思想中强调坚持“推进

---

①　参见中共中央文献研究室编：《习近平关于全面依法治国论述摘编》，中央文献出版社2015年版，第98页。

②　中共中央文献研究室编：《习近平关于全面依法治国论述摘编》，中央文献出版社2015年版，第99～100页。

全民守法”，具体体现如下方面：一是“着力增强全民法治观念”，在树立法律权威的同时也要在普法中突出法律权威，大力弘扬我国社会主义的法治精神，在法治国家、法治政府、法治社会的一体建设中培育全民法律意识，使“尊法学法守法用法”成为全体人民的“共同追求”，让“法治成为全民思维方式和行为习惯”；二是“把全民普法和守法”作为依法治国的长期基础性工作，普法工作要有的放矢，普法方式具有针对性，普法对象要突出重点，普法内容既要全面又要分清主次，“不断提升全体公民法治意识和法治素养，使法治成为社会共识和基本准则”；三是“健全普法宣传教育机制”，各级党委和政府要“加强对普法工作的领导”，实行国家机关“‘谁执法谁普法’普法责任制”，建立办案人员、行政执法人员、律师等“以案释法制度”，宣传部门、文教部门、人民团体要在“普法教育”中发挥作用，加强普法队伍建设；四是“企业”的守法经营，要在现代经济活动中本着“法治意识、契约精神、守约观念”从事经济活动。① 通过普法促进全民守法的过程中，一定要强化公益意识，让普通公民认识到在享受法治国家、法治政府、法治社会建设成果的同时，也要将积极、诚信地参与刑事审判工作视为一项公共利益来理解、支持和助力。

在坚持“推进全民守法”中，普通公民在对严格司法、司法诚信切实体认的情况下，一旦因办案需要参与个案的作证或其他活动，本着诚信促进公益的态度支持司法工作，个案公平正义的实现中有自己的参与，其便会在亲身感受中增进对司法的信任，并且将这种信任感分享给他人，再加上普法的全面展开，便会使普通公民对司法的信任感增强，久而久之，司法信任便会在全社会逐渐确立起来，个案参与诚信随之而来，最终司法诚信便确立起来。

---

① 参见中共中央宣传部、中央全面依法治国委员会办公室：《习近平法治思想学习纲要》，人民出版社、学习出版社 2021 年版，第 115 ~ 116 页。

第三节 我国刑事审判文化转型的强化机制

如前所述，习近平法治思想的提出，全面推进依法治国，坚持公正司法，内在地需要参与刑事审判的各主体司法诚信，但仅此还不够，还需要通过立法、司法的运行机制强化办案者在个案中对司法诚信的践行，通过继续庭审实质化的改革，使个案中的当事人和其他诉讼参与人也能诚信诉讼。

一、编纂刑事诉讼法典

1979 年《刑事诉讼法》通过，历经 1996 年、2012 年、2018 年三次修正，我国的刑事诉讼制度不断得到完善，刑事审判制度也在历次修法中获得完善。“推进以审判为中心的改革”必然意味着《刑事诉讼法》的与时俱进，不过，第三次修法并没有吸收改革试点的经验与成就，契合改革编纂一部相对完善甚至一步到位的有中国特色的社会主义刑事诉讼法典。

全面推进依法治国的方针和习近平法治思想最大限度凝聚了社会共识，使高质量的刑事司法成为必要，使高水准刑事诉讼法典的编纂成为可能，“推进以审判为中心的改革”的全面落实也成为可能。其一，刑事诉讼法典的编纂是法治发挥“固根本、稳预期、利长远”作用的需要。“小智治事，中智治人，大智立法。治理一个国家、一个社会，关键是要立规矩、讲规矩、守规矩。法律是治国理政最大最重要的规矩”，[①]作为“国家治理能力和治理体系的重要依托”的法治，发挥着“固根本、稳预期、利长远”的重要作用，[②]这一重要论述在《习近平法治思想学习纲要》中有多处强

① 参见中共中央文献研究室编：《习近平关于全面依法治国论述摘编》，中央文献出版社 2015 年版，第 12 页。

② 参见习近平：《论坚持全面依法治国》，中央文献出版社 2020 年版，第 3 页。

调,2021年12月6日,习近平总书记在十九届中央政治局第三十五次集体学习时讲话中指出:“当前,我国正处在实现中华民族伟大复兴的关键时期,世界百年未有之大变局加速演进,改革发展稳定任务艰巨繁重,对外开放深入推进,需要更好发挥法治固根本、稳预期、利长远的作用。”①2020年5月29日,习近平总书记在主持十九届中央政治局第二十次集体学习时,针对“充分认识颁布民法典重大意义,依法更好保障人民合法权益”中强调:“民法典在中国特色社会主义法律体系中具有重要地位,是一部固根本、稳预期、利长远的基础性法律……对发展社会主义市场经济、巩固社会主义基本经济制度,对坚持以人民为中心的发展思想、依法维护人民权益、推动我国人权事业发展,对推进国家治理体系和治理能力现代化,都具有重大意义。”②在法治发挥“固根本、稳预期、利长远”作用的大前提下,《民法典》是“固根本、稳预期、利长远的基础性法律”,是一部名副其实的具有开创性中国特色社会主义的“法典”,是法治“固根本、稳预期、利长远”作用在《民法典》中的延伸。刑事诉讼事关国家安全、公共安全、社会秩序维护、个人生产生活秩序保障、被追诉人合法权益保障等重大问题,同样需要发挥法治“固根本、稳预期、利长远”的重要作用,也需要作为基本法的《刑事诉讼法》增条扩容升级换代为刑事诉讼法典。其二,刑事诉讼法典的编纂是满足刑事司法良法善治的需要。高质量、高水平、全面系统的刑事诉讼法典无疑是刑事诉讼领域良法的高级版,它能够承载依法治国对刑事司法的各种要求,能够为刑事司法的展开提供指引,对重罪案件的刑事审判作出更为详细、合理、全面的指引。其三,实现《刑事诉讼法》体系化的需要。随着我国全面依法治国的深入推进,刑事司法的价值追求更高,与我国既有的刑事诉讼法法源相比,问题不容忽视。《刑事诉讼法》条文少,规定粗线条,司法解释并不针对个案,而是基于立法的原则性规定进行细化,最高司法机关在细化中“善意”地扩大解

---

①　习近平:《坚持走中国特色社会主义法治道路,更好推进中国特色社会主义法治体系建设》,载《求是》2022年第4期。

②　习近平:《论坚持全面依法治国》,中央文献出版社2020年版,第278~279页。

释,再加上解释主体的多元性,解释中因部门利益驱动,平级解释之间的不协调在所难免,办案人员依照本部门的解释实施诉讼行为,公检法分工负责分阶段落实可能会在一个案件的推进中出现检警冲突、诉审冲突的情形,这是与刑事诉讼严格司法、司法公信力的内在要求背道而驰的。在这种情况下,刑事诉讼法学研究历经40余年,先后几代学者的努力,已经取得丰硕的成果,满足了立法的理论储备;尽管刑事诉讼司法解释众多、条文数量庞大,实践也不尽如人意,但是立法经验、实践经验的积累已经能够满足立法需要。其四,是贯彻党的领导的需要。我国刑事诉讼法典没有最早提上日程,问题不在于储备不足,而在于牵涉面广、利益协调难、阻滞因素多。一般而言,刑事诉讼的发展史,不过是被追诉人权利保障不断加强、程序正义不断展开的历史,但因为案多人少、国家安全、社会公共安全需要惩罚犯罪、有罪必究与前述目标存在张力,再加上微媒体、自媒体时代的到来,打击犯罪、公正司法的社会需求、办案中的失误等因网络传递较以往无限放大,不同层次的人认知不一样,众口难调,综合平衡后的取舍也可能被不满意者质疑,缺憾可能被放大,有史以来对民意的重视会使上司、主管部门紧张,办案者可能无缘无故受到影响,这就使办案人员的办案压力较以往成倍加大,因而利益协调、分歧破解的难度增大,使高水平刑事诉讼立法的出台受到多方阻滞。尽管刑事司法质量日益提高,但在实践中仍存在程序失灵、辩护乏力、权力滥用、司法不公等问题,这也需要积极应对,加强党对刑事诉讼立法的领导。反过来,“党的领导是中国特色社会主义最本质的特征,是中国特色社会主义制度的最大优势,是社会主义法治最根本的保证”,①也只有在党的领导下,刑事诉讼法典制定才能够统筹全局、协调各方,将分歧统一到全面依法治国的政治高度,站在以人民为中心的根本立场,聚焦公正司法,实现刑事诉讼的科学立法、民主立法、依法立法,促成让人民群众在每一个司法案件中感受到

---

① 参见中共中央宣传部、中央全面依法治国委员会办公室:《习近平法治思想学习纲要》,人民出版社、学习出版社2021年版,第13页。

公平正义。

一旦刑事诉讼法典出台,"推进以审判为中心的改革"便会得到全面体现,侦查中心主义便会得到消解,因为既往的刑事诉讼存在逮捕中心主义、口供中心主义、侦查案卷笔录中心主义、涉案财物先行处置,使侦查中的拘留绑架逮捕、逮捕绑架起诉、起诉绑架审判,后续程序仅仅是前一机关办理案件决定的背书,而且逮捕不是为了保障刑事诉讼的顺利进行,而是防止犯罪嫌疑人继续危害社会,逮捕后羁押"代替"侦查措施,也就是把逮捕作为获取口供、挖掘余罪的一种手段。口供的获取来自变相刑讯逼供,因为随着我国刑事诉讼的发展、公正司法的推进,赤裸裸的刑讯逼供会得到遏制,但是变相刑讯仍然难以完全杜绝,因而有必要通过将律师的帮助权、沉默权、侦查讯问时的在场权等法定化来预防变相刑讯的发生。伴随这些审判之前所有公诉程序的改造,庭审中也要有相应的制度设计跟进,这会使办案者独立办案的空间扩大,但他们的责任也随之加大,当事人在重罪案件审判中的权利保障也会更加充分,证人出庭作证义务会更明确,特别是非法证据排除等程序会更完善,律师辩护的空间也会加大,这就使整个刑事审判出现新面向。各主体在更加复杂的庭审中必要面临新的要求,尤其是办案者必须在前述分析的基础上主动求变,促进自身素质提升,诉讼观念转变,思维方式调整,业务能力增强。总之,现代的刑事审判需要现代理念支撑的办案者。

二、引入程序性诉权

制定刑事诉讼法典意味着被追诉人权利保障相关制度要完善,受无罪推定权、沉默权、保释权、律师帮助权、公正审判权等,这些权利一般认为是被追诉人的基本人权,即被追诉人仅仅因为是人,在刑事诉讼中就应该享有被当成人对待的权利,一般在西方国家均被规定在宪法之中。我国可以在刑事诉讼法典中确立这些权利,不应仅仅是一种宣示性的列举,更应该作为一系列权利原则来体现,并且每一基本人权要靠一系列的制度性权利来支撑,有论者强调:“权利是刑事程序的改革引擎。一国的刑事程序并非一成不变,而是始终处于动态演进之中。毫无疑问,权利是推动刑事程序改革的重要因素。每当创设一项新的权利,或者为既有权利增设新的内涵时,就需要建立相应的权利保障和实施机制。”[①]如受无罪推定权,意味着被追诉人有免于刑讯逼供的权利,为防止刑讯逼供的出现,不仅需要赋予被追诉人在侦查讯问时的律师在场权、沉默权,并且沉默权要以办案者明示的告知义务来体现。一旦被追诉者在刑事诉讼中受到刑讯逼供,他的有罪供述便应该被排除,不能作为定案依据或者在陪审团审判中不应该被提交,要经过证据可采性的审查程序,诸如此类。还需要指出,这些基本权利应该相互联系、相互配合,最终使被追诉人的权利保障成为一个相互交织的权利网。

对这些基本权利细化的制度设计中,应该同时赋予被追诉人一项最重要的权利——程序性诉权。这在我国的刑事诉讼理论中一直未受到应有的重视。这一权利存在的理由可以从法益概念来展开,如刑法的故意伤害罪,保护的法益应该是个人法益——人身权,为了打击对法益的侵害行为,便需要公诉权行使以追究犯罪使之受到处罚。与此相对应,抛开被追诉人是否应该受处罚不论,仅仅因为他是具有人身权的个体,他在刑事诉讼中就应该享有人身权法益,不应受到侵害,一旦发生侵害,就应该有一种保护机制,但恰恰因为其涉嫌犯罪,不能像普通人一样依法维权,因而便需要在刑事追诉中给予其与公诉权类似的保护法益的机会。但是,如果过于刚性,刑事案件的办理便会处处受限制,又不能坐视不管,因而赋予其程序性诉权便顺理成章。也就是说,被追诉人的基本人权一旦受到不当侵害,便需要由类似中立第三方进行裁判的程序来进行审查,然后给出判断,不服可以如同大陆法系那样启动非常救济程序。之所以强调程序性诉权是想树立一种正当程序理念,使审查第三方切实负起责任,将

---

① 刘静坤:《刑事程序的权利逻辑:国际法和国内法比较考察》,法律出版社 2021 年版,第 4 页。

刑事诉讼法规定的程序性制裁机制落到实处,类似对侵权案件那样进行裁判。这就要求参与刑事诉讼法典制定的立法者意识到这样的程序处理不应该沿用类似行政复议、复核等的程序,同时也要防止维护被追诉人人身等法益的诉讼程序异化为行政程序。当然,这里的程序性诉权与被追诉人享有的救济权在内涵上具有一致性,但是程序性诉权对应的救济程序更为严格,类似于当下审查批准逮捕中的听证程序,也可以是法院审判之中的裁判。只有这样,上述被追诉人的基本人权保障才会落到实处,才会起到牵一发动全身的效果,围绕被追诉人基本人权的设计既是原则性规定,也有操作性细则。一旦程序性诉权引入刑事诉讼并且依法行使、有效行使,便会使办案人员诚信办案、依法办案、严格办案成为现实。其实,不必担心这一程序性诉权被滥用,赋予救济机会并不意味着被追诉方可以随意、恶意行使该诉权,预防机制在于设定程序启动条件、举证责任的分担、证明标准等。这样,一旦程序性诉权引入刑事诉讼法典,便意味着我国刑事诉讼人权保障达到新的高度。当然,涉及被追诉人最为重要的诉讼权利,也可以引入诉权来保障,或者将最为重要的诉讼权利直接规定为被追诉人的基本人权。下文探讨确立有效辩护原则,正面规定的诸多诉讼权利,在受到限制或剥夺时,完全可以通过诉权启动救济程序。这样,诉权的运行机制便"能够产生'虹吸'效应,促使办案机关不断引入先进的理念、制度和技术"。[①]

三、系统建构程序性制裁机制

虽然程序性制裁理论已经提出多年,但是就整体的制度设计而言,仅围绕非法证据排除规则的规定较多,且多体现在司法解释或各专门机关的联合解释中,这一机制的系统化、制度化仍任重道远。按照前述法治与民法典制定所产生的"固根本、稳预期、利长远"的作用看,我国历次《刑

---

① 参见刘静坤:《刑事程序的权利逻辑:国际法和国内法比较考察》,法律出版社 2021 年版,第 4 页。

事诉讼法》修改均是采用问题导向，解决实践中突出存在的问题，或者对试点成熟的经验予以推广，采用的是分解式修法策略，实践中的运行效果也往往出现此起彼伏的状态，解决其中一个问题会引发新的问题，在对问题不断寻求破解之道时，也在推进立法的整体发展，但是因为缺乏统筹规划效果往往不佳。

程序性制裁的理论基础是任何人都不能从违法行为中获得利益，这里的违法是指违反刑事诉讼法和刑事证据法，主要针对刑事诉讼专门机关的办案行为，即侵犯犯罪嫌疑人、被告人宪法性基本权利或其程序利益的重大违法行为。尽管我国《刑事诉讼法》还不完善，既往《刑事诉讼法》及司法解释对每一关涉侦查取证、程序推进的重要节点，均有严格的条件限制，有相关的程序要求，按道理办案人员应该按照《刑事诉讼法》的规定去操作，但是司法实践却常常背道而驰，刑讯逼供禁而不止，非法取证司空见惯，这是重实体、轻程序的诉讼文化使然，也与程序性制裁机制缺失有关。程序性制裁机制的要害在于程序违法，诉讼行为无效。也就是说，如果侦查行为违法，则通过侦查行为获得的证据不具有可采性，要被排除在法庭调查之外。对于不符合法律规定的起诉，起诉行为无效。对于不符合审判程序的一审要被二审撤销原判、发回重审。既往的法律规定未被认真遵守，关键在于严格的程序性制裁机制尚未建立起来，比较典型的是非法取证，非法证据排除规则的若干规定得不到贯彻，这些非法取得的证据在后续程序中畅通无阻，即便有的案件启动了证据取得是否合法的审查程序，但结果往往不了了之。

因此，围绕程序性制裁，应该在刑事诉讼法典的制定中，统筹规划，系统规定各关节、各阶段的公权力行使条件和程序，以及严重违反程序行为的法律后果。就程序本身来说，应该在侦查程序中赋予律师在场权，这样做的好处是，能够确保被追诉人得到律师更好的法律服务，能够使供述自愿性获得制度支撑。对于侦查中的搜查、扣押等程序，能够确保程序规范，一旦警察没有按照法律要求行为，便可以启动程序性制裁机制。与此同时，程序性制裁机制在制度建构上尽可能按照诉讼的逻辑，按照前述分析的程序性诉权行使的程序设计，使真正涉及被追诉人宪法性基本权利的取证违法等争议，获得中立性第三方的审查，而且审查考虑的是各项争议行为的合法性，对非法行为的支持也是一种对被追诉人和公正审判的不负责任，也应该受到司法责任之追究，这是程序性争议裁判失职的司法责任，与当下正在探讨以及推进中的偏重实体的司法责任遥相呼应。只有确立这样的程序机制，并且严格实施，才会促使整个刑事审判真正贯彻程序正义、无罪推定等要求，使公平正义在个案中切实得到实现。

四、切实确立有效辩护原则

尽管每次修法辩护制度都是重点，都是修法亮点，正所谓“刑事诉讼的历史就是辩护权扩充的历史”，[①]但我国辩护制度仍有改进空间，有效辩护原则需要在刑事诉讼法典中切实确立。

一般来说，有效辩护原则在我国是在辩护原则的探讨中逐渐凸显出来的，辩护原则是在《刑事诉讼法》中确认“犯罪嫌疑人、被告人辩护权的基础上，要求刑事诉讼活动体现和保障这一权利的诉讼原则”。辩护应当是“实质意义上的”，而不应当是“形式上的”，这便是“有效辩护原则的要求”。[②] 陈瑞华教授将有效辩护的理念总结为四点：一是“合格称职的”的辩护律师，熟稔法律是前提，精通刑事辩护业务是原则也是底线；二是为“辩护所必须的防御准备”，要做到“在开庭之前进行会见、阅卷、形成辩护思路、协商辩护意见、申请召开庭前会议、申请二审法院开庭审理等”，遇有新发现事实和证据的情形，还应该进行“必要的调查取证工作”；三是与“委托人进行有效沟通和交流”，辩护人要“通过充分的会见、通信等方式”，与被追诉人“充分交流案情，将有关证据材料向其核实”，告知被追诉人辩护思路并且征求其意见，以取得其对“辩护思路和辩护意见”

① 参见[日]田口守一：《刑事诉讼法》（第7版），张凌、于秀峰译，法律出版社2019年版，第172页。

② 参见宋英辉等：《刑事诉讼原理》（第3版），北京大学出版社2014年版，第71页。

的认可和配合,进而在庭审中形成辩护合力;四是“有理、有据、精准、及时的辩护活动”,需要“辩护观点必须在法理上能够成立”,必须有“足够的证据加以支持”,必须契合“本案的具体情况”,还不得存在“明显的迟延”。①

辩护或有效辩护的意义尽管可以从多角度来认识,但它是被告人“享有公正审判权利的前提”,或者说“有效刑事辩护是获得公正审判权不可或缺的一部分”。② 这也是我国在“推进以审判为中心的改革”中必须要重视有效辩护的原因之一。关于有效刑事辩护的评估,针对欧盟各国,有研究聚焦三个层次:(1)是否有宪法或者其他立法规定了与欧洲人权法院所确定原则相符合的,且是可获得的刑事辩护权利作为最低标准;(2)是否有相应的法律法规以及实践操作确保上述权利是“实际且有效的”;(3)刑事辩护律师是否有稳定一致的辩护水平,其所处的职业文化是否认同有效刑事辩护体现在程序和结果两方面,以及是否在理念和实践中都以犯罪嫌疑人和被告人为中心。③

有效辩护原则的确立,首先,要完善相关的辩护制度,把辩护制度的完善与刑事诉讼法典的确立与实现良法善治的最终目标相结合。孙长永教授指出:“如果不能在宪法上真正把法院作为独立的司法机关,不能把法官作为‘只服从法律’的司法官员,不能把无罪推定、公正审判、不得强迫自证其罪以及获得平等、及时、有效的法律帮助作为每一个涉嫌或被控犯罪的公民的基本权利,并建立由独立的司法机关进行的合宪性审查制度,那么辩护权乃至任何其他权利在强大的公权力面前都将沦为‘婢女’。”④其中,侦查阶段要赋予律师讯问犯罪嫌疑人时的在场权,从证据

---

① 参见陈瑞华:《刑事诉讼法》,北京大学出版社2021年版,第280~281页。

② 参见丁鹏等编译:《欧洲四国有效刑事辩护研究——人权的视角》,法律出版社2012年版,第3~5页。

③ 参见丁鹏等编译:《欧洲四国有效刑事辩护研究——人权的视角》,法律出版社2012年版,第5页。

④ 孙长永主编:《中国刑事诉讼法制四十年:回顾、反思与展望》,中国政法大学出版社2021年版,第92页。

角度看,这是“认定供述具有自愿性、合法性的制度前提”,[①]辩护制度的确立与运行,为认罪认罚从宽制度的实施提供有效支撑。同时,要在刑事诉讼法典中确立犯罪嫌疑人列队辨认中的律师在场权,在审查批准逮捕和羁押必要性审查中赋予辩护律师参与权,在听证中要听取律师的意见,要赋予其享有充分发表意见所需要的阅卷权。前述辩护制度对于切实保障被追诉人的各项权利,切实破解侦查中心主义,使审前阶段的辩护与审判阶段的辩护实现动态平衡,有序促进办案机关依法履行义务,律师从相对的视角对案件事实和证据提出不同于追诉的看法和主张,都是必要的,可以说,“辩护律师实质性地参与侦查程序,为被追诉者提供及时、有效的法律帮助,既是加强人权司法保障的重要途径,也是维护侦查程序正当性的内在要求”。[②] 其次,要确立无效辩护制度,它是有效保护原则的制度表达,是在法律上规定“那些被认定为‘无效辩护’的律师辩护活动”的消极后果。[③] 无效辩护有三种情况:一是辩护人造成的错误,丢失有利于被追诉人的证据或者粗心大意使有利于被追诉人的证据被忽视,或者未经审慎思索同意指控意见;二是政府的干涉行为,为辩护权的行使制造障碍,或者干涉辩护律师依法取证等;三是“利益冲突”,对不同当事人行使帮助权,在辩护过程中容易顾此失彼。最后,规定无效辩护的后果,从程序上看,便是程序无效或诉讼行为无效,即使经过无效辩护行为的程序重新开始,如将二审程序因一审中的无效辩护直接撤销原判发回重审。当然,除在程序上的无效评价之外,还可以追究律师的法律责任或经济赔偿责任。

五、继续推进庭审实质化改革

2014 年党的十八届四中全会通过《依法治国决定》,在部署司法改革

① 参见丁鹏等编译:《欧洲四国有效刑事辩护研究——人权的视角》,法律出版社 2012 年版,第 219 页。

② 参见丁鹏等编译:《欧洲四国有效刑事辩护研究——人权的视角》,法律出版社 2012 年版,第 219 页。

③ 参见陈瑞华:《刑事诉讼法》,北京大学出版社 2021 年版,第 281 页。

的同时，坚持"推进以审判为中心的改革"，近年来，这一改革已经取得诸多成效，2018 年《刑事诉讼法》修改中虽然没有吸纳改革试点成果，但是试点的成就值得肯定，在刑事诉讼法典的制定中，必然要在"固根本、稳预期、利长远"的前提下落实庭审的实质化。

（一）健全非法证据排除制度

从 1994 年最高人民法院出台的《关于审理刑事案件程序的具体规定》第 45 条规定排除非法言词证据开始，[①]非法证据的排除便一直受到各界关注，1996 年《刑事诉讼法》修改虽然没有直接规定非法证据排除规则，但是针对本次修法的解释第 61 条沿袭了前述第 45 条之规定，1999 年《人民检察院刑事诉讼规则》（已失效）第 265 条第 1 款也规定排除非法的言词证据。[②] 此后，最高司法机关有关非法证据排除规则的探讨就没有停止。最高人民法院、最高人民检察院、公安部、司法部于 2007 年 3 月 9 日联合印发《关于进一步严格依法办案确保办理死刑案件质量的意见》第 6 条规定非法言词证据的排除。[③] 2010 年 6 月 13 日，最高人民法院、最高人民检察院、公安部、国家安全部、司法部联合发布《关于办理死刑案件审查判断证据若干问题的规定》（以下简称《死刑案件证据规定》）和《关于办理刑事案件排除非法证据若干问题的规定》（以下简称《非法证据排除规定》）（与前者并称"两个证据规定"）确立了比较系统的非法证据排除规则。2012 年 3 月 14 日，《刑事诉讼法》第二次修正，将非法证据排除规则吸收进来，"两高"解释中也对非法证据用诸多条文予以解释。

---

① 1994 年《关于审理刑事案件程序的具体规定》第 45 条规定：严禁以非法的方法收集证据。凡经查证确实属于采用刑讯逼供或者威胁、引诱、欺骗等非法的方法取得的证人证言、被害人陈述、被告人供述，不能作为证据使用。

② 1999 年《人民检察院刑事诉讼规则》（已失效）第 265 条第 1 款规定：以刑讯逼供或者威胁、引诱、欺骗等非法的方法收集的犯罪嫌疑人的供述、被害人陈述、证人证言，不能作为指控犯罪的根据。

③ 2007 年《关于进一步严格依法办案确保办理死刑案件质量的意见》第 6 条规定：对刑讯逼供取得的犯罪嫌疑人供述、被告人供述和以暴力、威胁等非法方法收集的被害人陈述、证人证言，不能作为定案的根据。

最高人民法院的解释中还吸收了《死刑案件证据规定》中关于证据因存在瑕疵而可能不真实、不可靠的瑕疵证据排除规则。2013 年浙江张氏叔侄冤案被发现，同年，中央政法委出台《关于切实防止冤假错案的规定》。据此，最高人民法院在错案防范意见中对非法证据进行进一步界定。2014 年《依法治国规定》中强调健全非法证据排除，同时提出“推进以审判为中心的诉讼制度改革，确保侦查、审查起诉的案件事实证据经得起法律的检验”。2016 年 6 月 27 日，中央全面深化改革领导小组第 25 次会议审议通过《关于推进以审判为中心的刑事诉讼制度改革的意见》，同年 7 月 20 日“两高三部”下发该文件，其中包括“健全非法证据排除制度”。2017 年 2 月，最高人民法院发布《关于全面推进以审判为中心的刑事诉讼制度改革的实施意见》，其中对非法言词证据的范围进一步界定。2017 年 6 月最高人民法院开展“非法证据排除”“庭前会议”“一审法庭调查”三项“规程”试点工作（2017 年 11 月发布新的“三项规程”）并且在 2018 年 1 月 1 日实施试点后新的“三项规程”。2017 年 6 月“两院三部”联合发布《关于办理刑事案件严格排除非法证据若干问题的规定》（以下简称《严格排非规定》）。当然，2018 年《刑事诉讼法》修改没有对 2012 年以来诸多司法解释有关非法证据排除的规定予以吸收。

未来刑事诉讼法典的制定，要全面妥当地规定非法证据排除的实体性规则，非法证据是什么，非法言词证据是什么，非法实物证据是什么，对应的排除方式是什么。按照我国的立法传统，应是分类规定与概括加列举的形式，1994 年以来的非法证据排除，在非法证据排除的范围上一直沿用这种模式，2010 年“两个证据规定”中的《非法证据排除规定》开始对物证、书证的排除进行规定，《死刑案件证据规定》开始规定不可靠、不真实瑕疵证据的排除问题。与此同时，程序性规则也要重新厘清，既往所有的办案机关都是证据排除的主体。按照本书上述分析，笔者主张，按诉权逻辑、程序性制裁机制来健全非法证据排除制度，从保障被追诉人的宪法性基本权利与重要诉讼权利着手，建立非法证据排除的实体性规则，按照诉权与诉讼争端的逻辑建构程序性规则。前者在概括加列举的立法模式中,要注意增加兜底条款,即侵犯被追诉人宪法性基本权利或者侵害被追诉人重要诉讼权利影响案件公正处理的证据,要排除。这里的证据,包括言词证据也包括实物证据。就后者而言,应该包括:第一,带有追诉职能的机关一般难以在排除非法证据上做到从维护被追诉人宪法性基本权利和他们重要诉讼权利的立场居中仲裁,因而即便他们在办案中主动排除非法证据,也难以做到中立,最后只能是违法取得的证据因重新取证或经过先前程序的排除而成为后续程序具有可采性的背书,因而就证据可采性或适格性的审查,只能由中立的裁判者进行,最后便应聚焦法官。第二,我国没有确立事实认定者与法律判断者之间分工制约的二元结构,因而要向大陆法系的非法证据排除模式靠拢,要在审判环节由同一主体解决证据能力的基础上认定证据的证明力。第三,既然由基本相同的审判主体在审判环节裁判证据能力/证据资格/可采性/违法取证是否存在、排除与否的问题,便只能在排除的程序上下功夫。林钰雄教授的观点值得借鉴,它从证据能力入手进行探讨,认为证据能力的消极要件是证据未被使用禁止,即未被排除;证据能力的积极要件,要经过合法的调查程序,这一程序有两点需要强调,一是要经过严格证明,二是要遵循刑事审判的各原则。① 这意味着,不认罪认罚的刑事案件,非法证据排除应该在庭审阶段,先在法庭调查阶段解决证据能力问题,未因明显的非法取证而被排除,而且要经过严格证明,意味着要遵循审判的各项原则。从我国刑事诉讼法学语境来理解,除非非法取证已经证实,可以直接排除,若是非法证据存在争议,则要经过开庭审理程序,展开充分的证据调查,实物证据要经过展示质证,言词证据要经过交叉询问等。

(二)健全证人出庭作证制度

我国要实现庭审实质化,必然要实现证人出庭作证的常态化。既往的司法实践中,往往以宣读证人证言笔录取代证人出庭作证,这会使被追

---

① 参见林钰雄:《刑事诉讼法》(上册)(第10版),台北,新学林出版股份有限公司2020年版,第498~499页。

诉人的质证权难以兑现，也不利于法官对案件事实的亲身感知，特别是也不利于体现全民守法的要求，尤其是让人民群众在每一个刑事个案中都感受到公平正义的内在要求是证人出庭作证，只有他们出庭作证才能使法官审理案件更为审慎，因为其裁判结论不是完成对侦查案卷笔录乃至侦查结论的背书，而是来自审理之后形成的心证，因而证人出庭作证的意义重大。这里的证人除了普通证人之外，取其广义，既包括最早到达案发现场的警察，也包括因证据合法性存在争议而被法庭传唤的侦查人员，当然也包括作出鉴定意见的鉴定人。

在赋予证人出庭作证义务的同时，要加强证人的权利立法，强化对证人的保护。就证人权利而言，最为突出的是作证豁免权或拒绝作证特权：一是有近亲属关系的人，要赋予其作证豁免权，这既是与其他国家的证据制度实现接轨，也是对我国儒家文化"亲亲相为隐"维护家庭关系稳定价值的一种认可；二是要赋予国家公务人员拒绝作证特权，因为随着世界格局的变化，国家安全变得日益重要，因而在刑事诉讼法典的制定过程中，要充分调研与论证，在相关领域赋予国家工作人员拒绝作证特权。随着我国国际地位的提升，如果按照我国的《刑事诉讼法》审理涉外案件，便可能因我国《刑事诉讼法》规定的欠缺，在危害国家安全等犯罪案件的审判中，相关国家工作人员不能行使作证豁免权而在审判过程中给我国证人保护与国家利益保护带来不利影响。

最后，直接言词原则或传闻证据规则都内在地要求感知案件情况的人出庭作证，证人的到场成为审判的一般要求。我国庭审实质化改革也要落实这一内容，但是在信息时代没有必要拘泥于"到场"，也可以借鉴线上诉讼的有益经验，采取线上作证的方式，证人根据就近原则可以到当地基层法院或住所地的派出所通过特定设备并在相关人员在场的情况下在线上提供证人证言，在线上接受询问乃至交叉询问。

（三）刑事庭审原则的确立

庭审实质化，最关键的应该是确立现代刑事审判的各项基本原则。

这里需要说明的是，尽管认罪程序在刑事诉讼中的适用越来越多，但“至少在涉及监禁刑的案件中，官方道德谴责的表达以及国家处理权限内最严重刑事制裁的施加不能被缩略为以行政性的书面形式作出。在刑事司法特别敏感的领域，只有当正义以看得见的方式被实现，才能说这个判决是合法的。而公开审理，激情地展示了控告、辩护以及最终的裁判，当场再现了所谓的‘事实’，似乎能够满足这项功能需求”。[①] 因此，庭审实质化要在遵循法定的庭审原则之下，有条不紊地展开各项审判活动，这些原则越是得到贯彻，庭审的进行就会越充分。法庭审理原则是指：“案件的审理，必须在法庭，由法官进行。”[②]在这一范畴之下，有如下子原则：其一，直接审理原则，即法庭（多为合议庭）的“法官直接调查的证据，方得作为裁判基础，称之为直接审理原则”。[③] 直接审理原则是“支配审判程序最为重要的原则，并与严格证明密不可分”，[④]该原则的形式要求是法官在审理时在场，重在强调裁判者审理案件的亲历性，一般与言词原则合用，即直接言词原则，此处是对法官的要求，要求他们通过亲自审理，形成心证。其二，继续审理原则，即审理应当连续进行，不能中断。一旦因特殊情况中断超过一定时间，法庭审理便要重新进行。这是“为使法官对于承审案件，能够产生清楚明确的心证，制度设计上希望法官可以连续开庭，以免审理中断，而有害于法官心证的形成。理想上，若审判日不能在一日终结者，务必于翌日继续举行；若不于翌日继续审理，也应当在短时间内进行审理，不可拖延时日。对于连续开庭的要求，称为继续审理原则”[⑤]。继

① 参见［德］托马斯·魏根特：《德国刑事程序法原理》，江溯等译，中国法制出版社2021年版，第245页。

② 张丽卿：《刑事诉讼法理论与运用》，台北，五南图书出版股份有限公司2016年版，第40页。

③ 参见张丽卿：《刑事诉讼法理论与运用》，台北，五南图书出版股份有限公司2016年版，第40页。

④ 参见林钰雄：《刑事诉讼法》（下册·各论编），中国人民大学出版社2005年版，第145页。

⑤ 张丽卿：《刑事诉讼法理论与运用》，台北，五南图书出版股份有限公司2016年版，第41页。

续审理也叫集中审理,它是“直接审理及言词审理的基础”,也是“自由心证的保障”。[①] 其三,言词审理原则,即“通常的审理,必须以言词陈述为之,方得采为证据,即言词审理原则。在言词审理原则的要求下,通常程序之下,法院必须依当事人言词的攻击防御内容进行审理与裁判,此称为‘言词辩论’”[②]。这与证人(广义上的)出庭作证的内在要求具有一致性,是被告人质证权的保障,也是法官通过观察或询问证人形成心证的最佳手段之一。其四,公开审理原则,它要求除非例外,法庭审理应该公开进行,一般认为“法院的审理,原则应准许国民旁听,故一般所谓审理,乃公开审理”,[③]公开审理原则乃言词审理原则的“搭配原则”,那些“不经言词辩论之判决,由于根本并不开庭审理,言词也无所谓公开审理而言”。[④]我国学者在理解这一原则时,还认为应允许新闻记者报道采访。在这些原则中,除了公开原则立法规定早已有之,实践运行也越来越为公开审判创造条件,但是因其他三项原则没有规定或者落实存在问题,导致公开审理未能避免庭审“走过场”,甚至是“认认真真走过场”。其五,在我国刑事诉讼法典的制定过程中,还应该引入诚信原则,因为前文刑事审判文化主体转型聚焦诚信已经展开分析,它在现代刑事审判中至关重要。但是基于这一原则对侦查、起诉同样重要,对整个刑事诉讼均具有指导意义,因而可以作为《刑事诉讼法》的基本原则,规定于总则之中,无论是办案者还是当事人及其他诉讼参与人,进行刑事诉讼均应恪守诚信。对于证人而言,如实陈述所感知的案件事实,是其作证的前提及基本义务,是查明案件事实、公正裁判的基础。对于律师而言,“忠于法律有时可能

---

① 参见林钰雄:《刑事诉讼法》(下册・各论编),中国人民大学出版社 2005 年版,第 150 页。

② 张丽卿:《刑事诉讼法理论与运用》,台北,五南图书出版股份有限公司 2016 年版,第 40 页。

③ 参见张丽卿:《刑事诉讼法理论与运用》,台北,五南图书出版股份有限公司 2016 年版,第 41 页。

④ 参见林钰雄:《刑事诉讼法》(下册・各论编),中国人民大学出版社 2005 年版,第 149 页。

是一个苛刻的义务，但每个律师都有能力遵守它，从而满足其职业的道德要求”。[①] 对于被告人而言，积极主张宪法性基本权利和重要诉讼权利，是维护其利益和尊重其主体人格的重要体现，但这并不意味着他可以在诉讼中弄虚作假、任意歪曲事实甚至诬告陷害他人，应该在捍卫权利的同时保持对司法权威的尊重。对于检察官而言，客观公正地起诉被告人，便是诚信。对于法官而言，忠实于案件事实、在当事人之间不偏不倚、依法裁判是其义务，也是其职业伦理要求，是司法作为保障公平正义最后一道防线的根据所在。审判过程中的诚信原则应该获得重视，在前述各项规定得到落实的同时，也要规定“不诚信”的法律后果，一旦各主体虚假诉讼，便应当产生失权、程序性制裁等法律后果，要追究失信者的法律责任。

六、确立违法追责原则

“推进以审判为中心的改革”，便是要实现审判者裁判，裁判者负责。深化司法改革，“要紧紧牵住司法责任制这个‘牛鼻子’，凡是进入法官、检察官员额的，要在司法一线办案，对案件质量终身负责。法官、检察官要有审案判案的权力，也要加强对他们的监督制约，把对司法权的法律监督、社会监督、舆论监督等落实到位，保证法官、检察官做到‘以至公无私之心，行正大光明之事’，把司法权关进制度的笼子，让公平正义的阳光照进人民心田，让老百姓看到实实在在的改革成效”。[②]

这意味着，参与审判的法官、检察官要在前述司法改革取得成效并且继续推进的前提下，在办案环境发生重大改变的前提下，在良法善治氛围已经营造出来的前提下，按照上述各项机制，在刑事诉讼法典的调整下，认真履行职责，客观公正地行使检察权、审判权。办案者恪尽职守，才会使当事人、证人等诉讼参与人基于信任积极行使权利、认真履行法定义

① 参见[美]W. 布拉德利 · 温德尔：《法律人与法律忠诚》，尹超译，中国人民大学出版社 2014 年版，第 172 页。

② 参见习近平：《论坚持全面依法治国》，中央文献出版社 2020 年版，第 147 ~ 148 页。

务，才会使审判依法公正运行得到依托。也只有当事人、证人等诉讼参与人依法认真行使诉讼职能，法官、检察官的职权行使才会具有针对性，对他们是否依法、诚信行使职权才能进行评价。

一旦办案者按照法律规定的条件未能积极履行职权，或者超越职权、滥用职权，便需要根据法律追责，根据党纪党规进行监督。需要强调，司法责任终身制的提出，并不是要使办案者如履薄冰，因为办案者是法律适用者或者公平正义的输送者，司法改革应该在提升他们待遇、强化他们责任的过程中，使改革效果更好，追求良法善治，因此在这一定位之下，他们办事的底线便是“依法”，只不过伴随围绕公正司法改革的深入，要求他们依法办案的内涵更为丰富，要做到尊重法律、尊重人权、依据证据、恪守程序办案，遵法据证便是办案者终身的“护身符”，遵法据证也是让人民群众在每一个刑事司法个案中感受到公平正义的保障。其中，法治权威也恰恰是在这种违法必追责的内在关联之中确立的。不妨追问，既往之所以办案人员怕担责任，是因为法律规定不完善，行政干预较多，而且往往是在社会关注度较高的案件发生后，迫于各种压力，要给各方一个交代，给社会一个交代，群众预期与办案进展存在张力。正是在这样外部压力重重与证据不足、案情不清的内部困境中，办案者处理两难之中，最终一般选择“重打击、轻保护”“重实体、轻程序”，存在有罪推定，结果往往背离依法办案。因此，司法责任终身制确立的逻辑起点是审者不判、判者不审，程序不公正，错案发生时无人担责。司法责任终身制的落实内在地要求贯彻无罪推定，而且要在裁判文书中说明心证理由，适用无罪判决时，阐明理由即可。这一依法裁判与司法责任的内在关系要在法治队伍建设和法学教育中阐述清楚，让法治工作队伍放下包袱，信任法律、捍卫正义、大公无私、为民为己。不仅如此，公正司法的展开也会促成办案者依据完善的《刑事诉讼法》和其他实体法，对有违法诉讼行为的诉讼参与人，依法履行职责追究其违法责任，才会促成个案中的诉讼参与人信仰法律、信任司法、支持司法。

结　论

通过前述各章节的研究，本书认为中英刑事审判文化的差异远远多于暗合，英国刑事审判文化转型的完成形态与我国刑事审判文化转型的未完成形态形成鲜明对比，从“推进以审判为中心的改革”相契合的要素看，主要是与该制度对应的文化支撑与主体依托存在缺失。据此，中英刑事审判文化存在重要差异，首先，自生自发的转型完成与传统中断后的曲折探索。这是从历史连续性角度得出的一种结论，英国自 1066 年诺曼征服后，推行司法治国形成了普通法诉讼，巡回法庭、司法令状、陪审团审判的出现使英国的刑事司法未能走上纠问制，使英国的刑事司法减少了刑讯逼供与“猎巫”现象，使历代国王在受益于司法的同时也受到制约，漫长的普通法与古老宪制传统孕育了法律职业和法律教育，律师业的兴起与两类律师的区分，以及律师会馆的法律教育与法官从出庭律师中产生，使法治精神、程序优先、王权受限、司法独立等理念在一代代普通法律师中孕育传播。当宗教改革发生，西欧各国王权强大要实行专断统治时，英国的法律职业群体制约着王权扩张，在贵族与新兴中产阶级反抗王权中确立君主立宪制,使英国成为近代国家,刑事对抗制审判形成,普通法焕发出新的生命,法律职业也出现转换,治安法官由既往的以行政为主兼理司法转变为专理司法,既往的臣民成为公民,参与刑事审判的各主体也完成转型,使刑事审判中的无罪推定、程序正义、律师帮助、公正审判顺理成章。与此不同,我国古代独特的东方文明,很早便走出自然崇拜,是为早熟的文化、理性早启的文化。公元前 221 年,秦统一六国,皇权至上的传统形成,我国文化中的宗教始终在政权统治的支持和承认之下,溥天之下莫非王土,率土之滨莫非王臣,整个社会家国一体、家国同构,在"二人"的对应关系中定义个人,君君臣臣、父父子子,整个社会重视教育,读书人奉行"修身、齐家、治国、平天下"的成长进路,"学而优则仕"的人才选拔机制,社会治理以道德教化为主,追求无讼的理想境界。这种农耕文化的发展进程为英国发起的鸦片战争所打破,列强入侵,国人开始了救国图强之路。在 1921 年 7 月,中国共产党成立,星星之火,可以燎原,最后于 1949 年建立了人民民主专政的中华人民共和国,开始建立人民审判制度,发展至今,刑事审判建设成果显著,但审判制度还需要进一步完善,无罪推定、程序正义、公正审判的理念还需要进一步传播,参与审判各主体的现代化尤其任重道远。

其次,法学教育和法律职业的发达与欠缺。英国刑事审判文化的转型之所以能够顺利完成,与普通法律师的成长和法律教育的发展密不可分。在古老的普通法传统中,王座法庭审理案件受到普通法律师和法律爱好者的关注,每当王室法庭开庭前后,便有律师和年轻的法律爱好者云集于法庭附近,关注法庭审判,审判后这些律师与法律爱好者仍聚集在法庭周围继续研习法院审判与法律,并且发表看法,法律爱好者与普通法律师的交流学习,对法律爱好者来说是一种难得的法律入门教育,后来在法庭周围律师与学生住宿与讨论法律的地方发展出律师会馆,14 世纪后半叶到 15 世纪前 25 年,四大律师会馆脱颖而出,并且之前律师会馆便取得授予律师资格,王室法庭当事人聘请的代理人发展成事务律师,律师会馆中在法庭陈述的人成为出庭律师,出庭律师由律师会馆培养,并且从出庭律师中产生职业法官,职业法官与出庭律师共同在律师会馆培养学徒,因而形成了英国独特的普通法律师和普通法法律职业教育。这一教育对于抵制罗马法和教会法在英国的发展起到非常重要的作用,后来在都铎王朝、斯图亚特王朝王权扩张的过程中,以柯克等为首的大法官以普通法是古老的宪制传统来抵制国王对司法审判的干涉,后来引发(来自社会上层且受教育程度较高)新贵族和新兴资产阶级反对国王的内战,最终以荷兰执政威廉和公主玛丽继承王位的光荣革命发生而告终。通过光荣革命,君主立宪制在英国确立,对抗制审判最终形成,职业法官、陪审团成员、司法化的治安法官均已从《大宪章》的正当程序条款中树立起无罪推定理念、程序正义观念,所以英国审判文化的成功转型离不开它独特的法律教育和法律职业机制。我国传统文化以儒家思想为主,奉行“学而优则仕”的人才选拔机制,国家治理实行的是皇权专制,皇权之下是官僚阶层,他们来自知识分子团体,整个社会没有发展出凌驾于国家之上的宗教,或者说宗教服务于皇权统治,皇权与官僚阶层之间比拟家庭关系,因为社会奉行道德教化,家国同构,移孝成忠,做人、成才与做官的内在逻辑是“修身、齐家、治国、平天下”,没有专门的法律教育,法律儒家化之后,儒家经典与法律之间的关系密不可分,整个社会无论是官学还是私学,都不以修律为主流,审理案件追求无讼境界,这就使传统社会的法律职业与法律教育缺失,鸦片战争之后,国家也并没有真正从社会、高等教育发展起能够起主导作用的法学教育和法律职业,新中国成立后的一定时期内,我国的法学教育也没有真正发展起来,十一届三中全会之后,我国法学教育发展迅速,但是法律职业和法学教育仍存在以专业知识传授为主、职业道德培育与专业技能训练不佳的现状,人才培养中专业化、职业化、正规化、革命化还存在一定的不足,因而需要在习近平法治思想的指引下、在全面推进依法治国的过程中,抓好法学教育和法治工作队伍建设,以实现我国刑事审判文化的转型。

再次,审判文化与社会的深度融合与重重张力。英国社会的发展演进遵循的是进化论理性主义,一切因素都是在自生自发中发生缓慢变化的,一切都是非人为设计的结果。陪审团审判的引入是因1215年教皇英诺森三世禁止教士参与世俗领域的神判而采取的应对措施,但是对于现代英国对抗式审判的形成产生了重大影响,它成功地抵制了刑讯逼供与“猎巫”活动的发生,缓解了刑事审判与社会的矛盾,同侪审判是司法民主的最好体现,它对于提升参加陪审人员的使命感和对法律的认同度非常重要。治安官最初源于国王任命地方骑士来维持本地治安,经过数个世纪的发展,他们最终司法化,成为案件逮捕授权与审理阶段案件的裁判官,他们大多为兼职人员没有报酬,如同陪审团成员一样,既体现民主也降低了国家的办案成本,与重罪案件陪审团审判的高成本相互弥补。在宗教改革与文艺复兴之后,随着印刷术在欧洲的推广,英国的教育发展迅速,满足了刑事审判所需要的支撑,特别是整个高等教育的绅士情结,加速了社会的诚信化和契约化,提升了刑事审判的公信力。我国传统社会发展的道德取向明显,家国一体,重视教育,学而优则仕,国家治理重视道德教化,忠君尽孝是社会主流风尚,整个刑事审判的最高理想是无讼,现实之中衙门主官奉行贱讼、拒讼、息讼,平民百姓厌讼、耻讼。整体上看相对和谐融洽。但是,文明进程因西方入侵中断,刑事审判的现代化提上日程,传统与现代的割裂及其深层阻滞,使我国刑事审判现代化面临诸多张力:现代制度与观念上的传统因素之间存在张力;人情社会对抗法治与公正司法;法官、检察官的文化素质与社会预期存在张力;法官、检察官独立办案与司法责任终身制存在张力;案多人少的矛盾使效率与公正存在张力;等等。

又次,刑事审判在演进中铸就诚信与在转型中聚焦诚信。在英国自生自发的刑事审判演进中,每一步都是偶然的措施,是权宜之计。神判的禁止,由12个邻居提供证词最后发展到同侪审判,体现司法民主,从最初熟人之间的查清事实,到最后由随机的同一阶层的陌生人为自己定罪,即从特殊信任发展到普遍信任。本来最初的刑事审判是国王司法治国的一部分,但国王通过出售司法令状与地方法庭争夺司法管辖权,从中发展出普通法诉讼,促成普通法律师的出现,后来又进行出庭律师与事务律师的区分,由出庭律师中选拔职业法官,发展到最后成为制约王权扩张的力量,在都铎王朝、斯图亚特王朝国王干涉审判的过程中,柯克等利用"普通法智识"来捍卫司法独立,使司法站在大众(新贵族与新兴资产阶级)一边,因而获得议会代表的信任,整个社会的绅士化取向,也使刑事审判容易为社会各方所支持[①]与接受。我国传统刑事审判文化与当下刑事审判不契合自不待言,就十一届三中全会以后刑事司法 40 余年的发展来看,立法成就显著,无罪推定、程序正义、公正审判也成为主流话语,但是在现实办案中侦查中心主义的存在,非法获取的证据形成逻辑自洽的侦查案卷笔录成为后续程序的办案依据,进而辩护方的主张被忽视,侦查中的拘留绑架批捕,批捕绑架起诉,起诉绑架审判,使体现无罪推定、人权保障、程序正义的法律条文被虚置,出现程序失灵的状况。这就说明一部分司法实务工作者对实体法、程序法、证据法的信仰尚未确立,实务中常常使证据裁判、罪刑法定、程序法定的原则与制度出现空转,办案者对法律的轻视,使观念性刑事审判文化在司法中无从体现,重打击、轻程序成为诉讼文化的顽疾,进而说明,我国刑事审判文化的真正转型应该聚焦以办案者诚信为核心的司法诚信,聚焦对参与刑事审判各主体的现代改造。

最后,转型在互动中的水到渠成与在党领导下的统筹推进。英国刑事审判文化的转型,从纵向看是一个长期渐进的过程,从横向看是上下互动内外互动的调适过程。上下互动是从国王到大法官与个案中的办案者之间的互动,推动着司法公正与程序正义的实现,内外互动是指职业共同体间与普通公民之间的相互影响,在纵横交错中、在社会发展的大环境下,英国刑事审判各参与主体实现了现代化。我国传统与现代的张力自不待言,就十一届三中全会以来 40 余年的刑事审判发展演进而言,制度性审判文化的成就斐然,观念性审判文化深受传统影响,使二者之间不能契合,问题的关键是以办案者为主的参与审判各主体对法律、司法裁判的不信任,这已经为一系列重大错案的发生所印证,这说明刑事审判已经不

① 以有生之年参与陪审工作为荣。

能满足社会预期,不能契合新时代中国特色社会主义全面建设的需要。这就需要我国推进全面依法治国,并且在这一伟大的实践中形成了习近平法治思想,因而我国需要在中国共产党的领导与统筹兼顾之下、在习近平法治思想的引领下、在坚守优秀传统审判文化这个根脉的前提下、在社会各界的共同努力下、在法学教育与法治队伍的一体建设中、在各办案机关全面普法的实践中,在各类主体的相互交流、相互促进中实现刑事审判文化的真正转型。

综上所述,我国推进"以审判为中心"的改革需要以程序正义为支撑,需要实现刑事审判文化的现代化。书中所述英国(乃至其他国家或地区)刑事审判文化现代化的借鉴意义不在于具体层面或某一做法,而在于其植根历史、立足现实、面对实践,在各种因素的博弈平衡中重在"化"人,使司法诚信深植于人们的思想观念之中。

后 记

本书是笔者出版的第二本专著，自 2009 年出版第一本专著至今已经历时 14 年，这期间发生了许许多多的事，从科研上说本书的出版应该是这些年来比较重要的一件大事。此情此景之下，没有感慨，没有抱怨，没有遗憾，唯有感动、感谢与感恩。

首先，我要感谢当今时代，国家富强、社会转型、法治建设、学科发展，法学研究处于一个充满挑战与机遇的时代，本书便是在这个时代大背景与单位小环境之下完成写作的。

其次，我要感谢长期以来关心与帮助我的良师益友。从博士毕业后的讲师到今天的普通教授，每一环节的进步都离不开课题的获批、论文的发表、奖项的授予，每一项科研成绩的取得都离不开诸多学术前辈、编辑老师、学术同行、各界朋友的鼓励与支持，本书的形成更离不开诸位师友的关心与帮助。

再次，我要感谢广西大学、广西大学法学院、广西大学法学院全体同仁，感谢广西大学对本书出版给予的经费支持，感谢法学院宽松、舒心的学术环境，感谢法学院同仁给予我的无私帮助。

最后,我要感谢法律出版社编辑们在本书出版过程中付出的辛勤劳动。

孙 记

2023 年 4 月 16 日